高等院校"十四五"会计专业系列教材

# 成本会计学

## （第二版）

主　编　张德容　黄文雅　薛　玫

副主编　蔡秋霜　李　颖　郑理惠　何福田

参　编　文孟婵　周玉柏　夏　香

微信扫码　查看更多资源

南京大学出版社

图书在版编目(CIP)数据

成本会计学 / 张德容,黄文雅,薛玫主编. — 2 版.
— 南京 : 南京大学出版社,2023.7
ISBN 978 - 7 - 305 - 26455 - 9

Ⅰ. ①成… Ⅱ. ①张… ②黄… ③薛… Ⅲ. ①成本会
计—高等学校—教材 Ⅳ. ①F234.2

中国国家版本馆 CIP 数据核字(2023)第 010157 号

出版发行　南京大学出版社
社　　址　南京市汉口路 22 号　　　　邮　编　210093
出 版 人　金鑫荣

书　　名　**成本会计学**
主　　编　张德容　黄文雅　薛　玫
责任编辑　武　坦　　　　　　　　编辑热线　025 - 83592315
照　　排　南京南琳图文制作有限公司
印　　刷　常州市武进第三印刷有限公司
开　　本　787 mm×1092 mm　1/16　印张 18.75　字数 456 千
版　　次　2023 年 7 月第 2 版　2023 年 7 月第 1 次印刷
ISBN 978 - 7 - 305 - 26455 - 9
定　　价　49.80 元

网址：http://www.njupco.com
官方微博：http://weibo.com/njupco
微信服务号：njuyuexue
销售咨询热线：(025) 83594756

# 前　言

　　成本会计课程是继会计学原理、中级财务会计等课程之后,会计专业的另外一门重要的专业核心课,理论性与实务性都较强,而且随着社会经济和管理等学科的发展,成本会计的理论和实务都在不断更新,出现了许多新的研究领域。为了适应时代的要求,不断完善教学内容,培养出高级应用型会计人才,在吸取国内外相关教材的基础上,我们编写了这本《成本会计学》。

　　在编写过程中我们遵循如下一些基本原则:一是注意各门学科的联系和区别,详细得当,避免课程之间的重复,使学生在掌握了会计学原理、中级财务会计的理论和方法之后,能比较轻松地掌握成本会计课程的内容。二是突出成本会计的理论体系,详细阐述成本会计的基本理论且贯穿全书的各个章节,使全书形成一个较为完整的理论体系。三是注重理论联系实际,结合我国企业的实际情况,对每部分内容,都尽可能地通过例题来加以说明,使学生通过实例来学习成本会计的理论,便于学生更好地理解本门课程的内容。四是在编写时注意结合学生学习的实际,深入浅出,讲解详细,简明易懂,便于学生自学,注重提高学生分析问题和解决问题的能力。五是根据国内外成本会计理论和实务的最新研究成果进行归纳和总结,介绍了一些新的研究内容,使学生能接触成本会计学科的前沿领域,跟踪该学科的最新进展,拓展学生的知识面。为了方便教学,我们在每章配备了思考题、案例分析题和练习题。

　　本书由湖南工业大学张德容、湖南工程学院黄文雅、吉首大学薛玫担任主编,由闽南理工学院蔡秋霜、湖南工业大学李颖、福州工商学院郑理惠、湖南工业大学何福田担任副主编,由湖南财政经济学院文孟婵、湖南天圣联合会计师事务所总经理周玉柏、邵阳市城市规划设计研究院夏香担任参编。本书初稿完成后由张德容进行修改、审定,以及各位编者协助审稿。本书在编写过程中,参考了许多中外公开出版的教材和专著,在此不一一列举,一并致谢。本书不足之处,敬请有关专家、学者和广大读者批评指正。

《成本会计学》编写组

**2023 年 3 月**

# 目　录

# 第一章　总　论

## 【学习目的与要求】

1. 了解成本会计的产生与发展历程；
2. 理解成本的经济实质与作用；
3. 熟悉成本会计的对象、内容与任务；
4. 掌握成本会计的组织形式与制度规范。

## 【案例导入】

王辉和李明大学毕业以后，合伙开办了一家玩具厂，专门生产玩具。根据需要，他们选定厂址后，购置了一批新型的生产设备，招聘了三十多名技术工人和管理人员。该厂设有一个基本生产车间和两个辅助生产车间。现在这个玩具厂准备聘请一名成本会计人员。

**思考：**假如你被聘任，你该如何计算产品成本？产品如何定价？如何制定企业内部的成本核算制度？

# 第一节　成本的经济实质与作用

### 一、成本的经济实质

成本是商品经济的产物，是商品经济中的一个经济范畴，成本是商品价值的主要组成部分。并且随着商品经济的不断发展，成本概念的内涵和外延都处于不断变化发展之中。

马克思指出："按照资本主义方式生产的每一个商品 $W$ 的价值，用公式来表示是 $W=c+v+m$。如果我们从这个商品价值中减去剩余价值 $m$，那么，在商品中剩下的，只是一个在生产要素上耗费的资本价值 $c+v$ 的等价物或补偿价值。""商品价值的这个部分，即补偿所消耗的生产资料价格和所使用的劳动力价格的部分，只是补偿商品使资本家自身耗费的东西，所以对资本家来说，这就是商品的成本价格。"

马克思的这段话，第一，指出的只是产品成本的经济实质，并不是泛指一切成本；第二，从耗费角度指明了产品成本的经济实质是 $c+v$，由于 $c+v$ 的价值无法计量，人们所能计量和把握的成本，实际上是 $c+v$ 的价格即成本价格；第三，从补偿角度指明了成本的补偿是商品生产中使资本自身消耗的东西,实际上是说明了成本对再生产的作用。也就是讲产品成本是企业维持简单再生产的补偿尺度,由此也可见,在一定的产品销售量和销售价格的条件下,产品成本水平的高低,不但制约着企业的生存,而且决定着剩余价值 $m$ 即利润的多少,从而制约着企业再生产扩大的可能性。马克思对于成本的考察,既看到耗费,又重视补偿,这是对成本性质完整的理解。在商品生产条件下,耗费和补偿是对立统一的。任何耗费总是个别生产者的事,而补偿则是社会的过程。耗费要求得到补偿和能否得到补偿是两个不同的事情。这就迫使商品生产者不得不重视成本,努力加强管理,力求以较少的耗费来寻求补偿,并获取最大限度的利润。

马克思还指出:"不论生产的社会形式如何,劳动者和生产资料始终是生产的因素。"马克思这一经典论述说明,不论是在资本主义市场经济条件下,还是在社会主义市场经济条件下,成本的经济内容都应该是一样的,都包括物化劳动 $c$ 和生产者必要劳动 $v$ 两部分。我国目前实行的是社会主义市场经济体制,作为与商品经济相联系的成本,在社会主义市场经济中,仍然作为一个经济范畴而存在。马克思的成本价格理论,其基本原理同样适用于社会主义市场经济,只是其内涵由于所有者的不同有了新的含义。社会主义市场经济条件下的商品价值由以下三部分组成:一是生产经营过程中耗费的物化劳动价值($c$),即已耗费的生产资料转移价值;二是劳动者为自己劳动所创造的价值($v$),即劳动耗费中的必要劳动部分(即归个人支配的部分,主要是以工资形式支付给劳动者的劳动报酬等);三是劳动者为社会劳动创造的价值($m$),即归社会支配的部分,包括税金和利润等。产品价值的前两部分是形成产品成本的基础,是成本所包括内容的客观依据。

综上所述,产品成本就其实质来说,是生产经营过程中物化劳动的转移价值和劳动者为自己劳动所创造价值的货币表现,也就是企业在生产经营中所耗费的资金的总和。这就是社会主义制度下的成本的经济实质,其构成商品的理论成本,成为规范成本开支内容的客观依据。按马克思的价值学说由 $c+v$ 构成的内涵,是成本研究的理论基础,又是测算理论价格的依据,因此,被称为理论成本。

马克思关于商品成本的论述是对成本经济实质的高度理论概括。这一理论是我们进行成本会计研究的指南,是实际工作中制定成本开支范围,考虑劳动耗费的价值补偿尺度的重要理论依据。但是,社会经济现象是纷繁复杂的,企业在成本核算和成本管理中考虑的因素多种多样。实际工作中的各种应用成本可能像商品价格背离价值一样背离其理论成本。因此理论成本与实际工作中所应用到的成本概念是有一定差别的。这主要表现在以下方面:

(1)成本开支范围与理论成本的内容有一定的差别。成本开支范围是由国家通过有关法规制度加以界定的,在实际工作中,为了促使企业厉行节约,减少损失,加强企业的经济责任,对于一些不形成产品价值的损失性支出(如工业企业里的废品损失、停工损失等)也列入产品成本之中。此外,对某些应从为社会创造的价值中进行分配的部分(如财产的保险费用等)也列入产品成本。这说明产品成本的实际内容,一方面要求反映成本的客观经济实质,另一方面又要按照国家的分配方针和财务管理制度规定进行列支。当然,对于成本实际开支范围与成本经济实质的背离,必须严格限制,否则,成本的计算就失去了理论依据。

（2）上述的"成本"概念是就企业生产经营过程中所发生的全部劳动耗费而言的，是一个"全部成本"概念。在实际工作中，是将其全部对象化，从而计算出产品的全部成本，还是将其按一定标准分类，部分计入产品成本，部分计入期间费用，则取决于成本核算制度。如按照我国现行企业会计制度的规定，工业企业应采用制造成本法计算产品成本，从而企业在生产经营中所发生的全部劳动耗费就相应地分为产品制造成本和期间费用两大部分。在这里，产品的制造成本是指为制造产品而发生的各种费用总和，包括直接材料费用、生产工人薪酬和制造费用。期间费用则包括管理费用、销售费用和财务费用，在制造成本法下，这些费用不计入产品成本，而是直接计入当期损益。

（3）上述理论成本的概念主要是针对商品产品成本。实际工作中涉及和应用的成本概念多种多样，其内涵有的已超出了商品成本的范围，而且成本的内容往往要服从于管理的需要。此外，由于从事经济活动的内容不同，成本含义也不同。随着社会经济的发展，企业管理要求的提高，成本概念和内涵都在不断地发展、变化，人们所能感受到的成本范围逐渐地扩大。今天对于成本的定义已不再仅仅局限于商品成本的范畴，如美国会计学会与标准委员会就如此定义成本：成本是为了一定目的而付出的（或可能付出的）用货币测定的价值牺牲。从这一定义看，成本的外延除了产品成本的概念与内容，它还可以包括劳务成本、工程成本、开发成本、资产成本、资金成本、环保成本等。除此之外，由于成本管理的不同目的，形成对成本信息的不同需求，使成本有各种各样的组合。同时人们对它的认识也是日趋深化的。于是，目标成本、可控成本、责任成本、质量成本、机会成本、沉没成本等新的成本概念源源不断地涌现，形成了多元化的成本概念体系。

## 二、成本的作用

成本的经济实质决定了成本在经济管理工作中具有十分重要的作用。产品成本的实质是产品生产过程中各项劳动耗费及其补偿价值，是反映企业生产经营管理工作的综合价值指标，同时又是确定企业盈亏和制定产品价格的基础。其作用具体表现在以下几个方面。

### （一）成本是产品生产消耗的补偿尺度

为了保证企业再生产的不断进行，必须对生产耗费即资金耗费进行补偿。企业是自负盈亏的商品生产者和经营者，其生产耗费是用自身的生产成果，即销售收入来补偿。而成本就是衡量这一补偿份额大小的尺度。企业在取得销售收入后，必须把相当于成本的数额划分出来，用以补偿生产经营中的资金耗费。这样才能维持资金周转按原有的规模进行。如果企业不能按照成本补偿生产耗费，企业资金就会短缺，再生产就不能按原有规模进行。成本也是划分生产经营耗费和企业纯收入的依据，在一定的销售收入中，成本越低，企业纯收入就越多。可见，成本起着衡量生产耗费的作用，对经济发展具有重要的影响。

### （二）成本是制定产品价格的重要因素

在商品经济中，产品价格是产品价值的货币表现。产品价格应大体上符合其价值。无论是国家还是企业，在制定产品价格时都应遵循价值规律的基本要求。但在现阶段，人们还不能直接计算产品的价值,而只能计算成本,通过成本间接地、相对地掌握产品的价值。因此,成本就成了制定产品价格的重要因素。

当然,产品的定价是一项复杂的工作,应考虑的因素很多,如国家的价格政策及其他经济政策、各种产品的比价关系、产品在市场上的供求关系及市场竞争的态势等,所以产品成本只是制定产品价格的一项重要因素。

### (三)成本是衡量管理水平的重要标志

成本是一项综合性的经济指标,企业经营管理中各方面工作的业绩,都可以直接或间接地在成本上反映出来。例如,产品设计的好坏、生产工艺的合理程度、固定资产的利用情况、原材料消耗节约与浪费、劳动生产率的高低、产品质量的高低、产品产量的增减以及供、产、销各环节的工作是否衔接协调等,都可以通过成本直接或间接地反映出来。

成本既然是综合反映企业工作质量的指标,因而可以通过对成本计划、控制、监督、考核和分析等来促进企业以及企业内各单位加强经济核算,努力改进管理,降低成本,提高经济效益。例如,通过正确确定和认真执行企业以及企业内部各单位的成本计划指标,可以事先控制成本水平和监督各项费用的日常开支,促使企业及企业内部各单位努力降低各种耗费;又如,通过成本的对比和分析,可以及时发现在物化劳动和劳动消耗上的节约或浪费的情况,总结经验,找出工作中的薄弱环节,采取措施挖掘潜力,合理地使用人力、物力和财力,从而降低成本,提高经济效益。

### (四)成本是企业进行经营决策的重要依据

努力提高企业在市场上的竞争能力和经济效益,是社会主义市场经济条件下对企业的客观要求。而要做到这一点,企业首先必须进行正确的生产经营决策。进行生产经营决策,需要考虑的因素很多,成本是主要因素之一。这是因为,在价格等因素一定的前提下,成本的高低直接影响着企业盈利的多少;而较低的成本可以使企业在市场竞争中处于有利地位。

# 第二节　成本会计概述

## 一、成本会计的产生与发展

成本会计是随着社会经济的发展而逐渐形成和发展起来的,是特定经济环境下的产物,成本会计既受当时经济条件的影响和制约,又服务于当时的经济社会,所以,成本会计的含义也随着经济的发展而发展变化。成本会计先后经历了早期成本会计、近代成本会计、现代成本会计三个阶段。成本会计的含义和理论体系,随着发展阶段的不同而有所不同。

### (一)早期成本会计阶段(1880—1920年)

成本会计起源于英国。19世纪产业革命后企业数量剧增,生产经营规模扩大,出现了竞争,企业的生产成本受到了人们重视。为了满足各方面对成本资料的需要,提高成本计算准确性,促使成本计算与会计核算结合起来,使成本记录与会计账簿一体化,从而产生了成本会计。当时认为成本会计就是汇集生产成本的一种制度,主要是用来计算和确定产品的生产成本和销售成本。在这期间,英国会计学家已经设计出订单成本计算和分步成本计算的方法(当时应用的范围只限于工业企业),后来传往美国及其他国家。这个时期的成本会计是早期发展阶段。这一阶段成本会计在实务方面取得以下进展:

一是建立了材料核算和管理办法。设立材料账户和材料卡片,标明"最高库存量"和"最低库存量",以确保材料既能保证生产的需要,又可以节约使用资金;实行材料管理的"永续盘存制",采取领料单制度控制材料耗用量。

二是建立了工时记录和人工成本计算方法。用人工使用卡片记录工作时间和完成产量;将人工成本先按部门归集,再分配给各种产品,以便控制和准确计算人工成本。

三是确立了间接费用的分配方法。随着生产设备的大量增加,间接费用也快速增长,先后提出了按实际数额进行分配和按间接费用正常分配的理论。

四是利用分批成本计算法和分步成本计算法计算产品成本。根据制造业的生产工艺特点,选择分批计算产品成本或分步骤计算产品成本。

五是出现了专门的成本会计组织。1919年,美国成立了全国成本会计师联合会;同年,英国也成立了成本和管理会计师协会。他们对成本会计进行了一系列的研究,为奠定成本会计的理论基础和完善成本会计方法做出了重大贡献。

在早期成本会计阶段,研究成本会计的专家劳伦斯对成本会计的定义是:"成本会计就是应用普通会计的原理、原则,系统地记录某一工厂生产和销售产品时所发生的一切费用,并确认各种产品或服务的单位成本和总成本,以供工厂管理当局决定经济的、有效的和有利的产销政策时参考"。这里强调应用会计的原理、原则来计算成本,是针对过去应用统计方法计算成本而言;此阶段成本会计刚刚形成,还是财务会计的一个组成部分。

**(二)近代成本会计阶段(1921—1950年)**

近代的成本会计,主要是美国会计学家提出了标准成本会计制度,在原有的成本积聚的基础上增加了"管理上的成本控制与分析"的新职能。在这种情况下,成本会计就不仅是计算和确定产品的生产成本和销售成本,还要事先制订成本标准,并据以进行日常的成本控制与定期的成本分析。正因为成本会计扩大了管理职能,于是应用的范围也从原来的工业企业扩大到商业企业、公用事业以及其他服务性行业。成本会计的理论和方法在这一阶段得到了进一步的完善与发展,成本会计有了以下方面的进展:

一是标准成本制度的实施。19世纪末20世纪初,以泰勒为代表的"科学管理"思想,对成本会计的发展产生了深刻的影响。1908年美国会计师惠特莫尔第一次提出的"标准成本"概念,为生产过程成本控制提供了条件。标准成本制度实施后,成本会计不只是事后计算产品的生产成本和销售成本,还要事先制定成本标准,并据以控制日常生产消耗与定期分析成本。这样,成本会计增加了事前控制的新职能,形成了管理成本会计的雏形。它标志着成本会计已经进入一个新阶段。

二是预算制度的完善。预算控制的开始是采用固定预算方法,即根据预算期间某一业务量确定相应的预算数。1928年,美国一公司的会计师和工程师根据成本与产量的关系,设计了一种弹性预算方法,分别编制固定预算和弹性预算。这就使相关费用项目的实际数与预算数更具有可比性,而且可使企业合理地控制不同属性的费用支出,便于有效地控制成本,也有利于考核经营者的工作业绩。所以,弹性预算是近代成本会计的重大进步,也是节约间接费用的最好办法。

三是成本会计的应用范围更广泛。在这一阶段,成本会计的应用范围从原来的工业企业扩大到各个行业,并深入应用到一个企业内部的各主要部门,特别是应用到企业经营的销售环节。在近代成本会计的后期,《工厂成本》《标准成本》等成本会计名著的出版,使成本会计具备了完整的理论和方法,形成了独立的成本会计学科。

到了近代成本会计阶段,成本会计又被英国会计学家杰·贝蒂定义为:"成本会计是用来详细描述企业在预算和控制它的资源(指资产、设备、人员及所耗的各种材料和劳动)利用情况方面的原理、惯例、技术和制度的一种综合术语"。标准成本会计制度的产生,使成本会计的理论和方法有了进一步的完善和发展,具有一定的独立性。它既是财务会计确定在产品成本、产成品成本、销售成本和利润的依据,又具有成本预测和控制相对独立的体系。

### (三) 现代成本会计阶段(1951 年以后)

第二次世界大战以后,科学技术迅速发展,生产自动化程度大大提高,产品更新速度加快;企业规模越来越大,跨国公司大量出现,市场竞争愈演愈烈。为了适应社会经济出现的新情况,考虑现代化生产的客观要求,提高管理的现代化,运筹学、系统工程和电子计算机等各种科学技术成就在成本会计中得到了广泛的应用,从而使成本会计发展到了一个新阶段,即成本会计发展重点由如何事中控制成本、事后计算和分析成本转移到如何预测、决策和规划成本,形成了新型的注重管理的经营性成本会计。其主要表现有:

一是开展成本预测与决策。为了控制成本,现代成本运用预测理论和方法,建立数字模型,对未来成本发展变动趋势进行估计和测算;运用决策理论和方法,依据成本预测资料,选取最优成本方案,做出正确的成本决策。变动成本法完成了成本性态的分析,将企业产品划分为变动成本和固定成本,对企业成本、业务量和利润之间各变量关系进行分析,有利于企业进行成本预测。

二是实行目标成本管理。随着目标管理理论的应用,成本会计有了新的发展。产品设计前,按照客户所能接受的价格,确定产品售价和目标利润,然后确定目标成本管理,使成本会计与工程技术等有机结合,有助于企业形成产品品质和功能优化、成本降低的竞争优势。

三是实施责任成本。1952 年美国会计学家倡导责任会计,提出建立成本中心、利润中心和投资中心相结合的会计制度,将成本目标进一步分解为各级责任单位的责任成本,进行责任成本核算,使成本控制更为有效。

四是推行质量成本。随着全面质量管理的深入开展,到 20 世纪 60 年代,质量成本概念基本形成,并确定了质量成本项目,完善了质量成本的计算方法,扩大了成本会计的研究领域,促使企业在提高产品质量的同时,进一步注重质量成本的分析。

五是施行作业成本管理。美国会计学家在 20 世纪 80 年代后期提出了作业成本法,即以作业为基础的成本计算制度,施行作业成本管理。作业成本计算是一种真正具有创新意义的成本计算方法,它是适应当代高新科学技术制造环境而形成和发展起来的。

六是形成了战略成本管理思想。20 世纪 80 年代以来,随着电脑技术的进步,生产方式的改变,产品生命周期的缩短,以及全球性竞争的加剧,大大改变了产品成本结构与市场竞争模式。英国学者西蒙首先提出了战略成本管理。成本管理的视角应由单纯的生产经营过程管理和重视股东财富,扩展到与顾客需求及利益直接相关的、包括产品设计和产品使用环节的产品生命周期管理,更加关注产品的顾客可察觉价值;同时要求企业更加注重内部组织管理,尽可能地消除各种增加顾客价值的内耗,以获取市场竞争优势。此时,战略相关性成本管理信息已成为成本管理系统不可缺少的部分。

在现代成本会计阶段,成本会计的含义又有了新的发展,一般认为,"现代成本会计是成本会计与管理会计的直接结合,它根据成本核算和其他资料,采用现代数学和数理统计的原理和方法,针对不同业务,建立起数量化的管理技术,用来帮助人们按照成本最优化的要求,对企业的生产经营活动进行预测、决策、控制、分析、考核,促使企业的生产经营实现最优运转,从而大大提高企业的竞争能力和适应能力"。西方会计学家在原有成本会计基础上,吸收了不少现代企业管理方法,形成了以管理为主的现代成本会计。它要求不仅要做好生产过程中的成本控制以及事后的成本核算和分析工作,更为重要的是做好成本预测,进行成本决策,制定目标成本。加强事先的成本控制,并且制订责任成本,进行责任成本的核算和考核,以成本的最低化方案指导生产活动,取得最佳的经济效益。

## 二、成本会计的对象

成本会计的对象是指成本会计反映和监督的内容。明确成本会计的对象,对于确定成本会计的任务,研究和运用成本会计的方法,更好地发挥成本会计在经济管理中的作用有着重要意义。

从理论上讲,成本所包括的内容,也就是成本会计应该反映和监督的内容。但为了更为详细、具体地了解成本会计的对象,还必须结合企业的具体生产经营过程和现行企业会计制度的有关规定来加以说明。下面以工业企业为例说明成本会计应反映和监督的内容。工业企业的基本生产经营活动是生产和销售工业产品。在产品的直接生产过程中,即从原材料投入生产到产成品制成的产品制造过程中,一方面制造出产品来;另一方面要发生各种各样的生产耗费。这一过程中的生产耗费,概括地讲,包括劳动资料与劳动对象等物化劳动耗费和活劳动耗费两大部分。其中房屋、机器设备等作为固定资产的劳动资料,在生产过程中长期发挥作用,直至报废而不改变其实物形态,但其价值则随着固定资产的磨损,通过计提折旧的方式,逐渐地、部分地转移到所制造的产品中去,构成产品生产成本的一部分;原材料等劳动对象,在生产过程中或者被消耗掉,或者改变其实物形态,其价值也随之一次全部地转移到新产品中去,也构成产品生产成本的一部分;生产过程是劳动者借助劳动工具对劳动对象进行加工、制造产品的过程,通过劳动者对劳动对象的加工,才能改变原有劳动对象的使用价值,并且创造出新的价值来。其中劳动者为自己劳动所创造的那部分价值,则以工资形式支付给劳动者,用于个人消费,因此,这部分工资也构成产品生产成本的一部分。具体来说,在产品的制造过程中发生的各种生产耗费,主要包括原料及主要材料、辅助材料、燃料等的支出,生产单位(如分厂、车间)固定资产的折旧,直接生产人员及生产单位管理人员的工资以及其他一些货币支出等。所有这些支出,就构成了企业在产品制造过程的全部生产费用,而为生产一定种类、一定数量产品而发生的各种生产费用支出的总和就构成了产品的生产成本。上述产品制造过程中各种生产费用的支出和产品生产成本的形成,是成本会计应反映和监督的主要内容。在产品的销售过程中,企业为销售产品也会发生各种各样的费用支出。例如,应由企业负担的运输费、装卸费、包装费、保险费、展览费、差旅费、广告费,以及为销售本企业商品而专设销售机构的职工工资及福利费、类似工资性质的费用、业务费等。所有这些为销售本企业产品而发生的费用,构成了企业的销售费用。销售费用也是企业在生产经营过程中所发生的一项重要费用,它的支出及归集过程,也应该成为成本会计所反映和监督的内容。

企业的行政管理部门为组织和管理生产经营活动,也会发生各种各样的费用。例如,企业行政管理部门人员的工资、固定资产折旧、工会经费、业务招待费、坏账损失等。这些费用可统称为管理费用。企业的管理费用,也是企业在生产经营过程中所发生的一项重要费用,其支出及归集过程,也应该成为成本会计所反映和监督的内容。

此外,企业为筹集生产经营所需资金等也会发生一些费用。例如,利息净支出、汇兑净损失、金融机构的手续费等。这些费用可统称为财务费用。财务费用亦是企业在生产经营过程中发生的费用,它的支出及归集过程也应该属于成本会计反映和监督的内容。

上述的销售费用、管理费用和财务费用,与产品生产没有直接联系,而是按发生的期间归集,直接计入当期损益的,因此,它们构成了企业的期间费用。

综上所述,按照工业企业会计制度的有关规定,可以把工业企业成本会计的对象概括为:工业企业生产经营过程中发生的产品生产成本和期间费用。

商品流通企业、交通运输企业、施工企业、农业企业等其他行业企业的生产经营过程虽然各有其特点,但按照现行企业会计制度的有关规定,从总体上看,它们在生产经营过程中所发生的各种费用,同样是部分形成企业的生产经营业务成本,部分作为期间费用直接计入当期损益。因此,从现行企业会计制度的有关规定出发,可以把成本会计的对象概括为:企业生产经营过程中发生的生产经营业务成本和期间费用。

以上按照现行企业会计制度的有关规定,对成本会计的对象进行了概括性的阐述。但成本会计不仅应该按照现行企业会计制度的有关规定为企业正确确定利润和进行成本管理提供可靠的生产经营业务成本和期间费用信息,而且应该从企业内部经营管理的需要出发,提供多方面的成本信息。例如,为了进行短期的生产经营的预测和决策,应计算变动成本、固定成本、机会成本和差别成本等;为了加强企业内部的成本控制和考核,应计算可控成本和不可控成本;为了进一步提高成本信息的决策相关性,还可以计算作业成本;等等。上述按照现行企业会计制度的有关规定所计算的成本(包括生产经营业务成本和期间费用),可称为财务成本;为企业内部经营管理的需要所计算的成本,可称为管理成本。因此,成本会计的对象,总括地说应该包括各行业企业的财务成本和管理成本。

### 三、成本会计的内容

成本会计的对象就是成本会计反映和监督的内容,成本会计的内容就是成本会计对象的具体化。由于现代成本会计与管理紧密结合,因此,它实际上包括了成本管理的各个环节。现代成本会计的主要内容包括成本预测、成本决策、成本计划、成本控制、成本核算、成本分析和成本考核等七个方面。成本会计的各个部分内容是相互联系、互为条件的，并贯穿企业生产经营活动的全过程，在全过程中发挥作用。

### （一）成本预测

成本预测是根据历史资料和结合市场调查等渠道获取的各种信息，并考虑生产技术条件的变化，运用科学的方法，对未来成本水平和变化趋势做出的科学推测与估计。通过成本预测，有助于企业管理人员了解成本发展的前景，提高降低成本的自觉性。成本预测的内容包括：在决策阶段进行的各种不同方案的成本预测，为选择最佳成本方案提供依据；在计划阶段进行目标成本预测、计划期成本降低方案和情况的预测等，使成本计划建立在科学的基础上；在计划实施和生产过程中对成本水平的发展趋势与结果进行预测，提供及时有效的成本信息，实施有效的成本控制。

### （二）成本决策

成本决策是运用定量与定性的方法，对各个成本方案进行选择，从而确定一个能使经济效益最好、成本最低的最优成本方案的行为。成本决策是经营管理决策的一个重要组成部分，为了保证成本决策的科学性与可靠性，成本决策应在充分占有资料的基础上进行。在成本管理的各个环节，都存在大大小小的成本决策问题。例如，目标成本的确定，新产品设计、老产品改造中产品成本的决策，合理下料方案的决策，自制和外购零部件的决策，生产批量的决策，产品质量成本决策，定额变动决策，等等。

### （三）成本计划

成本计划是根据计划期的生产任务和目标利润，通过一定程度，以货币计量形式规定计划期产品生产的控制标准和成本水平，并以书面文件的形式下达企业各管理部门和生产车间执行。工业企业的成本计划通常包括以下内容：按照生产要素确定的企业生产耗费，编制生产费用预算；按照产品确定产品的生产耗费，编制产品单位成本和全部商品产品成本计划；提出降低成本和保证计划实施的主要措施方案。成本计划是建立成本管理责任制的基础，是成本目标的具体化，是成本控制、成本分析和成本考核的重要依据。

### （四）成本控制

成本控制是根据预定的目标，对成本发生和形成过程以及影响成本的各种因素条件施加主动的影响，以实现最优成本和保证合理的成本补偿的一种行为。从企业的经营过程来看，成本控制包括产品的产前控制、生产过程控制和产后控制。成本的产前控制是从建厂、扩建、改建、技术组织措施，以及新产品设计、研制、老产品改造直至产品正式投产前所进行的一系列的降低产品成本的活动。产前控制是整个成本控制活动中最重要的环节，它直接影响以后产品制造成本和使用成本的高低。产品生产过程中的成本控制包括从安排生产计划、采购原材料、生产准备、生产，直到产品完工入库这一整个过程，生产过程的成本控制是对制造产品实际劳动耗费的控制，包括原材料耗费的控制、人工耗费的控制、劳动工具耗费和其他费用支出的控制等方面。产后成本控制是指从产品完工入库直到售出这一商品流通环节的成本控制，其控制内容主要包括产品库存费用、资金占用利息、运输包装费用、广告费用、销售机构及有关费用。

### （五）成本核算

成本核算是指对生产经营中所发生的费用，按照一定的对象与标准进行汇集与分配，以计算出各对象的实际总成本和实际单位成本。通常情况下，企业需要根据国家的财经制度，设计适合自己生产经营特点和管理要求的成本会计核算制度，包括成本核算对象、成本计算期的确定、费用归集与分摊标准划分、成本科目与账簿设置、各种费用的界限划定、产品成本计算方法的选择等多项内容，并以此为基础进行成本核算。成本核算既是对实际生产耗费进行如实反映的过程，也是对各种生产费用实际支出的控制、监督的过程。成本核算是成本会计最基本的工作，传统意义上的成本会计是相对于成本核算而言。

### （六）成本分析

成本分析主要是利用成本核算和其他有关资料，全面分析成本水平与构成的变动情况，系统地研究成本各项目发生变动的原因，确定各因素的变化及其对成本的影响程度。成本分析的主要内容包括：全部商品产品成本计划完成情况分析、可比产品成本降低任务完成情况分析、单位产品成本分析、主要技术经济指标变动对成本影响的分析、国内外同类产品成本对比分析。通过成本分析既可以发现差异，分清原因、落实责任，寻求降低成本的潜力；又可以认识和掌握成本费用的变动规律，为未来的成本预测和决策以及编制新的成本计划提供重要的参考资料。

### （七）成本考核

成本考核是指定期通过成本指标的对比分析，对目标成本的实现情况和成本计划指标的完成结果进行的全面审核、评价成本管理实绩，是实现全面成本管理的重要环节，是对成本实行计划管理的重要手段。考核时，应以国家的政策法令为依据，以企业的成本计划为标准，以完整可靠的资料、指标为基础，以提高经济效益为目标。在企业内部可以将产品的计划成本或目标成本指标进行分解，指定企业内部的成本考核指标，分别下达各内部责任单位，明确其在完成成本指标上的经济责任，并按期进行考核。成本考核主要是对责任者的目标成本的执行业绩进行检查与评价，并与奖惩结合，根据考核结果确定奖惩，以调动降低成本的积极性。

成本会计作为企业的一种重要管理活动，它包括成本预测、成本决策、成本计划、成本控制、成本核算、成本分析、成本考核等七个方面的内容。这七个方面的内容互相联系、互相依存，构成了成本会计工作的有机整体。成本预测是成本决策的前提和依据，成本决策又是成本预测的目的。成本计划是成本决策所确定的成本目标的量化标准，同时又是成本控制、成本分析和成本考核的依据。成本控制是对成本计划执行中所出现偏差的调控，是保证成本决策目标实现的手段。成本核算通过对产品（或商品、劳务）成本和期间费用的核算，可以反映成本计划的执行结果，考核成本决策目标是否实现。成本核算和成本计划信息是成本分析的依据，成本分析则可以查明成本计划的完成情况和实际脱离计划的原因，挖掘降低成本、节约费用的途径。成本考核依据成本计划、成本核算和成本分析的信息对责任者进行考核和评价，是实现成本决策目标、强化成本核算作用的重要手段。

上述七个方面的内容是就成本会计的广义内容而言的，而就其狭义的内容而言是指成本核算和成本分析。根据本教材使用对象的特点，本教材只对成本会计中的成本核算、成本控制和成本分析等方面进行阐述。

## 四、成本会计的任务

成本会计的根本任务是企业尽可能节约生产经营过程中活劳动与物化劳动的消耗，不断降低产品成本，提高经济效益。这同成本会计的职能有着密切联系：成本会计能否承担某一项任务，取决于它是否具有完成该项任务的职能；成本会计职能的发挥程度又受制于任务完成情况的好坏。但是成本会计的职能和任务又是各有特定含义的独立概念。职能是指成本会计本身所具有的功能，具有客观性、相对稳定性以及普遍适用性的特点；而任务是指发挥职能作用所要达到的目的和要求，它具有主观性、不稳定性以及与社会环境密切相关的特点。所以成本会计的任务不仅取决于其职能作用，还取决于一定时期社会环境的需要和企业的中心任务。成本会计的具体任务主要有以下四项。

### （一）正确计算产品成本，及时提供成本信息

按照国家有关法规、制度的要求和企业经营管理的需要，及时、正确地进行成本核算，提供真实、有用的成本信息，是成本会计的基本任务。成本数据正确可靠，才能满足管理的需要。如果成本资料不能反映产品成本的实际水平，不仅难以考核成本计划的完成情况和进行成本决策，而且还会影响利润的正确计量和存货的正确计价，歪曲企业的财务状况。及时编制各种成本报表，可以使企业的有关人员及时了解成本的变化情况，并作为制订售价、做出成本决策的重要参考资料。在成本管理中，对各项费用的监督与控制主要是在成本核算过程中，利用有关核算资料来进行的；成本预测、决策、计划、考核、分析等也是以成本核算所提供的成本信息为基本依据的。

### （二）进行成本预测，优化成本决策

成本会计的任务之一是通过成本预测和决策，争取企业经济效益的最优化。成本会计人员要根据企业生产技术和财务计划以及历史的成本资料，结合市场调查，运用科学的方法，预测成本水平，拟定各种成本降低方案，供企业决策层在比较分析之后，做出决策。优化成本决策，需要在科学的成本预测基础上收集整理各种成本信息，在现实和可能的条件下，采取各种降低成本的措施，从若干可行方案中选择生产每件合格产品所消耗活劳动和物化劳动最少的方案，使成本最低化作为制定目标成本的基础。为了优化成本决策，需增强企业员工的成本意识，使之在处理每一项业务活动时都能自觉地考虑和重视降低产品成本的要求，把所费与所得进行比较，以提高企业的经济效益。

### （三）编制成本计划，加强成本控制

企业必须在经营管理中加强预见性和计划性。也就是说，面对市场，企业应在分析过去的基础上，科学地预测未来，周密地对自身的各项经济活动实行计划管理。就企业的成本管理工作来说，它是一项综合性很强、涉及面很广的管理工作，仅靠财会部门和成本会计工作是难以完成的。但成本会计作为一项综合性很强的价值管理工作，应充分发挥自己的特点，在成本的计划管理中，发挥主导作用。为了使企业成本管理工作有计划地进行和对费用开支有效地进行控制，成本会计工作应在企业各有关方面的配合下，根据目标成本编制成本计划，制定成本费用的控制标准以及降低成本应采取的主要措施，以作为对成

本实行计划管理,建立成本管理的责任制,开展经济核算和控制费用支出的基础。成本会计必须以国家有关成本费用开支范围和开支标准,以及企业的有关计划、预算、规定、定额等为依据,对企业发生的各种费用、成本进行审核和控制,防止和避免各种浪费和损失,监督企业内部各单位严格按照计划、预算和规定办事,并积极探求节约开支、降低成本的途径和方法,努力控制各种消耗在限额之内,以促进企业经济效益的不断提高。

**(四) 进行成本分析,加强成本考核**

在现实工作中,由于成本综合性很强,其计划完成情况受诸多因素影响,因此,必须全面客观地对待。通过成本分析,揭示影响成本升降的各种因素及其影响程度,认真分析成本脱离计划的差异,以便正确评价企业及企业各部门有关单位在成本管理中的成绩,揭示企业成本管理中存在的问题,促进成本管理的改善。成本会计必须按照成本计划等的要求,认真落实成本责任制,进行成本考核,肯定成绩,找出差距,鼓励先进,鞭策落后。成本责任制是对企业各部门、各层次和执行人在成本方面的职责所做的规定,是提高职工降低成本的责任心,发挥其主动性、积极性和创造力的有效办法。建立成本责任制度,要把完成成本降低任务的责任落实到每个部门、层次和责任人,使职工的责、权、利相结合,职工的劳动所得同劳动成本相结合;各责任单位与个人要承担降低成本之责,执行成本计划之权,获得奖惩之利。实行成本责任制度时,成本会计要以责任者为核算对象,按责任的归属对所发生的可控成本进行记录、汇总、分配整理、计算、传递和报告,并把各责任单位或个人的实际可控成本与其目标成本相比较,揭示差异,寻找发生原因,据以确定奖惩并挖掘进一步降低成本的潜力。

# 第三节　成本会计工作的组织

成本会计的工作内容繁多,程序较复杂,涉及面广,业务性强。为此,企业应合理地组织成本会计工作,保证成本会计各项任务的顺利完成。成本会计工作的组织一般包括:建立、健全成本会计机构,配备必要的成本会计人员,制定合理的成本会计制度。

## 一、成本会计工作组织的原则

任何工作的组织都必须遵循一定的原则,成本会计工作也不例外,一般来说,企业应根据本单位生产经营的特点、生产规模的大小和成本管理的要求等具体情况来组织成本会计工作。具体来说,必须遵循以下几项主要的原则。

**(一) 成本会计工作必须与技术相结合**

成本是一项综合性的经济指标,它受多种因素的影响。其中产品的设计、加工工艺等技术是否先进、经济上是否合理,对产品成本的高低有决定性的影响。在传统的成本会计工作中,会计部门多注重产品加工中的耗费,而对产品的设计、加工工艺、质量、性能等与产品成本之间的联系则考虑较少,甚至有的成本会计人员不懂基本的技术问题;相反,工程技术人员考虑产品的技术方面的问题多,而对产品的成本则考虑较少。这种成本会计工作与技术工作的脱节,使得企业在降低产品成本方面受到很大限制,成本会计工作也往往仅限于事后算账,起提供成本核算资料的作用。因此,为了在提高产品质量的同时不断降低成本,提高企业经济效益,在成本会计工作的组织上应贯彻与技术相结合的原则。不仅要求工程技术人员要懂得相关的成本知识,树立成本意识,成本会计人员也必须改变传统的知识结构,具备正确进行成本预测、参与与经营决策相适应的生产技术方面的知识。只有这样,才能在成本管理上实现经济与技术的结合,才能使成本会计工作真正发挥其应有的作用。

**(二) 成本会计工作必须与经济责任制相结合**

为了降低成本,实行成本管理上的经济责任制是一条重要的途径。由于成本会计工作是一项综合性的价值管理工作,涉及面广、信息灵,因此,企业应摆脱传统上只注重成本会计事后核算作用的片面性,充分发挥成本会计的优势,将其与成本管理上的责任制有机结合起来,这样可以使成本管理工作收到更好的效果。例如,在实行成本分级归口管理的情况下,应使成本会计工作处于中心地位,由其具体负责成本指标的制定、分解落实,日常的监督检查,成本信息的反馈、调节以及成本责任的考核、分析、奖惩等工作。又如,为了配合成本分级归口管理,不仅要搞好厂一级的成本会计工作,而且应该完善各车间的成本会计工作,使之能展开车间成本的核算与分析,并指导和监督班级的日常成本管理工作,从而使成本会计工作渗透到企业生产经营的各个环节,更好地发挥其在成本管理经济责任制中的作用。

**(三) 成本会计工作必须建立在广泛的职工群众基础上**

不断挖掘潜力,努力降低成本,是成本会计的根本性目标。但各种耗费是在生产经营的各个环节发生的,成本的高低取决于各部门、车间、班组和职工的工作质量。同时,各级各部门的职工群众最熟悉生产经营情况,最了解哪里有浪费现象,哪里有节约的潜力。因此,要加强成本管理,实现降低成本的目标,不能仅靠几个专业人员,必须充分调动广大职工群众在成本管理上的积极性和创造性。为此,成本会计人员还必须做好成本管理方面的宣传工作,经常深入实际了解生产经营过程中的具体情况,与广大职工群众建立起经常性的联系;吸引广大职工群众参加成本管理工作,增加广大职工群众的成本意识和参与意识,以便互通信息,掌握第一手资料,从而把成本会计工作建立在广泛的职工群众基础之上。

## 二、成本会计机构和人员

企业的成本会计机构是处理成本会计工作的职能部门,是整个企业会计机构的一部分。成本会计机构设置是否适当,将会影响成本会计工作的质量和效率。影响成本会计机构设置的因素有很多,企业的业务类型与经营规模是影响成本会计业务复杂性与工作量大小的最重要因素。不同的经营规模与业务类型,成本会计的内容与数量也会有所不同,因此在组织机构设置上也将有差别。设置成本会计机构应明确企业内部对成本会计应承担的职责、义务和任务,坚持分工与协作相结合,统一与分散相结合,专业与群众相结合的原则,使成本会计机构的设置与企业规模大小、业务繁简、管理要求相适应。

在大中型企业,通常设置专门的成本会计机构,如单独设置成本科或成本处,有的企业在会计机构中设置成本股或成本组;在小型生产企业里,通常在会计部门中指定专人负责成本会计工作。

成本会计机构的具体设置,还要以成本会计工作组织形式为基准。成本会计工作的组织形式即企业内部各级成本会计机构之间的组织分工,有集中核算形式和非集中核算形式两种。

在集中核算形式下,企业的一切成本会计业务,都集中在厂部成本职能部门进行,其他职能部门、车间,一般只负责提供原始资料。这种核算形式可以使成本核算资料集中在厂部成本部门,减少核算层次,精简工作人员,厂部成本会计机构可以及时掌握企业全面的成本信息。但是这种核算形式不便于实行责任成本核算,不便于企业内部其他部门掌握和控制其成本费用支出。

非集中核算形式,也称分散核算形式,在这种形式下成本会计工作由厂部、车间的成本会计机构共同分工完成。成本会计的各项具体工作分散到车间等基层单位的成本会计机构或人员来进行,如成本计划的制定、成本计算、成本控制、成本分析等;厂部的成本科室负责处理那些不便或不能分散到车间进行的成本费用工作,如厂部职能科室发生的有关管理费用或共同费用,以及负责处理成本数据的汇总与考核工作。采用非集中核算形式,可以使成本工作更好地与各部门、各车间的生产经营管理结合起来,使各部门、各车间能及时了解本单位的成本水平及其升降情况,更加直接有效地指导生产。但是这种核算形式增加了成本会计的工作层次和工作人员。

企业采用哪种核算形式,要从有利于更好地完成成本会计任务出发,并根据企业的规模大小和经营管理水平等条件来决定。一般来说,大型企业采用非集中核算工作方式,中小企业采用集中工作方式为宜,也可以根据企业实际,将两种方式结合起来运用,即对某些部门采用分散工作方式,而对另一些部门则采用集中工作方式。

在我国,有的企业为配合成本归口分级管理的需要,除厂部、车间设置专职的成本会计人员外,还建立了由工人以不脱产的方式兼任核算工作的制度,即所谓班组核算。这是我国行之有效的一种基层核算。由于产品生产过程中的各种消耗大多是在班组中发生的,班组对各种耗费的节约直接影响成本的高低,因此实施班组成本核算不但是工人群众参加成本管理的一种有效形式,也是推行成本岗位责任制、挖掘降低成本潜力的重要途径。

### 三、成本会计制度

成本会计制度是组织和从事成本会计工作必须遵循的规范和具体依据,是会计制度的一个组成部分。企业应遵循国家有关法律、法规、制度,如《中华人民共和国会计法》《企业财务通则》《企业会计准则》等有关规定,适应企业生产经营的特点和管理要求,符合简便易行、实用有效的原则,制定企业内部成本会计制度,作为企业进行成本会计工作具体和直接的依据。

成本会计制度的内涵与外延随着经济环境的变化在不断发展变化。成本会计制度有广义和狭义之分。狭义的成本会计制度主要指成本计算和成本账户体系规定,即成本核算制度。广义的成本会计制度,以成本管理为目的,内容包括成本预测、决策、计划、控制、核算、分析和考核等所做出的有关规定,指导着成本会计工作的全过程。现代成本会计通常是广义的成本会计,因而对其制度的确立,通常应包括以下方面:

(1)关于成本预测、决策的制度。

(2)关于成本定额和成本计划的编制办法。

(3)关于成本控制的制度。

(4)关于成本核算的制度。包括成本开支范围的规定、成本会计科目和成本项目的设置,成本计算对象和成本计算方法的确定,生产费用的归集与综合费用的分配,费用在完工产品与在产品之间的分配等方面的规定。

(5)关于成本会计信息的反馈和分析制度。

(6)关于成本考核的制度。

(7)其他有关的成本会计制度。

上述各项成本会计制度,一部分由国家统一规定,如成本开支范围、成本项目规定等,以便对外披露口径的统一;另一部分由企业自行制定。对于国家统一规定的部分,企业应严格遵照执行。企业自己制定的成本会计制度部分,也应符合国家的法律和有关会计制度。

成本会计制度是开展成本会计工作的依据和行为规范,其是否科学、合理会直接影响成本会计工作的成效。因此成本会计制度的制定,是一项严肃的工作,必须积极、慎重。在成本会计制度的制定过程中,有关人员不仅应熟悉国家有关法律、制度的规定,而且应深入基层做广泛、深入的调查和研究工作,在反复试点,具备充分依据的基础上进行成本会计制度的制定工作。成本会计制度一经制定,应保持相对的稳定。制度的修订是一项严肃的、涉及面较大且复杂的工作,必须既要积极,又要稳妥,不能轻易废止,以免无章可循,引起成本会计工作的混乱,财务成本信息应及时、准确地提供。

## 【本章小结】

产品成本就其实质来说,是生产经营过程中物化劳动的转移价值和劳动者为自己劳动所创造价值的货币表现,也就是企业在生产经营中所耗费的资金的总和。这就是社会主义制度下的成本的经济实质,其构成商品的理论成本,成为规范成本开支内容的客观依据。应该注意的是理论成本与实际工作中所应用到的成本概念是有一定差别的。成本在经济管理中有着重要作用,成本是产品生产消耗的补偿尺度,成本是制定产品价格的重要因素,成本是衡量管理水平的重要标志,成本是企业进行经营决策的重要依据。

成本会计是随着社会经济的发展而逐渐形成和发展起来的,成本会计先后经历了早期成本会计、近代成本会计、现代成本会计三个阶段。成本会计的对象,总括地说包括各行业企业的财务成本和管理成本。现代成本会计的主要内容包括成本预测、成本决策、成本计划、成本控制、成本核算、成本分析和成本考核等七个方面。成本会计的任务是正确计算产品成本,及时提供成本信息;进行成本预测,优化成本决策;编制成本计划,加强成本控制;进行成本分析,加强成本考核。成本会计工作的组织一般包括:建立、健全成本会计机构,配备必要的成本会计人员,制定合理的成本会计制度。

## 【复习思考题】

1. 成本的经济实质是什么?
2. 成本在经济管理中有何重要作用?
3. 成本会计的内容有哪些? 它们之间关系如何?
4. 成本会计的任务是什么?
5. 成本会计工作有哪两种组织方式? 它们各有什么优缺点?

## 【案例分析题】

明达公司 9 月份发生如下支出:① 工厂机器设备采用直线法计提的折旧;② 生产椅子使用木材的成本;③ 工厂厂房的保险费;④ 工厂的水电费;⑤ 采购部经理薪资;⑥ 销货人员的佣金;⑦ 组装线上工人的工资;⑧ 行政管理部门领导的薪资;⑨ 办公使用纸张的费用;⑩ 机器使用润滑油的费用。

**思考**:以上支出应计入何种成本费用项目? 为什么? 运用费用的概念及相关分类理论回答。

## 【练习题】

### 一、判断题

1. 成本的经济实质,是企业在生产经营过程中所耗费的资金的总和。                         (    )
2. 在实际工作中,确定成本的开支范围应以成本的经济实质为理论依据。         (    )
3. 总括地讲,成本会计的对象就是产品的生产成本。                                       (    )
4. 成本会计的内容,包括成本的预测、决策、计划、核算、控制、考核和分析。    (    )
5. 成本预测和计划是成本会计最基本的任务。                                              (    )
6. 企业主要应根据外部有关方面的需要来组织成本会计工作。                          (    )

### 二、单项选择题

1. (      )构成商品的理论成本。
   A. 已耗费的生产资料转移的价值
   B. 劳动者为自己劳动所创造的价值
   C. 劳动者为社会劳动所创造的价值
   D. 已耗费的生产资料转移的价值和劳动者为自己劳动所创造的价值

2. 成本的经济实质是(      )。
   A. 生产经营过程中所耗费生产资料转移价值的货币表现
   B. 劳动者为自己劳动所创造价值的货币表现
   C. 劳动者为社会劳动所创造价值的货币表现

　D. 企业在生产经营过程中所耗费的资金的总和

3. 一般来说,实际工作中的成本开支范围与理论成本包括的内容( )。

　　A. 是有一定差别的 　　　　　　B. 是相互一致的

　　C. 是不相关的 　　　　　　　　D. 是可以相互替代的

4. 从现行行业企业会计制度的有关规定出发,成本会计的对象是( )。

　　A. 各项期间费用的支出及归集过程

　　B. 产品生产成本的形成过程

　　C. 诸会计要素的增减变动

　　D. 企业在生产经营过程中发生的生产经营业务成本和期间费用

5. 构成产品成本的各项消耗指的是企业的( )。

　　A. 生产经营费用 　　　　　　　B. 生产费用

　　C. 期间费用 　　　　　　　　　D. 生产费用和期间费用

### 三、多项选择题

1. 商品的理论成本是由生产商品所耗费的( )构成。

　　A. 生产资料转移的价值 　　　　B. 劳动者为自己劳动所创造的价值

　　C. 劳动者为社会劳动所创造的价值 　D. 必要劳动

2. 成本的主要作用有( )。

　　A. 补偿生产耗费的尺度

　　B. 综合反映企业工作质量的重要指标

　　C. 企业对外报告的主要内容

　　D. 制定产品价格的重要因素和进行生产经营决策的重要依据

3. 成本会计的对象,总括地说应该包括( )。

　　A. 产品销售收入的实现过程 　　B. 财务成本

　　C. 管理成本 　　　　　　　　　D. 利润的实现和分配过程

4. 成本会计的内容包括( )。

　　A. 成本预测和决策 　　　　　　B. 成本计划和控制

　　C. 成本核算 　　　　　　　　　D. 成本考核和分析

5. 一般来说,企业应根据( )来组织成本会计工作。

　　A. 本单位生产经营的特点 　　　B. 对外报告的需要

　　C. 本单位生产规模的大小 　　　D. 本单位成本管理的要求

# 第二章　产品成本核算概述

【案例导入】

### 怎样进行生产成本与期间费用的划分

刘丽大学毕业后,成了新兴工厂的一名会计。上班后被安排在成本核算这一会计岗位,本月份发生下列各项经济业务:外购原材料120 000元,其中生产耗用10 000元;外付燃料费用2 000元,电费5 000元,其中生产产品耗用4 000元,生产车间耗用2 000元,公司管理部门耗用1 000元;计算本月车间生产工人工资100 000元,车间管理人员工资5 000元,福利费700元;公司管理人员工资10 000元,福利费1 400元;车间办公费500元,生产用机器修理费500元;支付销售部门产品推广费1 000元;支付购买原材料所借款项100 000元的利息5 000元,支付车间使用设备所借款项500 000元的利息30 000元;计提本月折旧200 000元,其中管理部门40 000元,生产车间160 000元。刘丽认为费用按照经济内容分类为434 500元;计入生产成本的费用为360 200元;计入期间费用的数额为453 100元。请思考刘丽得出的结论是否正确?从成本核算的角度看,费用按经济内容分类与费用按经济用途分类有什么作用?这两种分类之间有怎样的逻辑关系?

# 第一节　产品成本核算原则

产品成本核算的正确与否,对企业的财务状况和经营成果都将产生直接的影响,同时,产品成本会计信息也是会计信息使用者做出决策的重要依据。因此,必须制定一系列具有指导和规范作用的成本核算原则,作为指导成本核算工作的准绳和标准。成本核算原则与财务会计信息质量要求既有联系又有区别,一些成本核算原则与财务会计信息质量要求名称相同,但具体内容不同。目前,一般认为,成本核算原则包括以下几点。

## 一、合法性原则

合法性原则是指计入成本的内容,都必须符合国家法律、法令和制度的规定,不符合规定的支出不能计入成本,不得虚列和多计成本。如我国相继由国务院和财政部颁布了成本管理暂行条例、会计制度、会计准则等规范性文件,都对产品成本的构成内容进行了规范,这就要求企业在成本核算中要依法办事,该进成本的进成本,不该进成本的就不进成本。例如,凡是属于购建长期资产的各项资产成本,就应相应地计入"在建工程""固定资产""无形资产""长期待摊费用"等账户,在各项资产未耗费之前不得直接计入成本、费用;另外,企业对外捐赠、发生非常损失等,也不得反映在产品成本中。

## 二、可靠性原则

可靠性原则是指成本核算信息真实、正确。真实是指已入账的所有成本及耗费,是客观发生过的经济事实或者有确凿证据表明已显现的跌价和减值,无虚构和秘密计提现象;正确是指在耗费分配计入的过程中,始终贯彻受益原则,而且是严格按受益程度分配的,尤其要注意的是所选择的分配标准与所发生的耗费之间应存在着合乎逻辑的因果关系。如材料采购过程中发生的搬运、仓储等耗费,就应按各材料的受益程度(如材料的重量、体积或买价等比例)分配计入各个品种材料的采购成本;同理,同一产品车间几种产品共同耗费的制造费用,也要按各个产品的受益程度(如各产品的生产工时、生产工资比例或所耗费的资源作业等比例)分配计入各产品的制造成本。

## 三、相关性原则

相关性原则包括成本信息的有用性和及时性。有用性是指成本核算要为管理者提供有用的成本信息,为成本预测、决策与控制服务。及时性是强调成本费用信息取得的时间性,只有及时进行成本核算,才能及时进行信息反馈,才能及时采取措施,改进工作,控制成本费用。若不能及时进行成本计算,及时提供成本资料,就会影响企业财务会计报告的编制和进行科学的决策与控制。

## 四、实际成本计价原则

实际成本计价原则也叫历史成本计价原则。实际成本计价原则要求企业在组织成本核算时,要以实际发生的成本为依据,不得提前、推迟确认各期产品的成本,更不能虚构产品的成本。

从会计核算的角度来看,由于整个财务会计都主要是以历史成本作为计量属性的,要求企业的各项财产在取得时应当按照实际成本计量。成本核算主要是为了正确地反映企业的财务状况和经营成果,所以必须以实际发生的经济资源耗费为依据。即各种原材料的耗费必须以采购时确定的原材料成本及耗费的材料数量计算;人工耗费以生产工人实际耗费的工时和小时工资率或以产量和每件产品工资率进行计算;其他耗费以实际成本为依据进行计算。即使企业管理当局出于进行成本计划管理的需要,对有关生产费用和成本制定定额,实行定额管理,但最终也必须调整为按实际成本来反映产品生产的消耗情况。

## 五、权责发生制原则

权责发生制原则不仅是企业财务会计中确定本期收益的会计基础,同时也是企业进行成本核算的基础。在财务会计中,按权责发生制原则的要求,凡是当期已经实现的收入和已经发生的费用,不论款项是否收付,都应作为当期的收入和费用;凡是不属于当期的收入和费用,即使款项已在当期收付,也不应作为当期的收入和费用。

会计实务中许多会计事项的发生期间与应归属的期间往往不相一致。例如,有的资金耗费虽然是在本期发生的,但它属于预支的性质,而不应归属于本期;有的资金耗费虽然不在本会计期间,但本期已经实际受益,而必须在本期确认为产品制造加工的耗费。所以,为了全面、正确地计算各个会计期间产品生产中各项经济资源的耗费情况,成本会计核算时也必须遵循权责发生制,并按照受益原则,正确地把企业发生的各项资金耗费归属于不同的会计期间以及成本计算对象。

在成本会计中运用权责发生制原则,主要是解决产品成本的确认问题。按照权责发生制的要求,凡是应计入本期产品成本的项目,不管它是否支付了现金,均应在本期确认产品的成本;不属于本期产品应负担的成本,即使已经支出了,也不能作为本期产品的成本。

## 六、一致性原则

一致性原则要求企业的成本核算方法尽量保持前后期一致,不得随意变更,以使计算出来的成本资料便于前后期比较,并保证各个会计期间所反映的生产费用、在产品和产成品成本的信息具有可比性,绝不允许企业为了调节不同期间的成本指标和盈亏情况而频繁地改变成本核算方法。这是因为经济生活中有些资产的耗费是无法绝对准确地加以衡量和计算的,如固定资产每月的折旧额、共同性费用在各受益的成本计算对象之间的分配等,如此种种只能根据成本会计人员长期实践的经验和较为科学的思维能力,做出一种合乎逻辑的判断,确定采用哪种方法,选用哪个分配标准较为合理。正是由于同一成本问题的各种方法其计算结果差别很大,所以要求在一定期间相邻月份都采用一致的方法,这样就可维持企业成本指标口径的一致性与计算结果的相对可靠。

当然,一致性原则并不是说所采用的成本核算方法就永远不变,也不能改变,如果采用原方法的生产环境、市场条件发生了根本性的变化,以至于使按原来的方法计算的产品成本无法如实反映企业产品生产耗费情况,进而无法反映企业的财务状况和经营成果时,还是允许改变的,就应该研究采用更为贴切的新的方法。但如果因生产费用核算和成本计算方法改变而可能影响会计信息使用者对会计信息的理解时,企业应在年度财务报告中,就改变的原因以及对企业财务状况和经营成果的影响情况加以说明,以保证信息的充分披露。与生产费用核算、成本计算有关的方法,主要包括材料发出成本的计价方法、固定资产折旧方法、制造费用(包括服务部门费用)的分配方法、生产费用在产品与完工产品之间分配的方法以及具体的成本计算方法等。

### 七、成本—效益原则

成本—效益原则是指在决定是否采取某种举措时要进行所得与所费的比较,当所得大于所费时就为之;反之,当所得小于所费时就不为之。

从决策的角度或企业管理方面的需要来说,总是希望成本计算得越细越精确越好,提供的成本数据资料越多越好,因为只有这样,才能保证经营决策符合实际,并使其在实践中切实可行,但也必须要考虑到企业提供这种信息的成本。一般而言,管理当局赖以决策的各种数据资料,都可通过一定的会计程序获得,但有些数据资料的获得则是要花相当多的成本的。为此,就必须按照成本—效益原则,通过比较提供资料所用的成本与由此而获得的效益,来决定究竟要花费多大成本、要提供哪些信息,才能做到成本最低而效益最高。例如,采用品种法比采用分类法计算成本计算结果准确度要高,但若付出的代价远远大于采用品种法可带来的利益时,就应采用分类法计算。

### 八、重要性原则

重要性原则要求企业对于重要的会计事项,必须按照规定的会计方法和程序进行处理,并在财务会计报告中予以充分、准确披露;对于次要的会计事项,在不影响会计信息真实性和不至于误导财务会计报告使用者做出正确判断的前提下可适当简化处理。在成本核算中运用重要性原则,要求企业对于一些主要产品、主要费用,应采用比较详细的方法进行分配与计算;而对于一些次要的产品、费用,则可采用简化的方法,进行合并计算和分配,而不能不分主次。这样,既可减轻成本的计算工作量,又可提高成本的核算效率。

# 第二节　产品成本核算要求

产品成本核算原则是指导产品成本核算工作的准绳和标准,而产品成本核算的要求则是产品成本核算原则在成本核算工作中的具体运用。

制造业在产品生产过程中,会发生各种各样的费用,为了保证企业产品成本的正确性,必须对发生的费用进行审核和控制,正确划分各种费用和支出的界限,并要根据企业生产的特点和管理要求,选择适当的成本计算方法。为了做好成本核算工作,充分发挥成本核算的作用,在成本核算中,应符合以下各项要求。

### 一、严格执行国家规定的成本开支范围和费用开支标准

成本开支范围是国家根据企业在生产过程中发生的生产费用的不同性质,根据成本的内容以及加强经济核算的要求,对企业所发生的各种支出哪些应计入产品成本、哪些不应计入产品成本做出的统一规定。而费用开支标准,则是国家对企业所发生的各项目支出量的规定。国家之所以制定成本开支范围和费用开支标准,就是为了统一各企业成本核算的口径,正确反映企业成本耗费水平,使生产同类产品的各企业的产品成本资料具有可比性。

企业进行产品成本核算,首先要根据国家有关的法规和制度,以及企业的成本计划和相应的消耗定额,对企业各项费用进行审核,看应不应该开支,已经开支的,应不应该计入产品成本。例如,企业为生产产品所发生的各项费用应列入生产成本,企业进行基本建设、购建固定资产及与企业正常生产经营活动无关的营业外支出等费用支出,不能列入产品成本。企业严格遵守国家规定的成本开支范围和费用开支标准,既能保证产品成本的真实性,使同类企业以及企业本身不同时期之间的产品成本内容一致,具有分析对比的可能,又能正确计算企业的利润并进行分配。

**(一) 应计入产品制造成本的支出**

(1) 产品生产过程中实际消耗的原材料、辅助材料、修理用备件、外购半成品、燃料、动力、包装物等;

(2) 企业直接从事产品生产的生产人员薪酬;

(3) 生产部门固定资产折旧费、租赁费、修理费;

(4) 生产部门使用的低值易耗品摊销等;

(5) 停工损失、废品损失等;

(6) 生产部门为组织、管理生产经营活动所发生的制造费用等。

**(二) 不应计入产品制造成本的支出**

(1) 购置和建造固定资产的支出、购入无形资产和其他资产的支出;

(2) 对外投资及分配给投资者的利润;

(3) 被没收的财物及支付的滞纳金、罚金;

(4) 企业自愿赞助及捐赠支出;

(5) 企业的期间费用,包括销售费用、管理费用、财务费用;

(6) 国家规定不得列入产品制造成本的其他支出。

## 二、正确划分各种费用支出的界限

为了正确计算产品成本,反映企业真实的盈利水平,必须正确划分以下五个方面的界限。

### (一) 划分生产经营管理费用支出与其他支出的界限

企业的经济活动是多方面的,企业耗费和支出的用途也是多方面的,只有生产经营活动的耗费和支出可以进行成本费用的归集和分配,计入产品成本,非生产经营活动的耗费和支出不能计入产品成本。例如,企业购置和建造固定资产、购买无形资产以及进行对外投资,这些活动都不是企业日常的生产经营活动,其支出都属于资本性支出;被没收的财物、缴纳的滞纳金、罚款、违约金、赔偿金,以及企业赞助、捐赠支出等都属于营业外支出,不属于生产经营管理费用支出。

划分生产经营管理费用支出与其他支出的界限,其主要目的是为了正确计算资产的价值和计算各期的产品成本及损益。如果把资本性支出列作费用支出,其结果是将会导致少计了资产价值,多计了当期费用,导致当期营业净收益减少。反之,则可能多计了资产价值,少计了当期费用,导致当期营业净收益增加。不论是何种情况,所提供的会计信息都不能反映客观实际,不利于正确进行产品成本计算和企业的成本管理工作。

**(二) 正确划分产品制造成本和期间费用的界限**

企业发生的费用,并不都是成本费用,有的可以计入产品成本,有的不能计入产品成本,应列入期间费用。在制造业中,为生产一定种类和数量的产品而发生的材料耗费、职工薪酬等生产费用应计入产品成本。产品成本要在产品完工并销售以后才计入企业的损益。

为销售产品而发生的产品销售费用、为管理和组织企业生产经营活动而发生的管理费用,以及为筹集资金而发生的财务费用,均是在经营过程中发生的,但与产品生产无直接关系,因而作为期间费用直接计入当期损益,从当期利润中扣除。为了正确计算产品成本,必须分清哪些支出属于产品的制造成本,哪些应作为期间费用,防止混淆两者的界限,将某些期间费用计入产品成本,或者将产品的制造成本计入期间费用,借以调节各期产品成本和各期损益的错误做法。

**(三) 正确划分各个会计期间的产品成本的界限**

企业在生产经营过程中发生的费用,有的应计入当期产品成本,有的应计入以后各期产品的成本。为了按月分析和考核产品成本,正确计算各期的损益,必须将已经发生的费用,在各个月份之间进行正确的划分,防止任意列支成本、人为调节各个期间成本的错误做法。对于所发生的费用,应按时入账,不能延后,也不能未到时间提前结账。同时,还应根据权责发生制原则,正确核算预提费用和待摊费用。对于那些本期尚未支付,而应由本期负担的费用,应预提计入本期产品成本;对那些已经在本期支付,应由本期及以后各期负担的费用,应采用分期摊销的方法,分期分配计入成本费用中。企业应严格把握待摊费用和预提费用的摊提标准,防止任意摊销,人为地调节各个期间的成本、费用和损益的错误做法。

**(四) 正确划分不同产品的成本界限**

为了便于分析和考核不同产品的成本计划执行情况,对于计入产品成本的生产费用,必须划清不同产品之间所应负担的成本界限。属于某种产品单独耗用的直接费用,应直接计入该种产品的成本;属于应由几种产品共同负担的直接费用,应选择合理的分配方法分配后,分别计入这几种产品的成本,以正确反映各种产品的成本水平。与此同时,还应特别注意划清盈利产品与亏损产品、可比产品与不可比产品之间的成本界限,防止在盈利产品与亏损产品、可比产品与不可比产品之间任意调节成本费用、虚报产品成本、掩盖利润的错误做法。

**(五) 正确划分完工产品与在产品的费用界限**

以上费用界限的划分,确定了各成本对象本期应负担的成本费用,是各成本对象本期成本费用的分配和归集过程。期末计算产品成本时,如果某种产品都已完工,其各项成本费用之和就是该产品的完工成本;如果某种产品都未完工,其各项成本费用之和就是该产品的期末在产品成本;如果某种产品部分完工、部分未完工,就需要采用适当的分配方法,将该成本对象应负担的成本费用在完工产品与在产品之间进行分配,分别计算出该产品的完工产品成本与在产品成本。要正确划分完工产品与月末在产品成本,还应根据月末在产品数量、在产品数量的稳定程度、在产品价值的大小以及企业定额管理基础工作等因素选择合理的分配方法,才能保证完工产品成本计算的正确性。

期初在产品成本、本期生产费用、本期完工产品成本和期末在产品成本四者之间的关系,如下式所示:

期初在产品成本+本期生产费用=完工产品成本+期末在产品成本

以上五个费用界限的划分,都应贯彻受益原则,即何者受益何者负担费用,何时受益何时负担费用;负担费用多少应与受益程度大小成正比。这五个费用界限的划分过程,也是产品成本的计算过程。

### 三、正确确定财产物资的计价和价值结转方法

企业生产经营过程中所消耗的财产物资的价值,要转移到产品成本和期间费用中去。因此,这些资产的计价和价值结转方法,直接关系到企业成本和期间费用的核算。如固定资产原值的计算方法、折旧方法和折旧率高低的选择;固定资产修理费用是采用待摊还是预提方法;无形资产价值的认定及摊销年限的估计等。

为了正确计算产品成本,对于各种财产物资的计价和价值的结转,国家有统一规定的,都应严格按照国家相关的政策、法规和制度执行。各种方法一经确定,应保持相对稳定,不能随意改变。

### 四、做好成本核算的基础工作

成本核算主要是对企业为生产产品所发生的各项经济资源耗费进行归集和分配。要正确计算产品的生产成本,首先必须做好各项基础工作。

#### (一) 建立健全原始记录制度

为了保证成本核算所依据的各项数据资料真实可靠,企业必须建立健全原始记录制度。原始记录,是指按照规定的格式,对企业生产经营活动中的具体情况所做的最初记载。这是反映企业生产经营情况的第一手材料,是编制成本计划、制定各项定额的主要依据,是成本管理的重要基础。企业应建立各方面的原始记录,统一规定其格式、内容和计算方法,健全原始凭证的填写、签署、传递、汇总、存档等制度,保证全面、准确、及时地提供有关信息。

在成本核算时,企业应建立和健全的原始记录主要有:

(1) 原材料方面的原始记录,如原材料的验收入库、生产领用、退库、盘盈盘亏报告等记录。

(2) 设备利用方面的原始记录,如设备调拨、事故、报废以及运转等记录。

(3) 工时耗费方面的记录,如职工工作岗位分配、调动,工时利用情况以及劳动工资记录。

(4) 其他耗费的原始记录,如动力消耗、服务使用、其他费用支出等记录。

(5) 产品质量检验记录等。

### （二）建立健全定员定额管理制度

定员定额是指在企业的生产经营活动中,对人力、物力、财力的配备、利用和消耗以及获得成果等方面所应遵循的标准和应达到的水平。定额管理是成本管理的基础,是进行成本预测、决策、计划、控制和考核的依据,也是衡量经营成果的尺度。没有科学的定额就难以制定先进可行的成本计划,考核经济效益也就失去了科学依据。

在成本核算时,企业应制定的定员定额主要有:

（1）物资消耗方面的定额,如单位产品原材料消耗定额、各种辅助材料消耗定额、工具器具消耗定额等。

（2）劳动力方面的定额,如单位产品工时消耗定额,机器设备定员、科室管理人员配备定额、产品包装及质量检验人员定额等。

（3）动力消耗定额,如单位产品或生产车间耗用水、电、气、油等定额以及非生产用动力消耗定额等。

（4）支出定额,如车间科室的办公用品等支出、出差支出、劳动保护用品支出、职工培训支出等。

（5）机器设备停工检修定额、废品率定额等。

### （三）建立健全材料物资验收、领发、计量、盘存制度

物资管理制度是指企业关于材料物资和产品的验收、领发、计量、盘存等方面的规定。企业一切物资的收发、领退,都要经过严格的计量和交接手续,按规定的内容填写有关凭证,如收料单、领料单、退料单、产品缴库单等,并由经办人员和有关部门负责人签字;对于库存的物资,还应定期进行清查盘点,分析盘盈盘亏的原因,保证物资的安全完整,为正确计算产品成本提供可靠依据。

### （四）建立健全内部结算制度

企业内部的结算制度,是企业内部各部门单位之间相互提供产品和劳务进行内部结算的一种制度,包括建立内部结算制度和制定内部结算价格。建立内部结算制度,有利于明确各部门单位之间的经济责任,便于进行成本责任的考核,确定各自的工作业绩。进行内部结算还需制定内部结算价格。内部结算价格一般根据计划成本确定,也可采用协议价格。内部结算价格一经确定,应保持相对稳定,不宜随便变动。

## 五、选择适当的成本计算方法

成本核算是为了满足企业成本管理的需要,因此,企业在进行成本核算时,应根据本企业的具体情况（主要是指企业生产的特点和管理要求）选择适合企业特点的成本计算方法。产品成本是在生产过程中形成的,生产组织和工艺过程不同的产品,应该采用不同的成本计算方法。企业生产的特点按其组织方式有大量生产、成批生产和单件生产;按工艺过程的特点有连续式生产和装配式生产。企业采用何种成本计算方法,在很大程度上取决于产品的生产特点。计算产品成本是为了加强成本管理,对管理要求不同的产品,也应该采用不同的成本计算方法。在同一个企业里,可以采用一种成本计算方法,也可以采用多种成本计算方法,即多种成本计算方法同时使用或多种成本计算方法相结合。

# 第三节　成本费用的分类

费用成本的分类是正确计算产品成本的重要条件。制造企业在生产经营过程中发生的耗费是多种多样的,为了正确地进行成本核算,满足企业成本管理的要求,应对种类繁多的费用成本按照一定的标准进行分类。

## 一、支出、费用、成本的概念与关系

### (一)支出的概念及其特征

1. 支出的概念

要了解费用与成本的定义,首先要了解有关支出的概念。在支出、费用及成本这三个概念中,支出这一概念的范围最广。在企业的会计工作中,企业的一切开支及耗费都属于支出,是企业生产经营活动的经常性业务,是为了达到特定目的的、由经济主体的支付行为而导致的资源减少,包括偿债性支出、经营性支出(又可分为资本性支出和收益性支出)、营业外支出。

2. 支出的特征

(1)特定目的性。企业的支出是为了实现特定经济目的而发生资源流出(具有对外性的特征),即为了偿债,为了减资,或为了开展生产经营活动等。不管是哪项支出,均是在管理当局审慎决策下的理性行为,都是为了实现企业整体目标而开展的一系列活动中的有机组成部分。

(2)可计量性。支出的本质是资产流出企业,支出的多少是通过资产减少的金额来确定的,由于会计要素的确认标准之一就是可计量性,因而支出的多少是可以计量的。

(3)多样性。不同的目的有不同的支出,导致不同的结果,当然,并不是所有的资产内部转换行为都属于支出。

### (二)费用的概念及其特征

1. 费用的概念

费用是指企业在日常活动中发生的,会导致所有者权益减少的,与向所有者分配利润无关的经济利益的总流出。

2. 费用的特征

(1)费用最终会减少企业的资源。这种减少表现为企业资产的减少或资源的耗费,从这个意义上讲,费用本质上是企业的一种资源流出。

(2)费用最终会减少企业的所有者权益。通常,企业的资金流入(收入)会增加企业的所有者权益,相反资金流出会减少企业的所有者权益,即形成企业的费用。

(3)费用的发生是企业的主动行为。尽管费用的发生会减少企业的所有者权益,但它是为取得收入必须或应该发生的耗费,且是决定收入的关键因素,没有耗费,就没有所得,因此费用是取得收入而发生的耗费行为,这也是费用和损失的根本区别。

### (三) 成本的概念及其特征

1. 成本的概念

成本是为了获得一项资产或某种服务而付出的代价。《企业会计制度》对成本所下的定义为:"成本是指企业为生产产品、提供劳务而发生的各种耗费。"

2. 成本的特征

(1) 成本是资源转化的量度。在商品经济社会里,企业要获得一项资源,必然要以牺牲另一资源为代价,这是价值规律的基本要求。成本没有独立的存在形式,它必须依附特定的资产或劳务而存在,离开了特定的资产或劳务而谈成本是没有意义的。成本只能说明企业获得一项资产或一项劳务而付出了多少代价,因此,成本是资源转化的量度。

(2) 成本不会减少所有者权益。由于成本是企业资源转化的量度,因此企业发生成本,并没有发生资源的纯耗费,而是资源从一种形态转变成了另一种形态,企业总的资源未发生变化,因而不会减少所有者权益。

### (四) 支出与费用的关系

从一般意义而言,支出中凡是与本企业的生产经营有关的部分即可表现或转化为费用,凡是与本企业的生产经营无关的支出不叫作费用。如企业用于购买固定资产或原材料等与生产经营有关的支出能表现为或转化为费用,后者如自然灾害损失的原材料就不能视作费用计入生产成本。

由此可见,支出中营业外支出不能作费用处理,资本性支出和收益性支出两类支出都能表现为或转化为费用。但按照权责发生制的要求,这两类支出作为费用处理的时期有很大的不同。资本性支出要按受益期分期转化为费用,而收益性支出则一般在支出发生时即表现为费用。

### (五) 费用和成本的关系

费用是指企业生产经营过程中发生的各种耗费。也可以说是企业为获取营业收入提供商品或劳务而发生的耗费。凡是同提供商品或劳务给客户的过程无关的耗费就不是费用。

成本则是指企业为了取得某项资产所做出的价值牺牲,它可能是以牺牲另一项资产来换取,也可能是产生某种负债而导致将来的价值牺牲。必须说明的是,成本这一概念在不同的学科或不同学科的不同分支中,有着不同的解释。可见费用与成本既有密切联系,又有着明显区别。

1. 费用与成本的联系

(1) 费用与成本都是企业在生产经营过程中所发生的耗费,从这个意义上说,它们的性质相同。

(2) 费用是计算成本的前提和基础,没有费用的发生,也就不可能有成本的计算。

(3) 成本是一种对象化的费用。将费用按一定的范围归集到某一成本计算对象上即为该对象的成本。

（4）生产费用是指本期为生产经营所发生的费用，既不包括起初的产品成本，也不剔除期末在产品成本；而产品成本则要包括期初在产品成本，也要剔除期末在产品成本。

在企业的经营活动过程中，是先有费用的发生，后有成本的计算，成本计算工作也可以说是费用核算过程中的一个环节。

2. 费用与成本的区别

成本与费用是两个经常被混淆的概念，尽管它们之间有一定的联系，但它们之间有本质的区别。成本与企业特定资产或劳务相关，而费用则与特定期间相关；成本是企业为取得某种资产或劳务所付出的代价的量度，而费用则是为了取得收入而发生的资源耗费金额；成本不能抵减收入，只能以资产的形式反映在资产负债表中，而费用则必须冲减当期的收入反映在利润表中。但成本通过"资产化"，再通过耗费过程可以转化为费用（即：成本—资产—费用），如企业为了开展生产经营活动，必须购置设备，形成固定资产的采购成本，设备安装完毕，交付使用并构成企业的一项固定资产（成本—资产）。如果设备是用于产品的生产，则每期将固定资产的成本按一定的方法计提的折旧计入产品的生产成本（资产—成本）；如果设备用于管理目的，则将各期计提的折旧费计入各期的管理费用（资产—费用）。又如，为了生产产品，企业必须采购材料而发生支出，从而形成材料的采购成本。材料验收入库后，采购成本转化为企业的存货成本（成本—资产），如果企业领用材料用于办公，则存货成本转化为管理费用（资产—费用）；如果领用材料用于生产产品，则存货成本转化为产品的生产成本（资产—成本），产品完工验收入库则生产成本又转化为存货的成本（成本—资产），将产品出售，存货成本则转化为销售费用（资产—费用）。

## 二、费用按经济内容的分类

企业产品的生产过程是物化劳动和活劳动的消耗过程，也是价值转移和产品创造的过程。费用按经济内容分类，可分为劳动对象方面的费用、劳动手段方面的费用和构成产品成本的活劳动的消耗，这三类是费用的三大要素。

### （一）费用按经济内容分类的项目

为了具体反映各种费用的构成和水平，费用可以按照经济内容划分为以下费用要素。

1. 外购材料、燃料

外购材料、燃料是指企业为进行生产而耗用的一切从外部购入的原料、主要材料、辅助材料、半成品、修理用备件、周转材料（包括包装物、低值易耗品）以及各种燃料（包括液体燃料、气体燃料和固体燃料）等。

2. 外购动力

外购动力是指企业为进行生产而耗用的一切从外单位购入的各种动力、热力和蒸汽等，如供电所提供的电力等。

3. 职工薪酬

职工薪酬是指企业所有应计入制造成本和经济管理费用的职工的各种形式的薪酬以及其他支出，包括职工工资、职工福利、社会保险费、住房公积金、工会经费、职工教育经费等。

4．折旧费与摊销费

折旧费与摊销费是指企业按照规定方法计提的固定资产折旧费用，以及无形资产、递延资产的摊销费，但不包括出租固定资产的折旧费。

5．利息支出

利息支出是指企业按规定计入生产经营管理费用的借款利息支出减去利息收入后的净额。

6．税金

税金是指企业应缴纳并计入管理费用的各种税金，如房产税、印花税、土地使用税、车船使用税等。

7．其他支出

其他支出是指不属于以上各要素的费用支出，如差旅费、办公费、邮电费、租赁费、保险费及诉讼费等。

**（二）费用按经济内容分类的作用与局限**

将费用划分为若干要素分类核算，可以反映企业一定时期内在生产经营中发生了哪些性质的生产费用，数额各是多少，各要素的构成及比重是多少，有利于分析企业各个时期各种费用的构成和水平，加强生产费用的管理；这种分类反映了企业生产经营中外购材料和燃料费用以及职工薪酬的实际支出，因而可以分为企业核算储备资金定额、考核储备资金的周转速度以及编制材料采购资金计划和劳动工资计划提供资料；这种分类将物质消耗和非物质消耗分开，以便为计算工业净产值提供资料，并为计算国民收入提供依据。

但是，按经济内容的分类只能反映各费用要素的支出形态，说明企业在生产活动中支付了哪些费用，不能说明各种费用的经济用途，也不能说明费用的发生与产品成本之间的关系，不便于产品成本的核算，不便于分析各种费用支出是否节约、合理，因而不利于成本的分析和考核，也不利于寻求降低成本的途径。因此，在计算产品成本时，还应该按生产费用的经济用途进行分类。

## 三、费用按经济用途的分类

费用成本按其经济用途，可分为制造成本和期间费用。

### （一）制造成本

制造成本，亦称生产成本，是指企业为生产一定种类、一定数量的产品所支出的各种生产费用之和。根据制造成本的具体用途，可进一步划分为若干项目，用以反映产品成本的构成。费用按经济用途划分是企业计算产品成本时成本分类的依据，所以将这些项目称为成本项目。

计入产品成本的生产费用在产品生产过程中的用途不尽相同，有的直接用于产品生产，有的间接用于产品生产。这些费用经过汇集、分配、再汇集、再分配，最终分配到各种产品上，形成各种产品成本，一般可分为"直接材料""直接人工""制造费用"等成本项目。

### 1. 直接材料

直接材料是指企业生产经营过程中直接耗用的、加工后直接构成产品实体或主要部分的原料、主要材料、外购半成品,以及有助于产品形成的辅助材料费用等。

### 2. 直接人工

直接人工是指企业在生产中对材料进行直接加工和制成产品的工人的薪酬,包括工资、奖金和各种津贴等。

### 3. 制造费用

制造费用是指在生产中所发生的那些除了直接材料及直接人工以外的各种费用,是企业内部各生产单位(分厂、车间)为组织生产和管理生产所发生的各项费用,如车间固定资产折旧费、设备租赁费(不包括融资租赁费)、维修费、保险费、机物料消耗、运输费、设计制图费、实验检验费、劳动保护费、季节性停工和修理期间的停工损失、车间管理人员工资、水电费、办公费等费用。

西方成本会计中,制造费用也称为厂房费用(factory cost)或间接制造成本(indirect manufacturing cost),这些名词的含义与制造费用是一致的。

对于上述成本项目,各企业因生产特点不同,可根据各项费用支出的比重和成本管理的需求,按需要适当增加项目,如在废品较多、废品损失在产品成本中所占比重较大的情况下,企业可增设"废品损失"成本项目;在采用逐步结转分步法计算产品成本的企业,为了计算和考核半成品的成本,可增设"自制半成品"成本项目;在外部加工费较多的企业可增设"外部加工费"项目;工艺上耗用燃料和动力较多时,可增设"燃料和动力"项目等等。

上述制造成本项目与费用要素既有联系,又有区别。两者的联系在于成本项目是在费用要素基础上进行的再分类。凡由一个费用要素构成的成本项目为单一成本项目,如直接材料、直接人工;凡由几个费用要素构成的成本项目为综合成本项目,如制造费用、废品损失等。成本项目与费用要素的区别是:① 二者分类的角度不同:前者按经济用途进行分类,后者按经济内容进行分类。② 二者构成的内容不同:费用要素从性质看具有单一性的特点,从去向看则是多样性的。成本项目从性质看,有些项目是综合性的,其去向则是同一性的。③ 二者用途不同:费用要素用途如上所述,成本项目则是用于组织成本核算,实行成本控制,进行成本分析、考核以及计算盈亏。

对制造成本中的上述 3 个项目按照不同方式进行组合,又可以得到一些不同的成本概念。例如,直接材料和直接人工之和成为主要成本,它们通常是产品成本的主要部分,直接人工及制造费用之和为加工成本,它是指产品加工时所发生的各项成本,但是,在企业生产自动化程度较高的条件下,产品成本结构发生了重大变化。有些企业的制造费用占制造成本的比例已超过 50%。在这种情况下,直接材料和直接人工之和显然不只是主要成本了。此外,在高度自动化的企业中,生产工人往往必须完成多种工作,而且直接人工只占制造成本极小部分,很难或不值得花很大精力将工资归属到各产品,所以,有些企业将直接人工成本与制造费用合并为一个项目,称为加工成本,直接材料则单独列为一项。

我国现行会计制度将产品成本分为直接材料、直接人工和制造费用等项目,基本上也是按经济用途的分类。这种分类方法,是制造成本计算法的基础,也是正确计算产品成本的关键。它能清楚地反映产品成本的构成,有利于成本的分析和考核,也有利于企业进行成本预测和决策。

**(二) 期间费用**

期间费用是指产品在销售和管理过程中发生的各项费用,是与企业的销售、经营和管理活动相关的成本,主要包括销售费用、管理费用和财务费用等。

**1. 销售费用**

销售费用是指企业在销售商品和材料、提供劳务的过程中发生的各种费用,以及为销售本企业产品而专设的销售机构的各项经费,包括保险费、包装费、展览费和广告费、商品维修费、预计产品质量保证损失、运输费、装卸费等以及为销售本企业商品而专设的销售机构(含销售网点、售后服务网点等)的职工薪酬、类似工资性质的费用、业务费、折旧费等经营费用。

随着商品经济的发展,企业间的竞争日益激烈,为了将产品推向市场,推销活动逐渐扩大,销售费用也不断上升,为了降低销售费用,企业应按年、季、月和费用项目编制预算、分析和考核其预算执行情况,力求以最少的销售费用获取最大的经济效益。

**2. 管理费用**

管理费用是指企业为组织和管理企业生产经营所发生的各项费用,包括企业筹建期间内发生的开办费、董事会和行政管理部门在企业的经营管理中发生的或者应该由企业统一负担的公司经费(包括行政管理部门职工薪酬、机物料消耗、周转材料摊销、办公费和差旅费等)、工会经费、董事会费、聘请中介机构费、咨询费(含顾问费)、诉讼费、业务招待费、房产税、车船使用税、土地使用税、印花税、技术转让费、矿产资源补偿费、研究与开发费、无形资产摊销、排污费、存货盘亏或盘盈(不包括应计入营业外支出的存货损失)等。

管理费用是企业经营管理所必须的费用,虽然它并不计入产品制造成本,但它是计算营业利润的一个重要因素,同样会影响企业的经济效益,为了降低管理费用,也应按费用项目编制预算并进行控制。

**3. 财务费用**

财务费用是指企业为筹集生产经营所需资金而发生的各项费用,包括利息支出(减利息收入)、汇兑损失(减汇兑收益)以及相关的手续费、企业发生的现金折扣(减收到的现金折扣)等。

为了降低财务费用,提高企业经济效益,财务费用应按年、季、月和费用项目编制费用预算。同时,还必须加强对资金筹措和使用的核算与分析,以促使企业花费较少的财务费用,保证资金的正常运转。

由于非制造成本与产品的生产无直接关系,而与生产经营期间直接有关,因此,这些费用可称为期间费用。期间费用不计入产品成本,只需按一定的期间进行汇总,然后直接计入当期损益。

### 四、费用(成本)的其他分类

#### (一) 生产费用按与生产工艺的关系分类

生产费用按与生产工艺的关系,分为直接生产费用与间接生产费用。直接生产费用是指由生产工艺本身引起的,直接用于产品生产的各项费用,如主要材料费用、生产工人工资和机器设备折旧费用等。间接生产费用是指与生产工艺没有联系,间接用于产品生产的各项费用,如机物料消耗、车间厂房的折旧费。

#### (二) 生产费用按其计入产品成本方法的分类

生产费用按其计入产品成本的方法,可分为直接计入费用和间接计入费用。直接计入费用是指费用发生时,就能明确归属于某一成本计算对象,并能直接计入该成本计算对象的费用,如某种产品生产中单独领用的材料、生产工人的计件工资。

间接计入费用,又称分配计入费用,是指费用发生时无法归属于某一成本计算对象,必须先按地点或用途进行归集,然后通过分配间接计入各成本计算对象的费用,如制造费用应先按车间归集,然后采用一定的标准分配给本车间生产的各种产品负担。

生产费用按其计入产品成本方法的分类,符合费用分配的受益原则,即谁受益谁负担费用,负担费用的多少与受益程度的大小成正比。具体来讲,就是凡属能够分清哪种产品所耗用的直接费用,都应直接计入受益产品的成本,不得归入间接费用。只有那些不能分清哪种产品所耗用的间接费用,才能采用合理的标准通过分配,计入各受益产品的成本,使受益多的多负担,受益少的少负担。因此,这种分类对正确计算产品成本具有十分重要的意义。

直接生产费用大多是直接计入费用,例如,原材料费用大多能够直接计入某种产品成本;间接生产费用大多是间接计入费用,例如,机物料大多只能按照一定标准分配计入有关的产品成本。但也不都如此。例如,在只生产一种产品或提供一种劳务的企业或车间中,直接生产费用和间接生产费用都可以直接计入该种产品成本,都是直接计入费用;在用同一种原材料、经过同一个生产过程、同时生产出集中产品的联产品生产企业中,直接生产费用和间接生产费用都不能直接计入某种产品成本,都是间接计入费用。

#### (三) 成本按性态的分类

成本按性态(即其与"产量"之间的依存性),可分为固定成本与变动成本两大类。固定成本是指在相关范围内,其发生额不受产品变动影响而固定不变的成本;而变动成本则是指其发生额会随产量的变动而成比例变动的成本。从数量上具体掌握成本与"产量"之间的规律性联系,有助于向企业管理当局提供有用的决策信息。

#### (四) 成本按可控性的分类

成本按可控性可以区分为可控成本和不可控成本两类。可控成本是指能由责任单位或责任者的行为所控制的成本。一般来讲,可控成本应同时符合以下三个条件:一是责任单位或责任者能够通过一定方式事先了解将要发生的成本;二是责任单位或责任者能够对成本进行有效的计量;三是责任单位或责任者能够通过自己的行为对成本加以调节和控制。凡是不能同时符合上述三个条件的成本通常为不可控成本。

# 第四节　成本核算的基本程序

成本核算的基本程序,也称成本核算的流程或成本核算的步骤,就是对生产过程中发生的各项支出进行分类核算,将生产过程中的要素支出按经济用途归类反映的过程。为了将生产过程中发生的支出计入各成本计算对象,计算出各成本计算对象的制造成本,有必要建立一个完整的账户体系,必须设置相关成本账户。

## 一、成本核算的账户设置

### (一)"生产成本"账户

该账户属于成本类账户,用以核算企业在产品生产过程中发生的各项生产费用,以确定产品实际生产成本。"生产成本"账户下应根据企业生产情况设置"基本生产成本"和"辅助生产成本"两个二级明细账户,用以分别反映基本生产的产品生产费用和辅助生产费用。

"生产成本——基本生产成本"账户:基本生产是指为完成企业主要生产目的而进行的商品产品生产。该账户借方登记某生产对象发生的全部生产费用(包括直接材料、直接人工等直接费用和月末分配转入的制造费用),贷方登记完工转出的产品成本。该账户期末如有余额应在借方,表示期末尚未完工的在产品实际生产成本。该账户下应按成本计算对象(如产品品种、类别等)设置明细账户,也就是产品成本计算单。在产品成本计算单中,还应按成本项目分设专栏,用以反映产品的成本构成。其一般格式如表2-1所示。

**表2-1　产品成本计算单**

车间:　　　　　　　　　　　　　　　　　　　　　　产品:

| 月 | 日 | 摘　要 | 成本项目 | | | | 合　计 |
|---|---|---|---|---|---|---|---|
| | | | 直接材料 | 直接人工 | 制造费用 | …… | |
| | | 月初在产品成本 | | | | | |
| | | 本月生产费用 | | | | | |
| | | 生产费用合计 | | | | | |
| | | 本月完工产品成本 | | | | | |
| | | 完工产品单位成本 | | | | | |
| | | 月末在产品成本 | | | | | |

"生产成本——辅助生产成本"账户:辅助生产是指为基本生产服务而进行的产品生产和劳务供应。该账户借方登记生产辅助产品或劳务发生的全部生产费用(包括直接材料、直接人工等直接费用和月末分配转入的制造费用),贷方登记完工转出的辅助产品成本或分配转出的劳务成本。该账户期末如有余额应在借方,表示期末尚未完工的辅助产品成本。该账户下应按辅助生产的产品或提供的劳务设置明细账户,并按成本项目分设

专栏进行明细核算。

在设置上述成本账户时,企业也可直接设置"基本生产成本"和"辅助生产成本"两个一级账户,以减少账户层级。在企业生产的产品品种较少的情况下,也可不设置"基本生产成本"和"辅助生产成本"二级账户,而是在"生产成本"一级账户下按产品品种等设置明细账户,以简化核算工作。

**(二)"制造费用"账户**

该账户从用途上来说是一个集合分配账户。从核算的经济内容来说,该账户也是成本类账户,用以核算企业为生产产品和提供劳务而发生的各项间接费用。该账户借方登记某期间生产车间实际发生的间接生产费用,贷方登记期末分配转出的制造费用。除季节性生产企业,该账户期末一般无余额。该账户一般按车间设置二级账户,在二级账户下再按费用项目设置三级账户,进行明细核算。其一般格式如表2-2所示。

表2-2 制造费用明细账

| 年 | | 凭证号 | 摘要 | 机物料消耗 | 工资 | 福利费 | 差旅费 | 折旧费 | 低耗品摊销 | 办公费 | 保险费 | 水电费 | 劳动保护费 | … | 合计 |
|---|---|---|---|---|---|---|---|---|---|---|---|---|---|---|---|
| 月 | 日 | | | | | | | | | | | | | | |
| | | | | | | | | | | | | | | | |
| | | | | | | | | | | | | | | | |
| | | | | | | | | | | | | | | | |

企业也可根据各项费用比重的大小和管理上的要求,对以上费用项目进行合并或细分,或者增减项目。但为了保证各期制造费用资料的可比性,企业制造费用的项目一经确定,就不应任意变更。

**(三)"废品损失"账户**

需要单独核算废品损失的企业,应设置"废品损失"账户。"废品损失"账户用来归集和分配废品的损失性费用。该账户的借方登记从成本计算单(或产品成本明细账)转入的不可修复废品的生产成本和归集的可修复废品的修复费用;贷方登记回收的残料价值和应收的赔偿款项,以及结转到成本计算单(或产品成本明细账)"废品损失"成本项目的废品净损失,结转后期末应无余额。"废品损失"科目应按车间设置明细分类账,账内按产品品种分设专户,并按成本项目设置专栏或专行进行明细登记。

**(四)"管理费用"账户**

"管理费用"账户属于损益类账户,是用来核算企业行政管理部门为组织和管理生产经营活动而发生的各项管理费用的账户。该账户的借方归集一定会计期内发生的各项管理费用;贷方登记期末转入"本年利润"账户的管理费用。管理费用全部转入当期损益后,期末无余额。"管理费用"的明细分类账应按费用项目设置专栏,进行明细登记。

**(五)"销售费用"账户**

"销售费用"账户属于损益类账户,用来核算企业在销售过程中所发生的各项费用,如展览费、广告费用、为销售本企业商品而专设的销售机构的经费等。其借方登记销售商品过程中发生的各项费用,贷方登记期末结转到"本年利润"账户的数额,期末结转后该账户无余额。"销售费用"的明细分类账应按费用项目设置专栏,进行明细登记。

### (六)"财务费用"账户

"财务费用"账户属于损益类账户,是用来核算企业为筹集生产经营所需资金等而发生的费用。其借方登记企业发生的各项财务费用,贷方登记企业发生的利息收入、汇兑收益以及期末转入"本年利润"科目的财务费用。期末结转后该账户无余额。"财务费用"的明细分类账应按费用项目设置专栏,进行明细登记。

## 二、产品成本核算的基本程序

虽然各个制造企业的生产特点各不相同,对成本核算和管理的要求也不尽相同,根据企业的具体情况,可以选用不同的产品成本计算方法,但成本费用的发生都有着相似的属性,所以存在着产品成本核算的基本程序。在生产过程中所发生的各种耗费,有的直接计入产品成本,有的要先进行归集,然后经过分配再计入产品成本。月终,对既有完工产品又有月末在产品的产品,需将计入该种产品的生产费用,在完工产品和在产品之间进行分配,计算完工产品和月末在产品成本。完工产品要从生产车间转入成品仓库,经过销售,库存商品成本流转到"主营业务成本"账户,以计算销售损益。

具体来说,按照制造成本法的要求,制造企业产品成本核算一般要经过以下几个步骤。

### (一)确定成本计算对象

成本计算对象是指为计算产品成本而确定的生产费用归集和分配的范围,它是被计算成本的客体,是生产费用的归属对象和生产耗费的承担者,即计算谁的成本。它是设置产品成本计算单和计算产品成本的前提。由于企业的生产特点、管理要求、规模大小、管理水平的不同,企业成本计算对象也不相同。对制造企业而言,产品成本计算的对象,包括产品品种、产品批别和产品的生产步骤三种。企业应根据自身的生产特点和管理要求、规模大小及管理水平,选择合适的产品成本计算对象。

### (二)确定成本项目

成本项目是指可计入产品成本的生产费用按照经济用途划分的若干项目。通过成本项目,可以反映成本的经济构成以及产品生产过程中不同的资金耗费情况。制造企业一般应设置直接材料、直接人工和制造费用三个成本项目。企业也可根据生产特点和管理要求适当增减成本项目,如单设废品损失、停工损失等成本项目。

### (三)确定成本计算期

成本计算期是指成本计算的间隔期,即多长时间计算一次成本。产品成本计算期的确定,主要取决于企业生产组织的特点。通常在大量、大批生产的情况下,产品成本的计算期间与会计期间相一致。在单件、小批生产的情况下,产品成本的计算期间则与产品的生产周期相一致。

### （四）选择适当的成本计算方法

产品成本是在生产过程中形成的,产品的生产工艺过程和生产组织不同,产品成本计算方法也不尽相同;计算产品成本是为了控制生产耗费,不同的管理要求采用的成本计算方法也不完全一样。为正确计算产品成本,应根据企业不同的生产特点和管理要求,选择适当的成本计算方法。

### （五）审核生产费用支出

审核确定各项费用是否应该开支,根据成本开支范围的规定,对各项费用支出进行严格审核,开支的费用是否应该计入产品成本,确定应计入产品成本的费用和不应计入产品成本的期间费用。

### （六）编制要素费用分配表

对生产中产品所耗用的材料,可以根据领料凭证编制材料费用分配表;发生的人工费用,可根据产量通知单等产量工时记录凭证编制职工薪酬分配表等等。凡是能直接计入成本计算对象的费用,根据各要素费用分配表可直接计入"基本生产成本""辅助生产成本"账户及有关明细账户。不能直接计入成本计算对象的费用,先进行归集,计入"制造费用"等账户及其有关明细账户。

### （七）编制待摊费用和预提费用分配表

按受益情况进行待摊费用的摊销和预提费用的计提,将应由本月负担的费用分配计入各"辅助生产成本""制造费用"等有关成本、费用账户及其明细账户。本月发生的待摊费用归集后,应将本月摊销额按用途进行分配,编制待摊费用分配表;对尚未发生、但应计入本月产品成本的预提费用,也应编制预提费用分配表。

### （八）归集和分配辅助生产费用

各辅助生产车间归集在"辅助生产成本"账户及其明细账户的费用,在计算出各自的劳务成本后,除完工入库的自制工具等产品的成本转为存货成本外,应按受益对象和所耗用的劳务数量情况分配计入"基本生产成本""制造费用"等各有关成本费用账户。如果辅助生产车间也单独核算本身发生的制造费用,月末还应先将这些制造费用分配计入辅助生产成本。

### （九）归集和分配基本生产车间制造费用

月末,各基本生产车间的制造费用归集后,应区分不同车间,采用适当的分配标准,分配计入各成本计算对象,编制制造费用分配表,分配计入本车间的产品成本中,计入"基本生产成本"账户及其明细账户。

### （十）在完工产品和期末在产品之间分配生产费用

经过以上费用分配,各成本计算对象应负担的生产费用已全部计入有关的产品成本明细账。如果当月产品全部完工,所归集的生产费用即为完工产品成本。如果全部未完工,则为期末在产品成本。如果只有部分完工,则需要采用一定的方法在完工产品和期末在产品之间进行分配,计算出完工产品和期末在产品的实际成本,计算出完工产品的总成本和单位成本。

### (十一) 编制产品成本计算单

在生产费用的分配、归集的过程中,要分别设置不同的账户,并按成本计算对象编制成本计算单。月末,根据按成本计算对象设置的成本计算单,将当月制造完工产品负担的生产费用从"基本生产成本"账户及其明细账户结转至"库存商品"账户及有关明细账户。在各对象的产品成本计算单中,应当按成本项目列示各项目的总成本和单位成本。

### (十二) 结转本月已售产品的生产成本

已销售产品的成本在当月月末要从"库存商品"账户及其明细账户转到"主营业务成本"账户及其明细账户。

### (十三) 结转期间费用和产品销售成本

在生产经营过程中所发生的不能计入产品的费用,应计入有关期间费用账户,月末,要将"主营业务成本""财务费用""管理费用""销售费用"结转到"本年利润"账户。

## 【本章小结】

成本核算的原则是指导成本核算工作的准绳和标准,而成本核算的要求则是成本核算的原则在成本核算工作中的具体运用。产品成本核算的原则主要包括合法性、可靠性、实际成本、权责发生制、划分生产费用与期间费用、一致性、成本—效益、重要性等原则。在成本核算时,应遵循严格执行国家规定的成本开支范围和费用开支标准、正确划分各种费用支出的界限、做好成本核算的基础工作、选择适当的成本计算方法等要求。

从对信息不同的需求角度出发,费用成本有多种不同的分类。按照费用的经济内容,费用可分为外购材料、外购燃料等 9 项成本要素。按照经济用途,生产费用可分为直接材料、直接人工和制造费用等三类,期间费用可分为销售费用、管理费用和财务费用。按生产费用与产品的关系,费用可分为直接成本和间接成本。

制造企业产品成本核算一般要经过确定成本计算对象、确定成本项目、确定成本计算期、选择适当的成本计算方法、审核生产费用支出、编制要素费用分配表、编制待摊费用和预提费用分配表、归集和分配辅助生产费用、归集和分配基本生产车间制造费用、在完工产品和期末在产品之间分配生产费用、编制产品成本计算单、结转本月已售产品的生产成本、结转期间费用和产品销售成本等步骤。

## 【复习思考题】

1. 产品成本核算时应遵循哪些原则?
2. 制造业成本核算的基本程序是怎样的?
3. 在产品成本核算过程中,应划清哪些费用界限?为什么要划清这些费用界限?
4. 产品成本核算时有哪些基本要求?
5. 按照费用的经济内容,费用可分为哪些项目?
6. 按照经济用途,费用可分为哪些项目?

## 【案例分析题】

1. 费用按经济内容分类形成了外购材料、外购燃料、外购动力、职工薪酬等费用要素,这种分类回答了这样一个问题,即"企业在生产经营过程中消耗了些什么?"。对这个问题的回答,是企业产品成本计算的前提。假如企业在生产经营过程中的消耗没有办法确定,成本核算也就无从谈起。

费用按经济用途分类形成了成本项目与期间费用,成本项目包括"直接材料""直接燃料与动力""直接人工""制造费用"等,期间费用包括"管理费用""销售费用""财务费用"。这种分类回答了这样一个问题,即"企业在生产经营过程中的消耗用到哪些方面去了?"。产品成本的计算过程,即费用的归集与分配,就是对这个问题的详细回答。

这两种费用分类具有逻辑关系。费用按经济用途分类是费用按经济内容分类的逻辑延伸,费用按经济用途分类体现了成本核算的经济用途观。

2. 从生产工艺的角度看,车间机器设备的折旧费是直接生产费用,但是,由于没有相应的专设成本项目,从账务处理的角度看,不便于直接计入产品成本,因而归入制造费用(间接费用)。

## 【练习题】

### 一、单项选择题

1. 下列各项中,属于费用要素的是( )。

   A. 直接材料　　　　B. 直接人工　　　　C. 外购材料　　　　D. 废品损失

2. 下列各项中,属于产品成本项目的是( )。

   A. 废品损失　　　　B. 职工薪酬费用　　　C. 管理费用　　　　D. 销售费用

3. 下列各项中,属于直接生产费用的是( )。

   A. 生产车间厂房的折旧费用

   B. 产品生产用设备的折旧费用

   C. 企业行政管理部门用固定资产的折旧费用

   D. 生产车间管理人员的工资

4. 下列各项中,属于间接生产费用的是( )。

   A. 生产车间厂房的折旧费用

   B. 产品生产工人的薪酬费用

   C. 产品生产用固定资产的折旧费用

   D. 企业行政管理部门用固定资产的折旧费

5. 正确处理跨期费用的摊销工作,是为了正确划分( )。

   A. 各月份的费用界限　　　　　　　B. 生产费用与期间费用的界限

   C. 各种产品之间的费用界限　　　　D. 完工产品与在产品的费用界限

6. 设置产品成本项目的目的是( )。

A. 为了反映费用支出所属的劳动因素

B. 为了反映各个时期各种费用的构成和水平

C. 为了给编制材料采购和劳动工资计划提供材料

D. 为了反映生产费用的具体用途,提供产品成本构成情况的资料

7. 一般说来,实际工作中的成本开支范围与理论成本包括的内容( )。

A. 是相互一致的　　　　　　　　B. 是不相关的

C. 是有一定差别的　　　　　　　D. 是可以相互替代的

8. 下列各项中属于成本项目的是( )。

A. 直接燃料及动力　　　　　　　B. 外购动力

C. 利息支出　　　　　　　　　　D. 折旧

9. 下列各项中应计入制造费用的是( )。

A. 构成产品实体的原材料费用　　B. 产品生产人员的工资

C. 车间管理人员的工资　　　　　D. 行政管理人员的工资

10. 下列与企业产品生产成本无关的方法是( )。

A. 车间领用低值易耗品的摊销方法　　B. 厂部管理用设备的计价方法

C. 发出材料实际成本的计算方法　　　D. 机器设备的计价方法

## 二、多项选择题

1. 一般说来,企业应根据( )来组织成本会计工作

A. 本单位生产经营的特点　　　　B. 对外报告的需要

C. 本单位生产规模的大小　　　　D. 本单位成本管理的要求

2. 成本会计的基础工作包括( )。

A. 建立和健全原始记录制度　　　B. 建立和健全定额管理制度

C. 建立和健全计量验收制度　　　D. 建立和健全内部结算制度

3. 费用要素中的税金包括( )。

A. 印花税　　　　　　　　　　　B. 土地使用税

C. 房产税　　　　　　　　　　　D. 增值税

4. 记录材料消耗数量的原始凭证主要有( )等。

A. 领料登记表　　　　　　　　　B. 退料单

C. 限额领料单　　　　　　　　　D. 领料单

5. 下列各项支出属于资本性支出的有( )。

A. 购建房屋、建筑物的支出　　　B. 购建机器设备的支出

C. 短期借款的利息支出　　　　　D. 研究开发和申请专利权的支出

## 三、判断题

1. 期间费用不计入产品成本,应直接计入当月损益。　　　　　　　　( )

2. 资本性支出应当计入本期产品成本。　　　　　　　　　　　　　　( )

3. 企业主要应根据外部有关方面的需要来组织成本会计工作。　　　　( )

4. 核算长期待摊费用,体现了权责发生制原则。　　　　　　　　　　( )

5. 直接费用不一定都是直接计入费用,但间接费用一定都是间接计入费用。( )

6. 生产设备的折旧费用计入制造费用,因此它属于间接生产费用。 （　　）

7. 工业企业的期间费用按照经济内容可以分为销售费用、管理费用和财务费用。

（　　）

8. "基本生产成本"科目应该按成本计算对象设置明细分类账,账内按成本项目分设专栏或专行。 （　　）

# 第三章 费用在各产品和部门之间的归集与分配

## 【学习目的与要求】

1. 理解材料费用、燃料费用、人工费用、动力费用等费用要素的归集与分配的原理，掌握定额耗用量(费用)比例法、生产工时比例法、机器工时比例法等方法的具体应用；

2. 理解辅助生产的特点，掌握交互分配法、计划成本分配法等辅助生产费用分配方法的具体应用；

3. 理解制造费用的内容，熟悉制造费用分配方法；

4. 了解损失性费用的含义，熟悉废品损失和停工损失的核算。

## 【案例导入】

### 材料费用的分配离不开健全的材料收发制度

小张是一名财经院校会计专业的大学毕业生，202×年7月刚进一家大型施工企业工作。由于施工企业财会人员比较紧缺，公司对小张经过四周的培训后安排他到外地某一施工工地从事施工成本核算。

小张所在的施工工地正在同时建造两栋厂房。202×年8月，他进行成本核算时就遇到了麻烦。事情的大致经过是，月底小张到材料仓库收账，即对平时保留在仓库的材料明细账根据仓库保管员提供的领料单采用先进先出法进行计价登账，但是，一部分领料单中没有填写领用材料的用途，因而无法编制该月的发出材料汇总表。

小张找到施工队的领料员小霍，要求他以后领用材料时必须填写领料单中的用途栏。小霍认为，施工企业首要的任务是保证工程质量与施工进度，至于有没有填写领料用途，这并不是一件大不了的事，只要领用材料真正用于工程项目了就没有问题。小霍要求小张自己判断这些材料的用处。

**思考**：小霍的观点是否正确？小张该如何协调他与小霍在工作上的冲突？

## 第一节 要素费用核算概述

前面章节已经介绍了要素费用主要包括材料费用、燃料费用、动力费用、人工费用、折旧费用、利息支出等。这些要素费用，都是围绕着企业的生产经营活动而发生的。要素费用的核算是企业正确计算产品成本或期间费用的基础。因此,对企业发生的各项要素费用,应按一定方法进行归类,根据其不同的用途在各产品或部门之间进行分配,根据受益的程度计入各产品和部门的成本费用。

要素费用核算就是对企业生产经营过程中发生的各项要素费用进行审核、控制并加以归集,然后按谁受益谁负担的原则在有关产品和部门之间进行分配。要素费用核算的基本程序可以概括为以下两步。

## 一、要素费用的归集

要素费用发生后,会计人员应进行事后审核,根据有关核算制度,对费用发生的合法性、合理性严格把关。只有经过审核的原始凭证,才能作为核算的依据,根据原始凭证记录的用途分类归集各项要素费用的本期发生额。要素费用的归集是指按照费用要素的性质,根据费用发生的地点或受益对象进行归集。归集费用的基本方法就是设置相应的会计科目和明细账。要素费用的归集过程中主要设置的科目是"生产成本——基本生产成本""生产成本——辅助生产成本""制造费用"等,并设立相应的明细账进行核算。

## 二、费用的分配

正确归集好本期各项要素费用的发生额以后,就可以进一步进行费用的分配,根据用途分别计入各产品和部门的成本或费用。

### (一)费用分配的账务处理

直接用于产品生产并有专设成本项目的直接生产费用,如产品耗用的材料费用、燃料费用、动力费用、人工费用,应计入核算对象的"生产成本——基本生产成本"各明细账户。在计入时,应区分以下两种情况:如果能明确各种产品的消耗额,则可将费用直接计入各产品的成本;如果有些费用是几种产品共同发生的,则应首先按一定的分配标准在各种产品之间进行分配,然后再分别计入各种产品的成本。

生产车间发生的各项间接生产费用,如机物料消耗、生产车间固定资产的折旧费、修理费、车间管理人员的薪酬等,应按费用项目分别进行归集,并计入各车间的"制造费用"明细账。期末时,再分配计入各产品的"生产成本"明细账。

设有辅助生产车间并单独核算辅助生产成本的企业,应将辅助生产车间发生的费用进行归集,并按辅助产品或劳务的提供量进行分配:由基本生产车间产品生产耗用的,则计入"生产成本——基本生产成本"各明细账;由基本生产车间一般耗用的,则计入"制造费用——基本生产车间"各明细账;由行政管理部门耗用的,则计入"管理费用",由在建工程耗用的,则计入"在建工程",等等。

各项要素费用的分配是通过编制各种费用分配表进行的,根据分配表据以登记各种成本、费用科目及其所属明细账。

### (二)费用分配的基本思路

1. 确定成本费用分配对象

确定这些费用由哪些对象来负担。确定费用分配对象与数额的基本原则是受益原则:① 何者受益何者负担;② 何时受益何时分配;③ 负担多少与受益程度成正比。

2. 选择分配标准

(1) 可能的分配标准。

① 成果类:如产品的重量、体积、产量、产值等;

② 消耗类:如生产工时、机器工时、生产工资、原材料消耗量或原材料费用等;

③ 定额类:如定额消耗量、定额成本等。

(2) 选择费用分配标准的原则。

分配标准选择应遵循既合理又简便的原则。合理是指所选择的分配标准要尽可能与所分配的费用有密切的关系,做到多耗用多分配,少耗用少分配。简便是指所选择的分配标准的资料容易取得,而且尽可能是单一的分配标准,但有时为了准确地计算各受益对象应负担的成本费用,还必须借助复合分配标准,如体积×重量。

3. 选择费用分配的方法

费用分配的基本方法——比例分配法。各种费用分配的具体分配方法主要是分配标准不同存在的差异。

$$费用分配率 = \frac{待分配费用总额}{分配标准之和}$$

$$某受益对象应负担的费用 = 该对象的分配标准额 \times 费用分配率$$

由于各项要素费用的归集和分配各有特点,以下分别阐述材料费用、燃料费用、动力费用、人工费用等的核算。

# 第二节　材料费用的归集与分配

企业在生产经营过程中耗用的各种材料,包括原料及主要材料、自制半成品、外购半成品、辅助材料、包装材料、修理用备品备件等,都是属于材料费用。这些材料在领用时,应填制领料凭证;没有使用的材料,应填制退料凭证。财务部门在核算时,根据审核无误的领料单、退料单,按材料的具体用途归集和分配费用。材料费用核算的主要内容,包括材料发出的计价、材料费用的分配等。

## 一、材料发出的计价

材料发出应填制领料单。财务部门应该对领料单进行审核,检查所领材料是否符合规定、数量是否超过定额或计划,只有经过审核的领料单才能据以发料并作为材料发出的原始凭证。领料单的格式有一次领料单、限额领料单等。对生产中剩余材料或不需用的材料,应填制退料单,以正确计算产品的材料费用。

材料发出的计价,在日常核算中有实际成本和计划成本两种计价方式。其中按实际成本计价方式具体有先进先出法、加权平均法、移动加权平均法、个别计价法等。

## （一）材料按实际成本计价

### 1. 先进先出法

先进先出法是以先购入的存货先发出这样一种存货实物流转假设为前提，对发出存货进行计价的一种方法。采用这种方法，先购入的存货成本在后购入的存货成本之前转出，据此确定发出存货和期末存货的成本，如表 3-1 所示。

表 3-1　材料明细账

材料名称：B1　　　　　　　　　　202×年4月　　　　　　　　　　数量单位：公斤

金额单位：元

| 202×年 | | 凭证号 | 摘要 | 收入 | | | 发出 | | | 结存 | | |
|---|---|---|---|---|---|---|---|---|---|---|---|---|
| 月 | 日 | | | 数量 | 单价 | 金额 | 数量 | 单价 | 金额 | 数量 | 单价 | 金额 |
| 4 | 1 | | 结存 | | | | | | | 50 | 6 | 300 |
| | 2 | | 购入 | 500 | 5.5 | 2 750 | | | | 50<br>500 | 6<br>5.5 | 300<br>2 750 |
| | 8 | | 发出 | | | | 50<br>300 | 6<br>5.5 | 300<br>1 650 | 200 | 5.5 | 1 100 |
| | 11 | | 购入 | 800 | 5 | 4 000 | | | | 200<br>800 | 5.5<br>5 | 1 100<br>4 000 |
| | 14 | | 发出 | | | | 100 | 5.5 | 550 | 100<br>800 | 5.5<br>5 | 550<br>4 000 |
| | 20 | | 发出 | | | | 100<br>700 | 5.5<br>5 | 550<br>3 500 | 100 | 5 | 500 |
| | 30 | | 结存 | | | | | | | 100 | 5 | 500 |

先进先出法能对发出材料及时进行计价，避免将材料的计价工作集中到月末进行，而且期末库存材料的价值接近现行成本，成本流与通常情况下的实物流趋于一致，计算材料成本不易受主观因素的影响。但是，在发出材料很频繁的生产企业，该方法的工作量比较大。另外，在物价持续上涨的情况下，发出材料的成本是按先购入的低成本计算的，因此会使当月费用偏低，利润偏高，增加企业的税收负担。

### 2. 加权平均法（一次加权平均法）

加权平均法是指以当月购货数量加上月初结存数量后的总量为权数，计算材料的加权平均单价，据以确定本月发出材料成本和期末结存材料成本的方法。其计算步骤为：

第一步，计算当月某材料加权平均单价。

$$当月某材料加权平均单价 = \frac{该材料期初结存成本 + 本期购进成本}{该材料期初结存数量 + 本期购进数量}$$

第二步，计算月末结存成本。

$$月末结存成本 = 该材料期末结存数量 \times 该材料本月加权平均单价$$

第三步,计算本月发出材料成本。

　　　本月发出材料成本＝期初结存成本＋本期购进成本－月末结存成本

如表3－2所示。

表3－2　材料明细账

材料名称:B2　　　　　　　　　　　202×年4月　　　　　　　　　数量单位:公斤

　　　　　　　　　　　　　　　　　　　　　　　　　　　　　　　　金额单位:元

| 202×年 | | 凭证号 | 摘要 | 收入 | | | 发出 | | | 结存 | | |
|---|---|---|---|---|---|---|---|---|---|---|---|---|
| 月 | 日 | | | 数量 | 单价 | 金额 | 数量 | 单价 | 金额 | 数量 | 单价 | 金额 |
| 4 | 1 | | 结存 | | | | | | | 50 | 6 | 300 |
| | 2 | | 购入 | 500 | 5.5 | 2 750 | | | | | | |
| | 8 | | 发出 | | | | 350 | | | | | |
| | 11 | | 购入 | 800 | 5 | 4 000 | | | | | | |
| | 14 | | 发出 | | | | 100 | | | | | |
| | 20 | | 发出 | | | | 800 | | | | | |
| | 30 | | 合计 | 1 300 | | 6 750 | 1 250 | | | 100 | | |

　　本月该材料加权平均单价＝(300＋6 750)÷(50＋1 300)≈5.22

　　期末结存成本＝100×5.22＝522(元)

　　本月发出材料成本＝300＋6 750－522＝6 528(元)

　　加权平均法相对于先进先出法来说,工作量较小,也避免了人为选择不同单位成本造成操纵利润的可能。但是,加权平均单价与现行成本相比,还是存在一定差距,它只是一定期间的平均水平。此外,采用这种方法只能到月末才能计算材料发出成本,无法在平时对材料的收发进行成本明细核算,影响成本计算的及时性。

　　3.移动加权平均法

　　移动加权平均法是以每次购进材料数量和原有库存材料数量的总和为权数,计算每次购货后的加权平均单价,据以计算下次发出材料成本的一种方法。其计算步骤为:

　　第一步,计算当次移动加权平均单价。

$$当次移动加权平均单价＝\frac{原有材料结存成本＋本次购进成本}{原有材料结存数量＋本次购进数量}$$

　　第二步,计算发出材料成本。

　　　　发出材料成本＝该次材料发出数量×当次移动加权平均单价

　　第三步,计算月末结存材料成本。

　　　　月末结存材料成本＝期初结存成本＋本期购进成本－本月发出材料成本

如表3－3所示。

· 45 ·

表3-3 材料明细账

材料名称:B3　　　　　　　　　　　202×年4月　　　　　　　　　　　数量单位:公斤

　　　　　　　　　　　　　　　　　　　　　　　　　　　　　　　　　　金额单位:元

| 202×年 | | 凭证号 | 摘要 | 收入 | | | 发出 | | | 结存 | | |
|---|---|---|---|---|---|---|---|---|---|---|---|---|
| 月 | 日 | | | 数量 | 单价 | 金额 | 数量 | 单价 | 金额 | 数量 | 单价 | 金额 |
| 4 | 1 | | 结存 | | | | | | | 50 | 6 | 300 |
| | 2 | | 购入 | 500 | 5.5 | 2 750 | | | | 550 | 5.545 | 3 050 |
| | 8 | | 发出 | | | | 350 | 5.545 | 1 940 | 200 | | 1 110 |
| | 11 | | 购入 | 800 | 5 | 4 000 | | | | 1 000 | 5.11 | 5 110 |
| | 14 | | 发出 | | | | 100 | 5.11 | 511 | 900 | | 4 599 |
| | 20 | | 发出 | | | | 800 | 5.11 | 4 088 | 100 | | 511 |
| | 30 | | 合计 | 1 300 | | 6 750 | 1 250 | | 6 539 | 100 | 5.11 | 511 |

采用移动加权平均法,材料的成本不易受主观影响,相对比较符合配比原则。另外,存货计价分散在每次购货后进行,能随时了解存货成本。但是,这种方法每次购货后都要计算材料加权平均单价,日常核算工作量比较大。该方法不适用于实地盘存制。

4. 个别计价法

个别计价法是假设成本流转与材料实物流转一致,逐一辨认各批发出材料和期末材料所属的购进批次,按每批材料购入时的实际单位成本作为计算各批发出材料和期末结存材料成本的方法。

个别计价法适用于能分清批次、品种数量不多、单位成本较高的材料。这种方法能使发出材料的实物流转与成本流转完全一致,也便于确定每批材料盘盈或盘亏的金额。但是,这种方法核算的工作量很大,对原材料的日常管理要求也较高。

（二）材料按计划成本计价

在这种方式下,企业对材料采用计划成本计价,无论购进或发出,在"原材料"账户中都按计划单价进行登记,简化了日常核算工作。但由于计划单价与实际购进单价之间通常存在差异,这部分差异称之为材料成本差异,在专设的"材料成本差异"账户中进行登记。每月末必须将材料成本差异总量在本月发出材料和月末结存材料之间进行分配。发出材料的计划成本加上其分配的材料成本差异即是发出材料的实际成本,月末材料的计划成本加上其分配的材料成本差异即是结存材料的实际成本。由于篇幅有限,加之该方法在其他专业课程中已有介绍,在此不再做过多介绍。

## 二、材料费用的分配

### （一）分配对象的确定

材料在生产经营活动中有着不同的用途,如有的用于产品生产,有的用于组织和管理生产等。材料费用发生后应由谁负担,各负担多少,是材料费用核算的重要工作。原则上,费用的分配是按用途、部门和受益对象来分配的,也就是说"谁受益,谁承担"。具体来说,用于产品生产直接耗用的材料应由所生产的产品负担,作为直接材料费用计入产品的"生产成本";用于车间维护生产设备等一般耗用的材料应作为间接费用,计入"制造费用";用于行政管理部门的材料费用,则计入"管理费用";用于专设销售机构的材料费用,则计入"销售费用";用于企业在建工程领用的材料费用,则计入"在建工程",依此类推。

### (二) 材料费用的分配方法

材料费用的分配方法是指材料费用计入各负担对象的方法。一般而言,凡是能分清楚材料费用承担对象的,应直接计入该分配对象的成本或费用。属于几种产品共同耗用的,应按一定的分配标准,将共同发生的材料费用在各对象之间进行分配,然后计入各对象的成本。分配标准的选择一般应注重那些与材料费用发生密切相关且易于获取的指标,如产品重量、体积等。如果企业的定额管理规范,材料消耗定额制定比较准确,也可以按材料的定额消耗量或定额费用比例进行分配。对于系列产品生产的企业,也可以将各种产品的产量按一定系数折合成标准产量,再按标准产量比例分配材料费用。

#### 1. 重量(产量)比例法

材料费用的重量比例法是以产品的重量为分配标准,按各种产品之间重量的比例分配材料费用的一种方法。其计算公式如下:

$$分配率 = \frac{待分配的材料费用总额}{各种产品的重量之和}$$

$$某种产品应分配的材料费用 = 该种产品的重量 \times 分配率$$

【例 3-1】 某厂铸造车间生产 A、B 两种铸件,A 铸件产量 20 000 千克,B 铸件产量 15 000 千克,共耗用生铁 56 000 元。计算 A、B 铸件应负担的材料费用。

$$费用分配率 = \frac{56\,000}{20\,000 + 15\,000} = 1.6(元/件)$$

A 分配的材料费用 $= 20\,000 \times 1.6 = 32\,000$(元)

B 分配的材料费用 $= 15\,000 \times 1.6 = 24\,000$(元)

#### 2. 定额耗用量比例法

材料费用的定额耗用量比例法是指以各种产品的材料定额耗用量为分配标准,计算出单位定额耗用量应负担的实际材料费用(也就是分配率),据以在各种产品之间分配材料费用的方法。其计算公式如下:

$$分配率 = \frac{待分配的材料费用总额}{各种产品的定额耗用量之和}$$

$$某种产品应分配的材料费用 = 该种产品的定额耗用量 \times 分配率$$

【例 3-2】 某厂生产甲、乙两种产品,共同耗用原材料 9 450 千克,每千克 8 元,共计 75 600 元。生产甲产品 40 件,单件甲产品原材料消耗定额为 90 千克;生产乙产品 20 件,单件乙产品原材料消耗定额为 320 千克。计算甲、乙产品应负担的实际原材料费用。

40 件甲产品原材料定额耗用量 $= 40 \times 90 = 3\,600$(千克)

20 件乙产品原材料定额耗用量 $= 20 \times 320 = 6\,400$(千克)

$$费用分配率 = \frac{75\,600}{3\,600 + 6\,400} = 7.56$$

甲产品分配的实际材料费用＝3 600×7.56＝27 216(元)

乙产品分配的实际材料费用＝6 400×7.56＝48 384(元)

定额耗用量比例法适用于原材料消耗比较单一、单位产品消耗量比较准确的产品。

3. 定额费用比例法

材料费用的定额费用比例法是指以各种产品的材料定额费用为分配标准,计算出单位定额费用应负担的实际材料费用(也就是分配率),据以在各种产品之间分配材料费用的方法。其计算公式如下:

$$分配率＝\frac{待分配的材料费用总额}{各种产品的定额费用之和}$$

$$某种产品应分配的材料费用＝该种产品的定额费用×分配率$$

【例3-3】 某厂生产甲、乙两种产品,共同耗用某材料9 450千克,每千克8元,共计75 600元。生产甲产品40件,单件甲产品材料定额费用为720元;生产乙产品20件,单件乙产品材料定额费用为2 560元。计算甲、乙产品应负担的实际原材料费用。

40件甲产品原材料定额费用＝40×720＝28 800(元)

20件乙产品原材料定额费用＝20×2 560＝51 200(元)

$$费用分配率＝\frac{75 600}{28 800＋51 200}＝0.945$$

甲产品分配的实际材料费用＝28 800×0.945＝27 216(元)

乙产品分配的实际材料费用＝51 200×0.945＝48 384(元)

定额费用比例法适用于产品消耗原材料品种较多,材料消耗定额制定比较准确的企业。

4. 标准产量比例法(系数法)

标准产量比例法是将各种产品的产量按系数折算成标准产量,再按标准产量的比例分配材料费用。该方法适用于不同规格的系列产品,且规格较多的情况。一般情况下,我们选择产量较大、生产比较稳定、规格适中的产品作为标准产品,将其系数定为1,其他产品按其定额消耗与标准产品定额消耗相比确定其系数,并按其系数将各产品实际产量折算成标准产量。最后,按标准产量的比例来分配各产品应负担的实际材料费用。

【例3-4】 某厂生产同系列产品甲、乙、丙。本月三种产品的实际投产量分别为1 000件、5 000件、3 000件。本月三种产品共同耗用原材料93 100元,原材料在生产开始时一次性投入。甲、乙、丙三种产品的单位产品材料费用定额分别为9元、10元、12元。按标准产量计算各产品本月应负担的原材料费用。

分配过程如表3-4所示。

表3-4  材料费用分配表

| 产 品 | 投产量 | 单位消耗定额 | 系 数 | 标准产量 | 分配率 | 分配金额 |
|---|---|---|---|---|---|---|
| 甲产品 | 1 000 | 9 | 0.9 | 900 | | 8 820 |
| 乙产品 | 5 000 | 10 | 1 | 5 000 | 9.8 | 4 9000 |
| 丙产品 | 3 000 | 12 | 1.2 | 3 600 | | 35 280 |
| 合 计 | — | — | — | 9 500 | — | 93 100 |

**（三）账务处理**

在实际工作中，材料费用分配过程可以直接通过编制"材料费用分配表"来进行。仓库保管人员依据原材料发料凭证（领料单、限额领料单等）及退料凭证确定实际的原材料发料数量，填制"发出材料明细表"；财会部门根据仓库保管部门提供的"发出材料明细表"结合生产部门的产量记录、定额资料、投料记录等分配材料费用，定期编制"材料费用分配汇总表"，作为账务处理的原始凭证之一；最后，成本核算人员根据上述原始凭证编制记账凭证，进行账务处理。

材料费用分配的账务处理是根据材料费用的用途，借记相关受益对象的成本或费用，贷记"原材料"等科目。

**【例 3-5】** 某企业本月材料费用分配汇总表如表 3-5 所示。根据该表数据编制会计分录。

表 3-5　材料费用分配汇总表

| 受益对象和对应科目 | | | 共同耗用材料的分配 | | | | | 直接领用材料 | 材料费用总额 |
|---|---|---|---|---|---|---|---|---|---|
| 总账及二级科目 | 明细科目 | 用途 | 产量（件） | 单位消耗定额（千克） | 定额耗用量（千克） | 分配率（元/千克） | 分配的材料费用 | | |
| 生产成本——基本生产成本 | 甲产品 | 产品耗用 | 40 | 90 | 3 600 | 7.56 | 27 216 | 15 000 | 42 216 |
| | 乙产品 | 产品耗用 | 20 | 320 | 6 400 | | 48 384 | 25 000 | 73 384 |
| | 小计 | — | — | — | 10 000 | | 75 600 | 40 000 | 115 600 |
| 生产成本——辅助生产成本 | 供电 | 供电耗用 | | | | | | 3 800 | 3 800 |
| | 供水 | 供水耗用 | | | | | | 500 | 500 |
| | 小计 | — | | | | | | 4 300 | 4 300 |
| 制造费用 | 基本车间 | 机物料消耗 | | | | | | 1 200 | 1 200 |
| 管理费用 | | 维修用料 | | | | | | 300 | 300 |
| 在建工程 | | 工程耗用 | | | | | | 5 800 | 5 800 |
| 合　计 | | | | | | | 75 600 | 51 600 | 127 200 |

借：生产成本——基本生产成本——甲产品　　42 216
　　　　　　　　　　　　　　——乙产品　　73 384
　　　　　——辅助生产成本——供电　　3 800

|  |  |
|---|---|
| ——供水 | 500 |
| 制造费用 | 1 200 |
| 管理费用 | 300 |
| 在建工程 | 5 800 |
| 贷:原材料 | 127 200 |

# 第三节　燃料费用和动力费用的核算

制造企业在对材料进行加工的过程中,往往需要耗用燃料和动力,因此燃料费用和动力费用的核算也是生产费用核算中的一个不可忽略的部分。本节所介绍的动力仅限于外购动力,企业内部辅助生产车间生产的动力费用核算在"辅助生产费用的归集与分配"一节介绍。

## 一、燃料费用的核算

燃料费用的核算与原材料费用基本相同。燃料费用在产品成本中比重较小时,可以并入原材料费用统一核算。如果燃料费用发生额较大,企业需要对其加强管理,则可单独设置"燃料"账户,并在产品成本计算单中设置"直接燃料"项目进行核算。燃料费用也可与动力费用一起,在产品成本计算单中设置"直接燃料与动力"项目进行核算。

【例 3-6】　某企业燃料费用发生额较大,为了对其加强管理,单独设置"燃料"账户,并在成本项目中设置"直接燃料"项目进行核算。本月生产甲、乙两种产品,直接耗用燃料费用共计 56 560 元,按产品实际耗用原材料费用的比例进行分配。假设本月甲、乙产品分别耗用原材料的费用为 750 000 元、250 000 元。分配过程如下:

$$费用分配率=\frac{56\ 560}{750\ 000+250\ 000}=0.056\ 56$$

甲产品应分配燃料费用=750 000×0.056 56=42 420(元)

乙产品应分配燃料费用=250 000×0.056 56=14 140(元)

编制会计分录如下:

|  |  |
|---|---|
| 借:生产成本——基本生产成本——甲产品 | 42 420 |
| ——乙产品 | 14 140 |
| 贷:燃料 | 56 560 |

## 二、外购动力费用的核算

外购动力费用是企业从外部购买的电力、热力等产生的费用。动力费用的核算相对比较简单,不存在普通物资的收、发、存环节,而是采用仪表记录,分配标准明确。

【例 3-7】　某企业本月发生外购电费 30 000 元,已用银行存款支付。根据各部门电表计量,基本车间产品生产用电应负担 25 000 元,车间一般照明应负担 2 000 元,企业管理部门负担 3 000 元。基本生产车间本月生产甲、乙两种产品,两种产品的生产工时分别为 3 500 小时、1 500 小时。采用生产工时比例分配产品用电费用。

$$费用分配率 = \frac{25\,000}{3\,500 + 1\,500} = 5(元/小时)$$

甲产品应负担的用电费用＝3 500×5＝17 500(元)

乙产品应负担的用电费用＝1 500×5＝7 500(元)

根据本月用电分配情况编制如下会计分录：

| | |
|---|---|
| 借:生产成本——基本生产成本——甲产品 | 17 500 |
| 　　　　　　　　　　　——乙产品 | 7 500 |
| 　　制造费用 | 2 000 |
| 　　管理费用 | 3 000 |
| 　　贷:银行存款 | 30 000 |

# 第四节　职工薪酬的核算

## 一、职工薪酬概述

### (一) 职工薪酬的内容

职工薪酬是企业为获取职工提供的服务而给予的各种形式的报酬以及其他相关支出。职工薪酬包括以下八个方面：

(1) 职工工资、奖金、津贴和补贴。这部分职工薪酬是指按构成工资总额的计时工资、计件工资、超额劳动报酬和增收节支劳动报酬、岗位津贴，以及为保证职工工资水平不受物价影响支付给职工的物价补贴等。这部分形成了职工工资总额，具体由以下六个部分构成。

① 计时工资。它是指按计时工资标准和工作时间支付给职工的劳动报酬。

② 计件工资。它是指按职工所完成的工作量和计件单价支付的劳动报酬。

③ 奖金。它是指支付给职工的超额劳动报酬和增收节支的劳动报酬。

④ 津贴和补贴。它是指为了补偿职工特殊或额外的劳动消耗和因其他特殊原因支付给职工的津贴，以及为了保证职工工资水平不受物价影响支付给职工的物价补贴。

⑤ 加班加点工资。它是指按规定支付的职工加班工资和加点工资。

⑥ 特殊情况下支付的工资。它是指国家规定在某些非工作时间内支付给职工的工资。

(2) 职工福利费。主要包括职工因公负伤外地就医路费、职工生活困难补助、未实行医疗统筹企业的职工医疗费用，以及按规定发生的其他职工福利支出。

(3) 社会保险费。它是指企业按照国家规定的基准和比例计算，向社会保险经办机构缴纳的医疗保险费、养老保险费、失业保险费、工伤保险费和生育保险费等。

(4) 住房公积金。它是指企业按照国家规定的基准和比例计算，向住房公积金管理机构缴存的住房公积金。

（5）工会经费和职工教育经费。它是指企业为了改善职工文化生活,为职工学习先进技术和提高文化水平及业务素质,用于开展工会活动和职工教育及职业技能培训等相关支出。

（6）非货币性福利。它是指企业以自己的产品或外购商品发放给职工作为福利,提供给职工无偿使用。

（7）因解除与职工的劳动关系给予的补偿。

（8）其他与获得职工提供的服务相关的支出。

**（二）工资的计算**

职工工资是人工费用中最重要的组成部分。工资的计算是根据企业的工资分配制度计算每个职工的应得工资额,是企业与职工之间进行工资结算的依据。制造企业最基本的工资制度有计时工资和计件工资两种。

1. 计时工资

计时工资是根据考勤记录和规定的工资标准计算每个职工应得的工资额。按具体的计算方法不同,计时工资的计算又分为日薪制和月薪制两种。

（1）日薪制。

日薪制是根据职工每月实际出勤天数和日工资率计算其应得工资额的方法。其计算公式为:

$$月应付工资额＝出勤天数×日工资率＋病假应发工资$$

其中,日工资率可按每月 30 天算,也可按每月 20.83 天算。如果日工资率按 30 天算,则节假日也应视为出勤计发工资,缺勤期间的节假日视为缺勤不计发工资;如果日工资率按20.83 天算,则节假日不能视为出勤,缺勤期间的节假日也不扣工资。

（2）月薪制。

在月薪制下,不管各月日历天数多少,职工每月的全勤工资相同。将每月全勤工资扣除缺勤工资即是应付工资额。

$$月工资额＝月标准工资－缺勤工资$$
$$缺勤工资＝缺勤天数×日工资率×扣款比例$$

其中,日工资率可按每月 30 天计算,也可按每月 20.83 天算。如果日工资率按 30 天算,则节假日也应视为出勤计发工资,缺勤期间的节假日视为缺勤不计发工资;如果日工资率按 20.83 天算,则节假日不能视为出勤,缺勤期间的节假日也不扣工资。

【例 3-8】 车间工人李强月标准工资为 1 800 元,8 月份出勤 20 天,病假 2 天,事假 1 天,缺勤期间无法定节假日,双休日 8 天,其病假工资按 80% 计发。分别按日薪制和月薪制计算其本月应得工资额。

（1）日薪制。

按 30 天算日工资率:

日工资率＝1 800÷30＝60(元/天)

月应得工资额＝(20＋8)×60＋2×60×80%＝1 776(元)

按 20.83 天算日工资率:

日工资率＝1 800÷20.83≈86.41(元/天)

月应得工资额＝20×86.41＋2×86.41×80％＝1 866.46(元)

(2) 月薪制。

按 30 天算日工资率：

日工资率＝1 800÷30＝60(元/天)

月应得工资＝1 800－1×60－2×60×20％＝1 716(元)

按 20.83 天算日工资率：

日工资率＝1 800÷20.83≈86.41(元/天)

月应得工资＝1 800－1×86.41－2×86.41×20％＝1 679.03(元)

2. 计件工资

计件工资是根据有关产量记录和规定的计件单价计算的工资额。按照结算对象的不同,可分为个人计件工资和集体计件工资两种。

(1) 个人计件工资的计算。

工人的计件工资,是根据产量记录中登记的每一工人的产品产量,乘以规定的计件单价计算的。其计算公式为:

$$应付工人计件工资总额＝\sum\left[(合格品数量＋料废品数量)×计件单价\right]$$

其中料废品数量是指因材料质量不合格造成的废品数量,不是由工人本人过失造成的。

(2) 集体计件工资的计算。

集体计件工资的计算分两步进行。第一步,计算出集体的计件工资,计算方法与上述个人计件工资方法相同;第二步,在集体内部按一定标准(如工人的级别)进行分配。

## 二、人工费用的分配

将各月工资计算出来后,还应按部门、人员类别进行汇总,并在此基础上进行费用的分配。分配工资费用时,首先要分清费用的分配对象,是计入产品的成本还是在建工程成本,或是期间费用等,这和前述材料费用的分配类似;其次,要分清生产工人的工资是直接计入费用还是间接计入费用,对间接计入费用如何分配计入各产品成本。

人工费用的分配还是遵循"谁受益,谁承担"的原则。产品生产工人的薪酬,应计入产品的"生产成本";车间管理人员的薪酬,应计入"制造费用";行政管理人员的薪酬,应计入"管理费用";专设销售机构的销售人员的薪酬,应计入"销售费用";在建工程人员的薪酬,应计入"在建工程",依此类推。

对于多种产品共同发生的人工费用,一般采用生产工时比例法等方法进行分配。计算公式为:

$$分配率＝\frac{待分配的工人工资总额}{各种产品生产工时之和}$$

$$某产品应分配的工资费用＝该产品的生产工时×分配率$$

上述式中的生产工时,可以是实际生产工时,也可以是定额工时。如果实际生产工时较易取得,则应尽量采用实际生产工时,因为此时计算的分配率能与劳动生产率联系起来。如果取得实际生产工时数据比较困难,而且单位产品工时定额比较准确,则也可以按各产品定额工时比例来分配工资费用。

【例3-9】 志兴公司生产车间生产A、B两种产品,202×年12月生产工人工资为50 920元,其中计件工资为A产品5 800元,B产品4 120元,两种产品共同发生计时工资为41 000元。根据该车间产量工时记录,A产品生产工时为3 500小时,B产品1 500小时。试确认A、B两种产品应负担的工资费用。

在制造企业,计件工资是根据工人所生产的合格品产品数量乘以各产品计件单价求得的,所以计件工资可以直接计入各产品成本。在本题中,计时工资为A、B两种产品共同发生且无法直接计入的,应在A、B产品之间进行分配,分配过程如表3-6所示。

表3-6 直接人工费用分配表

| 产品名称 | 直接计入（计件工资） | 分配计入（计时工资） | | | 合 计 |
| --- | --- | --- | --- | --- | --- |
| | | 生产工时 | 分配率 | 分配金额 | |
| A产品 | 5 800 | 3 500 | 8.2 | 28 700 | 34 500 |
| B产品 | 4 120 | 1 500 | | 12 300 | 16 420 |
| 合 计 | 9 920 | 5 000 | | 41 000 | 50 920 |

【例3-10】 接上例,除生产工人工资外,志兴公司本月还有其他相关人员的工资15 294元,分别为:车间管理人员工资5 094元,行政人员工资6 230元,专设销售人员工资3 970元。根据上述情况,应编制如下会计分录:

借:生产成本——A产品　　　　　　　　　34 500
　　　　　——B产品　　　　　　　　　16 420
　　制造费用　　　　　　　　　　　　　5 094
　　管理费用　　　　　　　　　　　　　6 230
　　销售费用　　　　　　　　　　　　　3 970
　贷:应付职工薪酬——工资　　　　　　　　　　66 214

除支付职工个人工资外,企业还会发生一些其他薪酬,如职工福利开支、社会保险费、住房公积金、教育经费等。这些薪酬的核算主要是采取按月提取方式,即每月按职工工资总额的一定比例提取,计入相关成本费用,同时形成一笔应付款项。对于一些小额的其他薪酬,也可以采取据实列支方式,如在职工福利费发生额较小的企业,则平时不进行福利费的计提,而是在发生时根据实际发生额计入相关成本费用。需要注意的是,企业采取按月提取方式核算其他薪酬,应严格按照相关规定的比例进行计提和使用。企业采取自行估计比例提取福利费的,年末如有已提未用的福利费,则应予以转回。

【例3-11】 接上例,志兴公司采取每月提取福利费的方式核算职工福利费。根据企业情况,本月按职工工资总额的5%计提职工福利费并编制会计分录。

A产品生产工人的福利费计提数＝34 500×5%＝1 725(元)
B产品生产工人的福利费计提数＝16 420×5%＝821(元)

车间管理人员的福利费计提数＝5 094×5％＝254.7(元)

行政管理人员的福利费计提数＝6 230×5％＝311.5(元)

销售人员的福利费计提数＝3 970×5％＝198.5(元)

借:生产成本——A 产品　　　　　　　　　　1 725

　　　　　——B 产品　　　　　　　　　　　821

　　制造费用　　　　　　　　　　　　　　254.7

　　管理费用　　　　　　　　　　　　　　311.5

　　销售费用　　　　　　　　　　　　　　198.5

　　贷:应付职工薪酬——职工福利　　　　　　　　3 310.7

接上例,志兴公司通过银行发放职工工资总计66 214 元。

借:应付职工薪酬——工资　　　　　　　　66 214

　　贷:银行存款　　　　　　　　　　　　　　66 214

【例 3－12】 202×年 12 月 24 日,从银行取现 4 000 元,并用现金发放职工生活困难补助 3 000 元。

借:库存现金　　　　　　　　　　　　　　4 000

　　贷:银行存款　　　　　　　　　　　　　　4 000

借:应付职工薪酬——职工福利　　　　　　3 000

　　贷:库存现金　　　　　　　　　　　　　　3 000

# 第五节　辅助生产费用的核算

在生产规模较大的制造企业,除基本生产车间外,一般都设有辅助生产车间,如供电车间、供水车间、锅炉车间、模具车间、运输车间和机修车间等。这些辅助生产车间是专门为基本生产车间和行政管理部门等提供劳务或产品的,是为了保证基本生产车间产品生产的正常进行,以满足企业内部需要为根本任务。因此,尽管辅助车间有时也对外提供劳务或产品,但这不是辅助生产车间的主要任务。由于辅助生产车间为基本生产车间的产品生产提供产品和劳务,辅助生产费用的高低就会影响产品成本水平。正确核算辅助生产费用,对正确计算基本车间产品成本及期间费用,有着重要意义。

## 一、辅助生产费用的归集

辅助生产车间在提供劳务或产品过程中会发生各种耗费,如材料费用、人工费用、折旧费用、修理费、水电费等。辅助生产车间提供劳务或产品所耗费的各项费用,构成了这些劳务或产品的成本,称为辅助生产成本。这些劳务或产品绝大部分被本企业内部各车间、部门所消耗,因此,对于耗用这些劳务或产品的基本生产车间和其他部门来说,这些耗费称为辅助生产费用。

辅助生产车间按其提供的产品或劳务可以分为两种类型:① 单一品种车间,这种车间只提供一种劳务或产品,如供电、供水、运输等。对于这种只提供一种劳务或产品的辅助生产车间,其所发生的一切耗费都是直接计入费用,而且,这些车间生产的产品或劳务是即时提供,月末一般无在产品,月内发生的所有耗费就是已完工产品或已提供劳务的成本。② 多品种车间,如工具、模具、备件、自制材料等。这种车间所发生的耗费大多是间接计入费用,需要进行分配,而且,这种车间提供的产品一般需要验收入库,如果有月末在产品,生产费用还需要在完工产品和月末在产品之间分配,辅助生产费用的归集是通过登记"生产成本"总账下的"辅助生产成本"二级账户进行的。该账户同"基本生产成本"一样,都是"生产成本"总账下的二级账户。该账户的借方反映辅助车间所发生的一切生产耗费,包括直接材料、直接人工等;贷方反映费用的分配,即登记辅助车间向受益部门提供劳务成本的转出数,以及完工入库工具、模具等成本的转出数。月末如有余额,应在借方,表示尚未完工入库的工具、模具的在产品成本。该账户一般应按辅助车间所提供的产品或劳务设立明细账,账中按成本项目设立专栏。

辅助生产车间发生的制造费用,有两种处理方法:一种是先通过"制造费用"账户的借方进行归集,然后再从其贷方分配转入"生产成本——辅助生产成本"账户的借方;另一种是不通过"制造费用"账户核算,在辅助生产车间发生间接生产费用时,直接计入"生产成本——辅助生产成本"。考虑到辅助车间一般规模较小,制造费用不多,且一般不对外提供产品或劳务,为了简化核算,大多数企业采用第二种方式,如表 3-7 所示。

### 表 3-7 辅助生产成本明细账

车间:机修　　　　　　　　　　202×年 4 月 30 日　　　　　　　　　　单位:元

| 202×年 | | 凭证号数 | 摘　要 | 材料费 | 燃料 | 人工 | 折旧费用 | 水电 | 办公 | 合　计 |
|---|---|---|---|---|---|---|---|---|---|---|
| 月 | 日 | | | | | | | | | |
| 4 | | | 生产领用材料 | 10 650 | | | | | | 10 650 |
| | | | 生产耗用外购动力 | | 28 680 | | | | | 28 680 |
| | | | 生产工人工资 | | | 8 800 | | | | 8 800 |
| | | | 生产工人其他薪酬 | | | 1 086 | | | | 1 086 |
| | | | 应负担的折旧费用 | | | | 2 548 | | | 2 548 |
| | | | 应负担的水电费 | | | | | 8 768 | | 8 768 |
| | | | 应负担的办公费 | | | | | | 600 | 600 |
| | 30 | | 待分配费用合计 | 10 650 | 28 680 | 9 886 | 2 548 | 8 768 | 600 | 61 132 |
| | 30 | | 分配转出 | −10 650 | −28 680 | −9 886 | −2 548 | −8 768 | −600 | −61 132 |

辅助生产车间制造费用不设置账户进行归集的情况下,辅助生产费用归集的会计分录如下:

借:生产成本——辅助生产成本

　　贷:原材料

　　　　应付职工薪酬

　　　　累计折旧

银行存款等

如果企业需要考核辅助生产车间发生的制造费用,则应单独设置"制造费用——辅助生产车间"明细账归集辅助生产车间发生的间接费用,月末再将该账户归集的制造费用转入"生产成本——辅助生产成本"账户,如表3-8和表3-9所示。

**表3-8 辅助生产车间制造费用明细账**

车间:模具         202×年4月30日         单位:元

| 202×年 月 | 202×年 日 | 凭证号数 | 摘要 | 材料费 | 燃料 | 人工 | 折旧费用 | 水电 | 办公 | 合计 |
|---|---|---|---|---|---|---|---|---|---|---|
| 4 | | | 领用材料 | 6 650 | | | | | | 6 650 |
| | | | 修理费 | | 680 | | | | | 680 |
| | | | 分配人工费用 | | | 800 | | | | 800 |
| | | | 分配其他薪酬 | | | 48 | | | | 48 |
| | | | 应负担的折旧费用 | | | | 1 548 | | | 1 548 |
| | | | 应负担的水电费 | | | | | 768 | | 768 |
| | | | 应负担的办公费 | | | | | | 180 | 180 |
| | 30 | | 待分配费用合计 | 6 650 | 680 | 848 | 1 548 | 768 | 180 | 10 674 |
| | 30 | | 分配转出 | −6 650 | −680 | −848 | −1 548 | −768 | −180 | −10 674 |

**表3-9 辅助生产成本明细账**

车间:模具         202×年4月30日         单位:元

| 202×年 月 | 202×年 日 | 凭证号数 | 摘要 | 直接材料 | 直接动力 | 直接人工 | 制造费用 | 合计 |
|---|---|---|---|---|---|---|---|---|
| 4 | | | 生产领用材料 | 4 787 | | | | 4 787 |
| | | | 生产耗用外购动力 | | 3 540 | | | 3 540 |
| | | | 生产工人工资 | | | 4 880 | | 4 880 |
| | 30 | | 分配转入制造费用 | | | | 10 674 | 10 674 |
| | 30 | | 待分配费用合计 | 4 787 | 3 540 | 4 880 | 10 674 | 23 881 |
| | 30 | | 分配转出 | −4 787 | −3 540 | −4 880 | −10 674 | −23 881 |

## 二、辅助生产费用的分配

辅助生产车间提供的服务方式不同,其费用的分配程序也不同。

生产工具、模具、自制材料的辅助生产车间,其成本核算类似基本生产车间产品成本的核算。在这些辅助产品完工时,应将在"生产成本——辅助生产成本"账户借方归集的成本从贷方转入"周转材料""原材料"等账户的借方。由于这种分配程序与基本车间类似,在本章不再做详细介绍。

本章所讲的辅助生产费用分配,主要是指为基本生产车间或其他部门即时提供产品或劳务的辅助费用分配,如供电车间、供水车间、机修车间、运输车间等。这些产品或劳务由于不便于或无法保存,因此不存在完工入库。如果辅助生产车间之间不相互提供劳务,则其分配也比较容易,只要将"生产成本——辅助生产成本"账户借方归集的费用按劳务或产品供应量进行分配,计入"生产成本——基本生产成本""制造费用""管理费用"等账户借方。然而,在有些企业,辅助生产车间之间还会相互提供劳务或产品,如供电车间为供水车间提供电,供水车间为供电车间提供水;机修车间为运输车间提供修理服务,运输车间为机修车间提供运输服务等。如此,为了计算供电车间电的完整成本,就需先确定水的成本;为了计算供水车间水的完整成本,就需要先确定电的成本。因此,存在交互提供产品或劳务的企业,辅助生产费用的分配就变得复杂了。为了正确计算企业的成本和费用,在分配辅助生产费用时,一般应首先在各辅助生产车间之间进行费用的交互分配,计算出各辅助车间的生产成本,然后再对辅助生产车间以外的受益对象分配费用。这是辅助生产费用分配的一个重要特点。

辅助生产费用的分配方法主要有:直接分配法、顺序分配法、一次交互分配法、计划分配法和代数分配法等。

**(一)直接分配法**

直接分配法是辅助生产费用分配的基本方法,它是指在分配辅助生产费用时并不考虑各辅助生产车间之间相互提供产品或劳务的情况,而是将各种辅助生产成本直接分配给除辅助生产车间以外的各受益对象。该方法适用于各辅助生产车间之间相互提供产品或劳务量很少的企业,或者相互提供产品劳务量多但相差不多的企业。

$$辅助生产的单位成本(分配率)=\frac{辅助生产费用总额}{辅助生产对外提供的产品或劳务总量}$$

$$某受益部门分配的辅助生产费用=该受益部门接受的产品或劳务量 \times 该产品或劳务的单位成本$$

**【例3-13】** 某企业有供水、机修两个辅助生产车间,某月份在分配辅助生产费用以前,"生产成本——辅助生产成本"账户归集的辅助生产费用供水车间为258 000元、机修车间为18 000元。各辅助生产车间提供的产品和劳务数量如表3-10所示。

表3-10 劳务供应统计表

| 受益单位 | 供水(吨) | 机修(工时) |
| --- | --- | --- |
| 机修车间 | 28 000 | |
| 供水车间 | | 500 |
| 基本生产车间产品耗用 | 150 000 | |
| 基本生产车间一般耗用 | 20 000 | 2 600 |
| 企业行政管理部门耗用 | 2 000 | 1 400 |
| 劳务供应量合计 | 200 000 | 4 500 |

供水车间费用分配率=258 000÷(200 000-28 000)=1.5(元/吨)

机修车间费用分配率=18 000÷(4 500-500)=4.5(元/工时)

表 3 - 11 辅助生产费用分配表(直接分配法)

| 项 目 | | 供水车间 | 机修车间 | 合 计 |
|---|---|---|---|---|
| 待分配辅助生产费用 | | 258 000 | 18 000 | 276 000 |
| 对外部门提供劳务量 | | 172 000 | 4 000 | — |
| 费用分配率 | | 1.5 | 4.5 | — |
| 基本生产车间产品耗用 | 数量 | 150 000 | | — |
| | 金额 | 225 000 | | 225 000 |
| 基本生产车间一般耗用 | 数量 | 20 000 | 2 600 | — |
| | 金额 | 30 000 | 11 700 | 41 700 |
| 企业行政管理部门耗用 | 数量 | 2 000 | 1 400 | — |
| | 金额 | 3 000 | 6 300 | 9 300 |
| 合 计 | | 258 000 | 18 000 | 276 000 |

根据上述分配结果编制如下会计分录:

借:生产成本——基本生产成本　　　　　　　　225 000
　　制造费用——基本生产车间　　　　　　　　 41 700
　　管理费用　　　　　　　　　　　　　　　　 9 300
　　贷:生产成本——辅助生产成本(供水车间)　258 000
　　　　　　　　——辅助生产成本(机修车间)　 18 000

### (二)顺序分配法

顺序分配法,是指各种辅助生产车间之间的费用分配时,应按照车间受益多少的顺序排列,受益少的先将费用分配出去,受益多的后将费用分配出去。先分配的部门可以给后面的部门分配费用,后分配的部门则不能给前面的部门分配费用。例如,机修、供水两个辅助生产车间,机修车间耗用的水较多,而供水车间耗用的机修劳务较少,则在分配这两个辅助生产车间的费用时,先将供水车间的费用先行分配(有一部分水费就分配给了机修车间),然后再分配机修车间的费用(此时,机修车间却不能将机修费用分配给供水车间了)。进行分配时的分配率计算公式如下:

$$先分配的辅助车间单位成本(分配率) = \frac{辅助生产费用总额}{辅助生产对外提供的产品或劳务总量}$$

$$\frac{后分配的辅助车间}{单位成本(分配率)} = \frac{辅助生产费用初始额 + 分配转入费用}{辅助车间提供的产品或劳务总量 - 向先分配车间提供的产品或劳务量}$$

【例 3 - 14】 沿用【例 3 - 13】资料,按顺序分配法进行辅助生产费用的分配。

第一步,确定分配顺序:

供水车间费用分配率 = 258 000 ÷ 200 000 = 1.29(元/吨)

机修车间费用分配率 = 18 000 ÷ 4 500 = 4(元/工时)

供水车间受益额 = 500 × 4 = 2 000(元)

机修车间受益额＝28 000×1.29＝36 120(元)

可以看出,供水车间的受益额远小于机修车间,所以先分配供水车间的费用,再分配机修车间的费用。

第二步,分配辅助生产费用:

供水车间费用分配率＝258 000÷200 000＝1.29(元/吨)

机修车间应分配的水费＝28 000×1.29＝36120(元)

机修车间费用分配率＝(18 000＋36 120)÷(4 500－500)＝13.53(元/工时)

表 3-12  辅助生产费用分配表(顺序分配法)

| 项　目 | | 供水车间 | 机修车间 | 对外分配合计 |
|---|---|---|---|---|
| 待分配辅助生产费用 | | 258 000 | 54 120 | |
| 费用分配率 | | 1.29 | 13.53 | |
| 机修车间耗用 | 数量 | 28 000 | | |
| | 金额 | 36 120 | | 36 120 |
| 基本生产车间产品耗用 | 数量 | 150 000 | | — |
| | 金额 | 193 500 | | 193 500 |
| 基本生产车间一般耗用 | 数量 | 20 000 | 2 600 | — |
| | 金额 | 25 800 | 35 178 | 60 978 |
| 企业行政管理部门耗用 | 数量 | 2 000 | 1 400 | |
| | 金额 | 2 580 | 18 942 | 21 522 |
| 合　计 | | 258 000 | 54 120 | 312 120 |

根据上述分配结果编制如下会计分录:

借:生产成本——辅助生产成本——机修　　　　36 120
　生产成本——基本生产成本　　　　　　　　193 500
　制造费用——基本生产车间　　　　　　　　60 978
　管理费用　　　　　　　　　　　　　　　　21 522
　贷:生产成本——辅助生产成本——供水　　　　258 000
　　生产成本——辅助生产成本——机修　　　　54 120

可以看出,顺序分配法能够将辅助车间相互之间发生的费用重点分配给受益较大的车间,这种分配结果相对于直接分配法来说,比较准确。但是,分配在前的车间并没有分配辅助生产费用,这样的分配结果仍然不十分准确,因此该方法一般适用于辅助生产车间相互之间受益程度有明显差距的企业。

### (三)一次交互分配法

一次交互分配法,是指各辅助生产车间之间先根据相互提供产品或劳务的数量和交互分配前的费用分配率进行一次交互分配,然后再将交互分配后的实际费用对外部受益部门进行直接分配。该方法一般适用于辅助生产车间不多,或相互提供产品或劳务量较多且不均衡的企业。其分配程序是按两步进行的：

第一步为交互分配阶段。根据各辅助生产车间费用总额和提供产品或劳务总量计算交互分配率，根据此交互分配率在辅助生产车间之间进行一次交互分配。其计算公式为：

交互分配率＝某辅助生产车间交互分配前的费用总额÷该车间提供的产品或劳务总量

某辅助生产车间应分配的辅助生产费用＝该车间接受的产品或劳务量×交互分配率

第二步为对外分配阶段。首先计算对外待分配费用，然后按对外待分配费用和对外提供的产品或劳务问题计算对外分配率，最后根据对外分配率向外部各受益部门进行费用分配。其计算公式为：

对外待分配费用＝交互分配前待分配费用＋交互分配转入费用－交互分配转出费用

$$对外分配率 = \frac{某辅助生产车间对外待分配费用}{该车间向外部受益部门提供的产品或劳务总量}$$

$$\begin{array}{l}某受益部门分配的 \\ 辅助生产费用\end{array} = \begin{array}{l}该受益部门接受的 \\ 产品或劳务量\end{array} \times \begin{array}{l}该产品或劳务的 \\ 对外费用分配率\end{array}$$

【例 3 - 15】　沿用前例资料。采用一次交互分配法进行辅助生产费用的分配。

第一步，交互分配：

供水车间交互分配费用分配率＝258 000÷200 000＝1.29(元/吨)

机修车间交互分配费用分配率＝18 000÷4 500＝4(元/工时)

第二步，对外分配：

供水车间交互分配后对外待分配费用＝258 000＋2 000－36 120＝223 880(元)

机修车间交互分配后对外待分配费用＝18 000＋36 120－2 000＝52 120(元)

供水车间对外分配费用分配率＝223 880÷172 000＝1.301 6(元/吨)

机修车间对外分配费用分配率＝52 120÷4 000＝13.03(元/工时)

表 3 - 13　辅助生产费用分配表(一次交互分配法)

| 分配部门<br>受益部门 | | 交互分配 | | | 对外分配 | | |
|---|---|---|---|---|---|---|---|
| | | 供水 | 机修 | 小计 | 供水 | 机修 | 小计 |
| 待分配费用 | | 258 000 | 18 000 | 276 000 | 223 880 | 52 120 | 276 000 |
| 产品或劳务供应量 | | 200 000 | 4 500 | | 172 000 | 4 000 | — |
| 分配率(单位成本) | | 1.29 | 4 | | 1.301 6 | 13.03 | — |
| 供水 | 数量 | | 500 | | | | — |
| | 金额 | | 2 000 | 2 000 | | | |
| 机修 | 数量 | 28 000 | | | | | |
| | 金额 | 36 120 | | 36 120 | | | — |
| 基本车间<br>产品生产 | 数量 | | | | 150 000 | | — |
| | 金额 | | | | 195 240 | | 195 240 |

| 受益部门＼分配部门 | | 交互分配 | | | 对外分配 | | |
|---|---|---|---|---|---|---|---|
| | | 供水 | 机修 | 小计 | 供水 | 机修 | 小计 |
| 基本车间一般耗用 | 数量 | | | | 20 000 | 2 600 | — |
| | 金额 | | | | 26 032 | 33 878 | 59 910 |
| 行政部门耗用 | 数量 | | | | 2 000 | 1 400 | — |
| | 金额 | | | | 2 608 | 18 242 | 20 850 |
| 分配金额合计 | | 36 120 | 2 000 | | 223 880 | 52 120 | 27 6000 |

根据辅助生产费用分配表编制会计分录。

第一步,交互分配。

借:生产成本——辅助生产成本(供水车间) 　　　2 000

　　　　　——辅助生产成本(机修车间) 　　　36 120

　　贷:生产成本——辅助生产成本(供水车间) 　　　36 120

　　　　　——辅助生产成本(机修车间) 　　　2 000

第二步,对外分配。

借:生产成本——基本生产成本 　　　195 240

　　制造费用——基本生产车间 　　　59 910

　　管理费用 　　　20 850

　　贷:生产成本——辅助生产成本(供水车间) 　　　223 880

　　　　　——辅助生产成本(机修车间) 　　　52 120

## (四) 计划分配法

计划分配法,是指辅助生产车间为各受益部门提供的产品和劳务,都按该产品或劳务的计划单位成本进行费用分配的方法。这种方法可以分两步操作:第一步,辅助生产为各受益单位(包括其他辅助生产车间)提供的产品或劳务,一律按产品或劳务的实际耗用量和计划单位成本进行分配;第二步,计算辅助生产车间实际发生费用(包括辅助生产交互分配转入的费用)与按计划单位成本分配转出的费用之间的差额,也就是辅助生产产品或劳务的成本差异。对于成本差异,可以追加分配给辅助生产车间以外的各受益单位,也可以简化计算工作,全部计入"管理费用"科目,本章采用简化处理的方式。

第一步,按计划单位成本分配。

$$各受益单位应负担某产品或劳务的成本 = 该受益单位实际耗用某产品或劳务的数量 \times 某产品或劳务的计划单位成本$$

第二步,计算成本差异并分配差异。

$$\begin{aligned}某辅助生产车间成本差异 &= 该辅助生产车间实际总成本 - 按计划单位成本分配转出的费用\\ &= \left(该辅助生产车间分配前的初始待分配费用 + 按计划单位成本分配转入的费用\right) - 按计划单位成本分配转出的费用\end{aligned}$$

从公式中可以看出,分配转入的费用是按接受产品或劳务的计划单位成本计算的,因此上式中,"辅助生产车间的实际总成本"并不是真正的实际总成本。

【例3-16】 沿用前例资料。假设供水车间每吨水的计划单位成本为1元,机修车间每一机修工时的计划单位成本为4元。采用计划分配法进行辅助生产费用的分配。

第一步,按计划单位成本分配辅助生产费用(见表3-14)。

第二步,计算辅助生产车间实际成本及辅助生产成本差异。

机修车间的实际成本＝18 000＋28 000＝46 000(元)

供水车间的实际成本＝258 000＋2 000＝260 000(元)

机修车间的成本差异＝46 000－4 500×4＝28 000(元)

供水车间的成本差异＝260 000－200 000×1＝60 000(元)

表3-14　辅助生产费用分配表(计划分配法)

| | | | 供　水 | 机　修 | 金额合计(元) |
|---|---|---|---|---|---|
| 待分配费用 | | | 258 000(元) | 18 000(元) | 276 000 |
| 劳务供应总量 | | | 200 000(吨) | 4 500(工时) | — |
| 计划单位成本 | | | 1(元/吨) | 4(元/工时) | — |
| 辅助生产车间 | 供水车间 | 数量 | | 500(工时) | |
| | | 金额 | | 2 000(元) | 2 000 |
| | 机修车间 | 数量 | 28 000(吨) | | |
| | | 金额 | 28 000(元) | | 28 000 |
| 基本生产车间 | 产品耗用 | 数量 | 150 000(吨) | | |
| | | 金额 | 150 000(元) | | 150 000 |
| | 一般耗用 | 数量 | 20 000(吨) | 2 600(工时) | |
| | | 金额 | 20 000(元) | 10 400(元) | 30 400 |
| 行政管理部门 | | 数量 | 2 000(吨) | 1 400(工时) | |
| | | 金额 | 2 000(元) | 5 600(元) | 7 600 |
| 按计划分配金额合计 | | | 200 000(元) | 18 000(元) | 218 000 |
| 实际总成本 | | | 260 000(元) | 46 000(元) | 306 000 |
| 成本差异 | | | ＋60 000(元) | ＋28 000(元) | ＋88 000 |

根据上表分配结果编制如下会计分录。

按计划单位成本分配:

借:生产成本——辅助生产成本(机修车间)　　28 000

　生产成本——辅助生产成本(供水车间)　　2 000

　生产成本——基本生产成本　　150 000

　制造费用　　30 400

　管理费用　　7 600

|　|贷:生产成本——辅助生产成本(机修车间)|18 000|
|---|---|---|

贷:生产成本——辅助生产成本(机修车间)　　　　　　18 000

生产成本——辅助生产成本(供水车间)　　　　　　200 000

分配成本差异：

借:管理费用　　　　　　　　　　　　　　　　　　88 000

贷:生产成本——辅助生产成本(机修车间)　　　　　　28 000

生产成本——辅助生产成本(供水车间)　　　　　　60 000

计划分配法的优点是分配过程简便,不需计算分配率,并且对辅助生产车间之间的交互分配和对外部受益部门的分配是一次进行的。通过成本差异的计算,能反映和考核辅助生产费用计划的执行情况。但如果计划单位成本制定不准确,会形成较大的成本差异,影响产品成本和部门费用的计算。

### (五) 代数分配法

代数分配法就是通过建立多元一次方程组的方法,求出各辅助生产车间提供产品或劳务的单位成本,据以分配各辅助生产费用的一种方法。这种分配方法的关键是建立多元一次方程组。该方程组是由若干个多元一次方程式组成,每个辅助生产车间建一个方程。方程式的一边表示该车间费用的归集额(包括初始待分配费用和交互分配转入的费用),另一边表示该车间费用的分配额。其计算步骤如下:

第一步,设未知数,根据辅助生产车间之间的服务关系建立方程组;

第二步,解方程组,计算各种产品或劳务的单位成本;

第三步,各受益部门按接受产品或劳务的数量进行费用的分配。

【例 3‐17】 沿用前例资料。采用代数分配法进行辅助生产费用的分配。

假设机修车间每一修理工时的单位成本为 X,供水车间每吨水的单位成本为 Y,建立二元一次联立方程：

$18\ 000 + 28\ 000Y = 4\ 500X$

$258\ 000 + 500X = 200\ 000Y$

解得:$X = 12.216\ 7$

$Y = 1.320\ 5$

表 3‐15　辅助生产费用分配表(代数分配法)

| | | | 供　水 | 机　修 | 金额合计(元) |
|---|---|---|---|---|---|
| 待分配费用 | | | 258 000(元) | 18 000(元) | 276 000 |
| 劳务供应总量 | | | 200 000(吨) | 4 500(工时) | — |
| 单位成本 | | | 1.320 5(元/吨) | 12.216 7(元/工时) | — |
| 辅助生产车间 | 供水车间 | 数量 | | 500(工时) | |
| | | 金额 | | 6 108(元) | |
| | 机修车间 | 数量 | 28 000(吨) | | |
| | | 金额 | 36 975(元) | | |

| | | | 供水 | 机修 | 金额合计(元) |
|---|---|---|---|---|---|
| 基本生产车间 | 产品耗用 | 数量 | 150 000(吨) | | |
| | | 金额 | 198 081(元) | | 198 081 |
| | 一般耗用 | 数量 | 20 000(吨) | 2 600(工时) | |
| | | 金额 | 26 410(元) | 31 764(元) | 58 174 |
| 行政管理部门 | | 数量 | 2 000(吨) | 1 400(工时) | |
| | | 金额 | 2 641(元) | 17 104(元) | 19 745 |
| 对外分配金额合计 | | | 227 132(元) | 48 868(元) | 276 000 |
| 总分配金额 | | | 264 107(元) | 54 976(元) | 319 083 |

根据上述分配结果,编制如下会计分录:

借:生产成本——辅助生产成本(机修车间) 36 975
　　生产成本——辅助生产成本(供水车间) 6 108
　　生产成本——基本生产成本 198 081
　　制造费用 58 174
　　管理费用 19 745
　贷:生产成本——辅助生产成本(机修车间) 54 976
　　生产成本——辅助生产成本(供水车间) 264 107

代数分配法是最精确的一种辅助生产费用分配方法,但在辅助生产车间较多、数据复杂的情况下,解方程组的工作量较大。因此该方法适合已实行会计电算化的企业。

# 第六节　制造费用的核算

制造费用是产品生产成本的重要组成部分。它是指企业各个生产单位(事业部、分厂、车间)为生产产品或提供劳务而发生的各项间接费用。

## 一、制造费用的归集

制造费用的内容比较多,包括生产单位机物料消耗、车间管理人员的薪酬、厂房设备等固定资产折旧费、修理费、租赁费、保险费、车间照明用电、取暖费、劳动保护费、设计制图费、季节性和大修理期间的停工损失等。这些费用按用途主要可以分成四类:

第一类是直接用于产品生产但没有专设成本项目的费用,如车间生产用的机器设备折旧费、修理费、经营租赁费,生产用周转材料摊销等。

第二类是间接用于产品生产的费用,如车间厂房的折旧费、修理费、租金,车间照明用电,劳动保护费等。

第三类是车间为组织管理生产而发生的费用,如车间管理人员的薪酬,车间管理用房屋的折旧费、修理费、租金,车间管理用的办公费、差旅费等。

第四类是车间发生的一些其他损失,如大修理期间的停工损失等。

制造费用的归集是通过登记"制造费用"账户进行的。对于基本生产车间,不管生产多种产品还是单一产品,都应以车间为单位对该车间发生的间接费用进行单独核算;对于辅助生产车间,可以设置"制造费用"账户单独核算其间接费用,也可以不设"制造费用"账户,而是将发生的制造费用直接计入"生产成本——辅助生产成本"账户。

制造费用明细账应根据管理要求,按车间设置,账内按具体的费用项目设置专栏,如表 3-16 所示。

表 3-16　制造费用明细账

车间名称:第一基本生产车间　　　　　　202×年4月

| 202×年 | | 凭证号数 | 摘要 | 机物料 | 修理费 | 人工 | 折旧费用 | 水电 | 办公 | 合计 |
|---|---|---|---|---|---|---|---|---|---|---|
| 月 | 日 | | | | | | | | | |
| 4 | | | 领用材料 | 9 077 | | | | | | 9 077 |
| | | | 修理费 | | 500 | | | | | 500 |
| | | | 分配人工费用 | | | 10 300 | | | | 10 300 |
| | | | 分配其他薪酬 | | | 618 | | | | |
| | | | 应负担的折旧费用 | | | | 3 765 | | | 3 765 |
| | | | 应负担的水电费 | | | | | 1 790 | | 1 790 |
| | | | 应负担的办公费 | | | | | | 306 | 306 |
| | 30 | | 待分配费用合计 | 9 077 | 500 | 10 918 | 3 765 | 1 790 | 306 | 26 356 |
| | 30 | | 分配转出 | -9 077 | -500 | -10 918 | -3 765 | -1 790 | -306 | -26 356 |

## 二、制造费用的分配

"制造费用"账户是按车间设置。如果一个车间生产的产品或提供的劳务是单一的,那么所发生的制造费用是直接计入费用,可在月末将"制造费用"账户借方归集的费用全部结转到所生产的产品"生产成本"账户的借方。如果一个车间生产的产品或提供的劳务有多品种,那么该车间发生的制造费用就是间接计入费用,应按一定的方法分配,然后分别计入各产品的"生产成本"账户借方。

制造费用的分配方法一般有实际分配率法、计划分配率法和累计分配率法三种。

### (一) 实际分配率法

实际分配率法是根据当期实际发生的制造费用和确定的分配标准总量计算制造费用分配率,并据以分配制造费用的方法。

采用实际分配率法,应根据各车间和分厂等生产单位归集的制造费用和耗用分配标准总量,分别计算出各车间和分厂等生产单位的制造费用分配率,然后根据制造费用分配率和各产品耗用的分配标准量计算出各产品应负担的制造费用。其分配的计算公式如下：

$$某生产单位的制造\atop 费用分配率 = \frac{该生产单位本期归集的制造费用总额}{该生产单位本期分配标准总量}$$

$$某产品应负担的\atop 制造费用 = {该产品耗用的\atop 分配标准量} \times {该生产单位的制造\atop 费用分配率}$$

根据分配标准的不同，实际分配率法又分为如下几种具体方法。

1. 生产工时比例法

生产工时比例法就是按照各种产品耗用生产工人生产工时的比例分配费用。该方法主要适合于各产品生产的机械化程度大致相同的情况下采用。其计算公式如下：

$$制造费用分配率 = \frac{待分配的制造费用}{各种产品生产工时之和}$$

$$某产品应负担的制造费用 = 该产品的生产工时总量 \times 制造费用分配率$$

上述的生产工时一般是指实际生产工时，但如果实际工时不易取得而工时定额比较准确，则也可以采用定额工时。

【例 3-18】 某企业基本生产车间生产甲、乙两种产品，本月发生的制造费用总额为 35 500 元，甲产品和乙产品的实际生产工时分别为 2 000 小时和 3 000 小时。

制造费用分配率＝35 500÷(2 000＋3 000)＝7.1(元/小时)

甲产品应负担的制造费用＝2 000×7.1＝14 200(元)

乙产品应负担的制造费用＝3 000×7.1＝21 300(元)

编制会计分录如下：

借：生产成本——基本生产成本——甲产品　　　　　　14 200

　　　　　　　　　　　　　　——乙产品　　　　　　21 300

　　贷：制造费用——基本生产车间　　　　　　　　　　　　　　35 500

2. 机器工时比例法

机器工时比例法就是按照各种产品耗用机器设备运转时间的比例分配制造费用。该方法主要适用于机械化、自动化程度较高的生产车间，因为这种车间所发生的制造费用中，折旧费、修理费等费用所占比重较大，而这些费用的发生又与机器设备的使用密切相关。其计算公式如下：

$$制造费用分配率 = \frac{待分配的制造费用}{各种产品实际(标准)机器工时之和}$$

$$某产品分配的制造费用 = 该产品实际(标准)机器工时 \times 制造费用分配率$$

若车间中存在着各种不同类型的机器设备，而且其使用费用大小悬殊，为了提高制造费用分配的合理性，可将机器设备进行分类，按其类别确定机器工时系数、用工时系数折算出标准机器工时，再按标准机器工时分配制造费用。

【例 3-19】 某厂第一车间本月发生制造费用 55 575 元。该车间有三类设备，分别是Ⅰ类、Ⅱ类、Ⅲ类，根据三类设备的使用成本确定它们的工时系数分别为 2、1.5、1。该车间生产甲、乙两种产品，甲产品耗用工时 1 500 小时(Ⅰ类设备上加工 1 000 小时，Ⅱ类设备上加工 300 小时，Ⅲ类设备上加工 200 小时)，乙产品耗用工时 1 500 小时(Ⅰ类设备上加工 200 小时,Ⅱ类设备上加工 300 小时,Ⅲ类设备上加工 1 000 小时)。按机器工时比例分配制造费用,分配过程如表 3-17 所示。

表 3-17　制造费用分配法(标准工时比例法)

| 产品名称 | 加工设备 | 机器工时 | 工时系数 | 标准机器工时 | 标准工时合计 | 分配率 | 应分配的制造费用 |
|---|---|---|---|---|---|---|---|
| 甲产品 | Ⅰ类 | 1 000 | 2 | 2 000 | 2 650 | | 32 727.5 |
| | Ⅱ类 | 300 | 1.5 | 450 | | | |
| | Ⅲ类 | 200 | 1 | 200 | | | |
| 乙产品 | Ⅰ类 | 200 | 2 | 400 | 1 850 | 12.35 | 22 847.5 |
| | Ⅱ类 | 300 | 1.5 | 450 | | | |
| | Ⅲ类 | 1 000 | 1 | 1 000 | | | |
| 合　计 | — | — | — | 4 500 | | | 55 575 |

编制会计分录如下:

借:生产成本——基本生产成本——甲产品　　32 727.5
　　　　　　　　　　　　　——乙产品　　22 847.5
　　贷:制造费用——第一车间　　　　　　　　　　55 575

3. 生产工人工资比例法

生产工人工资比例法是指按照各种产品所耗生产工人工资的比例分配费用的一种方法。该方法主要适用于各种产品生产工艺过程机械化程度大致相同和产品加工技术等级大致相同的企业。采用这种方法,由于能够从产品成本明细账或人工费用分配表中直接取得生产工人工资的资料,分配标准容易取得。其计算公式如下:

$$制造费用分配率 = \frac{待分配的制造费用}{各种产品生产工人工资之和}$$

某产品分配的制造费用 = 该产品生产工人工资额 × 制造费用分配率

【例 3-20】　志强公司第一生产车间生产 A、B 两种产品,本月车间发生制造费用 30 552 元,按生产工人工资比例进行分配。A、B 产品的生产工人工资分别为 34 500 元、16 420 元。

分配率 = 30 552 ÷ (34 500 + 16 420) = 0.6
A 产品应负担的制造费用 = 34 500 × 0.6 = 20 700(元)
B 产品应负担的制造费用 = 16 420 × 0.6 = 9 852(元)
编制会计分录如下:

借:生产成本——基本生产成本——A 产品　　20 700
　　　　　　　　　　　　　——B 产品　　9 852
　　贷:制造费用——第一车间　　　　　　　　　30 552

如果生产工人工资仅由计时工资组成且按生产工时比例分配的,则制造费用按生产工人工资比例分配和按生产工时比例分配的结果是一致的。

4.原材料耗用比例法

原材料耗用比例法是以各种产品所耗用的原材料成本(数量)为标准分配制造费用的一种方法。这种方法主要适用于各产品耗用同一种原材料,加工过程比较简单,制造费用中对原材料进行处理的耗费所占比重较大的车间。

$$制造费用分配率=\frac{待分配的制造费用}{各种产品耗用原材料成本(数量)之和}$$

某产品分配的制造费用=该产品耗用原材料成本(数量)×制造费用分配率

【例3-21】　某厂生产甲、乙两种产品,本月基本生产车间发生制造费用31 360元,按产品所耗原材料费用比例进行分配。本月甲、乙产品生产耗用原材料费用分别为32 000元和24 000元。

分配率=31 360÷(32 000+24 000)=0.56
甲产品应负担的制造费用=32 000×0.56=17 920(元)
乙产品应负担的制造费用=24 000×0.56=13 440(元)
编制会计分录如下:

借:生产成本——基本生产成本——甲产品　　　　　　　17 920
　　　　　　　　　　　　　　——乙产品　　　　　　　13 440
　贷:制造费用——基本生产车间　　　　　　　　　　　　　　　31 360

**(二) 计划分配率法**

计划分配率法是在年度开始前按制造费用全年预算数和全年预计产量的定额标准确定分配率,在年度内按计划分配率进行制造费用分配的一种方法。该方法主要适用于季节性生产企业,因为它不受淡季和旺季产量相差悬殊而使各月单位产品成本中制造费用忽高忽低的影响。但是,采用这种分配方法要求计划工作水平较高;否则,年度制造费用预算脱离实际太大,会影响产品成本计算的正确性。

$$计划分配率=\frac{全年制造费用计划总额}{全年各产品计划产量的定额工时之和}$$

其中,

全年各产品计划产量的定额工时之和=计划产量×单位产品定额工时
各月分配时各产品应分配的制造费用=该产品各月实际产量定额工时×计划分配率

在这种方法下,全年只计算一次分配率,以后各月都按此计划分配率进行分配,大大简化了计算工作,但如果出现年度制造费用预算严重脱离实际,应及时调整计划分配率。另外,采用计划分配率分配制造费用,由于"制造费用"账户借方归集的是实际发生的制造费用,而贷方转出的是按计划分配率分配的制造费用,因此,1—11月末"制造费用"账户一般有余额。如果是借方余额,说明实际发生额大于分配额,表示已发生而尚未分配转出的费用;如果是贷方余额,说明分配额大于实际发生额,表示尚未发生但已提前分配的费用。实际发生额与分配额之间的差额,应在年末一次进行调整计入12月份的产品成本中。如果制造费用实际发生额大于分配额,则用蓝字补足分配额;如果制造费用实际发生额小于分配额,则用红字冲减分配额。"制造费用"账户年末不能留有余额。

【例3-22】　某企业全年制造费用计划总额296 065元,全年计划生产甲、乙两种产品分别为 1 500 件和 800 件,单位产品的工时定额分别为 3 小时和 4 小时。本年度 11 月份实际产量为甲产品 130 件和乙产品 75 件。11 月初"制造费用"账户余额为借方余额 850 元,本月实际发生制造费用 25 000 元。

$$制造费用计划分配率=\frac{296\ 065}{1\ 500\times3+800\times4}=38.45(元/小时)$$

按计划分配率计算 11 月份各产品应负担的制造费用:

130 件甲产品应负担的制造费用$=130\times3\times38.45=14\ 995.5(元)$

75 件乙产品应负担的制造费用$=75\times4\times38.45=11\ 535(元)$

$$本月实际发生的制造费用与按计划分配率分配费用之间的差额=25\ 000-(14\ 995.5+11\ 535)=-1\ 530.5(元)$$

根据分配结果编制如下会计分录:

借:生产成本——基本生产成本——甲产品　　　　14 995.5

　　　　　　　　　　　　——乙产品　　　　11 535

　　贷:制造费用　　　　　　　　　　　　　　　　26 530.5

对于本月形成的差异,暂不处理。11 月末"制造费用"账户的余额为贷方 680 元,到全年结束再将本年制造费用差异调整计入 12 月份产品成本。

### (三) 累计分配率法

累计分配率法是将发生的各项制造费用先分别累计起来,到产品完工时,再按累计分配率和完工产品的累计工时数分配给完工批别的一种方法。对尚未完工的各产品批别应负担的间接计入费用,仍然留在原成本费用账中,待产品完工后,与新发生的费用一起累计后再分配。

这种方法主要适用于采用分批法计算产品成本的企业。在这种企业,产品生产周期较长(一个月以上),产品生产批次较多,每月完工产品批次只占全部产品批次的一部分。如果每个月都将所有费用在完工产品和在产品之间进行分配,工作量比较大,而采用累计分配率法,则产品未完工之前可以不需要分配间接计入费用,大大简化了核算工作量。

$$制造费用累计分配率=\frac{制造费用期初余额+制造费用本期发生额}{期初分配标准累计数+本期发生的分配标准量}$$

某批已完工产品应负担的制造费用=该批已完工产品分配标准累计数×累计分配率

上式中,分配标准主要是采用生产工时或机器工时。有关具体应用见后面章节(分批法)。

# 第七节　生产损失的核算

在制造企业的生产过程中,不可避免会出现因停电、待料、设备故障等而停工,或者由于材料质量或人为原因生产出废品等现象。这些现象的发生会在一定程度上给企业带来损失,我们称之为生产损失。生产损失会提高生产成本,或影响生产计划的完成。所以,企业必须防止和减少生产损失的出现,努力提高经济效益。制造企业的生产损失主要分为两大类:废品损失和停工损失。

## 一、废品损失的归集与分配

废品是指由于生产原因而造成的不符合规定的技术标准,不能按原定用途使用的产品,包括在产品、半成品、产成品。废品可能是在生产过程中发现的,也可能是入库后发现的,只要是由于生产原因造成的,我们都称之为废品。废品按其是否可修复,分为可修复废品和不可修复废品。可修复废品是指从技术上、工艺上可以修复,且修复费用在经济上是合算的废品;不可修复废品是指从技术上、工艺上不可修复,或者虽可修复,但修复费用在经济上不合算的废品。

废品损失是指由于在生产过程中形成的废品而造成的损失,具体来说,包括可修复废品的修复费用和不可修复废品的生产成本,扣除回收的残料价值和应收的赔偿款后的净损失。在实务中,有几种损失不属于废品损失:经质量检验部门鉴定不需要返修可以降价出售的不合格品形成的降价损失,应在计算销售损益时直接体现;产品入库后由于保管不善等原因损坏变质的损失,属管理上问题,作为管理费用;实行售后三包(包退、包修、包换)的企业,在产品出售后发现的废品发生的一切损失,也是作为管理费用,不计入废品损失。

财务部门应根据质量检验部门填制并审核后的废品损失通知单,作为废品损失核算的原始凭证。废品损失发生普遍或在管理上有核算要求的企业,一般应单独设置"废品损失"账户进行废品损失的归集和分配,并在产品成本计算单的成本项目中增设"废品损失"成本项目。该账户借方归集可修复废品的修复费用和不可修复废品的生产成本,贷方登记残料回收价值、应收赔偿款以及转出的废品损失。"废品损失"账户下应按产品的品种设置明细账户,进行明细分类核算。由于两类废品的核算内容有所不同,下面分别进行介绍。

### (一) 可修复废品损失的归集与分配

可修复废品损失是指对废品进行修复而发生的各项修复费用,扣除残料回收价值和应收赔偿款后的净损失。可修复废品在返修前发生的生产费用,已经在"生产成本"明细账中归集,由于这些费用是正常的生产费用,不属于废品损失,所以在核算废品损失时不必处理。返修过程发生的修复费用,应根据原材料、人工费用、制造费用等费用分配表中所计算的废品修复应负担的部分,在"废品损失"账户借方进行归集,借记"废品损失",贷记"原材料""应付职工薪酬""制造费用"等。而对回收残料价值和应收赔偿款,应借记"原材料""其他应收款"等,贷记"废品损失"。借贷方的差额(修复费用扣除残料价值和赔偿款)即是净损失,应在最后从"废品损失"账户贷方转出,分配计入"生产成本"各明细账户,作为合格品的成本项目列示。

**【例3-23】** 某企业基本生产车间生产的甲产品在生产中产生了可修复废品20件。对废品进行修复过程中,领用了原材料350元,发生人工费用600元,应负担制造费用120元。回收残料价值50元已验收入库,应收责任人赔款80元。

第一步,计算可修复废品的修复费用:350+600+120=1 070(元)

借:废品损失——甲产品　　　　　　　　　　　　　　1 070

    贷:原材料                                                   350
        应付职工薪酬                                               600
        制造费用                                                 120
    第二步,计算回收残料价值和赔偿款共计:50+80=130(元)
    借:原材料                                                    50
        其他应收款                                                 80
        贷:废品损失——甲产品                                        130
    第三步,计算并结转废品净损失:1 070-130=940(元)
    借:生产成本——基本生产成本——甲产品                           940
        贷:废品损失——甲产品                                       940
    有关成本计算单如表3-18所示。

表3-18　产品成本计算单

基本生产车间                                                                       甲产品

| 年 | | 摘　要 | 成本项目 | | | | 合　计 |
| 月 | 日 | | 直接材料 | 直接人工 | 制造费用 | 废品损失 | |
|---|---|---|---|---|---|---|---|
| 略 | 略 | 生产领料 | 250 750 | | | | 250 750 |
| | | 分配人工费用 | | 17 870 | | | 17 870 |
| | | 分配制造费用 | | | 8 600 | | 8 600 |
| | | 分配废品损失 | | | | 940 | 940 |
| | | 合　计 | 250 750 | 17 870 | 8 600 | 940 | 278 160 |

    废品损失发生不多的企业或对废品损失核算未作管理上要求的企业,可以不单独设置"废品损失"账户,也不必在产品成本明细账中设置"废品损失"成本项目。在发生修复费用时,直接借记"生产成本",贷"原材料""应付职工薪酬"等;而在回收残料和应收赔偿款时,直接借记"原材料""其他应收款",贷记"生产成本"。

### (二) 不可修复废品损失的归集与分配

    不可修复废品由于已经不可修复,所以这种废品形成的损失应该包括其在报废前发生的生产费用,扣除残料的回收价值和应收赔偿款后,计算其净损失。因此,在核算上首先应将这部分废品的成本与合格品进行分离,单独从"生产成本"明细账中转至"废品损失"借方进行归集;其次,残料的回收和应收赔偿款的核算,净损失的分配结转与可修复废品的核算是同样原理。不难看出,不可修复废品损失核算要点在于废品的生产成本如何与合格品生产成本进行分离。在实务中,可以按实际成本计算,也可以按定额成本计算。

    1. 按废品所耗实际费用计算

    废品的生产成本按所耗实际费用计算,就是将所有产品的实际生产费用在合格品与废品之间进行合理分配,计算出废品在报废前发生的实际成本。

    【例3-24】 某企业基本生产车间无月初在产品,本月投产甲产品600件(其中产生不可修复废品 15 件,其余均已合格并验收入库)。本月投入原材料 216 000 元,发生人工费用 58 500 元,制造费用 46 780 元。所有材料均在生产开始时一次投入。人工费用和制造费用按生产工时比例分配。合格品的生产工时为 4 550 小时,废品的生产工时为 50 小时。上述废品回收残料 200 元已验收入库。根据资料计算废品损失,并编制相关会计分录。

(1) 计算废品的生产成本。

由于原材料是在生产开始时一次投入,故可直接按产品数量分配材料费用。

材料费用的分配率＝216 000÷600＝360(元/件)

15 件废品应负担的材料费用＝360×15＝5 400(元)

人工费用和制造费用按生产工时比例分配。

人工费用的分配率＝58 500÷(4 550＋50)＝11.7(元/小时)

15 件废品应负担的人工费用＝11.7×50＝585(元)

制造费用的分配率＝46 780÷(4 550＋50)＝9.356(元/小时)

15 件废品应负担的制造费用＝9.356×50＝467.8(元)

15 件废品的实际生产成本＝5 400＋585＋467.8＝6 452.8(元)

借:废品损失——甲产品　　　　　　　　　　6 452.8

　　贷:生产成本——基本生产成本——甲产品　　　　　　6 452.8

(2) 回收残料。

借:原材料　　　　　　　　　　200

　　贷:废品损失——甲产品　　　　　　200

(3) 15 件废品的净损失为 6 252.8 元,结转至合格产品成本。

借:生产成本——基本生产成本——甲产品　　　　6 252.8

　　贷:废品损失——甲产品　　　　　　　　6 252.8

表 3－19　不可修复废品损失计算表(按实际成本计算)

车间:基本生产车间　　　　产品:甲(合格品 600 件,废品 15 件)　　　　202×年 4 月

| 项　目 | 直接材料 | 直接人工 | 制造费用 | 合　计 |
|---|---|---|---|---|
| 实际总费用 | 216 000 | 58 500 | 46 780 | 321 280 |
| 费用分配率 | 360 | 11.7 | 9.356 | — |
| 废品生产成本 | 5 400 | 585 | 467.8 | 6 452.8 |
| 减:残料价值 | 200 | | | 200 |
| 减:过失人赔偿 | 0 | | | |
| 废品净损失 | 5 200 | 585 | 467.8 | 6 252.8 |

按实际费用计算废品的生产成本,结果比较符合实际,但工作量较大。

2. 按定额费用计算废品的生产成本

废品的生产成本按定额费用计算,就是按不可修复废品的数量和各项费用定额计算,而不考虑废品的实际发生费用。

【例 3-25】某企业基本生产车间生产乙产品,本月发现不可修复废品 8 件。乙产

品的单位产品定额资料为：原材料 85 元，直接人工 20 元，制造费用 8 元。原材料系生产开始时一次性投入，其他费用随加工进度均衡发生，假如 8 件废品的完工程度均为 80%。回收残料 200 元已验收入库，应收责任人赔偿款 100 元。根据资料计算废品损失并编制相关会计分录。

(1) 计算 8 件不可修复废品的定额成本为 859.2 元，其中：

原材料定额成本＝85×8＝680(元)

人工费用定额成本＝20×8×80%＝128(元)

制造费用定额成本＝8×8×80%＝51.2(元)

借：废品损失——乙产品　　　　　　　　　　　　859.2

　　贷：生产成本——基本生产成本——乙产品　　　　　　859.2

(2) 回收残料以及应收赔偿款。

借：原材料　　　　　　　　　　　　　　　　　200

　　其他应收款　　　　　　　　　　　　　　　100

　　贷：废品损失——乙产品　　　　　　　　　　　300

(3) 15 件废品的净损失为 559.2 元，结转至合格产品成本。

借：生产成本——基本生产成本——乙产品　　　　559.2

　　贷：废品损失——乙产品　　　　　　　　　　　559.2

按产品的定额费用计算废品的生产成本，核算工作比较简便，有利于考核和分析废品损失和产品成本。但必须具备比较准确的定额成本资料，否则会影响成本计算的准确性。

## 二、停工损失的归集与分配

停工损失，是指企业生产车间或车间内某个班组在停工期间发生的各种费用，包括停工期间应支付的职工薪酬，应负担的设备折旧等。停工的原因可能是停电、待料、机器设备发生故障或进行大修理、发生非常灾害以及计划减产等。

季节性生产企业在季节性停工期间的费用，由于是企业本身特点所致，因而不作为停工损失核算，而是属于制造费用的核算内容。另外，为了简化核算工作，对于不满一个工作日的停工发生的费用，也不计算停工损失。

停工损失发生额比较大或管理上要求单独核算企业停工损失的，应设置"停工损失"账户，并在生产成本计算单中单独设立"停工损失"成本项目。"停工损失"账户下一般应按生产单位设立二级明细账，进行明细核算。该账户的借方归集停工期间发生的应计入停工损失的各项费用；贷方登记应收赔偿款等以及分配转出的停工净损失。该账户月末应无余额。

停工损失的分配转出应根据停工的原因区别处理。如为自然灾害所致，则计入"营业外支出"；如应计入车间生产产品的生产成本，则计入"生产成本"等。

【例 3-26】　某企业基本生产车间本月因停电发生停工 60 小时。如果该车间小时制造费用率为 55 元，停工期间应支付职工薪酬为 6 500 元。供电公司应支付赔偿款 1 000 元。

(1) 归集停工期间发生的费用计 9 800 元。

借：停工损失——基本生产车间　　　　　　　　9 800

　　贷:制造费用　　　　　　　　　　　　　　　　　　　3 300

　　　　应付职工薪酬　　　　　　　　　　　　　　　　　6 500

　　(2) 将应收的赔偿款冲减停工损失。

借:其他应收款　　　　　　　　　　　　　　　　　　　1 000

　　贷:停工损失——基本生产车间　　　　　　　　　　　1 000

　　(3) 计算停工净损失并结转至该车间生产成本。

借:生产成本——基本生产成本　　　　　　　　　　　　8 800

　　贷:停工损失——基本生产车间　　　　　　　　　　　8 800

　　对于不单独核算停工损失的企业,在停工期间发生的费用可根据形成原因,直接计入"制造费用""营业外支出"等科目。

# 第八节　期间费用的核算

　　期间费用是企业在生产经营过程中发生的,与产品生产活动没有直接联系,属于某一会计期间发生的,应直接计入当期损益的费用。制造企业发生的期间费用,按其经济用途,可以分为管理费用、销售费用和财务费用。

## 一、管理费用

　　管理费用是企业为组织和管理生产经营所发生的费用,包括企业在筹建期间发生的开办费用、董事会和行政管理部门在企业的经营管理中发生的或者应由企业统一负担的公司经营、工会经费、董事会费、聘请中介机构费、咨询费、诉讼费、业务招待费、房产税、车船税、土地使用税、印花税、技术转让费、矿产资源补偿费、研究费用、排污费等。

　　企业发生的管理费用应通过"管理费用"总账账户进行核算,并根据企业管理需要分别设"工资""职工福利费""折旧费""办公费""差旅费""交通费""保险费""租赁费""修理费""业务招待费""工会经费""职工教育经费""社会统筹保险费""住房公积金"等明细账户,用来反映和考核各项费用的支出情况。发生各项管理费用时,借记"管理费用",贷记"银行存款"等;月末,应将本月发生的管理费用结转至本年利润,借记"本年利润",贷记"管理费用"。

表 3-20　管理费用明细账

202×年 4 月　　　　　　　　　　　　　　　　　　　　　单位:元

| 202×年 | | 摘　要 | 办公费 | 工资 | 福利费 | 水费 | 电费 | 电话费 | 业务招待费 | 合　计 |
|---|---|---|---|---|---|---|---|---|---|---|
| 4 月 | 日 | | | | | | | | | |
| | 1 | 略 | 2 450 | | | | | | | 2 450 |
| | 5 | | | 57 000 | 2 850 | | | | | 59 850 |
| | 8 | | 800 | | | | | 700 | | 1 500 |
| | 15 | | | | | 605 | 779 | | | 1 384 |

| 202×年 | | 摘 要 | 办公费 | 工资 | 福利费 | 水费 | 电费 | 电话费 | 业务招待费 | 合 计 |
|---|---|---|---|---|---|---|---|---|---|---|
| 4月 | 日 | | | | | | | | | |
| | 18 | | | | | | | | 280 | 280 |
| | 22 | | | | | | | | 300 | 300 |
| | 25 | | | 156 | | | | | | 156 |
| | 28 | | | 470 | | | | | | 470 |
| | 30 | 本月合计 | 3 876 | 57 000 | 2 850 | 605 | 779 | 700 | 580 | 66 390 |
| | | 本月转出 | −3 876 | −57 000 | −2 850 | −605 | −779 | −700 | −580 | −66 390 |

## 二、销售费用

销售费用是企业因销售商品和材料、提供劳务的过程中发生的各项费用。

销售费用可以分为三类：① 一般销售费用，是指应由企业负担的因销售商品和材料、提供劳务而发生的运输费、装卸费、包装费、保险费等。② 为产品促销而发生的展览费和广告费。③ 专设销售机构经费，是指企业专设销售机构（含网点、售后服务网点等）所发生的职工薪酬、业务费、折旧费、修理费等经营费用。

企业发生的销售费用应通过"销售费用"总账账户进行核算，并根据企业管理需要在总账下分别设"运输费""装卸费""包装费""广告费""工资""职工福利费""折旧费""办公费""差旅费""交通费""保险费""租赁费"等明细账户，用来反映和考核各项费用的支出情况。发生各项销售费用时，借记"销售费用"，贷记"银行存款"等；月末，应将本月发生的销售费用结转至本年利润，借记"本年利润"，贷记"销售费用"。

表 3－21　销售费用明细账

202×年4月

单位：元

| 202×年 | | 摘 要 | 运输费 | 工资 | 福利费 | 广告费 | 租赁费 | 电话费 | 差旅费 | 合 计 |
|---|---|---|---|---|---|---|---|---|---|---|
| 4月 | 日 | | | | | | | | | |
| | 5 | 略 | 4 050 | | | | | | | 4 050 |
| | 7 | | | 29 000 | 1 450 | | | | | 30 450 |
| | 11 | | | | | | | 700 | | 700 |
| | 12 | | 650 | | | | 2 000 | | | 2 650 |
| | 15 | | | | | 80 000 | | | | 80 000 |
| | 22 | | 360 | | | | | | 2 740 | 3 100 |
| | 25 | | | | | | | | 5 680 | 5 680 |
| | 28 | | 800 | | | | | | | 800 |
| | 30 | 本月合计 | 5 860 | 29 000 | 1 450 | 80 000 | 2 000 | 700 | 8 420 | 127 430 |
| | | 本月转出 | −5 860 | −29 000 | −1 450 | −80 000 | −2 000 | −700 | −8 420 | −127 430 |

### 三、财务费用

财务费用是企业为筹集生产经营所需资金而发生的各项费用。

财务费用主要包括以下四类：① 利息支出（减利息收入），是指企业在生产经营期间由于负债而产生的应计入当期损益的利息支出，如果是利息收入则冲减财务费用。这里要注意的是，企业为购建或生产符合资本化条件的资产而发生的借款利息支出是不能计入财务费用的，应予以资本化并计入所购建或生产的资产的价值；② 汇兑损益，是指企业生产经营期间发生的汇兑损失减去汇兑收益以后的净额；③ 手续费，是指企业生产经营期间发生的，因筹集资金和办理各种结算业务而支付给银行等金融机构的各项手续费。④ 现金折扣，是指在赊销方式下，债权人为了鼓励债务人在规定时间及早付款而给予的债务扣除。作为债权人，由于及早收回款项而给予对方的现金折扣额在理论上即是筹资而发生的代价，所以在实际发生时计入当期财务费用。作为债务人，由于提前还款而得到的现金折扣额在理论上即是减少了资金使用成本，故应冲减当期财务费用。

企业发生的财务费用应通过"财务费用"总账账户进行核算，并根据企业管理需要在总账下分别设"利息""手续费""汇兑损益""现金折扣"等明细账户，用来反映和考核各项费用的支出情况。发生各项财务费用时，借记"财务费用"，贷记"银行存款"等；月末，应将本月发生的财务费用结转至本年利润，借记"本年利润"，贷记"财务费用"。

**表 3 – 22　财务费用明细账**

202×年 4 月　　　　　　　　　　　　　　　　　　　　　　单位：元

| 202×年 4月 | 日 | 摘　要 | 利息支出（减利息收入） | 手续费 | 汇兑损益 | 现金折扣 | 合　计 |
|---|---|---|---|---|---|---|---|
| | 2 | 略 | | 30 | | | 30 |
| | 4 | | | 25 | | | 25 |
| | 11 | | | | | 5 300 | 5 300 |
| | 15 | | | 30 | | | 30 |
| | 20 | | 280 000 | | | | 280 000 |
| | 28 | | −480 | | | | −480 |
| | 30 | 本月合计 | 279 520 | 85 | | 5 300 | 284 905 |
| | | 本月转出 | −279 520 | −85 | | −5 300 | −284 905 |

## 【本章小结】

企业在生产经营过程中耗用的各种材料，包括原料及主要材料、自制半成品、外购半成品、辅助材料、包装材料、修理备用品备件等，都是属于材料费用。这些材料在领用时，应填制领料凭证；没有使用的材料，应填制退料凭证。财务部门在核算时，根据审核无误的领料单、退料单，按材料的具体用途归集和分配费用。凡是能分清楚材料费用承担对象的,应直接计入该分配对象的成本或费用。属于几种产品共同耗用的,应按一定的分配标准,将共同发生的材料费用在各对象之间进行分配,然后计入各对象的成本。分配标准的选择一般应注重那些与材料费用发生密切相关且易于获取的指标,如产品重量、体积等。如果企业的定额管理规范,材料消耗定额制定比较准确,也可以按材料的定额消耗量或定额费用比例进行分配。

燃料费用、外购动力费用、职工薪酬费用的归集与分配和外购材料费用的归集与分配原理一致。

辅助生产是指为基本生产车间和行政管理部门等提供劳务或产品的生产。辅助生产费用的归集是通过登记"生产成本"总账下的"辅助生产成本"二级账户进行的。辅助生产费用的分配主要有直接分配法、顺序分配法、一次交互分配法、计划分配法和代数分配法等方法。

制造费用包括生产单位机物料消耗、车间管理人员的薪酬、厂房设备等固定资产折旧费、修理费、租赁费、保险费、车间照明用电、取暖费、劳动保护费、设计制图费、季节性和大修理期间的停工损失等。制造费用的归集是通过登记"制造费用"账户进行的。制造费用分配有生产工时比例法、生产工人工资比例法、机器工时比例、原材料的耗用量比例法、计划分配率法、累计分配率法等方法。

废品损失与停工损失从理论上并不属于产品成本范畴,但我国有关会计制度将其作为生产合格产品所发生的代价,计入产品成本。废品损失与停工损失的归集与分配分别是通过"废品损失"与"停工损失"账户进行的。废品分为可修复废品和不可修复废品,两种废品的核算有所区别。

期间费用与企业的产品生产或劳务提供没有直接关系,包括管理费用、销售费用、财务费用。期间费用发生时应直接计入当期损益,期末结转至本年利润。

# 【案例分析题】

张丽毕业后在某标准件厂从事成本会计工作已经三年。该企业主要生产标准元器件,按工序设有两个基本生产车间,另设有供汽和机修两个辅助生产车间。供汽和机修两个车间主要为基本生产车间提供蒸汽和机器修理劳务,辅助车间之间提供的产品和劳务量很少,因此在辅助生产费用的核算上采用的是直接分配法。今年年初起,市场需求大增,生产任务比往年有大幅度提高。供汽车间的有关设备故障频率增加,经常需要机修车间提供修理劳务。202×年4月份的有关成本数据如下:供汽车间共发生费用64 800元,机修车间共发生费用59 400元。两个辅助生产车间提供的产品和劳务量如下:

| 受益单位 | 供汽数额(立方) | 机修劳务(工时) |
|---|---|---|
| 供汽车间 | | 1 000 |
| 机修车间 | 2 000 | |
| 第一基本生产车间 | 7 000 | 2 000 |

| 受益单位 | 供汽数额(立方) | 机修劳务(工时) |
|---|---|---|
| 第二基本生产车间 | 5 000 | 1 600 |
| 行政管理部门 | 4 000 | 400 |
| 合　计 | 18 000 | 5 000 |

作为成本会计人员,张丽发现成本情况的变化,觉得应该要向财务部领导提出更改辅助生产费用的分配方法。但是,究竟应该怎么向领导陈述更改方法的原因?其他方法的特点何在?应该如何选择?

## 【复习思考题】

1. 分配原材料费用的方法有哪几种?各在何种情况下采用?
2. 分配动力费用的方法有哪几种?各在何种情况下采用?
3. 如何计算日工资率和应付计时工资?
4. 分配辅助生产费用的方法有哪几种?各有何特点?
5. 分配制造费用的方法有哪几种?各在何种情况下采用?

## 【练习题】

1. 某厂生产甲、乙、丙三种产品,根据耗用材料汇总表,本月三种产品共同耗用 B 材料 2 424 千克,每千克实际平均单价为 29.703 元,总成本为 72 000 元;根据产量记录和有关定额资料,本月三种产品实际投产量分别为 120 件、180 件、240 件,单位产品 B 材料消耗定额分别为 2 千克、4 千克、6 千克,单位产品 B 材料消耗定额成本分别为 60 元/千克、120 元/千克、180 元/千克。

要求:

(1) 采用定额耗用量比例法分配材料费用。

(2) 采用定额费用比例法分配材料费用。

2. 某企业本月外购电力费用 25 000 元,以银行存款支付。根据各部门电表计量,产品生产用电应负担 20 000 元,车间一般照明用电应负担 2 200 元,企业管理部门用电应负担 2 800 元。本月车间生产甲、乙、丙三种产品,工时分别为 18 000 小时、23 000 小时、9 000 小时。

要求:采用工时比例法分配外购动力费用并编制会计分录。

3. 某厂 202× 年全年制造费用计划为 2 220 000 元;全年各产品的计划产量分别为 A 产品 50 000 件,B 产品 30 000 件;单件产品的生产工时定额为 A 产品 2.2 工时,B 产品 2.5 工时。8 月份 A、B 产品的生产工时分别为 9 000 工时和 6 000 工时,本月实际发生制造费用 183 918 元。

要求:采用计划分配率法分配制造费用并编制会计分录。

4. 某企业设有供水和动力两个辅助车间,主要为本企业基本生产车间(只生产 A 产品)和行政管理部门等提供服务,根据辅助生产成本明细账汇总的资料,供水车间本月费用合计 108 000 元,动力车间本月费用合计 67 200 元。各辅助生产车间劳务供应情况详见下表:

| 受益部门 | 用水量(吨) | 耗动力(小时) |
|---|---|---|
| 动力 | 8 000 | |
| 供水 | | 1 600 |
| 基本生产产品生产 | 36 000 | 4 800 |
| 基本生产车间一般耗用 | 28 000 | 4 000 |
| 行政管理部门 | 8 000 | 800 |
| 合　计 | 80 000 | 11 200 |

要求:

(1) 按直接分配法进行辅助生产费用的分配;

(2) 按顺序分配法进行辅助生产费用的分配;

(3) 按一次交互分配法进行辅助生产费用的分配;

(4) 按计划分配法进行辅助生产费用的分配(假设水的计划单位成本为 1.49 元/吨,电的计划单位成本为 7.06 元/小时);

(5) 按代数分配法进行辅助生产费用的分配。

5. 某厂第一车间本月完工入库合格 A 产品 2 350 件,生产中产生不可修复废品 150 件,本月 A 产品累计生产费用为 193 110 元,其中直接材料为 90 000 元,直接人工为 58 920 元,制造费用为 44 190 元,A 产品月初月末无在产品。废品生产成本的计算中,直接材料项目按合格品同等负担,直接人工和制造费用可折算为 105 件合格品。废品残料处理回收现金 1 200 元,已决定过失人赔偿损失 500 元。

要求:

(1) 计算不可修复废品生产成本;

(2) 结转不可修复废品生产成本;

(3) 登记废品残料处理价值及过失人应赔偿款;

(4) 计算并结转废品净损失。

# 第四章 生产费用在完工产品与在产品之间的核算

## 【学习目的与要求】

1. 了解在产品的概念、在产品日常结存数量的确定和在产品清查核算的内容；

2. 理解生产费用在完工产品与在产品之间分配方法的特点、适用范围及各种方法之间的区别；

3. 掌握各种分配方法的计算过程，尤其要能熟练运用约当产量法、在产品按定额成本计价法和定额比例法进行费用分配的计算。

## 【案例导入】

### 已完工程成本的计算与项目经理的升迁之路有关

小张是一名财经院校会计专业的大学毕业生，2022年7月刚进一家大型施工企业工作。由于施工企业财会人员比较紧缺，公司安排小张到外地某一施工工地接替前任成本会计师小李，从事施工成本核算。

小张所在的施工工地正在同时建造两栋厂房，厂房甲与厂房乙。这两栋厂房于2022年10月份开始建造，2022年归集的未完工程成本是3 500万元，2023年年末，厂房甲已经完工，厂房乙实际已经完成工程进度的60%。年末，小张向项目经理老王汇报的成本核算数据是：

已完工程成本＝年初未完工程成本＋本年生产费用－年末未完工程成本
＝3 500＋9 800－3 000＝10 300万元

项目经理老王对小张报告的成本数据不满意，认为已完工程成本10 300万元数据过大，希望小张在成本计算时将已完工程成本降下来。小张最后将厂房乙的工程进度调整为80%，价值量估计为4 000万元，最后，报出的已完工程成本为9 300万元。

项目经理老王因成本控制绩效显著而受到公司总部的嘉奖，除了得到一笔丰厚的2022年终奖金外，2023年3月还顺利晋升为公司的副总经理。但是，继任项目经理小王对小张有很大的意见，认为小张2022年做了假账。小张为此感到工作压力很大。

**思考：**继任项目经理小王为什么对小张有很大的意见？他认为小张去年做了假账，有道理吗？

# 第一节　在产品核算

企业在生产过程中发生的各项费用在各种产品及部门间进行了归集和分配之后，就已经按成本项目反映在了"基本生产成本"科目及其所属明细账中。为了全面归集产品所发生的费用，正确计算产品的成本，还必须加上月初的在产品成本，即必须将产品的生产费用总额在本月完工产品和月末在产品之间进行分配。根据本月产品的完工情况，完工产品成本的计算可以分三种情况分别处理：其一，如果本月产品全部完工，则月末没有在产品，那么计入该种产品的生产费用总额就是本月完工产品的成本；其二，如果本月产品全部没有完工，则月末该产品全部以在产品形态存在，那么计入该种产品的生产费用总额就是月末的在产品成本；其三，如果本月产品部分完工，即既有完工产品，又有在产品，那么该种产品的生产费用总额就要按照一定的方法在本月完工产品和月末在产品之间进行分配，分别计算本月完工产品成本和月末在产品成本。可以看出，月初在产品成本、本月生产费用、本月完工产品成本和月末在产品成本四者之间存在以下关系，用公式表示为：

月初在产品成本＋本月生产费用＝本月完工产品成本＋月末在产品成本　公式(4.1)

上述公式中，左边两项数额是已知数，"本月生产费用"的数额可以通过前期费用的归集和分配后确定，而"月初在产品成本"可以通过企业在产品台账的历史资料确定。右边两项是未知数，需要在已知完工产品数量和月末在产品数量的基础上，通过计算确定。可见，要正确地进行生产费用的分配，必须获得在产品收发和结存的数量。因此，正确组织在产品的数量核算非常重要。

## 一、在产品的日常核算

### (一) 在产品的含义

在产品是指企业已经投入生产，但尚未完成全部生产过程，不能作为商品销售的产品。在产品有广义和狭义之分。而前述概念正是从广义或者整个企业范围的角度进行的界定，它指从产品的最初生产阶段开始，一直到完成生产过程，产成品验收入库之前的所有产品，主要包括正在各生产工序或车间加工中的在制品、已经完成一个或多个生产工序但尚未完工需要继续加工的半成品、已经生产完成但尚未验收入库的产成品、正在返修或等待返修的废品等，但已经验收入库的自制半成品(属于商品产品)，以及不可修复废品二者不包括在内。狭义的在产品是从某一车间或某一生产步骤进行的界定，是指本生产车间或本步骤正在加工且尚未加工完成的产品，而已经加工完成的半成品不包括在内。

### (二) 在产品日常收发、结存数量的确定

在产品日常收发、结存数量的确定是进行在产品成本计算的基础，它构成了企业日常成本核算、日常成本管理的重要内容之一。因此，做好在产品的日常收发、结存数量的原始记录工作对于企业的成本管理具有重要意义。

为了更好地对在产品的收发、结存数量进行登记，企业一般会设置"在产品收发结存

账"账簿(也称为"在产品台账")。该账簿通常按车间及产品的品种和在产品的名称设置,其基本格式如表4-1所示。此外,"在产品收发结存账"应根据有关领料凭证、在产品内部转移凭证、产品检验凭证和产品入库单等原始凭证逐笔登记,再由车间核算人员对"在产品收发结存账"进行审核和汇总。

**表4-1　在产品收发结存账**

车间名称:第三车间

在产品名称:A零件

计量单位:个

| 202×年 | | 摘要 | 收入 | | 发出 | | | 结存 | |
|---|---|---|---|---|---|---|---|---|---|
| 月 | 日 | | 凭证号 | 数量 | 凭证号 | 合格品 | 废品 | 完工 | 未完工 |
| 4 | 1 | 结存 | | | | | | 10 | 5 |
| 4 | 6 | 略 | | 20 | | 22 | | | 3 |
| 4 | 18 | | | 30 | | | | | 33 |
| 合计 | | | | 238 | | 230 | 5 | 246 | 2 |

建立"在产品收发结存账"账簿,对在产品的收发、结存数量进行日常核算,可以帮助企业获得产品成本核算的数据资料。为了进一步做好成本计算工作,同时加强生产资金和在产品实务管理,企业还必须对在产品进行定期和不定期的清查工作,以便企业随时掌握在产品的动态变化情况,按期确定在产品的数量,确保成本计算的准确性。如果企业车间没有建立在产品收发、结存登记制度,则至少必须每月月末对在产品进行清查,通过月末实地盘点确定在产品的数据资料,以便进行产品成本计算。

## 二、在产品清查的核算

企业定期或不定期对在产品进行清查,一方面有利于企业的成本计算,另一方面可以保障企业实务资产的安全。为了确保清查工作的真实有效性,在产品的清查工作必须由参与生产的工作人员和成本会计工作人员同时到场参加。清查后,成本核算工作人员应根据实地盘点数和账面资料编制"在产品盘存表",填明在产品的账面数、实存数、盘盈盘亏数及其原因和处理意见等,报废、毁损的在产品还需登记残值。工作人员对清查情况进行认真审核后,必须按规定程序报请有关部门审批,并对清查结果进行相应的账务处理。

对于在产品的盘盈、盘亏和毁损,均应通过"待处理财产损溢——待处理流动资产损溢"科目核算,在报请有关部门批准以后,按规定分别予以核销。

在产品发生盘盈时,按定额成本或计划成本借记"基本生产成本"科目,贷记"待处理财产损溢——待处理流动资产损溢"科目;核销时,则借记"待处理财产损溢——待处理流动资产损溢"科目,贷记"管理费用"科目。

在产品发生盘亏和毁损时,借记"待处理财产损溢——待处理流动资产损溢"科目,贷记"基本生产成本"科目。如果毁损的在产品有残值,则借记"原材料""银行存款"等科目,贷记"待处理财产损溢——待处理流动资产损溢"科目,以冲减其损失。核销时,对于净损失部分应根据不同的情况分别予以处理。按规定核销的在产品盘亏净损失,如果准予计入管理费用,则借记"管理费用"。由于自然灾害造成的非常损失,应由保险公司赔偿的那部分则借记"银行存款"或"其他应收款",其余净损失部分则借记"营业外支出";应由过失单位或过失人赔偿的,则借记"其他应收款"。

# 第二节　生产费用在完工产品与在产品之间分配的方法

在产品的数量核算是生产费用在完工产品与在产品之间进行正确分配的基础。在获得了在产品的数量资料之后,企业还必须选择合适的方法对生产费用进行分配。如何选择合理简便的方法是企业所面临的关键问题。一般而言,企业应该根据在产品数量的多少、各月在产品数量变化的大小、各项费用比重的大小以及定额管理基础工作的好坏进行方法的选择。在实务中,通常采用的方法有:不计算在产品成本法、在产品成本按年初数固定计算的方法、在产品按所耗原材料费用计价法、在产品按完工产品成本计算法、约当产量法、在产品按定额成本计价法以及定额比例法。

## 一、完工产品与在产品成本分配方法的基本思路

生产费用在完工产品与在产品之间分配的方法有多种,若将其加以归纳大体可以分为以下三种基本思路。

(1) 先确定月末在产品成本,再计算完工产品成本。即采用一定的简化方法先对月末在产品进行计价,然后再倒推出本月完工产品成本。具体方法包括在产品不计价法、在产品按年初成本计价法、在产品按完工产品计价法、在产品按按直接材料计价法、在产品按定额成本计价法等。

本月完工产品成本＝月初在产品成本＋本月生产费用－月末在产品成本

(2) 先确定完工产品成本,再计算月末在产品成本。先按计划单位成本、定额成本或最近一期相同产品的实际单位成本计算完工产品成本,再计算月末在产品成本。第 2 种思路主要应用于分批法下有陆续跨月完工的情形。

月末在产品成本＝月初在产品成本＋本月生产费用－完工产品成本

(3) 同时确定完工产品与在产品成本。先选择一种分配标准,将生产费用合计数按照完工产品与在产品分配标准的比例进行分配,不分先后顺序计算出完工产品成本和月末在产品成本。具体方法包括约当产量法、定额比例法等。

无论采用哪一种思路,都必须正确组织在产品的数量核算,取得在产品动态和结存的数量资料。下面分别介绍这些方法的具体应用。

## 二、不计算在产品成本法

这种方法的特点是:在产品成本忽略不计,本月各产品发生的生产费用,全部由当月完工产品成本负担。由于采用这种方法时,忽略了在产品成本对完工产品成本的影响,因

此,该方法通常适用于各月末在产品数量很小的产品。

把公式(4.1)进行简单变形,可以得到:

完工产品成本＝月初在产品成本＋本月生产费用－月末在产品成本　　公式(4.2)

如果要精确计算完工产品成本,必须将在产品的成本考虑在内。但是当各月末在产品数量很小时,在产品成本对完工产品成本的影响就很小。为了简化核算工作,可以不计算在产品成本,那么完工产品成本就等于本月生产费用。

### 三、在产品成本按年初数固定计算的方法

这种方法的特点是:首先确定年初的在产品成本,之后年内的各个月份在产品成本均按这一固定数额进行计算。该方法通常适用于在产品数量很小,或者在产品数量虽大但各月之间在产品数量变动不大的产品,如炼铁企业、化工企业等有固定容器装置的在产品。

与第一种方法相比,虽然该方法并没有忽略在产品成本对完工产品成本的影响,但是由于各个月份的在产品数量变动不大,因此月初在产品成本与月末在产品成本之间的差额[见公式(4.2)]很小,对完工产品成本的影响也就很小。为了简化成本核算工作,在产品成本均按年初的固定数额进行计算。此时月初在产品成本与月末在产品成本之间的差额为零,那么完工产品成本也同样等于本月生产费用。

值得注意的是,采用该方法进行成本计算时,年终成本计算要稍做调整。企业在年终时应根据实际盘点的在产品数量,重新调整计算在产品成本,并将这一计算数据作为下一年度各月固定的在产品成本。这样可以避免由于时间相隔过长,出现在产品成本与实际成本出入过大,确保成本计算的准确性。

### 四、在产品按所耗原材料费用计价法

这种方法的特点是:月末在产品成本只计算原材料费用,直接人工和制造费用则全部由完工产品成本负担。该方法通常适用于各月末在产品数量较大,数量变化也较大,且原材料费用在成本中所占比重也较大的产品,如造纸业、纺织业等行业的产品。

在公式(4.2)中,完工产品成本、本月生产费用以及月初、月末在产品成本均由原材料、直接人工和制造费用三部分构成。当原材料费用在成本中所占比重较大时,直接人工和制造费用所占比重相对较小,因此,月初在产品与月末在产品之间的直接人工、制造费用的差额也就很小。为了简化核算工作,直接人工和制造费用不计入在产品成本,而全部由完工产品成本负担。其计算公式如下(假定原材料在生产开始时一次投入):

$$原材料费用分配率 = \frac{月初在产品原材料费用＋本月发生的原材料费用}{本月完工产品数量＋月末在产品数量}$$

$$月末在产品成本 = 月末在产品数量 \times 原材料费用分配率$$

$$本月完工产品成本 = 月初在产品成本＋本月生产费用－月末在产品成本$$

或者:

$$本月完工产品原材料费用 = 本月完工产品数量 \times 原材料费用分配率$$

$$本月完工产品成本 = 本月完工产品原材料费用＋本月发生的直接人工＋本月发生的制造费用 \qquad 公式(4.3)$$

还要说明的是：在公式(4.3)中，月初在产品原材料费用就是月初在产品成本。

【例4-1】 瑞科企业生产甲产品，该产品原材料费用在产品成本中所占比重较大，且该产品的原材料费用是在生产开始时一次投入进去的。甲产品月初在产品成本为65 000元；为生产甲产品本月发生了原材料费用430 000元，直接人工6 000元，制造费用2 000元。本月完工产品的数量为500件，在产品数量为100件。则本月完工产品和月末在产品之间的费用分配计算过程如下：

$$原材料费用分配率 = \frac{65\,000 + 430\,000}{500 + 100} = 825$$

月末在产品成本 $= 100 \times 825 = 82\,500$（元）

本月完工产品成本 $= 65\,000 + (430\,000 + 6\,000 + 2\,000) - 82\,500 = 420\,500$（元）

或者：本月完工产品原材料费用 $= 500 \times 825 = 412\,500$（元）

本月完工产品成本 $= 412\,500 + 6\,000 + 2\,000 = 420\,500$（元）

## 五、在产品按完工产品成本计算法

这种方法的特点是：把月末在产品视同完工产品，直接按照月末在产品的数量与完工产品的数量比例对费用进行分配。该方法适用于月末在产品已接近完工，或者产品已经加工完毕，但尚未验收或包装入库的产品。由于在这种情况下，在产品成本已接近或等于完工产品成本，为了简化成本计算工作，可以将在产品视同完工产品进行处理。

由于采用该方法时，费用的分配可以直接按照月末在产品的数量与完工产品的数量比例进行分配，原材料的费用分配以及其他加工成本的费用分配计算方法可以参照【例4-2】。

## 六、约当产量法

约当产量是将月末在产品按照完工程度折算为相当于完工产品的数量。约当产量法是指将生产费用总额按照完工产品数量与在产品的约当产量比例进行分配，进而确定完工产品成本和月末在产品成本的方法。

这种方法的特点是：先计算约当产量，然后根据完工产品数量与在产品的约当产量比例对生产费用总额进行分配。与前所述方法不同的是：利用该方法进行计算时，月末在产品成本既不能忽略，也不是固定的，并且月末在产品成本不能仅计算原材料费用，必须将直接人工和制造费用等加工费用也计算进去（即月末在产品成本包括了原材料费用、直接人工和制造费用等全部的成本项目）。因此，该方法适用范围较为广泛，尤其适用于月末在产品数量较大且各月末在产品数量变化也较大、产品成本中原材料与加工费用比重相差不多的产品。

约当产量法的计算公式如下：

$$在产品约当产量 = 在产品数量 \times 在产品完工率（或投料率）$$

$$某项费用分配率 = \frac{该项费用总额}{完工产品数量 + 在产品约当产量}$$

$$完工产品应分配某项费用 = 完工产品数量 \times 该项费用分配率$$

在产品应分配某项费用＝在产品约当产量×该项费用分配率

＝该项费用总额－完工产品应分配的该项费用　公式(4.4)

从以上公式可以看出,在产品约当产量的计算是费用分配正确与否的关键所在,而要计算在产品约当产量就必须合理确定在产品完工率(或投料率)。由于产品生产过程中,原材料费用、直接人工和制造费用的发生情况各不相同,因此,不同成本项目完工程度的确定也各不一样。一般而言,在分配原材料费用时,应先根据原材料的投入方式确定在产品投料率,再计算约当产量;在分配直接人工和制造费用等其他成本项目时,通常按照完工率(即加工工时的投入情况)来计算约当产量。

**(一) 原材料费用分配的计算**

在完工产品与在产品之间进行原材料费用的分配时,必须首先确定在产品投料率。在产品的投料率是指在产品已投入的原材料费用占完工产品应投原材料费用总额的比例。企业在生产过程中,原材料的投入方式主要有以下两种方式:一是原材料费用在生产开始时就一次性投入进去;二是原材料费用随着产品加工进度逐步投入进去。

**1. 原材料在生产开始时一次性投入的方式**

在该种投料方式下,在产品的投料率为100%。根据公式(4.4)可知,此时在产品约当产量等于在产品数量。因此,原材料费用的分配可以直接按照完工产品数量与月末在产品数量的比例进行分配。

**【例4-2】** 瑞科企业生产乙产品,假设原材料费用是在生产开始时一次投入进去的。乙产品本月完工产品的数量为180件,月末在产品数量为20件。月初在产品成本和本月发生的生产费用见表4-2。要求:按照约当产量法对原材料的费用在完工产品和月末在产品之间进行分配。

**表4-2　乙产品生产费用资料表**

产品名称:乙产品　　　　　　　　　　　　　　　　　　　　　　　单位:元

| 项　目 | 原材料 | 直接人工 | 制造费用 | 合　计 |
|---|---|---|---|---|
| 月初在产品成本 | 30 000 | 6 000 | 1 000 | 37 000 |
| 本月发生的生产费用 | 450 000 | 84 000 | 25 000 | 559 000 |

由于生产乙产品的原材料费用是在生产开始时一次投入的,所以在产品约当产量等于在产品数量。因此,原材料费用的分配可直接按照完工产品数量与月末在产品数量的比例进行分配。具体计算过程如下:

月末在产品约当产量＝月末在产品数量＝20(件)

$$原材料费用分配率＝\frac{30\,000＋450\,000}{180＋20}＝2\,400$$

完工产品应分配的原材料费用＝180×2 400＝432 000(元)

在产品应分配的原材料费用＝20×2 400＝48 000(元)

**2. 原材料逐步投入的方式**

(1)原材料随着生产过程的进行逐步投入,并且原材料的投料程度与加工工时的投入进度完全一致或基本一致。

此时,月末在产品的投料率可以采用在产品的完工率进行计算。根据公式(4.4)可知,在进行原材料费用分配的计算时,在产品约当产量=在产品数量×在产品完工率。

**【例 4-3】** 仍以瑞科企业生产乙产品为例。假设生产乙产品的原材料是随着生产过程的进行而逐步投入的,并且原材料的投料程度与加工工时的投入进度基本一致。已知乙产品本月完工产品的数量为 200 件,月末在产品数量为 100 件,并且月末在产品完工率为 50%。月初在产品成本和本月发生的生产费用合计是:原材料 15 000 元。要求:按照约当产量法对原材料的费用在完工产品和月末在产品之间进行分配。

根据条件可知,月末在产品的投料率可以采用在产品的完工率进行计算,具体计算过程如下:

月末在产品约当产量=100×50%=50(件)

$$原材料费用分配率=\frac{15\,000}{200+50}=60$$

完工产品应分配的原材料费用=200×60=12 000(元)

在产品应分配的原材料费用=50×60=3 000(元)

(2) 原材料仍然随着生产过程的进行逐步投入,但是原材料的投料程度与加工工时的投入进度不一致,此时,月末在产品投料率的计算可以分为两种情况。

① 如果原材料是分阶段、在每道工序开始时一次性投入的,则月末在产品的投料率应根据该工序在产品的原材料累计定额投入量占完工产品应投入的定额消耗量比例进行确定。此时,尽管各工序的投料率不一致,但各工序在产品的原材料投料率全部按照完成本工序投料的 100%计算。计算公式如下:

$$某工序在产品的原材料投料率=\frac{该工序在产品原材料累计定额投入量}{完工产品应投入的定额消耗量} \qquad 公式(4.5)$$

**【例 4-4】** 瑞科企业生产丙产品,需三道工序才能完成。假设原材料消耗定额为 250 千克,并且原材料是在每道工序开始时一次性投入的。第一道工序原材料消耗定额为 60 千克,第二道工序原材料消耗定额为 80 千克,第三道工序原材料消耗定额为 110 千克。月末第一、二、三道工序的在产品数量分别为 40 件、50 件和 20 件。要求:计算月末丙产品的约当产量。

**表 4-3 丙产品的在产品约当产量计算表**

产品名称:丙产品

| 工 序 | 原材料消耗定额<br>(单位:千克) | 月末在产品数量<br>(单位:件) | 投料率 | 在产品约当产量<br>(单位:件) |
|---|---|---|---|---|
| 1 | 60 | 40 | $\frac{60}{250}\times100\%=24\%$ | $40\times24\%=9.6$ |
| 2 | 80 | 50 | $\frac{60+80}{250}\times100\%=56\%$ | $50\times56\%=28$ |
| 3 | 110 | 20 | $\frac{60+80+110}{250}\times100\%=100\%$ | $20\times100\%=20$ |
| 合 计 | 250 | 110 | — | 57.6 |

② 如果原材料是按阶段在每道工序开始以后逐步投入的,则月末在产品的投料率应根据本工序之前各工序在产品累计定额投入量加上本工序定额投入量的 50%,除以完工产品应投入的定额消耗量比例进行确定。此时,各工序的投料率也不一致,但与前述第①种情况不同的是,在本工序之前的所有工序,投料程度全部按 100%计算,而本工序的投料程度只按 50%计算。计算公式如下:

$$\frac{某工序在产品的}{原材料投料率} = \frac{\dfrac{本工序之前各工序在产品}{原材料累计定额投入量} + \dfrac{本工序在产品原材料}{定额投入量} \times 50\%}{完工产品应投入的定额消耗量} \qquad 公式(4.6)$$

【例 4-5】 仍以瑞科企业生产丙产品为例。假设生产丙产品需三道工序才能完成,原材料消耗定额为 250 千克,但原材料是在每道工序开始以后逐步投入的。每道工序的原材料消耗定额及月末在产品的数量见【例 4-4】。要求:计算月末丙产品的约当产量。

表 4-4　丙产品的在产品约当产量计算表

产品名称:丙产品

| 工 序 | 原材料消耗定额<br>(单位:千克) | 月末在产品数量<br>(单位:件) | 投料率 | 在产品约当产量<br>(单位:件) |
|---|---|---|---|---|
| 1 | 60 | 40 | $\dfrac{60 \times 50\%}{250} \times 100\% = 12\%$ | $40 \times 12\% = 4.8$ |
| 2 | 80 | 50 | $\dfrac{60 + 80 \times 50\%}{250} \times 100\% = 40\%$ | $50 \times 40\% = 20$ |
| 3 | 110 | 20 | $\dfrac{60 + 80 + 110 \times 50\%}{250} \times 100\% = 78\%$ | $20 \times 78\% = 15.6$ |
| 合　计 | 250 | 110 | — | 40.4 |

### (二) 其他成本项目分配的计算

在产品成本中,除原材料以外的直接人工、制造费用等其他成本项目的分配,通常应根据完工率来计算约当产量。而在产品完工率的测算又与各生产工序的加工进度是否均衡有关,因此,可以分两种情况来进行计算。

#### 1. 各工序的加工进度比较均衡

各工序的加工进度比较均衡是指当产品的生产加工只需一个工序就可完成,且单位产品的加工量相差不多的情况;或者是当产品的生产加工需要多个工序才能完成,而每个工序的在产品数量或单位产品的加工量相差不多的情况。此时,各工序的在产品完工率按 50%平均计算。

由于各工序的加工进度较均衡,则各工序前后相差的工时可以互相抵补,因此,为了简化核算工作,在任意一个工序的在产品,其完工率均按 50%计算。

【例 4-6】 瑞科企业生产丁产品,需三道工序才能完成,且各工序的加工进度比较均衡。已知生产丁产品的单位工时定额为 40 小时,第一道工序工时定额为 14 小时,第二道工序工时定额为 16 小时,第三道工序工时定额为 10 小时。假设该产品本月完工 500 件,月末第一、二、三道工序的在产品数量分别为 200 件、180 件和 100 件,月初在产品与本月发生的加工费用总额为:直接人工 17 760 元,制造费用 8 880 元。要求:计算丁产品的月末在产品约当产量,并对丁产品的加工费用在完工产品和月末在产品之间进行分配。

**表 4-5  丁产品的在产品约当产量计算表**

产品名称:丁产品

| 工　序 | 工时定额<br>(单位:小时) | 月末在产品数量<br>(单位:件) | 完工率 | 在产品约当产量<br>(单位:件) |
|---|---|---|---|---|
| 1 | 14 | 200 | 50% | 200×50%=100 |
| 2 | 16 | 180 | 50% | 180×50%=90 |
| 3 | 10 | 100 | 50% | 100×50%=50 |
| 合　计 | 40 | 480 | — | 240 |

(1)直接人工的分配计算:

$$直接人工费用分配率=\frac{17\ 760}{500+240}=24$$

完工产品应分配的直接人工费用=500×24=12 000(元)

在产品应分配的直接人工费用=240×24=5 760(元)

(2)制造费用的分配计算:

$$制造费用分配率=\frac{8\ 880}{500+240}=12$$

完工产品应分配的制造费用=500×12=6 000(元)

在产品应分配的制造费用=240×12=2 880(元)

2. 各工序的加工进度不均衡

各工序的加工进度不均衡是指在生产过程中,各工序的在产品数量或单位产品的加工量相差较多的情况。此时,各工序的在产品完工率不一致,应分工序分别进行计算。而各工序的完工率应根据本工序之前各工序在产品累计工时定额加上本工序工时定额的50%,除以完工产品应投入的工时定额进行确定。计算公式如下:

$$某工序在产品完工率=\frac{本工序之前各工序在产品累计工时定额+本工序在产品工时定额×50\%}{完工产品应投入的工时定额}\quad 公式(4.7)$$

【例 4-7】 仍以瑞科企业生产丁产品为例。假设各工序的加工进度不均衡,其他条件同【例 4-6】。要求:计算丁产品的月末在产品约当产量,并对丁产品的加工费用在完工产品和月末在产品之间进行分配。

**表 4-6  丁产品的在产品约当产量计算表**

产品名称:丁产品

| 工　序 | 工时定额<br>(单位:小时) | 月末在产品数量 | 完工率 | 在产品约当产量<br>(单位:件) |
|---|---|---|---|---|
| 1 | 14 | 200 | $\frac{14×50\%}{40}×100\%=17.5\%$ | 200×17.5%=35 |

| 工　序 | 工时定额<br>(单位:小时) | 月末在产<br>品数量 | 完工率 | 在产品约当产量<br>(单位:件) |
|---|---|---|---|---|
| 2 | 16 | 180 | $\dfrac{14+16\times50\%}{40}\times100\%=55\%$ | $180\times55\%=99$ |
| 3 | 10 | 100 | $\dfrac{14+16+10\times50\%}{40}\times100\%=87.5\%$ | $100\times87.5\%=87.5$ |
| 合　计 | 40 | 480 | — | 221.5 |

直接人工和制造费用的分配计算方法同上一例题,在此省略,不再重复。

## 七、在产品按定额成本计价法

这种方法的特点是:先根据月末在产品数量和在产品的单位定额成本计算月末在产品的定额成本,把月末在产品定额成本作为月末在产品的实际成本,而完工产品的成本是通过该产品的生产费用总额扣减月末在产品实际成本计算得到。

具体计算公式如下:

$$\genfrac{}{}{0pt}{}{\text{月末在产品}}{\text{实际成本}}=\genfrac{}{}{0pt}{}{\text{月末在产品}}{\text{定额成本}}=\genfrac{}{}{0pt}{}{\text{在产品原材料}}{\text{定额成本}}+\genfrac{}{}{0pt}{}{\text{在产品直接人工}}{\text{定额成本}}+\genfrac{}{}{0pt}{}{\text{在产品制造费}}{\text{用定额成本}}$$

月末完工产品实际成本=本月生产费用总额-月末在产品实际成本

其中:

在产品原材料定额成本=在产品数量×单位在产品原材料的定额消耗量×原材料单价

在产品直接人工定额成本=在产品数量×单位在产品工时定额×单位工时的工资费用

在产品制造费用定额成本=在产品数量×单位在产品工时定额×单位工时的制造费用额

本月生产费用总额=月初在产品成本+本月生产费用　　　公式(4.8)

公式(4.8)中,需要说明的有三点:

第一,月末在产品实际成本和月末在产品定额成本相等。事实上,对于任何一个企业而言,实际成本和定额成本之间一般都会存在差异,不可能完全相等。而采用该方法进行计算时,认为二者相等,则意味着每月实际生产费用脱离定额的差异,全部由完工产品的成本承担。

第二,企业把月末在产品定额成本作为月末在产品的实际成本(即月末在产品实际成本=月末在产品定额成本),必须满足定额管理基础比较好、各项消耗定额较准确稳定,且各月末在产品数量变化不大等条件。该方法一般仅适用于具备前述条件的企业。因为只有企业定额管理工作做得好,才能够提供较为准确、客观和详细的资料,此时在产品的定额成本与实际成本的差异才会很小,对费用分配的准确性影响也较小。

第三,采用该方法对费用进行分配,关键在于在产品定额成本的确定。通常应按照成本项目分别计算原材料定额成本、直接人工定额成本和制造费用定额成本,然后把三者相加,获得在产品定额成本。

【例4-8】　瑞科企业生产A产品,在该产品的生产管理中定额工作做得较好,能够获得相关定额资料。生产A产品使用的原材料是在生产开始时一次性投入的,单位在产

成本会计学

品的定额消耗量为 200 千克,单价为 5.8 元/千克。单位在产品的工时定额为 10 小时,单位工时的工资费用为 30 元/小时,单位工时的制造费用为 5 元/小时。月末完工产品数量为 200 件,月末在产品数量为 120 件。月初在产品成本和本月发生的费用总额为:原材料214 000 元,直接人工 78 000 元,制造费用 9 000 元。要求:采用在产品按定额成本计价法计算月末在产品成本和完工产品成本。

具体计算结果如下:

在产品原材料定额成本＝120×200×5.8＝139 200(元)

在产品直接人工定额成本＝120×10×30＝36 000(元)

在产品制造费用定额成本＝120×10×5＝6 000(元)

月末在产品实际成本＝月末在产品定额成本＝139 200＋36 000＋6 000＝181 200(元)

月末完工产品成本＝(214 000＋78 000＋9 000)－181 200＝119 800(元)

**表 4－7　完工产品成本和月末在产品定额成本计算表**

产品名称:A 产品

| 项　目 | 生产费用总额 | 在产品 | | | | 完工产品 | |
|---|---|---|---|---|---|---|---|
| | | 定额消耗量 | 单价 | 定额成本(实际成本) | | 实际成本 | 单位成本 |
| 原材料 | 214 000 | 24 000 | 5.8 | 139 200 | | 74 800 | 374 |
| 直接人工 | 78 000 | 1 200 | 30 | 36 000 | | 42 000 | 210 |
| 制造费用 | 9 000 | 1 200 | 5 | 6 000 | | 3 000 | 15 |
| 合　计 | 301 000 | — | — | 181 200 | | 119 800 | 599 |

## 八、定额比例法

定额比例法是指将生产费用总额按照完工产品与在产品的定额消耗量或定额费用的比例进行分配,进而确定完工产品成本和月末在产品成本的方法。采用该方法可以大大提高成本计算的准确性,因为每月实际生产费用脱离定额的差异并不单独由完工产品或在产品承担,而是在完工产品和在产品之间按比例进行了分配。

这种方法的特点是:分成本项目,按定额消耗量(或定额费用)比例和定额工时比例对生产费用总额进行分配,其中原材料费用按原材料的定额消耗量或定额费用比例进行分配;直接人工、制造费用等其他成本项目按照定额工时比例进行分配。可以看出,采用该方法进行成本计算必须取得相关定额资料,因此该方法一般适用于定额管理基础比较好、各项定额消耗量或定额费用较准确稳定,且各月末在产品数量变化较大的情况。

(1) 原材料按定额消耗量比例分配、其他加工成本按定额工时比例分配,计算公式如下:

$$\text{原材料消耗量分配率}=\frac{\text{月初在产品原材料实际消耗量＋本月发生的原材料实际消耗量}}{\text{完工产品原材料定额消耗量＋月末在产品原材料定额消耗量}}$$

完工产品原材料实际消耗量＝完工产品原材料定额消耗量×原材料消耗量分配率

完工产品原材料费用＝完工产品原材料实际消耗量×原材料单价

· 92 ·

$$月末在产品原材料实际消耗量 = 月末在产品原材料定额消耗量 \times 原材料消耗量分配率$$

$$月末在产品原材料费用 = 月末在产品原材料实际消耗量 \times 原材料单价$$

$$其他成本（直接人工或制造费用）消耗量分配率 = \frac{月初在产品的实际工时 + 本月发生的实际工时}{完工产品定额工时 + 月末在产品定额工时}$$

$$完工产品（直接人工或制造费用）实际工时 = 完工产品定额工时 \times 其他成本消耗量分配率$$

$$月末在产品（直接人工或制造费用）实际工时 = 月末在产品定额工时 \times 其他成本消耗量分配率$$

$$完工产品直接人工费用 = 完工产品实际工时 \times 单位工时的工资费用$$

$$月末在产品直接人工费用 = 月末在产品实际工时 \times 单位工时的工资费用$$

$$完工产品制造费用 = 完工产品实际工时 \times 单位工时的制造费用额$$

$$月末在产品制造费用 = 月末在产品实际工时 \times 单位工时的制造费用额 \qquad 公式(4.9)$$

【例 4 - 9】 瑞科企业生产 B 产品,本月完工产品 200 件,原材料定额消耗量 1 400 千克,定额工时 280 小时;月末在产品 50 件,原材料定额消耗量 600 千克,定额工时 60 小时。月初在产品和本月发生的实际生产费用相关资料见表 4 - 8。要求:按定额比例法在完工产品和月末在产品之间分配费用(原材料按定额消耗量比例分配、其他加工成本按定额工时比例分配)。

**表 4 - 8　实际生产费用资料表**

产品名称:B产品

| 项　目 | 原材料 | | | 直接人工 | | 制造费用 | | 实际消耗工时(小时) | 费用合计 |
|---|---|---|---|---|---|---|---|---|---|
| | 消耗量(千克) | 单价 | 费用 | 单价 | 费用 | 单价 | 费用 | | |
| 月初在产品成本 | 400 | 4 | 1 600 | 3 | 150 | 2 | 100 | 50 | 1 850 |
| 本月发生的费用 | 2 000 | 4 | 8 000 | 3 | 768 | 2 | 512 | 256 | 9 280 |
| 费用合计 | | | 9 600 | | 918 | | 612 | | 11 130 |

计算结果如下:

$$原材料消耗量分配率 = \frac{400 + 2\,000}{1\,400 + 600} = 1.2$$

完工产品原材料实际消耗量 = 1 400 × 1.2 = 1 680(千克)

完工产品原材料费用 = 1 680 × 4 = 6 720(元)

月末在产品原材料实际消耗量 = 600 × 1.2 = 720(千克)

月末在产品原材料费用 = 720 × 4 = 2 880(元)

$$其他成本（直接人工或制造费用）消耗量分配率 = \frac{50 + 256}{280 + 60} = 0.9$$

完工产品(直接人工或制造费用)实际工时 = 280 × 0.9 = 252(小时)

月末在产品(直接人工或制造费用)实际工时 = 60 × 0.9 = 54(小时)

完工产品直接人工费用＝252×3＝756(元)

月末在产品直接人工费用＝54×3＝162(元)

完工产品制造费用＝252×2＝504(元)

月末在产品制造费用＝54×2＝108(元)

完工产品成本＝6 720＋756＋504＝7 980(元)

月末在产品成本＝2 880＋162＋108＝3 150(元)

表4-9　完工产品和月末在产品成本计算表(定额比例法1)

产品名称:B产品　　　　　　　　　　　　　　　　　　　　　　消耗量单位:千克;小时

| 项　目 | | 原材料 | 直接人工 | 制造费用 | 合　计 |
|---|---|---|---|---|---|
| 月初在产品实际消耗量 | ① | 400 | 50 | 50 | |
| 本月实际消耗量 | ② | 2 000 | 256 | 256 | |
| 消耗量分配率 | ③＝(①＋②)/(④＋⑧) | 1.2 | 0.9 | 0.9 | |
| 完工产品 | 定额消耗量　④ | 1 400 | 280 | 280 | |
| | 实际消耗量　⑤＝④×③ | 1 680 | 252 | 252 | |
| | 单价　⑥ | 4 | 3 | 2 | |
| | 实际成本　⑦＝⑤×⑥ | 6 720 | 756 | 504 | 7 980 |
| 月末在产品 | 定额消耗量　⑧ | 600 | 60 | 60 | |
| | 实际消耗量　⑨＝⑧×③ | 720 | 54 | 54 | |
| | 单价　⑩ | 4 | 3 | 2 | |
| | 实际成本　⑪＝⑨×⑩ | 2 880 | 162 | 108 | 3 150 |

在公式(4.9)中,各成本项目是按定额消耗量(或定额工时)比例进行分配的。这种计算方式,优势在于不仅可以计算确定完工产品和月末在产品的实际费用,还可以帮助企业了解完工产品和月末在产品各成本项目的实际消耗量,这非常有利于企业考核和分析各项定额的消耗量的执行情况。但该种计算方式核算工作量大,尤其是在原材料品种较多时,缺陷更为明显。

为了简化成本核算工作,如果企业所耗原材料品种较多,且不需要计算完工产品和月末在产品各成本项目实际消耗量的资料时,原材料可以采用按定额费用的比例进行分配。

(2) 原材料按定额费用比例分配、其他加工成本按定额工时比例分配,具体计算公式如下:

$$原材料费用分配率＝\frac{月初在产品原材料实际费用＋本月发生的原材料实际费用}{完工产品原材料定额费用＋月末在产品原材料定额费用}$$

完工产品实际原材料费用＝完工产品原材料定额费用×原材料费用分配率

月末在产品实际原材料费用＝月末在产品原材料定额费用×原材料费用分配率

$$直接人工分配率＝\frac{月初在产品的直接人工实际费用＋本月发生的直接人工实际费用}{完工产品定额工时＋月末在产品定额工时}$$

完工产品实际直接人工费用＝完工产品定额工时×直接人工分配率

月末在产品实际直接人工费用＝月末在产品定额工时×直接人工分配率

$$制造费用分配率=\frac{月初在产品的制造费用实际费用+本月发生的制造费用实际费用}{完工产品定额工时+月末在产品定额工时}$$

完工产品实际制造费用＝完工产品定额工时×制造费用分配率

月末在产品实际制造费用＝月末在产品定额工时×制造费用分配率

以上公式中,月末在产品各成本项目实际费用还可以通过以下方式计算:

$$月末在产品实际费用=月初在产品实际费用+本月发生的实际费用-完工产品实际费用\qquad 公式(4.10)$$

【例4-10】 仍以【例4-9】的资料为例,要求:按定额比例法在完工产品和月末在产品之间分配费用,但与上例不同的是,原材料按定额费用比例分配、其他加工成本按定额工时比例分配。

计算结果如下:

$$原材料费用分配率=\frac{1\ 600+8\ 000}{1\ 400\times4+600\times4}=1.2$$

完工产品实际原材料费用＝1 400×4×1.2＝6 720(元)

月末在产品实际原材料费用＝600×4×1.2＝2 880(元)

$$直接人工分配率=\frac{150+768}{280+60}=2.7$$

完工产品实际直接人工费用＝280×2.7＝756(元)

月末在产品实际直接人工费用＝60×2.7＝162(元)

$$制造费用分配率=\frac{100+512}{280+60}=1.8$$

完工产品实际制造费用＝280×1.8＝504(元)

月末在产品实际制造费用＝60×1.8＝108(元)

完工产品成本＝6 720+756+504＝7 980(元)

月末在产品成本＝2 880+162+108＝3 150(元)

表4-10　完工产品和月末在产品成本计算表(定额比例法2)

产品名称:B产品　　　　　　　　　　　　　　　　　　　　消耗量单位:千克;小时

| 项　目 | | | 原材料 | 直接人工 | 制造费用 | 合　计 |
|---|---|---|---|---|---|---|
| 月初在产品实际费用 | | ① | 1 600 | 150 | 100 | 1 850 |
| 本月实际费用 | | ② | 8 000 | 768 | 512 | 9 280 |
| 生产费用合计 | | ③＝①+② | 9 600 | 918 | 612 | 11 130 |
| 分配率 | | ④＝③/(⑤+⑦) | 1.2 | 2.7 | 1.8 | |
| 完工产品 | 定额 | ⑤ | 5 600 | 280 | 280 | |
| | 实际 | ⑥＝⑤×④ | 6 720 | 756 | 504 | 7 980 |
| 月末在产品 | 定额 | ⑦ | 2 400 | 60 | 60 | |
| | 实际 | ⑧＝⑦×④ | 2 880 | 162 | 108 | 3 150 |

可以看到,两种分配方式的计算结果是一样的。

从公式(4.9)和公式(4.10)可以看出,采用定额比例法对费用进行分配,必须取得相关定额资料。完工产品的定额消耗量(或定额费用)及定额工时可以根据完工产品数量乘以单位产品的定额消耗量(或定额费用)及单位产品的定额工时计算得到;月末在产品也可以采用同样方法计算得出相关定额资料。但当企业产品种类和生产工序较多时,月末在产品的定额资料如果仍然采用数量乘以单位产品耗用量的方法进行计算,将使成本核算工作量大大增加。因此,为了简化核算工作,月末在产品的定额资料可通过倒挤方式获得。计算公式为:

$$\begin{array}{c}\text{月末在产品定额} \\ \text{消耗量(定额费用)}\end{array} = \begin{array}{c}\text{月初在产品定额} \\ \text{消耗量(定额费用)}\end{array} + \begin{array}{c}\text{本月投入的定额} \\ \text{消耗量(定额费用)}\end{array} - \begin{array}{c}\text{本月完工产品定额} \\ \text{消耗量(定额费用)}\end{array}$$

$$\begin{array}{c}\text{月末在产品} \\ \text{定额工时}\end{array} = \begin{array}{c}\text{月初在产品} \\ \text{定额工时}\end{array} + \begin{array}{c}\text{本月投入的} \\ \text{定额工时}\end{array} - \begin{array}{c}\text{本月完工产品} \\ \text{定额工时}\end{array} \qquad \text{公式(4.11)}$$

从公式(4.11)可以看出,在通过采用完工产品数量乘以单位产品的定额消耗量(或定额费用)计算得出了完工产品的定额消耗量(或定额费用)以后,还必须计算:① 月初在产品定额消耗量(或定额费用),可以根据上月产品成本计算资料获得;② 本月投入的定额消耗量(或定额费用),可以根据领料凭证所记录的原材料消耗定额以及相关产品定额工时的原始记录资料计算获得。

值得一提的是:采用公式(4.11)计算,虽然简化了成本核算工作,但是如果存在在产品盘盈或盘亏,那么计算的结果将不能准确反映产品成本的真实水平。因此,在采用该方法计算在产品定额资料时,必须定期对在产品进行实地盘点,再根据在产品的实存数计算定额消耗量,并及时核对调整有关成本计算的相关记录资料,以提高成本计算的准确性。

通过倒挤方法计算出了月初在产品、本月投入的及本月完工产品的相关定额资料以后,完工产品和月末在产品之间费用的分配还可以采用以下方法进行计算。计算公式如下:

$$\begin{array}{c}\text{原材料费用} \\ \text{分配率}\end{array} = \frac{\begin{array}{c}\text{月初在产品原材料实际费用} + \text{本月发生的原材料实际费用}\end{array}}{\begin{array}{c}\text{月初在产品原材料定额费用} \\ \text{(或定额消耗量)}\end{array} + \begin{array}{c}\text{本月发生的原材料定额费用} \\ \text{(或定额消耗量)}\end{array}}$$

$$\begin{array}{c}\text{直接人工} \\ \text{分配率}\end{array} = \frac{\text{月初在产品的直接人工实际费用} + \text{本月发生的直接人工实际费用}}{\text{月初在产品定额工时} + \text{本月发生的定额工时}}$$

$$\begin{array}{c}\text{制造费用} \\ \text{分配率}\end{array} = \frac{\text{月初在产品的制造费用实际费用} + \text{本月发生的制造费用实际费用}}{\text{月初在产品定额工时} + \text{本月发生的定额工时}}$$

$$\text{公式(4.12)}$$

完工产品和月末在产品费用的计算公式同前公式(4.10)中的计算方法,不再重复。

【例4-11】 仍以瑞科企业生产B产品为例。假设B产品的月初在产品原材料定额费用为1 850元,定额工时为70小时,本月生产投入的原材料定额费用为6 150元,定额工时为270小时。本月完工产品200件,原材料定额消耗量为5 600元,定额工时为280小时。月初在产品和本月发生的实际生产费用相关资料见表4-8。要求:采用倒挤方法计算月末在产品定额数据,再采用定额比例法在完工产品和月末在产品之间分配费用。

计算结果如下：

月末在产品原材料定额费用＝1 850＋6 150－5 600＝2 400（元）

月末在产品定额工时＝70＋270－280＝60（小时）

$$原材料费用分配率＝\frac{1\ 600＋8\ 000}{1\ 850＋6\ 150}＝1.2$$

$$直接人工分配率＝\frac{150＋768}{70＋270}＝2.7$$

$$制造费用分配率＝\frac{100＋512}{70＋270}＝1.8$$

完工产品原材料实际费用＝5 600×1.2＝6 720（元）

月末在产品原材料实际费用＝2 400×1.2＝2 880（元）

完工产品实际直接人工费用＝280×2.7＝756（元）

月末在产品实际直接人工费用＝60×2.7＝162（元）

完工产品的实际制造费用＝280×1.8＝504（元）

月末在产品的实际制造费用＝60×1.8＝108（元）

完工产品成本＝6 720＋756＋504＝7 980（元）

月末在产品成本＝2 880＋162＋108＝3 150（元）

可以看到，分配的结果仍然和前述的计算结果一致。

综上所述，生产费用在完工产品与在产品之间分配的方法较多，每种方法都有各自的特点和适用范围，企业应该根据在产品数量的多少、各月在产品数量变化的大小、各项费用比重的大小以及定额管理基础工作的好坏等多方面因素综合考虑，选择既有利于成本核算工作进行，又能较准确反映成本水平的方法，帮助企业考核分析成本计划的执行情况，以便更好地开展成本管理工作。

# 第三节　完工产品成本的结转

通过采用以上不同方法，工业企业在产品生产过程中所发生的各项费用，在完工产品和月末在产品之间进行了分配。对于完工产品而言，当其验收入库时，会计部门应根据"产品入库单"等相关资料对完工产品成本进行汇总计算，编制"产成品成本汇总表"，并对完工产品成本进行结转，将完工产品成本从"——基本生产成本"账户及其明细科目的贷方转入到有关账户的借方。

完工产品包括产成品、自制材料、自制工具等，如果是产成品验收入库，其成本的结转应借记"库存商品"，贷记"基本生产成本"；如果是自制材料、自制工具等成本的结转，应借记"原材料""低值易耗品"，贷记"基本生产成本"。

【例4-12】　假设瑞科企业生产A、B产品，根据【例4-8】、【例4-9】资料，编制"产成品成本汇总表"，如表4-11所示。

表 4-11　产成品成本汇总表

企业名称:瑞科企业　　　　　　　　202×年5月　　　　　　　　单位:元

| 产品名称 | 原材料 | 直接人工 | 制造费用 | 合　计 |
|---|---|---|---|---|
| A产品 | 74 800 | 42 000 | 3 000 | 119 800 |
| B产品 | 6 720 | 756 | 504 | 7 980 |
| 合　计 | 81 520 | 42 756 | 3 504 | 127 780 |

根据产成品成本汇总表编制会计分录如下:

借:库存商品——A产品　　　　　　　　　119 800
　　　　　　——B产品　　　　　　　　　7 980
　　贷:基本生产成本——A产品　　　　　　119 800
　　　　　　　　　　——B产品　　　　　　7 980

## 【本章小结】

通过对本章的学习,我们了解了在产品的概念及应如何确定在产品日常结存数量,这是企业进行在产品成本计算的基础。为了确保成本计算的准确性,保障实务资产的安全,企业还必须定期对在产品进行清查。工业企业生产过程中所发生的生产费用需要在完工产品与在产品之间进行分配。在实务中,通常采用的方法有七种。每种方法都有各自的特点和适用范围,企业应该根据在产品数量的多少、各月在产品数量变化的大小、各项费用比重的大小以及定额管理基础工作的好坏等多方面因素综合考虑,选择既有利于成本核算工作进行,又能较准确反映成本水平的方法。当产品生产完成,完工产品验收入库时,企业会计部门应对完工产品成本进行汇总计算,并将完工产品成本从“基本生产成本”账户及其明细科目的贷方转入到有关账户的借方。

## 【复习思考题】

1. 什么是在产品? 在产品的日常结存数量如何确定?

2. 生产费用在完工产品与在产品之间的分配方法有哪几种? 企业应该如何选择合适的分配方法?

3. 什么是约当产量法? 利用约当产量法进行生产费用分配的关键是什么? 如何对各成本项目进行分配?

4. 什么是在产品按定额成本计价法? 该方法的特点是什么?

5. 什么是定额比例法? 这种方法与约当产量法、在产品按定额成本计价法的区别是什么? 利用该方法如何计算完工产品和在产品的成本?

6. 完工产品的成本是如何结转的?

## 【案例分析题】

孙强202×年7月从某财经院校会计专业毕业后,应聘到某生产制造企业从事会计工作。进入该企业后,孙强发现该企业在完工产品与在产品的费用分配上,所有费用都是按照完工产品和在产品的实际数量分配的。孙强询问经理后得知,原来是企业为了简化核算工作对所生产的所有产品都采用了这种分配方法。

但是孙强通过进一步了解得知,该企业所生产甲、乙、丙、丁四种产品,都需要耗用A材料。其中该企业生产的甲产品,其耗用的A材料费用在成本中所占比重较大;乙产品的各月末在产品数量也较大,但各月份之间的在产品数量变动不大;丙产品在月末时基本能够加工完成,处于接近完工的状态;丁产品的各月末在产品数量较大、各月份的在产品数量变化也较大、产品成本中耗用的A材料与其他成本项目的比重相差不多,此外,丁产品所耗用的A材料是在生产开始时一次性投入的,并且丁产品的加工需要经过3道工序才能完成,且各工序的加工进度比较均衡。另外,孙强还了解到由于该企业刚成立不久,定额管理基础薄弱,定额资料不稳定也不完善。

**思考:**如果你是孙强,请你根据所学的知识,向企业提出改进意见,并说明理由。

## 【练习题】

1. 某企业生产A产品,需三道工序才能完成,且各工序的加工进度比较均衡。假设原材料是在生产开始时一次性投入,已知生产A产品的单位工时定额为10小时,第一道工序工时定额为2小时,第二道工序工时定额为3小时,第三道工序工时定额为5小时。假设该产品本月完工450件,月末第一、二、三道工序的在产品数量分别为50件、58件和76件,月初在产品与本月发生的生产费用总额为:原材料15 216元,直接人工9 756元,制造费用5 962元。

要求:

(1) 编制A产品的在产品约当产量计算表,并按成本项目对生产费用在完工产品和月末在产品之间进行分配。

(2) 若各工序的加工进度不均衡,计算在产品的约当产量,并编制在产品约当产量计算表,计算完工产品成本和月末在产品成本。

2. 某企业生产B产品,需两道工序才能完成。假设原材料消耗定额为100千克,第一道工序原材料消耗定额为40千克,第二道工序原材料消耗定额为60千克。月末第一、二道工序的在产品数量分别为20件和30件。本月完工产品数量为200件。月初在产品成本和本月发生的原材料费用合计为20 000元。

要求:

(1) 若原材料是在每道工序开始时一次性投入的,按约当产量法计算B产品的完工产品和月末在产品的原材料费用。

(2) 若原材料是按阶段在每道工序开始以后逐步投入的,按约当产量法计算B产品的完工产品和月末在产品的原材料费用。

3. 某企业生产C产品,在该产品的生产管理中定额工作做得较好、各项消耗定额较准确稳定,且各月末在产品数量变化不大。生产C产品使用的原材料是在生产开始时一次性投入的,其他加工成本随着加工程度逐步发生。单位在产品的定额成本为120元,其中原材料消耗定额为70元,直接人工工资定额为30元,制造费用定额为20元。月末完工产品数量为400件,月末在产品数量为100件。月初在产品成本和本月发生的费用总额为:原材料115 000元,直接人工89 000元,制造费用12 000元。

要求:采用在产品按定额成本计价法计算月末在产品成本、完工产品成本及完工产品的单位成本,并编制定额成本计算表。

4. 某企业生产D产品,在该产品的生产管理中定额工作做得较好、各项消耗定额较准确稳定,且各月末在产品数量变化不大。已知本月完工产品400件,单位产品定额为:原材料240元,工时40小时;月初在产品和本月发生的实际费用和定额费用见下表。

产品名称:D产品

| 成本项目 | 月初在产品费用 | | 本月生产费用 | |
|---|---|---|---|---|
| | 定额 | 实际 | 定额 | 实际 |
| 原材料 | 44 000 | 60 000 | 100 000 | 120 000 |
| 直接人工 | 6 000 | 15 000 | 14 000 | 17 000 |
| 制造费用 | | 6 000 | | 10 000 |
| 合　计 | | 81 000 | | 147 000 |

要求:采用定额比例法在完工产品和月末在产品之间分配费用(原材料按定额费用比例分配、其他加工成本按定额工时比例分配)。

# 第五章　产品成本计算方法概述

## 【学习目的与要求】

本章是在前面各章对成本核算要求和一般程序阐述的基础上,结合不同企业生产特点和成本管理的要求,对我国实际工作中采用的各种成本计算方法进行了概括阐述。通过本章的教学,应使学生掌握以下内容:

1. 理解企业按照工艺过程和组织形式所形成的不同分类;
2. 掌握生产特点和管理要求对成本计算的影响;
3. 熟悉成本计算方法的分类。

## 【案例导入】

某火力发电厂除生产电力外还生产一部分热力。生产技术过程不能间断,没有在产品和半成品。火力发电是利用燃料燃烧所发生的高热,使锅炉里的水变成蒸汽,推动汽轮机迅速旋转,借以带动发电机转动,产生电力。因而火力发电厂一般设有下列基本生产分场(车间):① 燃料分场;② 锅炉分场;③ 汽机分场;④ 电气分场。由于产电兼供热,汽机分场还划分为两个部分,即电力化部分和热力化部分。此外,还设有机械修配等辅助生产分场和企业管理部门。根据该厂的生产特点和管理要求情况,财务部决定按照品种法来计算产品成本。

某钢铁厂设有炼铁、炼钢和轧钢三个基本生产车间。炼铁车间生产三种生铁:炼钢生铁、铸造生铁和锰铁。其中,炼钢生铁全部供应本厂炼钢耗用,铸造生铁和锰铁全部外售。炼钢车间生产高碳镇静和低碳镇静两种钢锭,全部供应本厂轧钢车间轧制钢材:高碳钢轧制盘条,低碳钢轧制圆钢。此外,该厂还设有供水、供电等辅助生产车间和企业管理部门。根据该厂的生产特点和管理要求,财务部决定按照逐步结转分步法计算产品成本。

**思考:**上述两厂为什么要根据各自的生产特点和管理要求来确定它们的成本计算方法? 试分析它们的生产特点和管理要求有什么不同? 对企业的成本计算方法会产生什么影响?

# 第一节 生产特点与管理要求对产品成本计算方法的影响

产品成本计算方法是指将企业生产经营过程中发生的生产费用按照一定的对象和标准,归集和分配到各产品上,以求得各产品总成本和单位成本的方法。由于不同的企业生产的产品规模、周期及生产特点的不同,因而其成本计算方法也会有差别。究竟采用何种成本计算方法,主要取决于企业的生产特点和成本管理要求。

## 一、工业企业主要的生产特点

工业企业的生产特点主要表现在两个方面,即企业生产工艺过程的特点和生产组织的特点。不同企业的生产特点体现了不同的生产类型,而生产类型是形成成本计算方法的基础。企业的生产类型及其特点对企业选择成本计算方法有着重要的影响。

### (一) 生产按工艺过程的特点分类

生产工艺过程是指产品从投料到完工的生产工艺加工过程,它以生产过程是否可以间断为基本特征。工业企业的生产按生产工艺过程的不同,可以分为单步骤生产和多步骤生产两种类型。

1. 单步骤生产

单步骤生产也叫简单生产,是指生产过程在工艺上不能间断,或者不便于分散在几个不同地点的生产,如发电、采掘、燃气生产及铸件等。这类企业生产由于技术上的不可间断性(如发电),或由于工作地点上的限制(如采掘),通常由一个企业整体进行,而不能由几个车间协作进行。单步骤产品生产周期一般较短,生产过程中间没有自制的半成品产出。

单步骤生产的特点:① 工艺简单;② 生产周期短;③ 生产只能由一个车间或一个企业独立完成。

2. 多步骤生产

多步骤生产也叫复杂生产,是指生产工艺技术过程是由可以间断的若干生产步骤所组成的生产,它既可以在一个企业或车间内独立进行,也可以由几个企业或车间在不同的工作地点协作进行生产。属于复杂生产的企业,其产品的生产周期一般较长,产品品种不是单一的,有半成品或中间产品,而且可以由几个企业或车间协作进行生产。

按照产品的加工方式,多步骤生产又可分为连续加工式生产和装配式生产。如果这些步骤按顺序进行,不能并存,不能颠倒,要到最后一个步骤完成才能生产出产成品,这种生产就叫连续加工式生产。连续加工式生产是指从原材料投入生产以后,需要经过许多相互联系的加工步骤才能最后生产出产成品,前一个步骤生产出来的半成品,是后一个加工步骤的加工对象,直到最后加工步骤才能生产出产成品。属于这种连续加工式生产的典型企业有钢铁、纺织、冶金、造纸企业等。如果这些步骤不存在时间上的继起性,可以同时进行,每个步骤生产出不同的零配件,然后再经过组装成为产成品,这种生产就叫装配式生产。装配式生产是指将原材料投入生产后,在各个步骤进行平行加工,制造成产成品所需的各种零件和部件,最后,再将各生产步骤的零部件组装成为产成品。属于这种装配式复杂生产的典型企业有机床、汽车、电器、船舶企业等。

多步骤生产的特点:① 工艺过程可间断,工艺较复杂;② 产品生产周期一般较长;③ 产品品种不是单一的,有自制半成品或中间产品;④ 分散在不同地点,生产可由多个车间或多个企业协作进行。

### (二) 生产按组织方式的特点分类

生产组织是指企业产品生产的方式,它体现着企业生产专业化和生产过程重复程度高低。按生产组织的特点,工业企业生产可分为大量生产、单件生产和成批生产三种不同类型。

#### 1. 大量生产

大量生产又可称重复性生产,其特点是生产的产品品种单一,每一种品种的产量大,生产稳定地不断重复地进行。如发电、采煤、冶金等行业。一般这类产品在一定时期内具有相对稳定的很大的社会需求。例如,美国福特汽车公司曾长达19年始终坚持生产T型车一个车种,是大量生产的典型例子。由于生产的品种少,生产是不断重复和稳定的。所以有条件采用高效的专用设备和专用工艺装备,专业化程度高,并按对象专业化原则,采用生产线和流水线的生产组织形式。虽然建造流水线的投资较高,但由于产量大、生产效率高,实际分摊到每一个零件的费用却很低。因此,大量生产类型是一种经济性好的生产方式。在生产计划和控制方面也由于生产不断重复运行的规律性强,有条件应用经过仔细安排及优化的标准计划和应用自动化装置对生产过程进行实时监控。

大量生产特点:① 生产条件稳定,专业化程度高;② 采用高效率设备或技术,自动化水平高,操作简单,熟练度高;③ 可按对象专业化组织生产,采用流水生产及生产线;④ 计划编制细致精确,计划执行易于检查和控制。

#### 2. 单件生产

单件生产是根据订单,按每一件产品来组织生产。产品对象基本上是一次性需求的专用产品,一般不重复生产。其特点是产品品种繁多,每种产品生产数量很少,有时就是一件,生产重复程度很低。为了适应多品种生产要求,生产设备和工艺装备必须采用通用性的。由于工作地的专业化程度很低,手工操作比重大,使得产品生产周期长、生产成本高、产品质量不易保证。生产作业计划的编制不宜集中,一般采取多级编制自上而下逐级细化的方法,在生产的指挥和监控上要使基层能够根据生产的实际运行情况有较大的灵活处置之权,以提高生产管理系统的适应能力。单件生产的例子有重型机器制造、大型发电设备制造、远洋船舶制造及某些专用设备。

单件生产特点:① 标准化程度低,几乎无相同部件,即使重复生产也是不定期的;② 稳定性和专业化度低,担负多道工序;③ 采用通用设备和工艺;④ 要求工人有较高技术水平和知识。

### 3. 成批生产

成批生产它是介于大量生产和单件生产之间的一种类型。其特点是生产的品种较多,每种品种的产品有一定的产量,由于每一种产品都不能维持常年连续生产,所以在生产中形成多种产品成批轮番生产的局面。从产品的生产安排上看,每种产品都是按一定批量分期分批生产,以满足用户对不同生产的需求,因而在产品之间形成了轮番交替生产,保持了在一定时间内连续而又定期重复生产的特点。所以,合理地确定批量、组织好轮番生产是成批生产的管理重点。由于成批生产的产品品种较多,产量又不大,因此不能像大量生产那样广泛采用专用设备,建立正规的生产线和流水线的难度较大,但可以组织多品种的对象生产单元,使工件的生产过程可以基本上在生产单元内封闭地完成。在计划管理和监控方面,要根据轮番生产的特点,合理安排每一种产品的轮番间隔期和生产批量,既要减小批量,保证生产的成套性和压缩在制品,又要避免轮番变换过分频繁,影响人力和设备的合理利用。成批生产的例子有机床、中小型电机、轻工机械产品的生产等。

成批生产特点:① 生产条件稳定,专业化程度高;② 采用高效率设备或技术,自动化水平高,操作简单,熟练度高;③ 可按对象专业化组织生产,采用流水生产及生产线;④ 计划编制细致精确,计划执行易于检查和控制。

成批生产按照产品批量的大小,又可分为大批生产和小批生产。大批生产,由于产品批量较大,往往在几个月内不断地重复生产一种或几种产品,因而性质上接近于大量生产;小批生产,由于产品批量较小,一批产品一般可以同时完工,因而性质上近于单件生产。因此,企业的生产也可以简单概括为大批大量生产和小批单件生产两类。

总之,在企业生产经营活动中,各种不同的生产工艺过程与生产组织特点是结合在一起的。不同的生产工艺过程与生产组织的结合,就形成不同类型的生产企业。一般情况下,单步骤生产和连续多步骤生产往往是大量生产或大批生产;装配式多步骤生产可能是大量生产或大批生产,也可能是小批或单件生产。

## 二、生产特点对产品成本计算方法的影响

所谓成本计算就是对某一单位某一时期生产的某产品,运用一定的程序和方法,汇集其所发生的费用总额与产量,从而求出该单位该时期生产该产品的总成本和单位成本的过程。

任何产品都是在一定时空范围内生产出来的,因此进行成本计算一定要有时空观。详细地说,进行成本计算,首先要确定的是计算什么产品的成本,此外还要确定该产品是在什么地点、什么时期生产出来。也就是说,成本计算主要由什么产品、什么地点、什么时期三个因素构成,即成本计算对象、成本计算空间范围(成本计算部门)、成本计算时间范围(成本计算期)。不但不同企业生产的同一产品其成本不同,而且即使是同一企业生产的同一产品其不同月份的成本也不同。

由于成本计算是为成本管理提供资料,因此采用什么样的成本计算方法要考虑成本管理的要求。同样,产品成本是在生产过程中形成的,因此生产特点在很大程度上会影响成本计算方法的选择。构成产品成本计算方法的基本要素主要有成本计算对象、成本计算期、完工产品与在产品成本的划分以及成本计算程序。而企业的生产特点与管理要求

对产品成本计算方法的影响主要表现在成本计算对象、成本计算期以及生产费用在完工产品与在产品之间的分配三个方面。其中,最主要最基本的还是对成本计算对象的影响。

**（一）对成本计算对象的影响**

成本计算对象,是指企业为了计算产品成本而确定的归集和分配生产费用的各个对象,即成本费用的承担者。生产特点和管理要求对产品成本计算的影响主要表现在成本计算对象的确定上,成本计算对象的确定,是设置产品成本明细账,归集生产费用,计算产品成本的前提,也是构成成本计算方法和区分各种成本计算方法的主要标志。

企业在进行成本核算时,首先确定成本计算对象。

单步骤生产下的成本核算对象:单步骤生产一般采用大量生产组织方式,生产工艺过程不能间断,不可能也不需要划分为几个生产步骤来计算产品成本,因而只能以产品品种作为成本计算对象。

多步骤生产下的成本核算对象:连续加工式多步骤生产下的成本核算对象,如果是大批大量生产,其成本核算对象是品种;如果管理上要求核算步骤成本,成本核算对象还有步骤。

装配式生产下的成本计算对象:如果生产组织是单件或小批生产,那么成本核算对象首先是批别;如果管理上要求核算步骤成本,成本核算对象还有步骤。

单件小批生产,产品批量小,每批产品同时投产,同时完工,因而按批别来计算产品成本,以产品的批别作为成本计算对象。

**（二）对成本计算期的影响**

成本计算期,是指每次计算产品成本的期间,即多长时间计算一次成本。生产特点对成本计算期的影响,主要是由企业的生产组织特点决定的。

单件、小批生产,生产周期长,只能在某批产品或某件产品完工以后计算产品成本,因而成本计算期与生产周期一致,与会计报告期不一致。

大量大批生产,每月都有完工产品,就需要按月计算完工产品的产品成本,成本计算期与会计报告期一致,与生产周期不一致。需要指出的是不管成本计算期与会计报告期是否一致,企业均要按月归集本月发生的生产费用。

**（三）对生产费用在完工产品与在产品之间分配的影响**

在大量大批单步骤生产下,由于生产不能间断,生产周期短,月末一般没有在产品或在产品数量很少,因而在计算产品成本时,可以不考虑在产品的成本,生产费用不必在完工产品和在产品之间进行分配。

在大量大批多步骤生产下,由于生产不间断地进行,不断地投入产品,不断有完工产品,也不断有在产品产生,而且由于生产过程比较复杂,期末在产品的数量较大,因而,期末有必要将生产费用在完工产品和在产品之间进行分配。

在小批、单件生产下,一批产品同时投产,同时完工,完工后才能计算产品成本,因而往往也不存在完工产品与在产品之间分配费用的问题。

上述三个方面是相互联系、相互影响的,其中生产类型对成本计算对象的影响是主要的。不同的成本计算对象决定了不同的成本计算期和生产费用在完工产品与在产品之间的分配。因此,成本计算对象的确定,是正确计算产品成本的前提,也是区别各种成本计算方法的主要标志。

### 三、管理要求对产品成本计算方法的影响

管理要求对成本计算方法的影响主要有:

(1) 单步骤生产或管理上不要求分步骤计算成本的多步骤生产,以品种或批别为成本计算对象,采用品种法或分批法。

(2) 管理上要求分步骤计算成本的多步骤生产,以生产步骤为成本计算对象,采用分步法。

(3) 在产品品种、规格繁多的企业,管理上要求尽快提供成本资料,简化成本计算工作,可采用分类法计算产品成本。

(4) 在定额管理基础较好的企业,为加强定额管理工作,可采用定额法。

# 第二节　产品成本计算的方法

## 一、产品成本计算的基本方法

不同的企业,由于生产的工艺过程、生产组织,以及成本管理要求不同,成本计算的方法也不一样。基本的成本计算方法主要有品种法、分批法和分步法。

### (一) 品种法

品种法是以产品品种作为成本计算对象来归集生产费用、计算产品成本的一种方法。由于品种法不需要按批计算成本,也不需要按步骤来计算半成品成本,因而这种成本计算方法比较简单。品种法主要适用于大批量单步骤生产(如发电、采掘等)的企业。或者虽属于多步骤生产,但不要求计算半成品成本(如小水泥、制砖等)的小型企业。品种法一般按月定期计算产品成本,也不需要把生产费用在产成品和半成品之间进行分配。

品种法的特点体现在以下三个方面。

1. 成本计算对象

品种法以产品品种作为成本计算对象,并据以设置产品成本明细账归集生产费用和计算产品成本。如果企业生产的产品不止一种,就需要以每一种产品作为成本计算对象,分别设置产品成本明细账。

2. 成本计算期

由于大量大批的生产是不间断的连续生产,无法按照产品的生产周期来归集生产费用,计算产品成本,因而只能定期按月计算产品成本,从而将本月的销售收入与产品生产成本配比,计算本月损益。因此,产品成本是定期按月计算的,与报告期一致,与产品生产周期不一致。

3. 生产费用是否需要在完工产品和在产品之间进行分配

如果是大量大批的简单生产,采用品种法计算产品成本,由于简单生产是一个生产步骤就完成了整个生产过程,所以月末(或者任何时点)一般没有在产品,因此,计算产品成本时不需要将生产费用在完工产品和在产品之间进行分配。如果是管理上不要求分步骤计算产品成本的大量大批的复杂生产,采用品种法计算产品成本,由于复杂生产需要经过多个生产步骤,所以月末(或者任何时点)一般生产线上都会有在产品,因此,计算产品成本时就需要将生产费用在完工产品和在产品之间进行分配。可分析具体情况,选择合适的方法进行分配。

### (二) 分批法

分批法也称订单法,是以产品的批次或订单作为成本计算对象来归集生产费用、计算产品成本的一种方法。分批法主要适用于单件和小批的多步骤生产,如重型机床、船舶、精密仪器和专用设备等。分批法的成本计算期是不固定的,一般把一个生产周期(即从投产到完工的整个时期)作为成本计算期定期计算产品成本。由于在未完工时没有产成品,完工后又没有在产品,产成品和在产品不会同时并存,因而也不需要把生产费用在产成品和在产品之间进行分配。

分批法的特点体现在以下三个方面。

1. 成本计算对象

分批法的成本计算对象是产品的批别。由于在单件小批生产类型的企业中,生产多是根据购货单位的订单组织的,因此,分批法也称订单法。但严格说来,按批别组织生产,并不一定就是按订单组织生产,还要结合企业自身的生产负荷能力,合理组织安排产品生产的批量与批次。如果一张订单中要求生产好几种产品,为了便于考核分析各种产品的成本计划执行情况,加强生产管理,就要将该订单按照产品的品种划分成几个批别组织生产。如果一张订单中只要求生产一种产品,但数量极大,超过企业的生产负荷能力,或者购货单位要求分批交货的,也可将该订单分为几个批别组织生产。如果一张订单中只要求生产一种产品,但该产品属于价值高、生产周期长的大型复杂产品(如万吨轮),也可将该订单按产品的零部件分为几个批别组织生产。如果在同一时期接到的几张订单要求生产的都是同一种产品,为了更经济合理地组织生产,也可将这几张订单合为一批组织生产。

2. 成本计算期

分批法是以产品的生产周期作为成本计算期。采用分批法计算产品成本的企业,虽然各批产品的成本计算单仍按月归集生产费用,但是只有在该批产品全部完工时才能计算其实际成本。由于各批产品的生产复杂程度不同、质量数量要求也不同,生产周期就各不相同。有的批次当月投产,当月完工;有的批次要经过数月甚至数年才能完工。可见,完工产品的成本计算因各批次的生产周期而异,是不定期的。所以,分批法的成本计算期与产品的生产周期一致,与会计报告期不一致。

3. 生产费用一般不需要在完工产品和在产品之间分配

在单件或小批生产,购货单位要求一次交货的情况下,每批产品要求同时完工。这样该批产品完工前的成本明细账上所归集的生产费用,即为在产品成本;完工后的成本明细账上所归集的生产费用,即为完工产品成本。因此在通常情况下,生产费用不需要在完工产品和在产品之间分配。但是,如果产品批量较大、购货单位要求分次交货时,就会出现批内产品跨月陆续完工的情况,这时应采用适当的方法将生产费用在完工产品和月末在产品之间分配。采用的分配方法视批内产品跨月陆续完工的数量占批量的比重大小而定。

### (三) 分步法

分步法是按产品的生产步骤归集生产费用、计算产品成本的一种方法。分步法适用于大量或大批的多步骤生产,如机械、纺织、造纸等。由于生产的数量大,在某一时间上往往既有已完工的产成品,又有未完工的在产品和半成品,不可能等全部产品完工后再计算成本,因而分步法一般是按月定期计算成本,并且要把生产费用在产成品和半成品之间进行分配。

分步法的特点体现以下三个方面:

(1) 成本计算对象是各种产品的生产步骤,因此,应按照产品的生产步骤设立产品成本明细账。

(2) 费用在完工产品与在产品之间分配。成本计算一般都是按月定期地进行,而与生产周期不一致,因此,需要采用适当的分配方法,将汇集在生产成本明细账中的生产费用,在完工产品与在产品之间进行分配。

(3) 各步骤之间有成本结转问题,这是分步法的一个重要特点。

上述三种成本计算方法是产品成本计算的基本方法,属计算产品实际成本必不可少的方法。但各种生产类型产品成本的计算,无论采用何种计算方法,最终都必须按照产品的品种计算出产品成本,因此,品种法是最基本的成本计算方法。

**表 5-1　产品成本计算的基本方法**

| 成本计算方法 | 生产工艺 | 生产组织 | 管理要求 | 成本计算对象 | 特　点 |
|---|---|---|---|---|---|
| 品种法 | 单步骤 | 大量大批 | 不要求分步 | 产品品种 | 既不分批也不分步 |
| 品种法 | 多步骤 | 大量大批 | 不要求分步 | 产品品种 | 既不分批也不分步 |
| 分步法 | 多步骤 | 大量大批 | 要求分步 | 生产步骤 | 不分批只分步 |
| 分批法 | 单步骤 | 小批单件 | 不要求分步 | 产品批别 | 只分批不分步 |
| 分批法 | 多步骤 | 小批单件 | 不要求分步 | 产品批别 | 只分批不分步 |

## 二、产品成本计算的辅助方法

除了上述成本计算的基本方法外,还有从基本方法中延伸出来的辅助方法,如分类法、定额法、标准成本法、变动成本法等。之所以称之为辅助方法,是因为它们与企业生产特点没有直接的联系,而主要由企业管理要求所决定。

### (一) 分类法

在产品品种、规格繁多的工业企业,为了简化成本计算工作,还应用一种简便的成本计算方法——分类法。分类法是以产品的类别作为成本计算对象,归集生产费用,计算产品成本的方法。在这种方法下,先按照成本计算的基本原理计算各类别的产品成本,然后再将各类别的完工产品成本在各种产品之间进行分配,计算各种产品成本。在实际工作中,一般是将类内各产品的分配比例折合成系数,按系数比例分配,所以又称为"系数法"。分类法可适用于无线电元件、钢铁、针织、服装、灯泡等品种规格繁多但可以按照一定标准划分为若干类别的企业或单位。

**(二) 定额法**

在定额管理基础较好的工业企业,还应用一种将符合定额的生产费用和脱离定额的差异分别核算,保证成本计划、定额完成的一种产品成本计算方法——定额法。定额法是以产品的定额为基础,加上(或减去)脱离定额的差异和定额变动差异来计算产品成本的一种方法。它主要适宜于定额管理基础较好,产品生产类型已确定,消耗定额合理且稳定的企业。

此外,近年来,不少企业还借鉴运用西方发达国家成本计算的方法,如变动成本法、标准成本法、作业成本法等。这些方法的运用与生产特点没有直接联系,只是服务于特定的管理要求,只要条件具备,这些方法在各种企业都可运用。

之所以将这些方法归属为产品成本计算的辅助方法,并不是因为这些方法不重要,而是因为这些方法与企业的生产类型特点没有直接的联系,也不涉及成本计算对象的确定,并且不能单独使用,它们应当与基本方法结合起来应用。

# 【本章小结】

企业的生产特点表现在生产工艺过程的特点和生产组织的特点两个方面。按生产工艺过程的特点,可分为单步骤生产和多步骤生产,多步骤生产按其产品的加工方式又可分为连续式多步骤生产和装配式多步骤生产;按生产组织的特点,可分为大量生产、成批生产和单件生产。

企业所采用的成本计算方法,在很大程度上取决于其生产的特点,同时还必须考虑成本管理要求。企业生产特点和管理要求对产品成本计算的影响主要表现在成本计算对象的确定、成本计算期的确定、生产费用在完工产品与在产品之间的分配等方面,这三者是成本计算的主要因素,将它们组合在一起,就形成了各种不同的成本计算方法。成本计算对象是决定成本计算方法的主要因素。

成本计算的基本方法包括品种法、分批法和分步法三种,除此之外,常用的还有分类法和定额法两种辅助方法,但分类法和定额法均不是一种独立的成本计算方法,必须结合品种法、分批法和分步法等基本方法使用。

# 【复习思考题】

1. 按企业生产工艺过程的特点,工业企业的生产如何分类?
2. 按企业组织特点,工业企业的生产如何分类?

3. 生产特点和管理要求对产品成本计算的影响主要表现在哪些方面?

4. 产品成本计算的基本方法和辅助方法各有哪几种?

5. 何为分类法? 其特点是什么?

6. 何为分步法? 其特点是什么?

7. 何为品种法? 其特点是什么?

## 【案例分析题】

明华新型材料制造公司生产航空工业所用的一种特殊材料,该材料生产分为两个步骤:先将化工原料制成颗粒,然后将颗粒材料制成板材。颗粒材料和板材都包括白色和灰色两个品种。公司设有两个生产车间,一车间生产颗粒材料,二车间生产板材。

一车间生产耗用的原材料一次投入,期末在产品平均完工程度为50%,制成颗粒材料转入半成品仓库,一部分供应二车间生产板材,另一部分对外销售。二车间生产耗用的半成品和其他原材料在开始生产时一次投入,期末在产品平均完工程度为60%。该公司设有两个辅助生产车间:蒸汽车间提供生产用气和采暖用气,供电车间提供生产用电和办公用电。

**试分析:**该公司生产特点和管理要求有哪些? 应该采用何种方法计算产品成本,为什么?

## 【练习题】

### 一、单项选择题

1. 下列属于产品成本计算辅助方法的是(　　)。

　　A. 分批法　　　　　B. 分类法　　　　　C. 品种法　　　　　D. 分步法

2. 适合小批单件生产的产品成本计算方法是(　　)。

　　A. 分步法　　　　　B. 分批法　　　　　C. 分类法　　　　　D. 品种法

3. 产品成本计算的分步法的主要特点是(　　)。

　　A. 计算和结转产品的各步成本　　　　　B. 计算完工产品的成本

　　C. 计算半成品成本　　　　　D. 计算产成品成本

4. 下列适用于分批法计算产品成本的是(　　)。

　　A. 精密仪器　　　B. 小型水泥厂　　　C. 发电　　　　　D. 采掘

5. 在大量大批多步骤生产企业,管理上不要求分步计算产品成本,其成本计算方法是(　　)。

　　A. 品种法　　　　　B. 分批法　　　　　C. 分类法　　　　　D. 分步法

6. 生产特点和管理要求对于产品成本计算的影响,主要表现在(　　)。

　　A. 产品生产的品种上　　　　　B. 成本计算程序上

　　C. 产品生产的批次上　　　　　D. 成本计算对象的确定上

7. 区别各种成本计算基本方法的主要标志是(　　)。

A. 成本计算日期

B. 成本计算对象

C. 间接费用的分配方法

D. 完工产品与在产品之间分配费用的方法

## 二、多项选择题

1. 工业企业的生产按照工艺过程划分为(　　)。

　　A. 大量生产　　　　B. 单步骤生产　　　C. 单件生产　　　D. 多步骤生产

2. 成本计算的基本方法有(　　)。

　　A. 品种法　　　　B. 分批法　　　　C. 分类法　　　　D. 分步法

3. 品种法适用于(　　)。

　　A. 大量大批单步骤生产企业

　　B. 大量大批多步骤生产企业但管理上不要求分步计算成本的企业

　　C. 大量大批多步骤生产企业而且在管理上要求分步计算成本的企业

　　D. 小批单件生产企业

4. 受生产特点和管理要求的影响,产品成本计算对象包括(　　)。

　　A. 产品类别　　　　B. 产品品种　　　　C. 产品批别　　　　D. 产品生产步骤

5. 企业在确定成本计算方法时,必须从企业的具体情况出发,同时考虑(　　)。

　　A. 企业的生产特点　　　　　　　　B. 月末有没有在产品

　　C. 企业生产规模大小　　　　　　　D. 进行成本管理的要求

## 三、填表题

成本计算的三种基本方法之比较(见表 5-2)。

表 5-2　成本计算的基本方法之比较

| 成本计算方法 | | 品种法 | 分批法 | 分步法 |
|---|---|---|---|---|
| 成本核算对象 | | | | |
| 成本计算期 | | | | |
| 生产费用在完工产品与在产品之间的分配 | | | | |
| 适用范围 | 生产组织类型 | | | |
| | 生产工艺过程和管理要求 | | | |

# 第六章　产品成本计算的基本方法

## 【学习目的与要求】

1. 理解品种法的特点和适用范围,熟悉品种法的成本计算程序,能够运用品种法计算产品成本;

2. 理解分批法的特点和适用范围,熟悉分批法的成本计算程序,能够运用分批法计算产品成本;

3. 理解分步法的特点和适用范围,熟悉分步法的成本计算程序,能够运用分步法计算产品成本。

## 【案例导入】

珠江火力发电厂生产电力,生产技术过程是利用燃料燃烧所产生的热量,使锅炉里的水变成水蒸气,推动汽轮机迅速旋转,借以带动发电机转动,产生电力。显然,该生产技术过程不能间断,没有在产品与半成品。

湘江造船厂是一家老牌船舶生产企业,国内外的用户较多。由于不同用户对产品的品种、规格、质量、交货日期有不同的要求,为了保质保量、按期交货,该厂根据客户的订单,分批组织生产,这样保证了船舶买卖契约得到了很好地履行,从而造就了该厂在船舶制造业中的良好声誉。

西塞山钢铁厂有炼铁、炼钢、轧钢三个基本生产车间。炼铁车间生产生铁,包括铸造生铁与炼钢生铁,铸造生铁全部对外销售,炼钢生铁全部供应本厂炼钢车间耗用,成本管理上要求分别计算铸造生铁与炼钢生铁的成本。炼钢车间以炼钢生铁为原材料,生产高碳钢锭和低碳钢锭,全部供应本厂轧钢车间轧制钢材。轧钢车间将高碳钢锭轧制成盘条,将低碳钢锭轧制成圆钢。生产完成后,验收入产成品库,然后,对外销售。

**思考:**结合上述珠江火力发电厂、湘江造船厂、西塞山钢铁厂的生产特点和成本管理要求,分析说明各厂应采用哪种成本计算方法计算产品成本?

# 第一节　品种法

本节阐述品种法的特点、适用范围及其成本计算程序。在大量大批单步骤的生产企业,或大量大批多步骤生产但管理上不要求计算各步骤半成品的企业,成本计算方法宜采用品种法。品种法是以"全厂"作为成本计算的空间范围,以日历"月份"作为成本计算的时间范围,归集生产费用,计算各种产品的总成本与单位成本。

## 一、品种法的特点和适用范围

### (一) 品种法的特点

品种法是以产品品种作为成本核算对象来归集生产费用、计算产品成本的一种方法。不论什么类型的产品生产,也不论管理要求如何,各种产品成本计算方法最终都必须计算出各种产品品种的实际总成本和单位成本。按照产品品种计算产品成本是成本计算的最起码要求,因此,品种法是产品成本计算最基本的方法。

这种方法的主要特点如下。

1. 以产品品种为成本核算对象

在采用品种法计算成本时,以企业最终完工的产品品种为成本核算对象,设置生产成本明细账(产品成本计算单,下同),归集生产费用,计算产品成本。如果进行单一产品生产,成本核算对象就是这一种产品,以这种产品开设成本明细账,并按成本项目归集生产费用,在这种情况下,发生的费用都是直接费用,不存在在各种成本核算对象之间分配费用的问题。如果进行多品种生产,就要按不同产品分别开设成本明细账,并按成本项目归集生产费用,凡各产品直接发生的生产费用,可直接计入该产品成本,各种产品的共同费用,则需采取适当的分配方法分配计入各种产品成本。

2. 以会计报告期为产品成本计算期

在采用品种法计算成本时,品种法的成本计算期是定期的,于每月的月末计算产品成本,成本计算期与会计报告期相一致,但与生产周期不一致。由于大量大批的生产总是连续不断地进行,无法在产品完工时立即计算其生产成本,所以成本计算一般按月进行,以日历月份确定的会计报告期作为成本计算期。

3. 生产费用可能需要在完工产品和月末在产品之间进行分配

在采用品种法计算成本时,应区分不同情况处理在产品成本。在简单生产的企业中,月末在产品没有或很少的情况下,月末可以不计算在产品成本,这样生产成本明细账中归集的全部生产费用就是该完工产品的总成本,除以产品产量,就是该产品的单位成本;在大量大批生产的企业中,如果月末在产品较多,应采用适当的分配方法,将生产成本明细账中归集的全部生产费用在完工产品与月末在产品之间进行分配,分别计算完工产品的成本和月末在产品成本。

### (二) 品种法的适用范围

品种法适用于大量大批单步骤生产企业,在这种类型的企业中,产品的生产技术过程不能从生产技术上划分为生产步骤,另外,大量大批生产的企业,不断地重复生产同品种的产品,品种少且较稳定,因而也就不可能按产品批别计算产品成本,如发电、采掘、铸造、供水企业。品种法还适用于大量大批多步骤生产但管理上不要求按生产步骤计算产品成本的企业。在大量大批多步骤生产的企业中,如果生产规模较小,或者车间是封闭式的

（从原材料投入到产品产出的全部生产过程，都在一个车间内进行），或者生产是按流水线组织的，各步骤的半成品只能满足本企业连续加工的需要，直到产品加工完毕，因而管理上不要求分步骤计算产品成本，只要求按照产品品种计算成本，如小型水泥厂、造纸厂、玻璃制品厂、糖果厂和砖瓦厂等。

## 二、品种法的成本计算程序

### （一）按产品品种开设生产成本明细账（产品成本计算单）

企业在"生产成本"总账下，一般按生产单位（分厂、车间）性质不同，设置"基本生产成本"和"辅助生产成本"二级账；同时，按照企业确定的成本核算对象（即产品品种），设置基本生产成本明细账，按照辅助生产单位提供的产品（劳务）品种，设置辅助生产成本明细账；在"制造费用"总账下，按生产单位设置明细账。基本生产成本明细账和辅助生产成本明细账应按成本项目设专栏，制造费用明细账应按费用项目设专栏。

### （二）归集和分配本月发生的各项要素费用

月末根据各项要素费用发生的原始凭证和其他有关资料，归集和分配材料费用、工资费用和其他各项费用。在分配各项费用时，应根据费用发生的地点和用途编制费用分配表进行费用分配，编制相应的会计分录。凡是各产品发生的直接费用，应直接计入各产品生产成本明细账相应的成本项目中。基本生产单位为组织和管理生产发生的各项制造费用，先通过制造费用明细账归集，计入有关制造费用明细账。

### （三）分配辅助生产费用

根据辅助生产成本明细账中归集的本月辅助生产费用，按照企业确定的辅助生产费用分配方法，分别编制各辅助生产单位的"辅助生产费用分配表"分配辅助生产费用。根据分配结果，编制会计分录，将应计入产品成本的辅助生产费用分别计入各产品生产成本明细账中相应成本项目（如果没有增设相应的成本项目，则不需要登记）和基本生产单位制造费用明细账。

辅助生产单位发生的制造费用，如果通过制造费用明细账核算，则应在分配辅助生产费用前，分别转入各辅助生产成本明细账，并入该辅助生产单位本期费用总额。

### （四）分配基本生产单位制造费用

根据各基本生产单位制造费用明细账中归集的制造费用本期发生额，按照企业确定的分配方法，分别编制各基本生产单位的"制造费用分配表"分配制造费用。根据分配结果，编制会计分录，分别计入各产品生产成本明细账中的"制造费用"成本项目。

### （五）计算完工产品实际总成本和单位成本

根据各产品生产成本明细账中归集的生产费用合计数（月初在产品成本加上本月发生生产费用），采用适当的方法，在完工产品与月末在产品之间进行分配，计算出完工产品的实际总成本和月末在产品成本。将各产品完工产品总成本分别除以其实际产量，即为该产品本月单位成本。

### （六）结转完工产品成本

根据各产品成本计算结果，编制本月"完工产品成本汇总表"，编制结转本月完工验收入库产品成本的会计分录,并分别计入有关产品生产成本明细账和库存商品明细账。

### 三、品种法应用举例

【例 6‐1】　某厂设有一个基本生产车间,大量生产甲、乙两种产品,工艺过程属于单步骤生产。

**（一）企业成本核算的资料**

根据生产特点和管理要求,确定采用品种法计算产品成本。成本项目有"直接材料""直接人工""制造费用"。该企业另设运输车间为基本生产车间和厂部提供运输服务。运输车间的制造费用不单独核算。该厂 202×年 5 月份有关产品成本核算资料如下:

（1）产量资料(见表 6‐1):

表 6‐1　产量资料表　　　　　　　　　　　　　　　　单位:件

| 产品名称 | 月初在产品 | 本月投产 | 完工产品 | 月末在产品 | 月末在产品完工率 |
|---|---|---|---|---|---|
| 甲产品 | 80 | 720 | 650 | 150 | 60% |
| 乙产品 | 32 | 368 | 320 | 80 | 40% |

（2）月初在产品成本(见表 6‐2):

表 6‐2　月初在产品成本资料表　　　　　　　　　　　单位:件

| 产品名称 | 直接材料 | 直接人工 | 制造费用 | 合　计 |
|---|---|---|---|---|
| 甲产品 | 8 090 | 5 859 | 6 810 | 20 759 |
| 乙产品 | 6 176 | 2 882 | 2 728 | 11 786 |

（3）本月发生耗费:

① 材料费用。根据本月领料凭证汇总表,本月生产甲产品材料费 4 410 元,生产乙产品材料费 3 704 元,生产甲、乙产品共同材料费 9 000 元。运输车间材料费 900 元,基本生产车间消耗性材料费 1 938 元,行政管理部门领用价值 800 元的材料作修理用。

② 工资费用。根据本月工资结算汇总表,本月基本生产车间生产工人工资 10 000元,管理人员工资 1 600 元。运输车间人员工资 800 元。行政管理部门人员工资 4 000元。职工福利费按工资总额的 14%提取。

③ 其他费用。基本生产车间厂房、机器设备折旧费为 5 476 元,水电费为 260 元,办公费为 402 元。运输车间固定资产折旧费为 200 元,水电费为 160 元,办公费为 40 元。行政管理部门固定资产折旧费为 1 500 元,水电费 200 元,办公费 800 元。

（4）工时记录。甲产品实际耗用工时为 1 800 小时,乙产品实际耗用工时为 2 200小时。

（5）本月运输车间共完成 2 100 千米运输工作量,其中:基本生产车间耗用 2 000 千米,行政管理部门耗用 100 千米。

（6）有关费用分配方法：

① 甲、乙产品共同耗用材料按定额耗用量比例分配。甲产品材料定额耗用量为3 000千克，乙产品材料定额耗用量为1 500千克；

② 基本生产车间生产工人工资按甲、乙产品工时比例分配；

③ 辅助生产费用按运输公里比例分配；

④ 制造费用按甲、乙产品工时比例分配；

⑤ 按约当产量法分配计算甲、乙完工产品和月末在产品成本。甲产品耗用的材料随加工程度陆续投入，乙产品耗用的材料于生产开始时一次投入。

**（二）企业成本计算过程及有关的账务处理**

（1）按产品品种开设"产品成本计算单"见表6-11、表6-12，并登记月初在产品成本。

（2）归集和分配本月发生的各项要素费用。

① 编制材料费用分配表（见表6-3）和相应的会计分录。

分配材料费用的会计分录如下：

借：生产成本——基本生产成本——甲产品　　　　10 410
　　　　　　　　　　　　　　——乙产品　　　　　6 704
　　　　　　　——辅助生产成本——运输车间　　　　900
　　制造费用　　　　　　　　　　　　　　　　　1 938
　　管理费用　　　　　　　　　　　　　　　　　　800
　　贷：原材料　　　　　　　　　　　　　　　　　　20 752

表6-3　材料费用分配表

202×年5月　　　　　　　　　　　　　　　　单位：元

| 应借账户 | | 成本或费用项目 | 直接计入 | 分配计入 | | | 合计 |
|---|---|---|---|---|---|---|---|
| | | | | 分配标准 | 分配率 | 分配金额 | |
| 生产成本——基本生产成本 | 甲产品 | 直接材料 | 4 410 | 3 000千克 | | 6 000 | 10 410 |
| | 乙产品 | 直接材料 | 3 704 | 1 500千克 | 2元/千克 | 3 000 | 6 704 |
| | 小计 | | 8 114 | 4 500千克 | | 9 000 | 17 114 |
| 生产成本——辅助生产成本——运输车间 | | 机物料 | 900 | | | | 900 |
| 制造费用 | | 机物料 | 1 938 | | | | 1 938 |
| 管理费用 | | 材料 | 800 | | | | 800 |
| 合计 | | | 11 752 | | | 9 000 | 20 752 |

② 编制工资及福利费分配表（见表6-4）和相应的会计分录。

**表6-4 工资及福利费分配表**

202×年5月 单位:元

| 应借账户 | | 成本或费用项目 | 应付工资 | | | 应付福利费 | 合计 |
|---|---|---|---|---|---|---|---|
| | | | 分配标准 | 分配率 | 分配额 | | |
| 生产成本——基本生产成本 | 甲产品 | 直接人工 | 1 800 小时 | 2.5 元/小时 | 4 500 | 630 | 5 130 |
| | 乙产品 | 直接人工 | 2 200 小时 | | 5 500 | 770 | 6 270 |
| | 小　计 | | 4 000 小时 | | 10 000 | 1 400 | 11 400 |
| 生产成本——辅助生产成本——运输车间 | | 工资、福利费 | | | 800 | 112 | 912 |
| 制造费用 | | 工资、福利费 | | | 1 600 | 224 | 1 824 |
| 管理费用 | | 工资、福利费 | | | 4 000 | 560 | 4 560 |
| 合　计 | | | | | 16 400 | 2 296 | 18 696 |

分配工资的会计分录如下:

借:生产成本——基本生产成本——甲产品　　　　4 500

　　　　　　　　　　　　　——乙产品　　　　5 500

　　　　　　　——辅助生产成本——运输车间　　800

　　制造费用　　　　　　　　　　　　　　　1 600

　　管理费用　　　　　　　　　　　　　　　4 000

　　贷:应付职工薪酬—工资　　　　　　　　　　　16 400

计提福利费的会计分录如下:

借:生产成本——基本生产成本——甲产品　　　　630

　　　　　　　　　　　　　——乙产品　　　　770

　　　　　　　——辅助生产成本——运输车间　　112

　　制造费用　　　　　　　　　　　　　　　224

　　管理费用　　　　　　　　　　　　　　　560

　　贷:应付职工薪酬—职工福利　　　　　　　　　2 296

③ 编制固定资产折旧费分配表(见表6-5)和相应的会计分录。

**表6-5 折旧费分配表**

202×年5月 单位:元

| 应借账户 | 费用项目 | 累计折旧 |
|---|---|---|
| 生产成本——辅助生产成本——运输车间 | 折旧费 | 200 |
| 制造费用 | 折旧费 | 5 476 |
| 管理费用 | 折旧费 | 1 500 |
| 合　计 | | 7 176 |

分配折旧费的会计分录如下：

借:生产成本——辅助生产成本——运输车间　　　　　200

　　制造费用　　　　　　　　　　　　　　　　　　5 476

　　管理费用　　　　　　　　　　　　　　　　　　1 500

　　贷:累计折旧　　　　　　　　　　　　　　　　　　　7 176

④ 编制其他费用汇总表(见表6-6)和相应的会计分录。

表6-6　其他费用汇总表

202×年5月

单位:元

| 应借账户 | 水电费 | 办公费 | 合　计 |
|---|---|---|---|
| 生产成本——辅助生产成本——运输车间 | 160 | 40 | 200 |
| 制造费用 | 260 | 402 | 662 |
| 管理费用 | 200 | 800 | 1 000 |
| 合　计 | 620 | 1 242 | 1 862 |

分配(支付)其他费用的会计分录如下:

借:生产成本——辅助生产成本——运输车间　　　　　200

　　制造费用　　　　　　　　　　　　　　　　　　662

　　管理费用　　　　　　　　　　　　　　　　　　1 000

　　贷:银行存款　　　　　　　　　　　　　　　　　　1 862

(3) 归集辅助生产成本(见表6-7)并编制辅助生产费用分配表(见表6-8)和相应的会计分录。

表6-7　辅助生产成本明细账

车间:运输车间　　　　　202×年5月　　　　　单位:元

| 月 | 日 | 摘　要 | 机物料 | 工　资 | 福利费 | 折旧费 | 水电费 | 办公费 | 合　计 |
|---|---|---|---|---|---|---|---|---|---|
| | | 材料费用分配表 | 900 | | | | | | 900 |
| | | 工资及福利费分配表 | | 800 | 112 | | | | 912 |
| | | 折旧费分配表 | | | | 200 | | | 200 |
| | | 其他费用汇总表 | | | | | 160 | 40 | 200 |
| | | 合　计 | 900 | 800 | 112 | 200 | 160 | 40 | 2 212 |
| | | 辅助生产费用分配表 | 900 | 800 | 112 | 200 | 160 | 40 | 2 212 |

表6-8　辅助生产费用分配表

车间:运输车间　　　　　202×年5月　　　　　单位:元

| 应借账户 | 费用项目 | 耗用量(千米) | 分配率 | 分配额 |
|---|---|---|---|---|
| 制造费用 | 运输费 | 2 000 | | 2 100 |
| 管理费用 | 运输费 | 100 | 1.05元/千米 | 112 |
| 合　计 | | 2 100 | | 2 212 |

分配辅助生产费用的会计分录:

借:制造费用 2 100

管理费用 112

贷:生产成本——辅助生产成本——运输车间 2 212

（4）归集基本生产车间制造费用（见表6-9）并编制制造费用分配表（见表6-10）和相应的会计分录。

表6-9 制造费用明细账

车间:基本生产车间　　　　　　　　　202×年5月　　　　　　　　　单位:元

| 月 | 日 | 摘　要 | 材料费 | 工　资 | 福利费 | 折旧费 | 办公费 | 水电费 | 运输费 | 合　计 |
|---|---|---|---|---|---|---|---|---|---|---|
| | | 材料费用分配表 | 1 938 | | | | | | | 1 938 |
| | | 工资及福利费分配表 | | 1 600 | 224 | | | | | 1 824 |
| | | 折旧费分配表 | | | | 5 476 | | | | 5 476 |
| | | 其他费用汇总表 | | | | | 402 | 260 | | 662 |
| | | 辅助生产费用分配表 | | | | | | | 2 100 | 2 100 |
| | | 合　计 | 1 938 | 1 600 | 224 | 5 476 | 402 | 260 | 2 100 | 12 000 |
| | | 制造费用分配表 | 1 938 | 1 600 | 224 | 5 476 | 402 | 260 | 2 100 | 12 000 |

表6-10 制造费用分配表

车间:基本生产车间　　　　　　　　　202×年5月　　　　　　　　　单位:元

| 应借账户 | | 成本项目 | 分配标准（生产工时） | 分配率 | 分配额 |
|---|---|---|---|---|---|
| 生产成本—基本生产成本 | 甲产品 | 制造费用 | 1 800 小时 | | 5 400 |
| | 乙产品 | 制造费用 | 2 200 小时 | 3.00 元/小时 | 6 600 |
| 合　计 | | | 4 000 小时 | | 12 000 |

分配制造费用的会计分录如下:

借:生产成本——基本生产成本——甲产品 5 400

——乙产品 6 600

贷:制造费用 12 000

（5）编制产品成本计算单（见表6-11、表6-12）

表6-11 产品成本计算单

产品:甲产品　　　　　　　　　202×年5月　　　　　　　　　单位:元

| 摘　要 | 直接材料 | 直接人工 | 制造费用 | 合　计 |
|---|---|---|---|---|
| 月初在产品成本 | 8 090 | 5 859 | 6 810 | 20 759 |
| 本月发生生产费用 | 10 410 | 5 130 | 5 400 | 20 940 |
| 合　计 | 18 500 | 10 989 | 12 210 | 41 699 |

| 摘　要 | 直接材料 | 直接人工 | 制造费用 | 合　计 |
|---|---|---|---|---|
| 完工产品数量 | 650 | 650 | 650 | — |
| 在产品约当产量 | 90 | 90 | 90 | — |
| 约当产量合计 | 740 | 740 | 740 | — |
| 费用分配率 | 25.00 | 14.85 | 16.50 | 56.35 |
| 完工产品成本 | 16 250 | 9 652.5 | 10 725 | 36 627.5 |
| 月末在产品成本 | 2 250 | 1 336.5 | 1 485 | 5 071.5 |

表 6-12　产品成本计算单

产品:乙产品　　　　　　　　　　202×年5月　　　　　　　　　　单位:元

| 摘　要 | 直接材料 | 直接人工 | 制造费用 | 合　计 |
|---|---|---|---|---|
| 月初在产品成本 | 6 176 | 2 882 | 2 728 | 11 786 |
| 本月发生生产费用 | 6 704 | 6 270 | 6 600 | 19 574 |
| 合　计 | 12 880 | 9 152 | 9 328 | 31 360 |
| 完工产品数量 | 320 | 320 | 320 | — |
| 在产品约当产量 | 80 | 32 | 32 | — |
| 约当产量合计 | 400 | 352 | 352 | — |
| 费用分配率 | 32.20 | 26.00 | 26.50 | 84.70 |
| 完工产品成本 | 10 304 | 8 320 | 8 480 | 27 104 |
| 月末在产品成本 | 2 576 | 832 | 848 | 4 256 |

（6）编制完工产品成本汇总表(见表 6-13)和结转完工产品成本的会计分录。

表 6-13　产品成本汇总表

202×年5月　　　　　　　　　　单位:元

| 产品名称 | 产量(件) | 成　本 | 直接材料 | 直接人工 | 制造费用 | 合　计 |
|---|---|---|---|---|---|---|
| 甲产品 | 650 | 总成本 | 16 250 | 9 652.5 | 10 725 | 36 627.5 |
| | | 单位成本 | 25.00 | 14.85 | 16.50 | 56.35 |
| 乙产品 | 320 | 总成本 | 10 304 | 8 320 | 8 480 | 27 104 |
| | | 单位成本 | 32.20 | 26.00 | 26.50 | 84.70 |

结转完工产品成本的会计分录如下:

借:库存商品——甲产品　　　　　　　　　　　36 627.5

　　　　　　——乙产品　　　　　　　　　　　27 104

　　贷:生产成本——基本生产成本——甲产品　　　36 627.5

　　　　　　　　　　　　　　　——乙产品　　　27 104

# 第二节　分批法

在单件、小批生产的企业,如船舶、重型机械、专用设备的生产,为了满足客户的特殊要求,企业需要以客户的订单为依据来组织生产。由于客户订单上订制产品的种类、数量、规格、型号不同,生产所耗的材料、生产的工艺过程可能不尽相同,所以,这类企业必须按照订单分批核算产品成本。分批法通常以"全厂"作为产品成本计算的空间范围,以"一批产品的生产期"作为产品成本计算的时间范围,归集生产费用,计算各批产品的总成本与单位成本。

## 一、分批法的特点及适用范围

### (一) 分批法的特点

分批法是以产品批别(或购货单位订单)作为成本计算对象来归集生产费用并计算产品成本的一种方法。在实际工作中,产品的品种和每批产品的批量往往是根据客户的订单确定的,所以分批法又称订单法,主要适用于单件、小批生产的企业和车间,如重型机械、船舶、精密仪器和专用设备的制造,以及主要产品生产之外的新产品试制、来料加工、自制设备、修理作业等。

在单件、小批生产的企业,生产是根据与客户签订的购销合同或订单来进行的。各张订单所定的产品往往种类不同或规格不一,所用的原料和制造方法各异,所以一张订单的成本必须与其他订单的成本分别计算。有些小批生产企业也有根据企业事先规定的产品种类、规格,小批量组织生产,各批产品种类、规格不同,也必须分批计算成本。

这种方法的主要特点如下。

1. 以产品批别(订单或生产通知单等)作为成本计算对象,开设产品成本计算单或设置基本生产成本明细账

在单件小批生产类型的企业中,生产一般是根据购货单位的订单来组织的。但是,订单和批别并不是同一个概念。如果一份订单有几种产品,或虽只有一种产品但数量较多且要求分批交货时,就必须按品种划分批别;如果同一会计期间的几张订单中有相同的产品,也可将其合并为一批组织生产并计算成本。在这种情况下,分批法的成本核算对象,就不是购货单位的订货单,而是企业生产计划部门下达的"生产任务通知单"。因此,分批法的成本核算对象是产品的批次或批别。

财会部门应按"生产任务通知单"的生产批别分别按成本项目开设生产成本明细账(产品成本计算单),归集费用并计算成本。即使相同的产品,由于批别不同,费用也要划分清楚。直接费用根据材料、职工薪酬分配表所归集的金额计入;由各订单共同负担的间接费用按发生地归集,然后按一定标准定期分配计入有关明细账中。

2. 成本计算期与会计报告期不一致,而与产品的生产周期一致

在分批法下,尽管需要按月归集各批产品的生产费用,但由于是以产品的批别或批

次作为成本计算对象,因而只有当该批产品全部完工时,才能通过成本计算单将生产费用归集完整,计算出该批产品的全部成本。因此,分批法的成本计算期与会计报告期不一致,而与该批产品的生产周期一致。也就是说,在分批法下,完工订单的成本反映在成本报表上,不仅包括报告期发生的成本费用,还包括以前各期所发生的成本费用。

3. 一般不需要在完工产品和在产品之间分配生产费用

分批法下如果是单件生产,在产品完工以前,成本计算单中所记费用为在产品成本;产品完工时,其所记费用则为产品总成本。如果为小批生产,月末计算成本时,往往已全部完工,或者全部未完工,这时通常也不需要在完工产品和在产品之间分配费用。如果是批量生产,在批量较大,跨月陆续完工交货时,则有必要计算完工产品和月末在产品成本,以便计算先交货的产品的成本。通常做法是如果完工产品数量较少,可采用简化的方法计算完工产品成本,如按计划单位成本或定额单位成本计价。如果完工产品数量较多,可采用定额比例法或约当产量法等比较准确的方法在完工产品与在产品之间分配费用。

为了减少在完工产品与月末在产品之间分配费用的工作,提高成本计算的准确性和及时性,在合理组织生产的前提下,可以将批量较大的订单适当分为几个较小产品批量的生产订单,以使同一批产品尽量同时完工,避免跨月陆续完工的情况。但批量的确定要合理、要经济,而且不能过多地加大核算工作量。

**(二) 分批法的适用范围**

1. 根据与购买者签订的购销合同或订单来组织生产的企业

有些企业专门根据购买者的要求,生产特殊规格、规定数量的产品。购货单位的订货可能是单件的大型产品,如船舶、大型锅炉;也可能是多种同样规格的产品,如根据购货单位的设计图样生产几件实验室用的特种仪器或零配件等。

2. 产品种类经常变动的小规模制造厂

例如,生产门窗把手、插销等小五金工厂,由于规模小、工人数量少,同样要根据市场需要不断变动产品的种类和数量,不可能按产品设置流水线大量生产,因而必须按每批产品的投产计算其成本。

3. 承揽修理业务的工厂

修理业务多种多样,要根据承接的各种修理工作分别计算成本,向客户收取款项。这种企业往往要根据合同的规定,在生产成本上加上约定利润。

4. 新产品试制车间

由于新产品的试制要承担一定的风险,因此在新产品的试制阶段,产量一般较少,所以专门试制、开发新产品的车间,要按新产品的种类或批别分别计算成本。

总之,这些企业的共同特点是一批产品通常不重复生产,即使重复,也是不定期的。企业生产计划的编制及日常检查、核算工作都以购货者订货为依据,或企业事先规定的批量为依据。

## 二、分批法的成本计算程序

### (一) 按产品批别设立生产成本明细账(产品成本计算单)

在分批法下,企业通常按批别组织生产,生产计划部门要发出"生产通知单",将生产任务下达给各生产车间,并通知会计部门。会计部门应根据产品批别,设立产品成本计算单,并按车间、成本项目设专栏,计算该批产品成本。除财会部门设置的成本明细账外,为了分析、考核各车间的工作成绩,加强车间成本管理,各车间也可按每一订单或每一批产品开设一张成本明细账,记录每一订单在本车间发生的费用。

### (二) 按生产成本明细账归集和分配本月发生的生产费用

在分批法下,要按产品的批别来归集和分配生产费用。能按批次划分的直接计入费用,要在费用的原始凭证上注明产品的批别(或批次)、生产通知单、订单号,以便直接计入各批产品成本计算单;对于不能分清属于某批产品的费用,则要在费用原始凭证上注明费用的用途、发生地点、费用明细项目,按企业确定的费用分配方法在各批产品之间进行分配,再记入各批产品成本计算单。

### (三) 分配辅助生产费用

在设有辅助生产单位的企业,月末应将归集的辅助生产费用分配给各受益对象,包括分配给各批别产品的生产成本、基本生产单位的制造费用、行政部门的管理费用等。

辅助生产单位发生的制造费用,如果通过制造费用明细账核算,则应在分配辅助生产费用前,分别转入各辅助生产成本明细账,并入该辅助生产单位本期费用总额。

### (四) 分配基本生产单位制造费用

基本生产单位的制造费用由基本生产单位制造费用明细账归集,月末根据投产的批别或订单的完成情况,选择采用"当月分配法"或"累计分配法"分配制造费用。

(1) 当月分配法。当月分配法的特点是不论各批次产品是否完工,当月发生的直接工资、制造费用,按当月分配率全部分配给当月生产的各批产品。适用于投产批别多数完工的情况,或各月费用发生不均衡的情况。

(2) 累计分配法。它是根据累计分配率对已完工批别的产品分配工费成本,对于未完工批别应负担的工费成本暂时保留在基本生产成本二级账中,待其完工后连同新发生的费用一并分配的方法。

### (五) 计算完工产品实际总成本和单位成本

采用分批法,一般不需要在本月完工产品和月末在产品之间分配生产费用。某批产品全部完工,则该批产品生产成本明细账归集的生产费用合计数就是该批产品的实际总成本。如果某批产品少量跨月陆续完工,可以用完工产品实际数量乘以近期实际单位成本、计划单位成本或定额单位成本,作为完工产品实际总成本。

### (六) 结转完工产品成本

期末,根据各批次产品成本计算单,编制产品成本计算汇总表,编制结转本月完工验收入库产品成本的会计分录,结转本期完工产品的实际总成本,并分别计入有关产品生产成本明细账和库存商品明细账。

上述分批法的成本计算程序,除了产品生产成本明细账的设置和完工产品成本的计算与品种法有所区别外,其他与品种法基本是一致的。

### 三、一般情况下,分批法的应用举例

【例 6-2】 某工业企业属小批生产类型的小型企业,设有一个基本生产车间,按批次组织生产。生产甲、乙、丙三种产品,采用分批法计算产品成本,设置直接材料、直接人工、制造费用三个成本项目。该厂 202×年 5 月份生产的产品批号有:701 批次甲产品 10 台,4 月份投产,本月完工;702 批次丙产品、703 批次乙产品的完工产品成本按计划成本结转,待该批产品全部完工后,再重新结算完工产品的总成本和单位成本。

根据该厂 5 月份有关生产费用发生情况资料,进行该月成本计算如下:

(1) 根据有关凭证编制材料费用分配表,如表 6-14 所示。

**表 6-14 材料费用分配表**

202×年 5 月
单位:元

| 应借科目 | 直接材料 |
|---|---|
| 生产成本: | |
| 701 批次甲产品 | 7 650 |
| 702 批次丙产品 | 48 975 |
| 703 批次乙产品 | 36 000 |
| 小 计 | 92 625 |
| 制造费用 | 2 050 |
| 管理费用 | 1 750 |
| 合 计 | 96 425 |

(2) 根据有关凭证编制人工费用分配表,如表 6-15 所示。

**表 6-15 人工费用分配表**

202×年 5 月
单位:元

| 应借科目 | 人工费用 |
|---|---|
| 生产成本: | |
| 701 批次甲产品 | 5 100 |
| 702 批次丙产品 | 7 025 |
| 703 批次乙产品 | 4 400 |
| 小 计 | 16 525 |
| 制造费用 | 3 450 |
| 管理费用 | 2 895 |
| 合 计 | 22 870 |

（3）根据制造费用明细账（略），归集制造费用，如表 6－16 所示。

除上述制造费用外，其余制造费用共 4 000 元，制造费用总计 9 500 元。按各批次生产工时比例分配制造费用，701 批次、702 批次、703 批次的生产工时分别为 8 000 小时、12 550小时、3 200 小时。编制制造费用分配表，如表 6－16 所示。

表 6－16　制造费用分配表

202×年 5 月　　　　　　　　　　　　　　　　　　单位：元

| 产品批次 | 生产工时（小时） | 分配率 | 分配金额 |
|---|---|---|---|
| 701 批次甲产品 | 8 000 | | 3 200 |
| 702 批次丙产品 | 12 550 | | 5 020 |
| 703 批次乙产品 | 3 200 | | 1 280 |
| 合　计 | 23 750 | 0.4 | 9 500 |

（4）根据直接材料分配表、直接人工分配表、制造费用分配表等资料登记各批产品成本计算单，并计算完工产品总成本和单位成本，各批产品成本计算单如表 6－17、表 6－18、表 6－19 所示。

表 6－17　产品成本计算单

产品名称：甲产品　　　　　　　　　　　　投产日期：202×年 4 月
产品批次：701　　　　　　　　　　　　　　完工日期：202×年 5 月
产品批量：10 台　　　　　　　　　　　　　单位：元

| 202×年 | | 摘　要 | 直接材料 | 直接人工 | 制造费用 | 合　计 |
|---|---|---|---|---|---|---|
| 月 | 日 | | | | | |
| 4 | 30 | 月末余额 | 13 800 | 8 200 | 6 150 | 28 150 |
| 5 | 31 | 直接材料分配表 | 7 650 | | | 7 650 |
| | 31 | 直接人工分配表 | | 5 100 | | 5 100 |
| | 31 | 制造费用分配表 | | | 3 200 | 3 200 |
| | 31 | 合计 | 21 450 | 13 300 | 9 350 | 44 100 |
| | 31 | 结转完工产品成本（10 台） | 21 450 | 13 300 | 9 350 | 44 100 |
| | 31 | 单位成本 | 2 145 | 1 330 | 935 | 4 410 |

表 6－18　产品成本计算单

产品名称：丙产品　　　　　　　　　　　　投产日期：202×年 5 月
产品批次：702　　　　　　　　　　　　　　完工日期：
产品产量：10 台　　　　　　　　　　　　　完工数量：6 台　单位：元

| 202×年 | | 摘　要 | 直接材料 | 直接人工 | 制造费用 | 合　计 |
|---|---|---|---|---|---|---|
| 月 | 日 | | | | | |
| 5 | 31 | 直接材料分配表 | 48 975 | | | 48 975 |
| | 31 | 直接人工分配表 | | 7 025 | | 7 025 |
| | 31 | 制造费用分配表 | | | 5 020 | 5 020 |

| 202×年 | | 摘 要 | 直接材料 | 直接人工 | 制造费用 | 合 计 |
|---|---|---|---|---|---|---|
| 月 | 日 | | | | | |
| | 31 31 | 本月发生成本合计 | 48 975 | 7 025 | 5 020 | 61 020 |
| | 31 | 每台计划成本 | 4 800 | 900 | 650 | 6 350 |
| | 31 | 结转完工产品成本(6台) | 28 800 | 5 400 | 3 900 | 38 100 |
| | 31 | 在产品成本(4台) | 20 175 | 1 625 | 1 120 | 22 920 |

表 6-19 产品成本计算单

产品名称:乙产品  投产日期:202×年5月

产品批次:703  完工日期:

产品批量:8台  完工数量:2台 单位:元

| 202×年 | | 摘 要 | 直接材料 | 直接人工 | 制造费用 | 合 计 |
|---|---|---|---|---|---|---|
| 月 | 日 | | | | | |
| 5 | 31 | 直接材料分配表 | 36 000 | | | 36 000 |
| | 31 | 直接人工分配表 | | 4 400 | | 4 400 |
| | 31 | 制造费用分配表 | | | 1 280 | 1 280 |
| | 31 | 本月生产成本合计 | 36 000 | 4 400 | 1 280 | 41 680 |
| | 31 | 每台计划成本 | 4 500 | 1 700 | 500 | 6 700 |
| | 31 | 结转完工产品成本(2台) | 9 000 | 3 400 | 1 000 | 13 400 |
| | 31 | 在产品成本(6台) | 27 000 | 1 000 | 280 | 28 280 |

(5) 根据各批次产品成本计算单编制产品成本计算汇总表,如表6-20所示。

表 6-20 产品成本计算汇总表

202×年5月
单位:元

| 成本项目 | 701 甲产品(10台) | | 702 丙产品(6台) | | 703 乙产品(2台) | |
|---|---|---|---|---|---|---|
| | 总成本 | 单位成本 | 总成本 | 单位成本 | 总成本 | 单位成本 |
| 直接材料 | 21 450 | 2 145 | 28 800 | 4 800 | 9 000 | 4 500 |
| 直接人工 | 13 300 | 1 330 | 5 400 | 900 | 3 400 | 1 700 |
| 制造费用 | 9 350 | 935 | 3 900 | 650 | 1 000 | 500 |
| 合 计 | 44 100 | 4 410 | 38 100 | 6 350 | 13 400 | 6 700 |

从上例可以看出,该厂当月投产的产品当月没有全部完工,只有部分完工,因此采用了计划成本法计算当月完工产品成本,带有一定的估计性,所以在某批产品全部完工后,要重新计算该批全部产品的实际总成本和单位成本,以保证成本计算的准确性。

## 四、简化的分批法

### (一) 简化分批法的特点

有的单件、小批生产企业,同一月份内投产的产品批数非常多,如果采用前述分批法计算各批次产品成本,则各种间接费用在各批产品之间按月分配的工作量将很大。在这种情况下,可采用一种简化分批法。简化的分批法,也称累计间接费用分批法。它是指在单件小批生产的企业或车间中,如果同一月份内投产批数繁多而且月末完工批数较少,这时,每月发生的各项间接计入费用,不是按月在各批产品之间进行分配,而是将这些费用先分别累计起来,待产品完工时,按照完工产品累计生产工时的比例,在各批完工产品之间再进行分配,从而计算出完工产品的总成本及单位成本的一种成本计算方法。其计算公式如下:

$$\frac{\text{全部产品某项累计}}{\text{间接费用分配率}} = \frac{\text{期初结存该项全部产品间接费用} + \text{本月发生该项全部产品间接费用}}{\text{期初结存全部在产品累计工时} + \text{本月发生全部工时数}}$$

$$\frac{\text{某批完工产品应负担的}}{\text{某项间接计入费用}} = \frac{\text{该批完工产品累计生产工时}}{} \times \frac{\text{全部产品某项累计}}{\text{间接计入费用分配率}}$$

采用这种方法,仍应按照产品批别设立产品成本明细账,但在各批产品完工之前,账内只需按月登记可直接计入的费用(如原材料费用)和生产工时。每月发生的各项间接计入的费用,不必按月在各批产品之间进行分配,而是先将其在专设的基本生产成本二级账中,按成本项目分别累计起来,只是在有完工产品的月份,才按完工产品累计的生产工时的比例,在各批完工产品之间分配间接计入费用,计算、登记各批完工产品的成本,而各批产品的全部在产品应负担的间接计入费用,仍以总数反映在基本生产成本二级账中,而不在各批产品间进行分配,不分批计算在产品成本。因此,这种方法也叫不分批计算在产品成本的分批法。采用简化的分批法,必须设立基本生产成本二级明细账。其作用在于:① 按月提供企业或车间全部产品的累计生产费用和生产工时(实际生产工时或定额生产工时)。为此,该二级明细账应按成本项目登记全部产品的月初在产品费用,本月生产费用和累计生产费用,以及全部产品的月初在产品生产工时、本月生产工时和累计生产工时。② 在有完工产品的月份,按照上述公式计算、登记全部产品累计间接计入费用分配率,以及完工产品总成本和月末在产品总成本。

由此可见,简化的分批法和一般分批法的不同之处在于:① 分配间接计入费用的时间是在有完工产品时进行,没有完工产品时不分配间接计入费用。② 通过计算累计间接计入费用分配率来分配间接费用。间接计入费用在各批次完工产品与在产品之间的分配是一次完成的,采用同一间接计入费用分配率。

简化的分批法可大大简化生产费用的分配和登记工作。如果月末未完工产品的批数越多,核算工作就越简化。该方法只适宜在各月间接计入费用的水平相差不多时采用,否则会影响各月产品成本计算的正确性。另外,在各批产品成本明细账中,无法反映在产品成本。

### (二) 简化分批法的计算程序

(1) 按产品批别设立产品成本明细账和基本生产成本二级账,在账内增设生产工时专栏。

根据"批别"(或"生产任务通知单")设立若干个产品成本明细账。单独设置基本生产成本二级账,按照成本项目和生产工时分别开设专栏,用于按月登记其所属全部批次产品汇总的直接费用、间接费用以及生产工时。

(2) 根据材料费用分配表和生产工时记录等将各批别耗用的材料费用和耗用的工时计入各产品成本明细账和基本生产成本二级账;根据其他费用分配表将人工费用和制造费用等计入基本生产成本二级账。月末,将二级账中的直接材料费用和生产工时与产品成本明细账中直接材料费用和生产工时核对。

(3) 计算间接费用累计分配率,分配间接费用给各批完工产品。月终,如有完工产品,根据基本生产成本二级账登记的间接费用累计额和生产工时累计数,计算间接费用累计分配率,并据以确定某批完工产品应承担的累计间接费用,平行登记在各完工批次的产品成本明细账和基本生产成本二级账中,计算该批完工产品的总成本和单位成本。

(4) 根据各产品成本明细账记录的完工产品生产工时和应负担的生产费用,汇总登记基本生产成本二级账内应转出的完工产品的成本和生产工时。月末,结转完工批次产品成本后,基本生产成本二级账的余额,就是所有批次的月末在产品总成本。月末各批次产品的产品成本明细账中,只登记了未完工产品的直接计入费用和生产工时,并不登记间接计入费用。

### (三) 简化分批法举例

【例 6-3】 假设某工业企业为小批生产多种产品企业,为了简化产品成本计算工作,采用简化的分批法计算成本,该企业 202×年 5 月生产情况如表 6-21 所示。

表 6-21  5 月份产品生产情况表

| 产品批次<br>及名称 | 批量(件) | 本月生产工时<br>(小时) | 投产日期 | 生产完工情况 |
|---|---|---|---|---|
| 801A | 14 | 600 | 4 月 10 日 | 4 月 30 日完工 4 件<br>5 月 31 日完工 10 件 |
| 802B | 50 | 1 200 | 4 月 15 日 | 5 月 31 日全部完工 |
| 803C | 100 | 1 000 | 4 月 20 日 | 5 月 31 日完工 80 件<br>20 件尚未完工 |
| 903C | 80 | 1 000 | 5 月 25 日 | 全部产品尚未完工 |

本企业原材料在生产开始时一次投入,在产品完工率均为 50%。本月发生的人工费用合计为 5 000 元,制造费用为 8 000 元。

(1) 根据原始凭证或原始记录将各批产品本月耗用的直接材料费用和工时汇总,如表 6-22 所示。

表6-22 直接材料费用和工时耗用汇总表

| 摘要 | 801A | | 802B | | 803C | | 903C | | 合 计 | |
|---|---|---|---|---|---|---|---|---|---|---|
| | 材料 | 工时 | 材料 | 工时 | 材料 | 工时 | 材料 | 工时 | 材料 | 工时 |
| 月初 | 1 000 | 400 | 3 000 | 800 | 5 000 | 800 | — | — | 9 000 | 2 000 |
| 本月 | — | 600 | — | 1 200 | — | 1 000 | 5 600 | 1 000 | 5 600 | 3 800 |
| 累计 | 1 000 | 1 000 | 3 000 | 2 000 | 5 000 | 1 800 | 5 600 | 1 000 | 14 600 | 5 800 |

（2）根据有关凭证和原始记录汇总表登记基本生产成本二级明细账，并计算出累计间接计入费用分配率，如表6-23所示。

表6-23 基本生产成本二级明细账

202×年5月

| 摘 要 | 直接材料 | 工 时 | 直接人工 | 制造费用 | 合 计 |
|---|---|---|---|---|---|
| 月初在产品 | 9 000 | 2 000 | 1 000 | 1 600 | 11 600 |
| 本月发生 | 5 600 | 3 800 | 5 000 | 8 000 | 18 600 |
| 累计 | 14 600 | 5 800 | 6 000 | 9 600 | 30 200 |
| 全部产品累计间接计入费用分配率 | | | 1.03 | 1.66 | |
| 本月完工转出 | 8 000 | 4 600 | 4 738 | 7 636 | 20 374 |
| 月末在产品 | 6 600 | 1 200 | 1 262 | 1 964 | 9 826 |

表中全部产品累计间接计入费用分配率的计算过程如下：

$$全部产品累计人工费用分配率 = \frac{6\,000}{5\,800} = 1.03$$

$$全部产品累计制造费用分配率 = \frac{9\,600}{5\,800} = 1.66$$

（3）根据前述资料编制产品成本计算单，计算各批产品的总成本及单位成本，分别如表6-24～表6-27所示。

表6-24 产品成本计算单

产品批号及名称：801A　　　　　　　　　　　投产日期：202×年4月10日
产品批量：14件　　　　　　　　　　　　　　完工日期：4月30日完工4件
　　　　　　　　　　　　　　　　　　　　　　　　　　5月31日完工10件

| 202×年 | | 摘 要 | 直接材料 | 工 时 | 直接人工 | 制造费用 | 合 计 |
|---|---|---|---|---|---|---|---|
| 月 | 日 | | | | | | |
| 4 | 30 | 本月发生额 | 1 000 | 400 | | | |
| 5 | 31 | 本月发生 | — | 600 | | | |
| | | 本月累计 | 1 000 | 1 000 | | | |
| | | 累计间接计入费用分配率 | | | 1.03 | 1.66 | |
| | | 本月转出完工产品成本 | 1 000 | 1 000 | 1 030 | 1 660 | 3 690 |
| | | 完工产品单位成本 | 100 | | 103 | 166 | 369 |

**表 6－25　产品成本计算单**

产品批号及名称:802B　　　　　　　　　　　　　　投产日期:202×年4月15日
产品批量:50件　　　　　　　　　　　　　　　　　完工日期:202×年5月31日

| 202×年 | | 摘　要 | 直接材料 | 工　时 | 直接人工 | 制造费用 | 合　计 |
|---|---|---|---|---|---|---|---|
| 月 | 日 | | | | | | |
| 4 | 30 | 本月发生额 | 3 000 | 800 | | | |
| 5 | 31 | 本月发生额 | — | 1 200 | | | |
| | | 本月累计 | 3 000 | 2 000 | | | |
| | | 累计间接计入费用分配率 | — | — | 1.03 | 1.66 | |
| | | 本月转出完工产品成本 | 3 000 | 2 000 | 2 060 | 3 320 | 8 380 |
| | | 完工产品单位成本 | 60 | — | 41.2 | 66.4 | 167.60 |

**表 6－26　产品成本计算单**

产品批号及名称:803C　　　　　　　　　　　　　　投产日期:202×年4月20日
产品批量:100件　　　　　　　　　　　　　　　　完工日期:5月31日完工80件

| 202×年 | | 摘　要 | 直接材料 | 工　时 | 直接人工 | 制造费用 | 合　计 |
|---|---|---|---|---|---|---|---|
| 月 | 日 | | | | | | |
| 4 | 30 | 本月发生额 | 5 000 | 800 | | | |
| 5 | 31 | 本月发生额 | — | 1 000 | | | |
| | | 本月累计 | 5 000 | 1 800 | | | |
| | | 累计间接计入费用分配率 | | | 1.03 | 1.66 | |
| | | 本月转出完工产品成本 | 4 000 | 1 600 | 1 648 | 2 656 | 8 304 |
| | | 完工产品单位成本 | 50 | | 20.6 | 33.20 | 103.8 |
| | | 期末余额 | 1 000 | 200 | | | |

**表 6－27　产品成本计算单**

产品批号及名称:903C　　　　　　　　　　　　　　投产日期:202×年5月25日
产品批量:80件　　　　　　　　　　　　　　　　　完工日期:

| 202×年 | | 摘　要 | 直接材料 | 工　时 | 直接人工 | 制造费用 | 合　计 |
|---|---|---|---|---|---|---|---|
| 月 | 日 | | | | | | |
| 5 | 31 | 本月发生额 | 5 600 | 1 000 | | | |

在上列各批产品成本计算单中,对于有完工产品(包括全批完工或部分完工)的批次,

除了登记直接材料费用、生产工时及本月累计数外,还应根据基本生产成本二级明细账登记各项累计间接计入费用分配率。而对于没有完工产品的批次,则只登记直接材料费用和生产工时即可,其他不再登记,如表 6-27 所示。

801A、802B 两批产品,月末全部完工,因此其累计的直接材料费用和生产工时即为完工产品的直接材料费用和生产工时,以其生产工时分别乘以各项累计间接计入费用分配率,即为完工产品的该项间接费用。

803C 一批产品,月末部分完工、部分尚未完工,因此还应在完工产品和月末在产品之间用约当产量法分配费用,分配过程如下:

① 直接材料费用的分配。

因为该企业原材料在生产开始时一次投入,因此直接材料费用按完工产品与月末在产品的数量比例分配。

直接材料费用分配率=$5\,000\div(80+20)=50$

完工产品应负担的材料费用=$80\times50=4\,000$(元)

在产品应负担的材料费用=$20\times50=1\,000$(元)

② 直接人工及制造费用的分配。

因为在产品完工程度为 50%,所以

在产品约当产量=$20\times50\%=10$(件)

生产工时分配率=$1\,800\div(80+10)=20$

完工产品耗用的生产工时=$80\times20=1\,600$(小时)

在产品耗用的生产工时=$10\times20=200$(小时)

则

完工产品应负担的人工费用=$1\,600\times1.03=1\,648$(元)

完工产品应负担的制造费用=$1\,600\times1.66=2\,656$(元)

完工产品总成本=$4\,000+1\,648+2\,656=8\,304$(元)

# 第三节　分步法

在多步骤复杂生产的企业中,必须考虑半成品在各步骤的流转,按生产阶段分步骤计算产品成本,这就形成了产品成本计算的分步法。

分步法是以各生产步骤和最后步骤的产成品为成本计算对象归集生产费用,计算产品成本的一种方法。它适用于大批量、多步骤生产,并且管理上要求分步骤计算成本的企业。分步法按各步骤是否计算半成品成本,且是否与实物流转相一致,分为逐步结转分步法和平行结转分步法。逐步结转分步法是以"生产步骤"(或"生产车间")作为成本计算的空间范围,以日历"月份"作为成本计算的时间范围,归集生产费用,计算各种产品的总成本与单位成本,它按半成品成本在下一步骤的反映方式,又分为综合结转分步法和分项结转分步法。平行结转分步法是以"全厂"作为成本计算的空间范围,以日历"月份"作为成本计算的时间范围,归集生产费用,计算各种产品的总成本与单位成本。

本节主要讲述各种分步法的特点、适用范围以及运用这些方法进行成本计算的基本程序,并用实例说明各种方法的应用。

## 一、分步法的种类与特点

### (一) 分步法的种类

分步法,是以产品品种及其所经过的生产步骤作为成本核算对象,来归集生产费用、计算产品成本的一种方法。

在采用分步法计算产品成本时,由于企业生产特点不同以及对生产步骤成本管理要求不同,并且出于简化成本核算工作的考虑,在进行各个生产步骤成本的计算和结转时,有逐步结转和平行结转两种方法。产品成本计算的分步法,也就分为逐步结转分步法和平行结转分步法两类。

逐步结转分步法,是指半成品成本随实物在各生产步骤之间的转移而逐步结转的一种分步法。采用这种分步法,不仅能计算出最后步骤所完工的产成品成本,还能计算出前面步骤所完工的半成品成本,所以又称为计算半成品成本的分步法。

在逐步结转分步法下,各生产步骤之间半成品成本的结转,按照半成品在下一步骤产品成本明细账中(或产品成本计算单)反映的方法不同,分为综合结转和分项结转两种。综合结转是将上一步骤的半成品成本转入到下一步骤时,不分成本项目,全部计入下一步骤产品生产成本明细账的"直接材料"或专设的"自制半成品"等综合性成本项目,从而综合反映各步骤所耗上一步骤所产半成品成本。分项结转是将上一步骤的半成品成本转入到下一步骤时,按其原始成本项目,分别计入下一步骤产品生产成本明细账对应的成本项目,从而分项反映各步骤所耗上一步骤所产半成品成本。

平行结转分步法,是先计算出各个生产步骤在最终产成品成本中所占的份额,然后将这若干个份额简单相加、平行汇总,计算出最终产成品成本。采用这种分步法,只能计算出最后步骤所完工的产成品成本,不能计算出前面步骤所完工的半成品成本,所以又称为不计算半成品成本的分步法。

### (二) 分步法的特点

#### 1. 成本核算对象为各种产品品种及其所经过的生产步骤

分步法的成本核算对象是产品品种及其所经过的生产步骤,但两类分步法略有区别。逐步结转分步法是计算半成品成本的分步法,其成本核算对象是产成品及其所经生产步骤的半成品,前面步骤需要计算半成品成本,且半成品成本随实物的转移而结转,直到最后步骤计算出完工产品成本。

平行结转分步法是不计算半成品成本的分步法,其成本核算对象是产成品及其所经生产步骤,各步骤只归集本步骤发生的费用,只计算和结转各步骤在最终产成品成本中的份额,半成品成本不随实物的转移而结转。

在分步法下,应按照产品的生产步骤开设产品生产成本明细账(产品成本计算单)。如果进行单一产品生产,成本核算对象就是该种产品及其所经过的各生产步骤,产品成本明细账应该按照产品的生产步骤开设;如果进行多品种生产,成本核算对象则是各种产品及其所经过的生产步骤,产品生产成本明细账应该按照各种产品的每个步骤开设。

企业生产产品所发生的各项生产费用,凡是能直接计入各成本核算对象的,应当直接计入按成本核算对象设立的产品生产成本明细账;不能直接计入各成本核算对象的,应当先按生产步骤归集,月末再按一定标准分配计入各成本核算对象的产品生产成本明细账。企业发生的制造费用,一般先按生产单位(分厂、车间)归集,月末再直接计入或分配计入各成本核算对象的产品生产成本明细账。

在实际工作中,分步法中作为成本核算对象的生产步骤,与产品的实际生产步骤的划分不一定完全一致。一般而言,在按生产步骤设立车间的企业中,分步计算成本也就是分车间计算成本。但是,如果企业生产规模很大,车间内又分成几个生产步骤,而管理上又要求分步计算成本,则需要在车间内再分步计算成本;相反,如果企业规模很小,管理上也不要求分车间计算成本,则可以把几个车间合并为一个步骤计算成本。因此,企业既应根据成本管理的要求,又应本着简化核算工作的原则,确定成本核算对象。

2. 产品成本计算期与会计报告期相一致

分步法是以产品品种及其所经过的生产步骤作为成本核算对象,而产品又是大量大批重复生产,所以成本计算无法与生产周期一致,而是与会计报告期相一致,即按月定期进行产品成本计算。

3. 通常需要把生产费用在完工产品与月末在产品之间分配

在大量大批的多步骤生产中,由于生产过程较长且可以间断,产品往往都是跨月陆续完工,成本计算期与生产周期不一致,各步骤月末一般都有在产品。这样,为了准确确定完工产品成本和月末在产品成本,需要采用适当的分配方法,将汇集在产品生产成本明细账中的生产费用合计数,在两者之间进行分配。由于两类分步法在成本核算对象上的差异,生产费用在完工产品和在产品之间的分配也有所不同。

逐步结转分步法的成本核算对象是产成品及其所经生产步骤的半成品,半成品成本随实物的转移而结转,前面步骤计算半成品成本,直到最后步骤计算出完工产品成本。因此,月末各生产步骤将生产费用在完工产品和月末在产品之间进行分配时,本月发生的生产费用包括本步骤发生的费用加上上步转入的半成品成本,完工产品是指本步完工的半成品(最后步骤为产成品),月末在产品是指本步正在加工尚未完工的在制品,即狭义的在产品。

平行结转分步法的成本核算对象是产成品及其所经生产步骤,各生产步骤只归集本步骤发生的费用,半成品成本不随实物的转移而结转,前面步骤不能计算半成品成本。采用平行结转分步法,每一生产步骤的生产费用也要在其完工产品与月末在产品之间进行分配,但这里的完工产品,是指企业最后完工的产品;某步骤完工产品费用,是该步骤生产费用中用于产成品成本的份额。与此相联系,这里的在产品是指尚未产成的全部在产品和半成品,包括三种:① 尚在本步骤加工中的在产品,即狭义在产品;② 本步骤已完工转入半成品库的半成品;③ 已从半成品库转到以后各步骤进一步加工、尚未最后产成的产品。这是就整个企业而言的广义在产品。因此,这里的在产品费用,是指包括三个部分的广义在产品的费用。其中后两部分的实物已经从本步骤转出,但其费用仍留在本步骤产品成本明细账中,尚未转出。这就是说,在平行结转分步法下,各步骤的生产费用(不包括所耗上一步骤的半成品费用)要在产成品与广义在产品之间进行分配,计算这些费用在产成品成本中所占的份额和在广义在产品成本中所占的份额。

## 二、分步法的适用范围

### (一) 逐步结转分步法的适用范围

逐步结转分步法主要适用于半成品可以加工为不同产品或者有半成品对外销售和需要考核半成品成本的企业,特别是大量大批、连续式多步骤生产的企业。在这些企业中,产品的生产工艺过程是由一系列循序渐进的、性质不同的加工步骤所组成,前面步骤所完工的半成品都是后一生产步骤的加工对象,只有最后步骤生产的才是产成品。例如,棉纺织企业在纺纱步骤中,原料(原棉)投入生产后,经过清花、梳棉、并条、粗纺、细纱等工序,纺成各种棉纱;然后送往织布步骤,经过络经、整经、浆纱、穿筘、织造等工序,织成各种棉布,再经过整理、打包,即可入库待售。作为半成品的棉纱,既可以加工成各种成品布,也可以作为商品对外销售。与这类生产工艺过程特点相联系,为了加强对各生产步骤成本的管理,适应对外销售或同行业评比以及成本控制等方面的要求,不仅要求计算各种产成品成本,而且要求按照产品的生产步骤归集生产费用,计算各步骤半成品成本。

### (二) 平行结转分步法的适用范围

平行结转分步法主要适用于在成本管理上要求分步归集生产费用,但不要求计算半成品成本的企业,特别是没有半成品对外销售的大量大批装配式多步骤生产企业。在这些企业中,首先是对各种原材料进行平行加工,成为各种零件和部件(半成品),然后再装配成各种产成品。例如,机械制造企业的车间一般按生产工艺过程设置,设有铸工、锻工、加工、装配等车间。铸工车间利用生铁、钢、铜等各种原料熔铸各种铸件;锻工车间利用各种钢材锻造各种锻件。铸件和锻件都是用来进一步加工的毛坯。加工车间对各种铸件、锻件、外购半成品和外购原材料进行加工,制造各种产品的零件和部件,然后转入装配车间进行装配,生产各种机械产品。在这类企业中,各生产步骤所产半成品的种类很多,但半成品外售的情况却很少,在管理上不要求计算半成品成本,因而为了简化和加速成本计算工作,在计算产品成本时,可以不计算各步骤所产半成品成本,也不计算各步骤所耗上一步骤的半成品成本(即各步骤之间不结转所耗半成品成本),只计算本步骤所发生的各项生产费用以及这些费用中应计入产成品成本的"份额"。在某些连续式多步骤生产企业,如果前面步骤所产半成品仅供下一步骤继续加工,不准备对外销售,也可采用平行结转分步法计算结转成本。

## 三、分步法的成本计算程序

### (一) 按照各生产步骤的产品品种,设置成本明细账(成本计算单)

如果一个生产步骤只生产一种产品,可只按生产步骤设置成本计算单;如果一个生产步骤生产多种产品,则需按生产步骤和产品品种设置成本计算单。

**（二）按生产成本明细账归集和分配本月发生的生产费用**

某步骤某产品发生的直接费用应直接计入该步骤该种产品的产品成本计算单的相应成本项目之内；各步骤、各种产品共同发生的间接费用应采用一定的标准，分配计入各步骤、各种产品的成本计算单内。

**（三）计算各步骤完工半成品实际成本**

月末，将各步骤、各种产品成本计算单所汇集的生产费用在各步骤完工产品与期末在产品之间进行分配，计算各步骤完工产品与期末在产品成本（或计算各步骤应计入某种完工产品成本之中的生产费用）。

**（四）采用一定的方法按产品品种结转各步骤半成品成本（或汇集各步骤应计入某种完工产品成本之中的生产费用），以最终计算各产品的总成本和单位成本**

采用分步法计算产品成本，由于成本管理要求不同和对简化成本核算工作的考虑，在汇集各步骤生产费用的基础之上，既可以计算各步骤半成品成本并逐步结转累积，也可以将各步骤应计入某种完工产品成本中的生产费用平行汇总，以确定完工产品成本。这样，分步法包括逐步结转分步法和平行结转分步法两种方法。

## 四、逐步结转分步法

逐步结转分步法是按各产品工艺加工的先后顺序，逐步计算各步骤各产品的半成品成本，并伴随半成品实物的转移而结转计入下一步骤产品成本之中，直至最后步骤累积计算产品成本的一种方法。

**（一）逐步综合结转分步法及其成本还原**

1. 逐步综合结转分步法的含义及计算程序

综合结转是将各步骤耗用上一步骤转入的半成品成本，集中在成本计算单专设的"自制半成品"成本项目内予以综合反映的一种半成品成本结转方法。在这个综合成本项目内，既包含上一步骤生产产品的直接材料成本，也包含生产产品的动力、直接人工以及制造费用成本。

在企业的各生产步骤之间，往往设有半成品库进行半成品的收发管理，由于当月各步骤领用进行生产加工的半成品并不一定是当月上步骤生产完工入库的，而各月的半成品生产成本又存在差距，因而当采用实际成本计价时，应与材料按实际成本收发核算一样，一方面按半成品完工数量和实际成本办理完工交库手续，另一方面按半成品领用数量，采用"先进先出法"或"加权平均法"计算半成品实际成本，办理领用发出手续，并将半成品成本增减变动情况在"自制半成品"账户内核算。

逐步综合结转分步法计算成本的程序，如图6-1所示。图中，"→"表示半成品完工后，全部直接转入下步骤继续加工；"---→"表示半成品完工后，通过半成品库收发，再转入下步骤继续加工。

从图中可以看出，在逐步结转分步法下，半成品成本结转与半成品实物的转移是一致的，半成品成本随加工顺序而逐步增大，如同"滚雪球"一般，最后累积而成产品成本，故该种方法实质上是若干个品种法结合运用的结果。

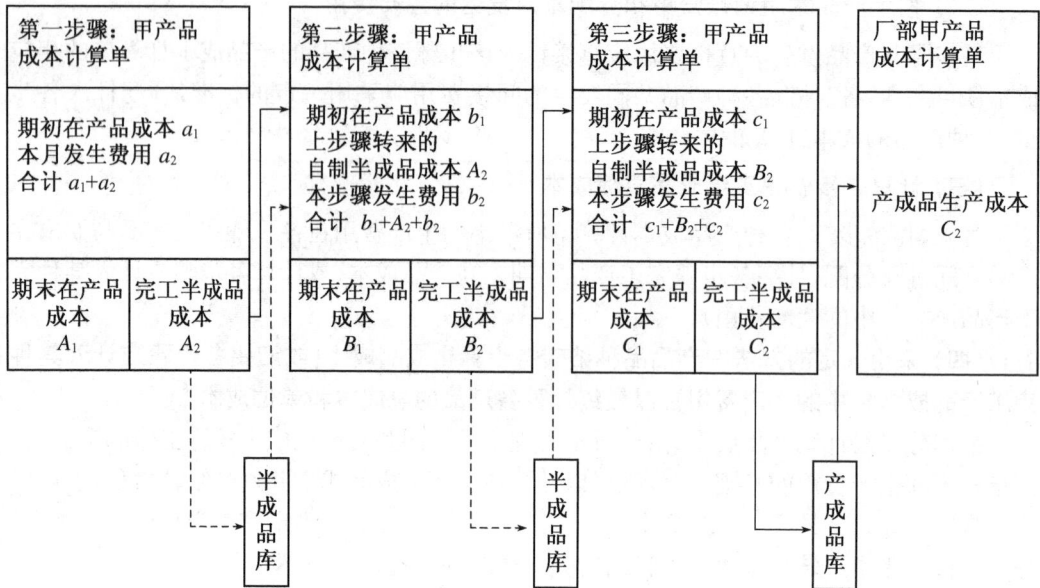

图 6-1　逐步综合结转分步法计算成本程序图

#### 2. 成本还原

在综合结转分步法下，产成品成本中的"直接人工""制造费用"等成本项目的数据都只是最后步骤的，前面各步骤发生的料工费都包括在"半成品"成本项目中，也就是其他成本项目的成本都只是最后一个步骤的那一部分，在产成品成本中所占比重很小，这不符合产品成本结构的实际情况，因而不能完整地反映整个企业生产产品共耗料工费各为多少，从整个企业角度来讲，不便于按成本项目考核和分析产品成本构成和成本水平。因此，当成本管理要求按原始成本项目考核和分析企业产品成本计划的完成情况时，就需要进行成本还原。

所谓成本还原，是指在综合结转分步法下，将产成品成本中的"自制半成品"这一综合成本项目，逐步分解还原为各步骤上所耗费的直接材料、直接人工、制造费用等原始成本项目，以恢复产品成本的真实结构。其方法是：从最后一个步骤起逐步向前推算，将其耗用上一步骤半成品的综合成本，按照上一步骤半成品成本的结构比例，逐步分解为原始的成本项目，然后将各步骤中项目相同的成本相加，计算出按原始成本项目反映的产品成本。成本还原的具体方法有如下两种。

（1）项目结构率方法。它是按半成品各成本项目占全部成本的比重还原。

设：上步骤半成品成本为 $R$，其中某成本项目的数额为 $r_i$；其比重为 $k_i$；本步骤产品成本中的"自制半成品"成本项目数额为 $S$。计算公式为：

$$\frac{\text{上步骤半成品成本中}}{\text{某成本项目比重}(k_i)} = \frac{\text{上步骤半成品成本中该成本项目的数额}(r_i)}{\text{上步骤半成品成本}(R)}$$

$$\begin{array}{c}\text{本步骤半成品成本} \\ \text{还原为上步骤某成本} \\ \text{项目的数额}(P_i)\end{array} = \begin{array}{c}\text{本步骤产品成本中} \\ \text{的"自制半成品"} \\ \text{成本项目数额}(S)\end{array} \times \begin{array}{c}\text{上步骤半成品} \\ \text{成本中该成本} \\ \text{项目比重}(k_i)\end{array}$$

（2）还原分配率方法。它是按产成品耗用该步骤半成品的总成本占该步骤完工半成品总成本的比重还原。

$$\frac{\text{某步骤成本还原}}{\text{分配率}(L)} = \frac{\text{本步骤产品成本中的"自制半成品"成本项目数额}(S)}{\text{上步骤半成品成本}(R)}$$

$$\begin{matrix}\text{本步骤半成品成本还原为上步骤}\\\text{某成本项目的数额}(Pi)\end{matrix} = \begin{matrix}\text{上步骤半成品成本中}\\\text{该成本项目的数额}(r_i)\end{matrix} \times \begin{matrix}\text{某步骤成本}\\\text{还原分配率}(L)\end{matrix}$$

两种方法计算的结果完全相同。如果某产品的生产经过三个以上的生产步骤,则通过一次成本还原之后,仍然存在需要还原的"自制半成品"综合成本项目,必须继续依次向前进行成本还原,直到最初的生产步骤,才能将产品成本中的"自制半成品"成本还原为原始的成本项目。成本还原的程序如图 6-2 所示,当原材料是生产开始时一次性投入时,图中的 $B_2$、$B_3$ 应为零。

| 成本项目<br>步　骤 | 自制半成品 | 直接材料 | 直接人工 | 制造费用 | 合计 |
|---|---|---|---|---|---|
| 完工产品步骤 | $A_3$ | $B_3$ | $C_3$ | $D_3$ | $T$ |
| 第二步骤 | $A_2$ | $B_2$ | $C_2$ | $D_2$ | $A_3$ |
| 第一步骤 | | $B_1$ | $C_1$ | $D_1$ | $A_2$ |
| 还原后产品生产成本 | | $B_1+B_2$<br>$+B_3$ | $C_1+C_2$<br>$+C_3$ | $D_1+D_2$<br>$+D_3$ | $T$ |

**图 6-2　成本还原程序图**

【例 6-4】 某企业生产的甲产品依次经过三个车间加工完成,采用半成品成本按综合成本项目结转的逐步结转分步法计算产品成本。某月份各车间产品成本如表 6-28 所示,分别采用两种方法对产品成本进行还原,计算结果如表 6-29 和表 6-30 所示。

**表 6-28　各车间产品成本汇总表**

产品:甲　　　　　　　　　　　　　202×年 5 月　　　　　　　　　　　　　单位:元

| 成本项目 | 一车间 | | 二车间 | | 三车间(完工产品成本) |
|---|---|---|---|---|---|
| | 产品成本 | 比重 | 产品成本 | 比重 | |
| 直接材料 | 1 200 | 0.6 | 480 | 0.15 | 1 100 |
| 自制半成品 | — | — | 1 920 | 0.6 | 3 000 |
| 燃料及动力 | 160 | 0.08 | 160 | 0.05 | 200 |
| 直接人工 | 400 | 0.2 | 384 | 0.12 | 400 |
| 制造费用 | 240 | 0.12 | 256 | 0.08 | 300 |
| 合　计 | 2 000 | 1 | 3 200 | 1 | 5 000 |

注:① 本例单列"燃料及动力"成本项目。

**表 6 - 29　产品成本还原计算表(方法之一)**

产品:甲　　　　　　　　　　　　　　　202×年 5 月　　　　　　　　　　　　　　　单位:元

| 成本项目 | 完工产品成本 | 还原为二车间成本 | 还原为一车间成本 | 合　计 |
|---|---|---|---|---|
| 直接材料 | 1 100 | 3 000×0.15=450 | 1 800×0.6=1 080 | 2 630 |
| 自制半成品 | 3 000 | 3 000×0.6=1 800 | — | — |
| 动力 | 200 | 3 000×0.05=150 | 1 800×0.08=144 | 494 |
| 直接人工 | 400 | 3 000×0.12=360 | 1 800×0.2=360 | 1 120 |
| 制造费用 | 300 | 3 000×0.08=240 | 1 800×0.12=216 | 756 |
| 合　计 | 5 000 | 3 000 | 1 800 | 5 000 |

**表 6 - 30　产品成本还原计算表(方法之二)**

产品:甲　　　　　　　　　　　　　　　202×年 5 月　　　　　　　　　　　　　　　单位:元

| 成本项目 | 完工产品成本 | 还原为二车间成本 | 还原为一车间成本 | 合　计 |
|---|---|---|---|---|
| 直接材料 | 1 100 | 480×0.937 5=450 | 1 200×0.9=1 080 | 2 630 |
| 自制半成品 | 3 000 | 1 920×0.937 5=1 800 | — | — |
| 动力 | 200 | 160×0.937 5=150 | 160×0.9=144 | 494 |
| 直接人工 | 400 | 384×0.937 5=360 | 400×0.9=360 | 1 120 |
| 制造费用 | 300 | 256×0.937 5=240 | 240×0.9=216 | 756 |
| 合　计 | 5 000 | 3 000 | 1 800 | 5 000 |

说明:二车间成本还原分配率=$\dfrac{3\ 000}{3\ 200}$=0.937 5

　　　一车间成本还原分配率=$\dfrac{1\ 800}{2\ 000}$=0.9

**3. 逐步综合结转分步法应用举例**

【例 6 - 5】　某企业大量生产 A 种产品,经三个生产步骤连续加工完成,原材料在生产开始时一次投入。该企业采用逐步综合结转分步法计算 A 产品成本。各步骤期末在产品完工率均为 50%,按约当产量比例分配完工产品与期末在产品成本。某月份有关成本计算资料如下:

(1)产量资料如表 6 - 31 所示。

**表 6 - 31　产品生产情况表**

202×年 5 月　　　　　　　　　　　　　　　单位:台

| 项　　目 | 第一步骤 | 第二步骤 | 第三步骤 |
|---|---|---|---|
| 月初在产品数量 | 50 | 20 | 70 |
| 本月投入或上步骤转入数量 | 300 | 250 | 200 |
| 本月完工或转入下步骤数量 | 250 | 200 | 250 |
| 期末在产品数量 | 100 | 70 | 20 |

（2）期初在产品成本与本期发生费用资料如表6－32所示。

**表6－32 期初在产品成本及本期费用表**

202×年5月 单位:元

| 项 目 | | 直接材料 | 自制半成品 | 燃料及动力 | 直接人工 | 制造费用 | 合 计 |
|---|---|---|---|---|---|---|---|
| 第一生产步骤 | 月初在产品成本<br>本月发生费用 | 4 500<br>27 000 | —<br>— | 250<br>2 750 | 490<br>5 510 | 680<br>8 320 | 5 920<br>43 580 |
| 第二生产步骤 | 月初在产品成本<br>本月发生费用 | —<br>— | 3 000<br>— | 160<br>3 365 | 420<br>8 980 | 510<br>11 240 | 4 090<br>23 585 |
| 第三生产步骤 | 月初在产品成本<br>本月发生费用 | —<br>— | 13 800<br>— | 590<br>5 910 | 2 400<br>23 600 | 1 650<br>16 550 | 18 440<br>46 060 |

（3）第一步骤成本计算：

① 直接材料成本计算。

$$单位产品材料费用分配率＝\frac{4\,500＋27\,000}{250＋100}＝90（元/台）$$

$A_1$半成品直接材料成本＝$250×90＝22\,500$（元）

$A_1$期末在产品直接材料成本＝$100×90＝9\,000$（元）

② 燃料及动力成本计算。

$$单位产品动力费用分配率＝\frac{250＋2\,750}{250＋100×50\%}＝10（元/台）$$

$A_1$半成品动力成本＝$250×10＝2\,500$（元）

$A_1$期末在产品动力成本＝$50×10＝500$（元）

③ 直接人工成本计算。

$$单位产品直接人工费用分配率＝\frac{490＋5\,510}{250＋100×50\%}＝20（元/台）$$

$A_1$半成品直接人工成本＝$250×20＝5\,000$（元）

$A_1$期末在产品直接人工成本＝$100×50\%×20＝1\,000$（元）

④ 制造费用成本计算。

$$单位产品制造费用分配率＝\frac{680＋8\,320}{250＋100×50\%}＝30（元/台）$$

$A_1$半成品制造费用成本＝$250×30＝7\,500$（元）

$A_1$期末在产品制造费用成本＝$100×50\%×30＝1\,500$（元）

第一步骤成本计算单如表6－33所示。

**表 6 - 33　第一步骤成本计算单**

产品：A₁ 半成品　　　　　　　202×年5月

完工产量：250 台

在产品量：100 台

| 成本项目 | 期初在产品成本 | 本期生产费用 | 合　计 | 期末在产品成本 | 完工产品成本 | |
|---|---|---|---|---|---|---|
| | | | | | 总成本 | 单位成本 |
| 直接材料 | 4 500 | 27 000 | 31 500 | 9 000 | 22 500 | 90 |
| 燃料及动力 | 250 | 2 750 | 3 000 | 500 | 2 500 | 10 |
| 直接人工 | 490 | 5 510 | 6 000 | 1 000 | 5 000 | 20 |
| 制造费用 | 680 | 8 320 | 9 000 | 1 500 | 7 500 | 30 |
| 合　计 | 5 920 | 43 580 | 49 500 | 12 000 | 37 500 | 150 |

（4）第二步骤成本计算：

① 自制半成品成本计算。

对第二步骤来说，第一步骤的半成品费用已经全部发生，因此第二步骤将第一步骤转来的"自制半成品"成本在完工半成品 A₂ 和期末在产品之间进行分配时，期末在产品数量不必按完工率折算。

$$单位产品自制半成品费用分配率=\frac{3\,000+37\,500}{200+70}=150(元/台)$$

A₂ 半成品应负担的 A₁ 半成品成本＝200×150＝30 000（元）

A₂ 期末在产品应负担的 A₁ 半成品成本＝70×150＝10 500（元）

② 动力成本计算。

$$单位产品动力费用分配率=\frac{160+3\,365}{200+70\times50\%}=15(元/台)$$

A₂ 半成品动力成本＝200×15＝3 000（元）

A₂ 期末在产品动力成本＝70×50％×15＝525（元）

③ 直接人工成本计算。

$$单位产品工资及福利费用分配率=\frac{420+8\,980}{200+70\times50\%}=40(元/台)$$

A₂ 半成品直接人工成本＝200×40＝8 000（元）

A₂ 期末在产品直接人工成本＝70×50％×40＝1 400（元）

④ 制造费用成本计算。

$$单位产品制造费用分配率=\frac{510+11\,240}{200+70\times50\%}=50(元/台)$$

A₂ 半成品制造费用成本＝200×50＝10 000（元）

A₂ 期末在产品制造费用成本＝70×50％×50＝1 750（元）

第二步骤成本计算单如表 6 - 34 所示。

**表 6 - 34　第二步骤成本计算单**

产品：A₁ 半成品　　　　　　　　　202×年5月

完工产量：200 台

在产品量：70 台

| 成本项目 | 期初在产品成本 | 本期生产费用 | 合　计 | 期末在产品成本 | 完工产品成本 | |
|---|---|---|---|---|---|---|
| | | | | | 总成本 | 单位成本 |
| 自制半成品 | 3 000 | 37 500 | 40 500 | 10 500 | 30 000 | 150 |
| 燃料及动力 | 160 | 3 365 | 3 525 | 525 | 3 000 | 15 |
| 直接人工 | 420 | 8 980 | 9 400 | 1 400 | 8 000 | 40 |
| 制造费用 | 510 | 11 240 | 11 750 | 1 750 | 10 000 | 50 |
| 合　计 | 4 090 | 61 085 | 65 175 | 14 175 | 51 000 | 255 |

注：该成本计算单中"自制半成品"成本项目的本月发生额 37 500 元，是由第一步骤本月完工 A₁ 半成品总成本转入的。

（5）第三步骤成本计算：第三步骤 A 产品有关成本项目的计算方法与第二步骤相同，不再列示计算过程。第三步骤成本计算单，如表 6 - 35 所示。

**表 6 - 35　第三步骤成本计算单**

产成品：A 产成品　　　　　　　　　202×年5月

完工产量：250 台

在产品量：20 台

| 成本项目 | 期初在产品成本 | 本期生产费用 | 合　计 | 期末在产品成本 | 完工产品成本 | |
|---|---|---|---|---|---|---|
| | | | | | 总成本 | 单位成本 |
| 自制半成品 | 13 800 | 51 000 | 64 800 | 4 800 | 60 000 | 240 |
| 燃料及动力 | 590 | 5 910 | 6 500 | 250 | 6 250 | 25 |
| 直接人工 | 2 400 | 23 600 | 26 000 | 1 000 | 25 000 | 100 |
| 制造费用 | 1 650 | 16 550 | 18 200 | 700 | 17 500 | 70 |
| 合　计 | 18 440 | 97 060 | 115 500 | 6 750 | 108 750 | 435 |

注：该成本计算单中"自制半成品"成本项目的本月发生额 51 000 元，是由第二步骤本月转出的完工 A₂ 半成品的总成本。

（6）成本还原。根据第三步骤成本计算单可知：A 产成品所耗用 A₂ 半成品成本为 60 000 元，它是第一次成本还原的对象。据第二步骤成本计算单查得：完工 A₂ 半成品的总成本是 51 000 元，这是第一次成本还原的基准。首先计算第一次成本还原分配率：

$$第一次成本还原分配率 = \frac{60\,000}{51\,000} = 1.176\,47$$

然后用成本还原分配率分别乘以第二步骤所生产的 A₂ 半成品各个成本项目，就可将产品所耗用的 A₂ 半成品成本 60 000 元还原为第二步骤的各个成本项目。

A₁ 半成品成本 = 30 000 × 1.176 47 = 35 294（元）

燃料及动力成本 = 3 000 × 1.176 47 = 3 529（元）

直接人工成本 $=8\,000\times1.176\,47=9\,412$(元)

制造费用成本 $=10\,000\times1.176\,47=11\,765$(元)

合 计　　　　　　　　　　60 000(元)

将第三步骤的半成品成本还原为第二步骤的成本后,在成本构成上仍有"$A_1$半成品"35 294 元,这是第二次成本还原的对象。根据第一步骤成本计算单得到:完工 $A_1$半成品的总成本 37 500 元,这是第二次成本还原的基准。计算出第二次成本还原分配率:

$$第二次成本还原分配率 = \frac{35\,294}{37\,500} = 0.941\,17$$

然后用成本还原分配率乘以第一步骤所生产的 $A_1$半成品的各个成本项目。即将 $A_2$半成品所耗用的 $A_1$半成品成本 35 294 元还原为第一步骤的各成本项目。

直接材料成本 $=22\,500\times0.941\,17=21\,176$(元)

动力成本 $=2\,500\times0.941\,17=2\,353$(元)

直接人工成本 $=5\,000\times0.941\,17=4\,706$(元)

制造费用成本 $=7\,500\times0.941\,17=7\,059$(元)

合 计　　　　　　　　　　35 294(元)

经过以上两次成本还原,A 产成品的有关原始成本项目便呈现出来了。还原后产成品总成本与还原前产成品总成本相同,但成本项目的构成不一致。还原计算过程如表 6-36 所示。

表 6-36　产成品成本还原计算表　　　　　　　　单位:元

| 项　目 | 还原分配率 | $A_2$半成品 | $A_1$半成品 | 直接材料 | 燃料及动力 | 直接人工 | 制造费用 | 合 计 |
|---|---|---|---|---|---|---|---|---|
| ① 还原前产成品成本 | | 60 000 | | — | 6 250 | 25 000 | 17 500 | 108 750 |
| ② 第二步骤所产半成品成本 | | | 30 000 ↓ | | 3 000 ↓ | 8 000 ↓ | 10 000 ↓ | 51 000 |
| ③ 第一次成本还原 | $\frac{60\,000}{51\,000}=$ 1.176 47 | −60 000 | 35 294 | | 3 529 | 9 412 | 11 765 | |
| ④ 第一步骤所产半成品成本 | | | | 22 500 ↓ | 2 500 ↓ | 5 000 ↓ | 7 500 ↓ | 37 500 |
| ⑤ 第二次成本还原 | $\frac{35\,294}{37\,500}=$ 0.941 17 | | −35 294 | 21 176 | 2 353 | 4 706 | 7 059 | |
| ⑥ 还原后产成品成本=①+③+⑤ | | | | 21 176 | 12 132 | 39 118 | 36 324 | 108 750 |

A 产品完工验收入库时,会计分录如下:

借:库存商品——A 产品　　　　　　　　　　　　108 750

　　贷:生产成本——基本生产成本——A 产品　　　　108 750

### (二) 逐步分项结转分步法

逐步分项结转分步法是将上一生产步骤半成品成本按照成本项目分项结转到下一生产步骤成本计算单相应的成本项目中去,最后计算产成品成本的一种方法。该方法与逐步综合结转分步法相比,能提供按成本项目反映的产品成本资料,不必进行成本还原,但结转半成品成本的工作较为复杂。

在逐步分项结转分步法下,除了第一步骤以外,其余步骤上的半成品和在产品成本中,既包括上步骤转入的生产费用,又包括本步骤按完工程度计入的生产费用,因而,对于在产品成本及本步骤发生的生产费用,必须明确划分步骤转入的部分和本步骤发生的部分,以便正确计算各步骤完工产品成本。计算公式如下:

$$(1)\ \text{某步骤上步转入半成品单位成本} = \frac{\text{期初在产品成本中上步骤转入半成品成本部分} + \text{本期上步骤转入半成品成本}}{\text{本步骤完工半成品数量} + \text{本步骤期末在产品实际数量}}$$

$$(2)\ \text{某步骤本步生产半成品单位成本} = \frac{\text{期初在产品成本中本步骤发生生产费用部分} + \text{本期本步骤发生的生产费用}}{\text{本步骤完工半成品数量} + \text{本步骤期末在产品约当产量}}$$

$$(3)\ \text{某步骤半成品单位成本} = \text{某步骤上步转入半成品单位成本} + \text{某步骤本步生产半成品单位成本}$$

【例 6 - 6】　某厂设有第一、第二两个基本生产车间,大量生产甲产品。甲产品按顺序经过第一、第二车间加工,第一车间的产品为甲半成品,完工后不经过半成品仓库,全部直接交第二车间继续加工,第二车间继续将甲半成品进一步加工为甲产成品,完工后直接交产成品仓库。该厂采用逐步分项结转分步法计算甲产品的成本。各车间生产费用的分配方法采用约当产量法,原材料在生产开始时一次投入,其他费用陆续发生,各车间在产品完工程度均为50%。甲产品 202×年 5 月的产量记录、月初在产品成本资料以及本月生产费用资料分别如表 6 - 37～表 6 - 39 所示。

表 6 - 37　产品产量记录　　　　　　　　　　　　　单位:件

| 摘　要 | 第一车间 | 第二车间 |
| --- | --- | --- |
| 月初在产品 | 20 | 40 |
| 本月投入或上步转入 | 220 | 200 |
| 本月完工转入下步骤或交库 | 200 | 200 |
| 月末在产品 | 40 | 40 |

表6-38　月初在产品成本资料表　　　　　　　　　　　　　　　单位:元

| 车　间 | 直接材料 | | 直接人工 | | 制造费用 | | 合　计 |
|---|---|---|---|---|---|---|---|
| | 上步骤转入 | 本步骤发生 | 上步骤转入 | 本步骤发生 | 上步骤转入 | 本步骤发生 | |
| 第一车间 | — | 5 000 | — | 1 250 | — | 1 000 | 7 250 |
| 第二车间 | 10 000 | — | 5 000 | 4 000 | 4 000 | 3 000 | 26 000 |

表6-39　本月本步骤发生的生产费用资料表　　　　　　　　　　单位:元

| 摘　要 | 第一车间 | 第二车间 |
|---|---|---|
| 直接材料 | 55 000 | — |
| 直接人工 | 26 250 | 40 000 |
| 制造费用 | 21 000 | 30 000 |
| 合　计 | 102 250 | 70 000 |

(1) 计算第一车间本月完工甲半成品的实际成本。第一车间为生产甲产品的第一生产步骤,没有上步转入费用,将甲半成品的月初在产品成本和本月发生的生产费用计入第一车间产品成本计算单(见表6-40)后,就可采用约当产量法,将生产费用合计数在完工半成品和月末在产品之间进行分配,计算出甲半成品的实际总成本。

表6-40　第一车间产品成本计算单

产品名称:甲半成品　　　　　　　　202×年5月　　　　　　　　完工量:200件

| 摘　要 | 直接材料 | 直接人工 | 制造费用 | 合　计 |
|---|---|---|---|---|
| 月初在产品成本 | 5 000 | 1 250 | 1 000 | 7 250 |
| 本月发生生产费用 | 55 000 | 26 250 | 21 000 | 102 250 |
| 生产费用合计 | 60 000 | 27 500 | 22 000 | 109 500 |
| 完工半成品数量 | 200 | 200 | 200 | |
| 月末在产品约当量 | 40 | 20 | 20 | |
| 约当量总产量合计 | 240 | 220 | 220 | |
| 费用分配率(半成品单位成本) | 250 | 125 | 100 | 475 |
| 完工半成品总成本 | 50 000 | 25 000 | 20 000 | 95 000 |
| 月末在产品成本 | 10 000 | 2 500 | 2 000 | 14 500 |

(2) 计算第二车间所生产的甲产成品的实际成本。在半成品按实际成本分项结转的情况下,本月第一车间完工转入的200件甲半成品的总成本95 000元,应当按其原始成本项目分别在第二车间产品生产成本明细账中对应的成本项目栏内登记。第二车间上步骤转入费用和本步骤发生费用的登记结果如表6-41所示。

表 6－41　第二车间产品成本计算单

产品名称:甲产成品　　　　　　　　202×年5月　　　　　　　　完工量:200件

| 摘　要 | 直接材料 | | 直接人工 | | 制造费用 | | 合　计 |
|---|---|---|---|---|---|---|---|
| | 上步骤转入 | 本步骤发生 | 上步骤转入 | 本步骤发生 | 上步骤转入 | 本步骤发生 | |
| 月初在产品成本 | 10 000 | | 5 000 | 4 000 | 4 000 | 3 000 | 26 000 |
| 本月本步骤费用 | | | | 40 000 | | 30 000 | 70 000 |
| 本月上步骤转入 | 50 000 | | 25 000 | | 20 000 | | 95 000 |
| 生产费用合计 | 60 000 | | 30 000 | 44 000 | 24 000 | 33 000 | 191 000 |
| 完工产品数量 | 200 | | 200 | 200 | 200 | 200 | |
| 月末在产品约当量 | 40 | | 40 | 20 | 40 | 20 | |
| 约当量总产量合计 | 240 | | 240 | 220 | 240 | 220 | |
| 费用分配率 | 250 | | 125 | 200 | 100 | 150 | 825 |
| 完工产成品总成本 | 50 000 | | 25 000 | 40 000 | 20 000 | 30 000 | 165 000 |
| 月末在产品成本 | 10 000 | | 5 000 | 4 000 | 4 000 | 3 000 | 26 000 |

从表 6－41 可以看出,在登记第一车间转入的半成品成本时,都登记在与半成品成本项目相对应的成本项目中的"上步骤转入"栏内。为什么一个成本项目内要分"上步骤转入"和"本步骤发生"两栏呢？ 这是因为,对于月末在产品成本而言,上步骤转入的半成品成本已经全部投入,应当与本月完工产品(半成品或产成品)同等分配生产费用;本步骤发生的生产费用尚未全部投入,应当在计算在产品约当量后,再与本月完工产品一道分配。这样,在采用分项结转方式时,产品生产成本明细账中的每一个成本项目都应区分为上步骤转入费用和本步骤发生费用,以便正确计算完工产品和月末在产品成本。

## 五、平行结转分步法

### (一) 平行结转分步法的成本计算程序

平行结转分步法最显著的特点是,各生产步骤不计算半成品成本,也不计算各步骤所耗上一步骤半成品成本,只计算本步骤所发生的生产费用。只是在企业的产成品入库时,才将各步骤费用中应计入产成品成本的份额从各步骤产品成本明细账中转出,即从"生产成本"科目的贷方转入"库存商品"科目的借方。因此,采用这一方法,不论半成品是在各步骤之间直接转移,还是通过半成品库收发,都不通过"自制半成品"科目进行总分类核算,也就是说,半成品成本不随半成品实物转移而结转。平行结转各步成本的核算程序,如图 6－3 所示。

从图 6－3 可以看出,平行结转分步法的成本计算程序如下:首先,按产品和生产步骤设置产品成本明细账,各步骤成本明细账分别按成本项目归集本步骤发生的生产费用(但不包括耗用上一步骤半成品的成本)。然后,月末将各步骤归集的生产费用在产成品与广义在产品之间进行分配,计算各步骤费用中应计入产成品成本的份额。最后,将各步骤费用中应计入产成品成本的份额按成本项目平行结转,汇总计算产成品的总成本及单位成本。

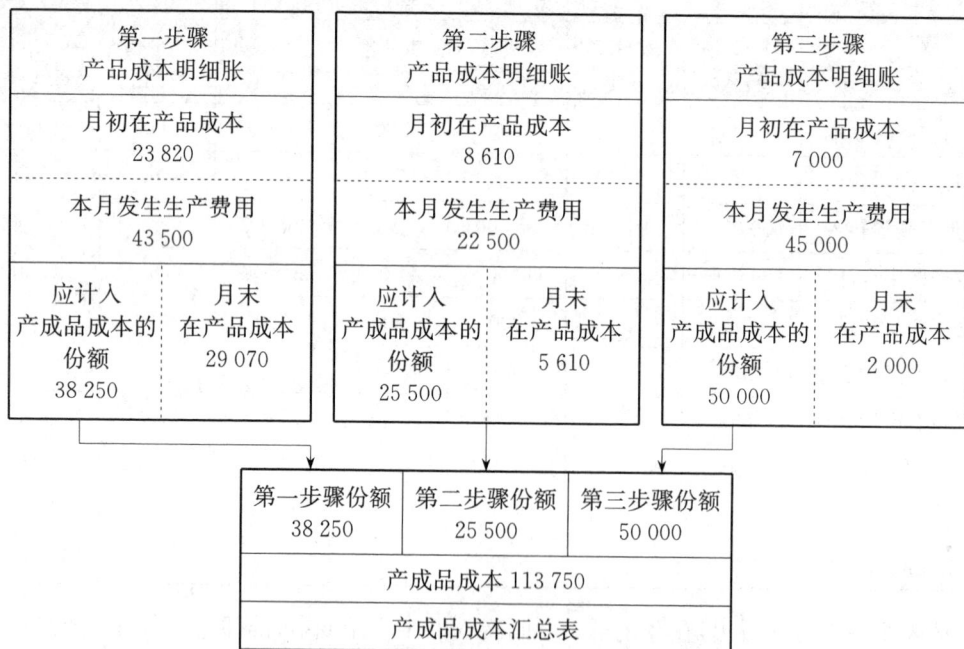

| 第一步骤<br>产品成本明细胀 | | 第二步骤<br>产品成本明细账 | | 第三步骤<br>产品成本明细账 | |
|---|---|---|---|---|---|
| 月初在产品成本<br>23 820 | | 月初在产品成本<br>8 610 | | 月初在产品成本<br>7 000 | |
| 本月发生生产费用<br>43 500 | | 本月发生生产费用<br>22 500 | | 本月发生生产费用<br>45 000 | |
| 应计入<br>产成品成本的<br>份额<br>38 250 | 月末<br>在产品成本<br>29 070 | 应计入<br>产成品成本的<br>份额<br>25 500 | 月末<br>在产品成本<br>5 610 | 应计入<br>产成品成本的<br>份额<br>50 000 | 月末<br>在产品成本<br>2 000 |

| 第一步骤份额<br>38 250 | 第二步骤份额<br>25 500 | 第三步骤份额<br>50 000 |
|---|---|---|
| 产成品成本 113 750 | | |
| 产成品成本汇总表 | | |

**图 6-3 平行结转分步法成本计算程序示意图**

### (二) 各步骤生产费用中应计入产成品成本的份额

正确确定各步骤生产费用中应计入产成品成本的份额,即将每一步骤的生产费用正确地在完工产成品和广义在产品之间进行分配,是采用这一方法时正确计算产成品成本的关键所在。

计算公式如下:

(1) $$\text{某步骤某项费用应计入产品成本单位费用分配率} = \frac{\text{该步骤该项费用期初在产品成本} + \text{该步骤该项费用本期发生额}}{\text{完工产品数量} + \text{该步骤期末广义在产品数量}}$$

上式中某步骤期末广义在产品数量的计算,分别与不同的成本项目有关。如耗用材料的多少与投料程度成比例关系,耗用工资等费用的多寡则与产品的完工程度成比例关系。因此要分成本项目计算各步骤期末的广义在产品数量。计算公式如下:

$$\begin{array}{l}\text{某步骤材料费用}\\\text{分配的期末广义}\\\text{在产品数量}\end{array} = \begin{array}{l}\text{经本步骤加工而留存}\\\text{于以后各步骤半成品}\\\text{库的期末半成品数量}\end{array} + \begin{array}{l}\text{经本步骤加工而留存于}\\\text{以后各步骤加工中的}\\\text{期末在产品数量}\end{array} + \begin{array}{l}\text{本步骤的}\\\text{期末在产}\\\text{品数量}\end{array} \times \begin{array}{l}\text{本步骤期}\\\text{末在产品}\\\text{投料率}\end{array}$$

如果材料是开工时一次投入的,其投料率为100%;如果是逐步投料,则要根据实际生产进度计算投料率。

某步骤工资及制　　经本步骤加工而留存　　经本步骤加工而留存　本步骤的　本步骤期
造费用分配的期＝于以后各步骤半成品＋于以后各步骤加工中＋期末在产×末在产品
末广义产品数量　库的期末半成品数量　　的期末在产品数量　品数量　完工率

（2）根据应计入产品成本的单位费用分配率，即可计算各步骤费用计入产品成本的份额。

$$\begin{matrix}\text{某步骤某项费用应计入}\\\text{产品成本的份额}\end{matrix} = \text{完工产品数量} \times \begin{matrix}\text{该步骤该项费用应计入产品}\\\text{成本的单位费用分配率}\end{matrix}$$

（3）

$$\begin{matrix}\text{某步骤某项费用}\\\text{期末在产品成本}\end{matrix} = \left( \begin{matrix}\text{该步骤该项费用}\\\text{期初在产品成本}\end{matrix} + \begin{matrix}\text{该步骤该项费用}\\\text{本期发生额}\end{matrix} \right) - \begin{matrix}\text{该步骤该项费用应计}\\\text{入产品成本的份额}\end{matrix}$$

$$\text{完工产品成本} = \sum \text{各步骤各项费用应计入产品成本的份额}$$

### （三）平行结转分步法运用举例

【例 6－7】 某厂设有三个基本生产车间，大量生产甲产品。第一车间完工的甲 A 半成品直接转移到第二车间继续加工，第二车间完工的甲 B 半成品直接转移到第三车间继续加工成甲产品。每件甲产品需耗用一件甲 A 半成品和甲 B 半成品。原材料在生产开始时一次投入，各加工步骤中狭义在产品的完工程度均为 50%。该厂需要分车间控制费用，但两种自制半成品全部用于甲产品的生产，不对外销售，为了简化核算，不要求计算半成品成本，成本核算采用平行结转分步法。

202×年 5 月份有关产量和生产费用的资料如下：

表 6－42 产品产量记录　　　　　　　　　　　　　单位:件

| 摘　要 | 第一车间 | 第二车间 | 第三车间 | 产成品 |
|---|---|---|---|---|
| 月初在产品 | 50 | 20 | 70 | — |
| 本月投入或上步转入 | 300 | 250 | 200 | — |
| 本月完工 | 250 | 200 | 250 | 250 |
| 月末在产品 | 100 | 70 | 20 | — |

表 6－43 生产费用资料表　　　　　　　　　　　　单位:元

| 摘　要 | 车　间 | 直接材料 | 直接人工 | 制造费用 | 合　计 |
|---|---|---|---|---|---|
| 月初（广义）在产品成本 | 第一车间 | 13 392 | 2 701.6 | 4 666.4 | 20 760 |
|  | 第二车间 | — | 4 132.8 | 4 477.2 | 8 610 |
|  | 第三车间 | — | 3 850 | 3 150 | 7 000 |
| 本月发生生产费用 | 第一车间 | 27 000 | 6 050 | 10 450 | 43 500 |
|  | 第二车间 | — | 10 800 | 11 700 | 22 500 |
|  | 第三车间 | — | 24 750 | 20 250 | 45 000 |

说明:① 月初在产品成本根据上月各车间产品成本计算单资料所得；

② 本月发生费用根据本月各种费用分配表所得。

产品成本计算过程如下：

(1) 计算第一车间应计入最终产成品成本中的份额。

**表6-44 第一车间产品成本计算单**

产品名称：甲产品　　　　　　　　202×年5月　　　　　　　　完工量：250件

单元：元

| 摘　要 | 直接材料 | 直接人工 | 制造费用 | 合　计 |
|---|---|---|---|---|
| 月初(广义)在产品成本 | 13 392 | 2 701.6 | 4 666.4 | 20 760 |
| 本月发生生产费用 | 27 000 | 6 050 | 10 450 | 43 500 |
| 合　计 | 40 392 | 8 751.6 | 15 116.4 | 64 260 |
| 最终产成品数量 | 250 | 250 | 250 | — |
| 月末广义在产品约当量 | 190 | 140 | 140 | — |
| 合　计 | 440 | 390 | 390 | — |
| 单位产成品成本份额 | 91.8 | 22.44 | 38.76 | 153 |
| 250件产成品成本份额 | 22 950 | 5 610 | 9 690 | 38 250 |
| 月末(广义)在产品成本 | 17 442 | 3 141.6 | 5 426.4 | 26 010 |

第一车间的广义在产品数量包括第一车间狭义在产品100件(其投料程度为100%，完工程度为50%)、第二车间狭义在产品70件和第三车间狭义在产品20件，所以各成本项目的广义在产品约当量为：

"直接材料"项目＝100＋70＋20＝190(件)

"直接人工"和"制造费用"项目＝100×50%＋70＋20＝140(件)

作为费用分配标准的生产总量为：

"直接材料"项目＝190＋250＝440(件)

"直接人工"和"制造费用"项目＝140＋250＝390(件)

费用分配率即单位产成品成本份额为：

"直接材料"项目＝$\frac{40\ 392}{440}$＝91.8(元/件)

"直接人工"项目＝$\frac{8\ 751.6}{390}$＝22.44(元/件)

"制造费用"项目＝$\frac{15\ 116.4}{390}$＝38.76(元/件)

最终产成品应负担的份额为：

"直接材料"项目＝250×91.8＝22 950(元)

"直接人工"项目＝250×22.44＝5 610(元)

"制造费用"项目＝250×38.76＝9 690(元)

月末在产品成本为：

"直接材料"项目＝190×91.8＝17 442(元)

或　　　　　　　　＝40 392－22 950＝17 442(元)

"直接人工"项目＝140×22.44＝3 141.6(元)

"制造费用"项目＝140×38.76＝5 426.4(元)

（2）计算第二车间应计入最终产成品成本中的份额。

**表6－45　第二车间产品成本计算单**

产品名称:甲产品　　　　　　　202×年5月　　　　　　　完工量:250件

单位:元

| 摘　要 | 直接人工 | 制造费用 | 合　计 |
|---|---|---|---|
| 月初(广义)在产品成本 | 4 132.8 | 4 477.2 | 8 610 |
| 本月发生生产费用 | 10 800 | 11 700 | 22 500 |
| 合　计 | 14 932.8 | 16 177.2 | 31 110 |
| 最终产成品数量 | 250 | 250 | — |
| 月末(广义)在产品约当量 | 55 | 55 | — |
| 合　计 | 305 | 305 | — |
| 单位产成品成本份额 | 48.96 | 53.04 | 102 |
| 250件产成品成本份额 | 12 240 | 13 260 | 25 500 |
| 月末(广义)在产品成本 | 2 692.8 | 2 917.2 | 5 610 |

第二车间的广义在产品数量包括第二车间狭义在产品70件(其完工程度为50％)和第三车间狭义在产品20件,所以各成本项目的广义在产品约当量计算如下:

"直接人工"和"制造费用"项目＝70×50％＋20＝55(件)

作为费用分配标准的生产总量为:

"直接人工"和"制造费用"项目＝55＋250＝305(件)

费用分配率即单位产成品成本份额为:

"直接人工"项目＝$\frac{14\,932.8}{305}$＝48.96(元/件)

"制造费用"项目＝$\frac{16\,177.2}{305}$＝53.04(元/件)

最终产成品应负担的份额为:

"直接人工"项目＝250×48.96＝12 240(元)

"制造费用"项目＝250×53.04＝13 260(元)

月末在产品成本为:

"直接人工"项目＝55×48.96＝2 692.8(元)

或　　　　　　　　＝14 932.8－12 240＝2 692.8(元)

"制造费用"项目＝55×53.04＝2 917.2(元)

（3）计算第三车间应计入最终产成品成本中的份额。

表 6-46　第三车间产品成本计算单

产品名称:甲产品　　　　　　　202×年5月　　　　　　　完工量:250件

单位:元

| 摘　要 | 直接人工 | 制造费用 | 合　计 |
|---|---|---|---|
| 月初(广义)在产品成本 | 3 850 | 3 150 | 7 000 |
| 本月发生生产费用 | 24 750 | 20 250 | 45 000 |
| 合　计 | 28 600 | 23 400 | 52 000 |
| 最终产成品数量 | 250 | 250 | — |
| 月末广义在产品约当量 | 10 | 10 | — |
| 合　计 | 260 | 260 | — |
| 单位产成品成本份额 | 110 | 90 | 200 |
| 250 件产成品成本份额 | 27 500 | 22 500 | 50 000 |
| 月末(广义)在产品成本 | 1 100 | 900 | 2 000 |

第三车间是最后一个生产步骤,其广义在产品数量就是狭义在产品 20 件(其完工程度为 50%),所以各成本项目的广义在产品约当量计算如下:

"直接人工"和"制造费用"项目=20×50%=10(件)

作为费用分配标准的生产总量为:

"直接人工"和"制造费用"项目=10+250=260(件)

费用分配率即单位产成品成本份额为:

"直接人工"项目$=\dfrac{28\,600}{260}=110$(元/件)

"制造费用"项目$=\dfrac{23\,400}{260}=90$(元/件)

最终产成品应负担的份额为:

"直接人工"项目=250×110=27 500(元)

"制造费用"项目=250×90=22 500(元)

月末在产品成本为:

"直接人工"项目=10×110=1 100(元)

或　　　　　　　　　=28 600-27 500=1 100(元)

"制造费用"项目=10×90=900(元)

(4) 汇总计算产成品总成本和单位成本。

采用平行结转分步法,将各生产步骤(本例为三个车间)应计入最终完工产成品成本的份额相加汇总,就可以求得产成品总成本;产成品总成本除以产成品数量,可计算出产成品单位成本。本例根据各车间产品成本计算单上的计算结果,编制产品成本汇总计算表(见表 6-47)。

### 表 6-47　产品成本汇总计算表

产品名称:甲产品　　　　　　　　202×年5月　　　　　　　　产量:250件

单位:元

| 项　目 | 直接材料 | 直接人工 | 制造费用 | 合　计 |
|---|---|---|---|---|
| 第一车间 | 22 950 | 5 610 | 9 690 | 38 250 |
| 第二车间 |  | 12 240 | 13 260 | 25 500 |
| 第三车间 |  | 27 500 | 22 500 | 50 000 |
| 总成本 | 22 950 | 45 350 | 45 450 | 113 750 |
| 单位成本 | 91.8 | 181.4 | 181.8 | 455 |

根据产品成本汇总计算表,编制结转完工入库甲产品成本的会计分录如下:

借:库存商品——甲产品　　　　　　　　　　　113 750

贷:生产成本——基本生产成本——第一车间　　　38 250

　　　　　　　　　　　　——第二车间　　　25 500

　　　　　　　　　　　　——第三车间　　　50 000

### (四) 平行结转分步法与逐步结转分步法的区别

#### 1. 成本管理要求不同

逐步结转分步法是能计算半成品成本的分步法,平行结转分步法是不能计算半成品的分步法。要不要计算半成品成本,取决于成本管理的要求。因此,这两类分步法的首要区别体现在它们适应了不同的成本管理要求。当企业半成品可以加工为不同产品,或者有自制半成品对外销售,或者需要进行半成品成本控制和同行业半成品比较时,在成本管理要求上必然要求计算半成品成本。采用逐步结转分步法,可以为分析和考核各步骤半成品成本计划的执行情况,以及为正确计算自制半成品的销售成本提供资料。

当企业半成品种类较多,且不对外销售时,在成本管理上可以不要求计算半成品成本。这样,采用平行结转分步法,各生产步骤可以同时计算应计入产成品成本的份额,而不需要计算和结转半成品成本,由此简化和加速了成本核算工作。

#### 2. 产成品成本计算方法不同

采用逐步结转分步法,各步骤所耗用的上一步骤半成品的成本,要随着半成品实物的转移,从上一步骤的产品成本明细账转入下一步骤相同产品的产品成本明细账中,以便逐步计算各步骤的半成品成本和最后步骤的产成品成本。在计算成本时是按产品的生产过程逐步计算并结转半成品成本,在最后步骤计算出完工产成品成本。

而平行结转分步法,成本的结转与实物的转移是脱节的,当半成品转入下一步骤加工时,其成本并不转入下一步骤。各步骤不计算半成品成本,也不结转所耗半成品成本,只计算本步骤所发生的各项生产费用以及这些费用中应计入产成品成本的"份额",然后,将各步骤应计入同一产成品成本的份额平行结转、汇总,即可计算出该种产品的产成品成本。

#### 3. 完工产品和在产品的概念不同

逐步结转分步法下的完工产品不仅包括最后步骤完工的产成品,还包括各步骤完工的半成品,其在产品是狭义的在产品。平行结转分步法下的完工产品是指最后步骤完工的产成品,其在产品是广义的在产品。

# 第四节  分步法与分批法的结合应用

## 一、基本方法及计算程序

在单件或小批,多阶段生产企业里,如车辆船舶制造、飞机制造、重型机床、矿山机械、锅炉、电站设备等,其产品构成复杂、价值较大,且生产周期较长,一方面从产品投入到完工产出需要分步骤组织成本核算;另一方面在生产组织上又只能单件或小批量地生产,需要分清各件或各批产品之间的费用。为此,这类企业在按产品批别设置成本计算单采用分批法计算产品成本基础之上,结合分步法,按生产步骤计算各步的产品成本,这就形成了分步的分批法。

分步的分批法的实质是分批法。其成本计算对象的特征表现为:

(1) 以各生产步骤上的某批(某件)半成品和最后生产步骤上的某批(某件)产成品作为成本计算对象。

(2) 以某批(某件)产品的生产周期作为成本计算期,即成本计算期与某批(某件)产品的生产周期一致。

(3) 以各生产步骤作为成本计算的空间,即在各个生产步骤范围内汇集本步发生的生产费用,按步骤计算某批(某件)产品成本。

(4) 需要采用一定方法在各步骤之间结转各步生产的某批(某件)半成品成本,或将各步骤的生产费用汇集于完工批别产品成本之中。

采用分步的分批法计算产品成本,其一般程序如下:

(1) 在各生产步骤,按产品批别(或单件)设置成本计算单,分成本项目汇集本步骤发生的各项生产费用。

(2) 各步骤某批(某件)产品的材料费用通常是直接费用,应按领料凭证(或领料凭证汇总表)直接计入该步骤该批(该件)产品直接材料成本项目内。工资费用、制造费用通常是间接费用,应按各批(件)产品的实耗生产工时比例,分配计入各批(件)产品成本之中。

(3) 按各批产品的生产工艺关系,结转各步骤的某批产品的半成品成本(或汇集各步骤应计入某批完工产品成本中的生产费用),以计算各批产品的实际总成本。

与分步法下各步骤半成品成本结转的方法类同,在分批的分步下,各步骤的半成品成本既可以逐步结转,也可以平行结转。由于在分批下,未完工批别产品所汇集的生产费用,即为期末在产品成本,一般不存在将费用分配于完工产品与期末在产品之间的问题。因而,有条件将上一步骤完工批别产品成本分项目转入下一步骤,或最后完工批别产品成本之中。

## 二、应用举例

【例6-8】 某企业设有两个基本生产车间,分批组织某种产品的生产,各批产品均需通过两个车间加工而成,采用分步的分批法计算各批产品成本。

第一车间 4 月份生产甲、乙两批产品,其中甲批产品 20 台,3 月 10 日投产,4 月 20 日已完工,全部转入第二车间继续加工;乙批产品 15 台于 4 月 5 日投产,到月底尚未完工。当月生产甲批产品实耗生产工时 800 小时,生产乙批产品实耗生产工时 1 200 小时。乙批产品耗料费 42 000 元。当月生产人员工资费用 8 000 元,制造费用 4 000 元,各批产品费用分配率情况如表 6-48 所示。

表 6-48 第一车间成本计算单

| 甲批（20 台） | | | | | | | 乙批（15 台） | | | | | | |
|---|---|---|---|---|---|---|---|---|---|---|---|---|---|
| 生产周期 | | 实耗生产工时 | 产品成本 | | | | 生产周期 | | 实耗生产工时 | 产品成本 | | | |
| 投产日期 | 完工日期 | | 直接材料 | 直接工资 | 制造费用 | 合计 | 投产日期 | 完工日期 | | 直接材料 | 直接工资 | 制造费用 | 合计 |
| 3 月 10 日 | 3.31 | 1 000 | 36 000 | 3 800 | 1 800 | 41 600 | | | | | | | |
| 4 月 1 日 | 4.20 | 800 | — | 3 200 | 1 600 | 4 800 | 4.5 | | 1 200 | 42 000 | 4 800 | 2 400 | 49 200 |
| 合计 | — | 1 800 | 36 000 | 7 000 | 3 400 | 46 400 | | | | | | | |

$$直接工资费用分配率 = \frac{8\,000}{800 + 1\,200} = 4(元/小时)$$

$$制造费用分配率 = \frac{4\,000}{800 + 1\,200} = 2(元/小时)$$

第一车间生产的甲批产品转入第二车间继续加工,应转入半成品成本 46 400 元。

第二车间 4 月份生产甲、丙两批产品,其中甲批产品于 4 月 20 日由第一车间转入,共 20 台,到月底尚未完工。丙批产品 24 台,3 月 15 日由第一车间转入,到 4 月 26 日已全部完工,经检验合格交产成品仓库。当月甲批产品实耗生产工时 600 小时,丙批产品实耗生产工时 1 400 小时,甲批产品耗料费 12 000 元,丙批产品耗料费 18 000 元,当月生产人员工资 8 400 元,制造费用 4 800 元,各批产品费用分配情况如表 6-49 所示。

表 6-49 第二车间成本计算单

| 甲批（20 台） | | | | | | | 丙批（24 台） | | | | | | |
|---|---|---|---|---|---|---|---|---|---|---|---|---|---|
| 生产周期 | | 实耗生产工时 | 产品成本 | | | | 生产周期 | | 实耗生产工时 | 产品成本 | | | |
| 投产日期 | 完工日期 | | 直接材料 | 直接工资 | 制造费用 | 合计 | 投产日期 | 完工日期 | | 直接材料 | 直接工资 | 制造费用 | 合计 |
| 4 月 20 日 | | （上步转入） | 36 000 | 7 000 | 3 400 | 46 400 | 3.15 | 3.31 | （上步转入） | 36 000 | 6 400 | 3 800 | 46 200 |
| | | | | | | | | | （本步发生） | 23 000 | 4 000 | 2 000 | 29 000 |
| | | 600 | 12 000 | 2 520 | 1 440 | 15 960 | 4.1 | 4.26 | 1 400 | 18 000 | 5 880 | 3 360 | 27 240 |
| 合 计 | | | | | | | 合 计 | | | 77 000 | 16 280 | 9 160 | 102 440 |

直接工资费用分配率 $=\dfrac{8\ 400}{600+1\ 400}=4.2$（元/小时）

制造费用分配率 $=\dfrac{4\ 800}{600+1\ 400}=2.4$（元/小时）

当月丙批产品 24 台全部完工入库，总成本 102 440 元，单位成本 4 268.33 元/台。

## 【本章小结】

本章阐述了品种法、分批法和分步法三种产品成本计算基本方法的含义、特点、适用范围、计算程序以及相应的账务处理，并配以完整的举例，内容多、篇幅大。

1. 品种法。品种法是以产品品种作为成本核算对象，来归集生产费用、计算产品成本的一种方法。品种法适用于大量大批单步骤生产企业，还适用于大量大批多步骤生产，但管理上不要求按生产步骤计算产品成本的企业。品种法的计算程序体现产品成本计算的一般程序，按照产品品种计算成本，是产品成本计算的最一般的、最起码的要求，因而，品种法是产品成本计算的最基本方法。

2. 分批法。分批法是以产品批别（或购货单位订单）作为成本计算对象来归集生产费用并计算产品成本的一种方法。在实际工作中，产品的品种和每批产品的批量往往是根据客户的订单确定的，所以分批法又称订单法，它主要适用于单件、小批生产的企业。

有的单件、小批生产企业，同一月份内投产的产品批数非常多，如果采用一般的分批法计算各批次产品成本，则各种间接费用在各批产品之间按月分配的工作量将很大。在这种情况下，可采用一种简化分批法。简化的分批法，也称累计间接费用分批法，它是将间接费用先分别累计起来，待产品完工时，按照完工产品累计生产工时的比例，在各批完工产品之间再进行分配，从而计算出完工产品的总成本及单位成本的一种成本计算方法。

3. 分步法。分步法是以各生产步骤和最后步骤的产成品为成本计算对象归集生产费用，计算产品成本的一种方法。它适用于大批量、多步骤生产，并且管理上要求分步骤计算成本的企业。

为了计算各种产成品成本，在各步骤之间有一个成本如何结转的问题。分步法按各步骤是否计算半成品成本，且是否与实物流转一致，分为逐步结转分步法和平行结转分步法。逐步结转分步法按半成品成本在下一步骤的反映方式，又分为综合结转分步法和分项结转分步法。

在单件或小批、多阶段生产企业里，如船舶制造、飞机制造等，其产品构成复杂、价值较大，且生产周期较长。一方面从产品投入到完工产出需要分步骤组织成本核算；另一方面在生产组织上又只能单件或小批量地生产，需要分清各件或各批产品之间的费用。为此，这类企业在按产品批别设置成本计算单采用分批法计算产品成本基础之上，结合分步法，按生产步骤计算各步的产品成本，这就形成了分步的分批法。

## 【复习思考题】

1. 品种法有哪些特点？它有怎样的适用范围以及成本计算程序？

2. 分批法有哪些特点？它有怎样的适用范围？

3. 简化的分批法有哪些特点？

4. 什么是分步法？逐步结转分步法和平行结转分步法有哪些区别？

5. 逐步综合结转分步法与逐步分项结转分步法有哪些区别？

6. 为什么逐步综合结转分步法下要进行成本还原？如何进行成本还原？

## 【案例分析】

　　珠江火力发电厂生产的产品是电力。从产品生产的技术视角而言,该生产是单步骤生产,生产工艺不能间断,不可能按照生产步骤计算产品成本,只能按照产品的品种计算成本;从成本管理要求视角而言,不需要按照生产步骤计算产品成本,只能按照产品品种计算成本。因此,珠江火力发电厂应采用品种法计算电力的成本。

　　湘江造船厂生产的产品是船舶,产品构成复杂,价值很大,生产周期较长。从产品的生产工艺过程上看,从产品的投入到完工产品的产出,需要经过若干个加工步骤,每一个步骤发生一定的耗费,生产出船舶所需的零部件。一方面从产品投入到完工产出需要分步骤组织成本核算;另一方面在生产组织上又只能单件或小批量地生产,需要分清各件或各批产品之间的费用。为此,这类企业在按产品批别设置成本计算单采用分批法计算产品成本基础之上,结合分步法,按生产步骤计算各步的产品成本,这就形成了分步的分批法,实质仍是分批法。

　　西塞山钢铁厂的生产是连续式多步骤生产,经过炼铁、炼钢、轧钢三个步骤。由于炼铁车间生产的铸造生铁全部对外销售,因此成本管理上必然要求分步计算半成品的成本。因此,西塞山钢铁厂应采用逐步结转分步法计算各步骤半成品的成本以及最后步骤产成品的成本。

## 【练习题】

　　1. 某企业设有一基本生产车间,大量生产甲、乙两种产品,根据该厂生产的特点和管理要求,成本计算采用品种法。该厂还设有一个辅助生产车间(机修车间)。生产甲、乙共同耗用的原材料按定额消耗量比例进行分配;生产工人工资及福利费和制造费用均按实际工时比例分配;辅助生产费用按直接分配法分配。202×年5月有关资料如下:

　　(1) 甲产品月初在产品成本资料:直接材料 5 900 元,直接人工 3 000 元,制造费用 800 元。

　　(2) 乙产品月初在产品成本资料:直接材料 700 元,直接人工 450 元,制造费用 130 元。

　　(3) 根据本月领料凭证汇总表,本月生产甲、乙产品领用原材料 390 000 元(甲产品原材料定额消耗量为 4 000 千克,乙产品原材料定额消耗量为 2 500 千克);车间一般消耗领用 2 950 元;机修车间领用 1 580 元;行政管理部门领用 600 元。

　　(4) 根据本月工资结算汇总表,本月应付基本生产车间生产工人工资 36 000 元,管理人员工资 20 000 元,生产甲产品的实际工时为 24 000 小时,生产乙产品的实际工时为 16 000 小时;应付机修车间人员工资 15 600 元;应付行政管理人员工资 18 700 元。福利费根据工资总额的 14% 提取。

(5) 甲、乙产品均系一次投料逐步加工,完工产品和月末在产品的费用,采用约当产量法分配。本月完工甲产品 1 250 件,月末在产品 250 件(完工程度 60%);完工乙产品 1 000 件,月末无在产品。

(6) 机修车间为全厂提供修理工时 4 000 小时,其中:基本生产车间 2 800 小时,行政管理部门 1 200 小时。

要求:

(1) 编制原材料、人工、辅助生产费用和制造费用分配表与相应的会计分录。

(2) 编制甲、乙两种产品成本计算单,计算产品成本。

(3) 编制完工产品入库的会计分录。

2. 某工厂设有两个基本生产车间。第一基本生产车间生产甲、乙两种产品,第二基本生产车间生产丙产品。采用品种法计算产品成本。制造费用按生产工时比例分配计入产品成本。月末按定额成本计价法确定月末在产品成本,已列入产品成本计算单,有关成本计算资料和明细账见表 6-50~表 6-57。

表 6-50 耗用材料分配表

单位:元

| 分配对象 | 成本或费用项目 | 金 额 |
|---|---|---|
| 甲产品 | 直接材料 | 760 000 |
| 乙产品 | 直接材料 | 430 000 |
| 丙产品 | 直接材料 | 240 000 |
| 第一车间 | 机物料消耗 | 34 000 |
| 第一车间 | 机物料消耗 | 26 000 |
| 第二车间 | 机物料消耗 | 14 000 |
| 合 计 | | 1 504 000 |

表 6-51 职工薪酬计算分配表

单位:元

| 分配对象 | 成本或费用项目 | 工 资 | 其他薪酬 | 合 计 |
|---|---|---|---|---|
| 甲产品 | 直接人工 | 60 000 | 8 400 | 68 400 |
| 乙产品 | 直接人工 | 44 000 | 6 160 | 50 160 |
| 丙产品 | 直接人工 | 16 000 | 2 240 | 18 240 |
| 第一车间 | 工资、福利费 | 8 000 | 1 120 | 9 120 |
| 第二车间 | 工资、福利费 | 4 500 | 630 | 5 130 |
| 合 计 | | 132 500 | 18 550 | 151 050 |

**表6-52　工时记录**　　　　　　　　　　　单位:小时

| 车　间 | 产　品 | 工　时 |
|---|---|---|
| 第一车间 | 甲产品 | 75 000 |
| 第一车间 | 乙产品 | 55 000 |
| 第二车间 | 丙产品 | 20 000 |

**表6-53　固定资产折旧计算表**

单位:元

| 车　间 | 折旧 |
|---|---|
| 第一车间 | 3 880 |
| 第二车间 | 2 800 |
| 合　计 | 6 680 |

**表6-54　其他间接费用汇总表**

单位:元

| 车　间 | 费用 |
|---|---|
| 第一车间 | 18 000 |
| 第二车间 | 13 000 |
| 合　计 | 31 000 |

**表6-55　甲产品成本计算单**　　　完工产量:6 000 台

金额单位:元

| 摘　要 | 直接材料 | 直接人工 | 制造费用 | 合　计 |
|---|---|---|---|---|
| 月初在产品成本 | 73 400 | 5 560 | 6 440 | 85 400 |
| 本月发生生产费用 | | | | |
| 本月合计 | | | | |
| 完工产品总成本 | | | | |
| 单位成本 | | | | |
| 月末在产品成本 | 59 400 | 4 240 | 3 860 | 67 500 |

**表6-56　乙产品成本计算单**　　　完工产量:4 500 台

金额单位:元

| 摘　要 | 直接材料 | 直接人工 | 制造费用 | 合　计 |
|---|---|---|---|---|
| 月初在产品成本 | 38 700 | 4 514 | 3 466 | 46 680 |
| 本月发生生产费用 | | | | |
| 本月合计 | | | | |
| 完工产品总成本 | | | | |
| 单位成本 | | | | |
| 月末在产品成本 | 36 700 | 3 464 | 3 176 | 43 340 |

表6-57　丙产品成本计算单　　　　　　　　　完工产量:1 200 台

金额单位:元

| 摘　要 | 直接材料 | 直接人工 | 制造费用 | 合　计 |
|---|---|---|---|---|
| 月初在产品成本 | 21 600 | 1 640 | 3 140 | 26 380 |
| 本月发生生产费用 | | | | |
| 本月合计 | | | | |
| 完工产品总成本 | | | | |
| 单位成本 | | | | |
| 月末在产品成本 | 38 400 | 2 840 | 3 270 | 44 510 |

要求:

(1) 根据有关资料归集、分配费用,计算产品成本。

(2) 根据有关业务资料编制归集分配费用、结转产品成本的会计分录。

3. 某公司生产甲、乙、丙三种产品,生产组织属于小批生产企业,采用分批法计算成本。该公司202×年6月份投产批次及生产情况如下:

(1) 6月份生产批次及完工情况如表6-58所示。

表6-58　产品生产情况

| 产品批号 | 产品名称 | 投产情况 | 本月完工数量 | 月末在产品 |
|---|---|---|---|---|
| 0516 | 甲产品 | 5 月 28 日投产 10 件 | 10 件 | |
| 0601 | 丙产品 | 6 月 8 日投产 20 件 | 12 件 | 8 件 |
| 0612 | 乙产品 | 6 月 20 日投产 10 件 | | 10 件 |

(2) 月初在产品成本如表6-59所示。

表6-59　在产品资料　　　　　　　　　　　　　单位:元

| 产品批号 | 产品名称 | 成本项目 | | | 合　计 |
|---|---|---|---|---|---|
| | | 直接材料 | 直接人工 | 制造费用 | |
| 0516 | 甲产品 | 6 000 | 800 | 1 440 | 8 240 |

(3) 本月份各批号产品发生的生产费用资料如表6-60所示。

表6-60　产品生产费用资料　　　　　　　　　　单位:元

| 批　号 | 产品名称 | 原材料 | 直接人工 | 制造费用 | 合　计 |
|---|---|---|---|---|---|
| 0516 | 甲产品 | — | 2 200 | 3 060 | 5 260 |
| 0601 | 丙产品 | 16 800 | 2 750 | 4 100 | 23 650 |
| 0612 | 乙产品 | 12 300 | 1 140 | 1 560 | 15 000 |

(4) 各批号生产费用在完工产品与在产品之间的分配方法。

0601批号丙产品完工产品按计划成本结转。每台产品计划单位成本为1 200元,其中：原材料 800 元，工资及福利费 160 元，制造费用 240 元。

0612 批号乙产品由于全部未完工，本月生产费用全部是在产品成本。

要求：

根据上述资料，采用分批法设置与登记基本生产成本明细账，计算各批产品的完工产品成本和月末在产品成本。

表 6‑61　产品成本计算单(1)

产品批号及名称：　　　　　　　　　　　　　　　　　　　　投产日期：

产品批量：　　　　　　　　　　　　　　　　　　　　　　　完工日期：

| ××××年 | | 摘　要 | 直接材料 | 直接人工 | 制造费用 | 合　计 |
|---|---|---|---|---|---|---|
| 月 | 日 | | | | | |
| | | | | | | |
| | | | | | | |
| | | | | | | |
| | | | | | | |
| | | | | | | |
| | | | | | | |
| | | | | | | |
| | | | | | | |

表 6‑62　产品成本计算单(2)

产品批号及名称：　　　　　　　　　　　　　　　　　　　　投产日期：

产品批量：　　　　　　　　　　　　　　　　　　　　　　　完工日期：

| ××××年 | | 摘　要 | 直接材料 | 直接人工 | 制造费用 | 合　计 |
|---|---|---|---|---|---|---|
| 月 | 日 | | | | | |
| | | | | | | |
| | | | | | | |
| | | | | | | |
| | | | | | | |
| | | | | | | |
| | | | | | | |
| | | | | | | |

### 表 6-63　产品成本计算单(3)

产品批号及名称：　　　　　　　　　　　　　　　　　　投产日期：
产品批量：　　　　　　　　　　　　　　　　　　　　　完工日期：

| ××××年 | | 摘　要 | 直接材料 | 直接人工 | 制造费用 | 合　计 |
|---|---|---|---|---|---|---|
| 月 | 日 | | | | | |
| | | | | | | |
| | | | | | | |
| | | | | | | |

4. 某企业成批生产多种产品,为简化核算,采用简化的分批法进行成本计算。202×年 5 月份有关成本计算资料如下:

(1) 生产情况见表 6-64。

### 表 6-64　产品生产情况表
202×年 5 月　　　　　　　　　　　　　　　　　单位:台

| 产品批次及名称 | 批量 | 累计工时 | 投产日期 | 完工日期 |
|---|---|---|---|---|
| 0720 甲 | 5 | 9 020 | 4 月 6 日 | 5 月 20 日全部完工 |
| 0721 乙 | 10 | 21 500 | 4 月 24 日 | 5 月 30 日完工 6 台 |
| 0722 丙 | 5 | 8 300 | 5 月 5 日 | 全部尚未完工 |
| 0723 丁 | 6 | 8 220 | 5 月 22 日 | 全部尚未完工 |

(2) 各批号 10 月末累计原材料费用(原材料在生产开始时一次投入)。

0720 号:原材料费用 18 000 元;

0721 号:原材料费用 24 000 元;

0722 号:原材料费用 15 800 元;

0723 号:原材料费用 11 080 元。

(3) 本月发生的生产费用。

5 月末,该厂全部产品累计原材料费用 68 880 元,工时 47 040 小时(其中 0720 批号甲产品月初工时为 4 500 小时;0721 批号乙产品月初工时为 3 600 小时),职工薪酬 18 816 元,制造费用 28 224 元。

(4) 5 月末,完工产品工时 23 020 小时,其中乙产品 14 000 小时。

要求:

(1) 开设基本生产成本二级明细账(见表 6-65)和按产品批次设置的产品成本计算单(见表 6-66~表 6-69)并登记期初在产品成本。

(2) 登记本月发生的生产费用,并用累计间接费用分配法在完工产品和在产品之间进行分配。

### 表 6－65　基本生产成本二级明细账

202×年 5 月

| 摘　要 | 直接材料 | 工　时 | 直接人工 | 制造费用 | 合　计 |
|---|---|---|---|---|---|
| 月初在产品 | | | | | |
| 本月发生 | | | | | |
| 本月累计 | | | | | |
| 累计间接计入费用分配率 | | | | | |
| 本月转出完工产品成本 | | | | | |
| 月末在产品 | | | | | |

### 表 6－66　产品成本计算单

产品批号及名称：0720　　　　　　　　　　　　　　　　　　　投产日期：

产品批量：　　　　　　　　　　　　　　　　　　　　　　　　完工日期：

| ××××年 | | 摘　要 | 直接材料 | 工　时 | 直接人工 | 制造费用 | 合　计 |
|---|---|---|---|---|---|---|---|
| 月 | 日 | | | | | | |
| 5 | 31 | 月末在产品成本 | | | | | |
| 4 | 30 | 本月发生 | | | | | |
| | | 本月累计 | | | | | |
| | | 累计间接费用分配表 | | | | | |
| | | 本月转完工产品成本 | | | | | |
| | | 完工产品单位成本 | | | | | |

### 表 6－67　产品成本计算单

产品批号及名称：0721　　　　　　　　　　　　　　　　　　　投产日期：

产品批量：　　　　　　　　　　　　　　　　　　　　　　　　完工日期：

| ××××年 | | 摘　要 | 直接材料 | 工　时 | 直接人工 | 制造费用 | 合　计 |
|---|---|---|---|---|---|---|---|
| 月 | 日 | | | | | | |
| 3 | 31 | 月末在产品成本 | | | | | |
| 4 | 30 | 本月发生 | | | | | |
| | | 本月累计 | | | | | |
| | | 累计间接费用分配表 | | | | | |
| | | 本月转完工产品成本 | | | | | |
| | | 完工产品单位成本 | | | | | |

**表 6-68　产品成本计算单**

产品批号及名称:0722　　　　　　　　　　　　　　　　　　　　投产日期:

产品批量:　　　　　　　　　　　　　　　　　　　　　　　　　完工日期:

| ××××年 | | 摘　要 | 直接材料 | 工　时 | 直接人工 | 制造费用 | 合　计 |
|---|---|---|---|---|---|---|---|
| 月 | 日 | | | | | | |
| 4 | 30 | 本月发生<br>本月累计 | | | | | |

**表 6-69　产品成本计算单**

产品批号及名称:0723　　　　　　　　　　　　　　　　　　　　投产日期:

产品批量:　　　　　　　　　　　　　　　　　　　　　　　　　完工日期:

| ××××年 | | 摘　要 | 直接材料 | 工　时 | 直接人工 | 制造费用 | 合　计 |
|---|---|---|---|---|---|---|---|
| 月 | 日 | | | | | | |
| 4 | 30 | 本月发生<br>本月累计 | | | | | |

5. 某厂设有三个基本生产车间,大量生产甲产品。第一车间完工的甲 A 半成品直接转移到第二车间继续加工,第二车间完工的甲 B 半成品直接转移到第三车间继续加工成甲产品。原材料在生产开始时一次投入,各加工步骤狭义在产品的加工程度均为 50%。

202×年 5 月份有关成品产量和生产费用的资料如表 6-70 所示:

**表 6-70　产品产量记录**　　　　　　　　　　　　　　　　　单位:件

| 摘　要 | 第一车间 | 第二车间 | 第三车间 | 产成品 |
|---|---|---|---|---|
| 月初在产品 | 50 | 20 | 70 | — |
| 本月投入或上步转入 | 300 | 250 | 200 | — |
| 本月完工 | 250 | 200 | 250 | 250 |
| 月末在产品 | 100 | 70 | 20 | — |

**表 6-71　生产费用资料表**　　　　　　　　　　　　　　　　　单位:元

| 摘　要 | 车　间 | 直接材料 | 自制半成品 | 直接人工 | 制造费用 | 合　计 |
|---|---|---|---|---|---|---|
| 月初<br>在产品成本 | 第一车间 | 4 500 | — | 550 | 950 | 6 000 |
| | 第二车间 | — | 3 000 | 480 | 520 | 4 000 |
| | 第三车间 | — | 17 500 | 3 850 | 3 150 | 24 500 |
| 本月发生<br>生产费用 | 第一车间 | 27 000 | — | 6 050 | 10 450 | 43 500 |
| | 第二车间 | — | — | 10 800 | 11 700 | 22 500 |
| | 第三车间 | — | — | 24 750 | 20 250 | 45 000 |

说明:① 月初在产品成本根据上月各车间产品成本计算单资料所得;

②本月发生生产费用根据本月各种费用分配表所得。

要求：

（1）采用综合结转分步法核算产品成本，并进行成本还原。

（2）采用分项结转分步法核算产品成本。第二车间月初自制半成品成本3 000元，包括从上步转入的直接材料1 800元，直接人工440元，制造费用760元；第三车间月初自制半成品成本17 500元，包括从上步转入的直接材料6 300元，直接人工4 900元，制造费用6 300元。

6. 某厂大量大批生产B产品，分两个步骤由两个车间进行加工，第一步骤生产A半成品，通过半成品库收发；第二步骤将A半成品加工成B产品。202×年5月份有关资料如下。

（1）第一步骤在产品按定额成本计算，本月完工入库A半成品250件，有关成本核算资料如表6-72所示。

表6-72　第一步骤有关资料　　　　　　　单位：元

| 项　目 | 直接材料 | 直接人工 | 制造费用 | 合　计 |
|---|---|---|---|---|
| 月初在产品定额成本 | 1 650 | 650 | 2 025 | 4 325 |
| 本月发生生产费用 | 6 500 | 4 100 | 7 625 | 18 225 |
| 月末在产品定额成本 | 1 400 | 750 | 1 900 | 4 050 |

（2）A半成品库月初库存为250件，其实际总成本为18 400元，第二步骤从半成品库领用半成品240件，A半成品发出采用全月一次加权平均法计价。

（3）第二步骤本月完工入库的B产品270件，月末在产品30件，其完工程度为40%；费用按约当产量比例法在完工产品与在产品之间分配。月初在产品成本、本月发生生产费用（不包括所耗A半成品成本）如表6-73所示。

表6-73　第二步骤有关资料　　　　　　　单位：元

| 项　目 | 自制半成品 | 直接人工 | 制造费用 | 合　计 |
|---|---|---|---|---|
| 月初在产品成本 | 4 380 | 800 | 640 | 5 820 |
| 本月发生生产费用 | | 6 250 | 5 000 | 11 250 |

要求：

（1）采用综合结转分步法核算产品成本，具体包括计算A半成品和B产品的成本，并编制有关A半成品完工入库、领用的会计分录以及结转完工入库B产品成本的会计分录。

（2）假设企业本月对外销售100件A半成品（属其他业务），单位售价120元，试进行相关的账务处理。

7. 某工业企业c产品经过三个步骤连续加工制成。第一步骤生产a半成品，移至第二步骤继续加工生产b半成品，再移至第三步骤继续加工生成c产成品。

（1）202×年5月各步骤产品成本计算单中有关成本资料如表6-74所示。

**表 6-74　各步骤产品成本资料**　　　　　　　　　　　　单位:元

| 项　目 | b半成品 | a半成品 | 直接材料 | 直接人工 | 制造费用 | 合　计 |
|---|---|---|---|---|---|---|
| a半成品实际单位成本 | | | 150 | 90 | 60 | 300 |
| b半成品实际单位成本 | | 300 | | 150 | 50 | 500 |
| c产品实际总成本(180件) | 90 000 | | | 30 000 | 20 000 | 140 000 |

要求:

(1) 按半成品单位成本中各项目的结构比例对 c 产品成本进行成本还原。

(2) 假设第一步骤完工的 a 半成品和第二步骤完工的 b 半成品分别是 198 件和 180 件,试采用还原分配率进行成本还原。

(3) 假设 a 半成品和 b 半成品的计划单位成本如表 6-75 所示,试按照计划成本的构成进行成本还原。

**表 6-75　a 半成品和 b 半成品的计划单位成本**　　　　　　单位:元

| 项　目 | a半成品 | 直接材料 | 直接人工 | 制造费用 | 合　计 |
|---|---|---|---|---|---|
| a半成品计划单位成本 | | 145 | 92.8 | 52.2 | 290 |
| b半成品计划单位成本 | 290 | | 150 | 60 | 500 |

8. 某工业企业第一步骤生产甲半成品,第二步骤将甲半成品继续加工成乙半成品,第三步骤将乙半成品装配成丙产品。后步骤单位产成品(或半成品)耗用的前一步骤半成品数量为一件。

(1) 第一步骤的材料在甲半成品生产开始时一次投入;第二步骤的材料随乙半成品的加工进度逐步投入。各步骤月末在产品完工程度均为 50%。完工产品与在产品之间的费用分配采用约当产量比例法。

(2) 202×年 5 月各步骤生产产量记录如表 6-76 所示。

**表 6-76　各步骤生产产量**　　　　　　　　　　　　单位:件

| 项　目 | 第一步骤 | 第二步骤 | 第三步骤 |
|---|---|---|---|
| 月初在产品 | 40 | 120 | 200 |
| 本月投入 | 800 | 720 | 760 |
| 本月完工转出 | 720 | 760 | 800 |
| 月末在产品 | 120 | 80 | 160 |

(3) 各步骤月初在产品成本如表 6-77 所示。

**表 6-77　各步骤月初在产品成本**　　　　　　　　　单位:元

| 项　目 | 直接材料 | 直接人工 | 制造费用 | 合　计 |
|---|---|---|---|---|
| 第一步骤 | 4 700 | 760 | 690 | 6 150 |
| 第二步骤 | 2 100 | 550 | 390 | 3 040 |
| 第三步骤 | | 100 | 160 | 260 |

（4）各步骤本月发生生产费用如表 6 - 78 所示。

**表 6 - 78 各步骤本月发生生产费用**　　　　　　　　单位:元

| 项　目 | 直接材料 | 直接人工 | 制造费用 | 合　计 |
|---|---|---|---|---|
| 第一步骤 | 14 730 | 3 321 | 2 478 | 20 529 |
| 第二步骤 | 6 400 | 1 550 | 1 110 | 9 060 |
| 第三步骤 | | 912 | 1 248 | 2 160 |

要求:采用平行结转分步法核算产品成本。

# 第七章  产品成本计算的辅助方法

**【学习目的与要求】**

1. 理解分类法和定额法的含义、特点及适用范围；
2. 掌握分类法、定额法的计算程序、标准成本法下成本核算方法。

**【案例导入】**

　　江林木材加工厂在加工圆木时，会生产出一等品木材、二等品木材和三等品木材，另外还有副产品锯木和木片。某年11月份该企业共加工出一等品木材150立方米、二等品木材250立方米，三等品木材60立方米，并产生副产品锯木和木片10立方米。上述产品总成本为33万元，其中圆木成本25万元，加工成本8万元。但企业将上述产品按照市场上同类产品销售价格出售后，账上出现了奇怪的现象，即一等品木材盈利而且利润很高，二等品木材和三等品木材以及副产品都是亏损，而且单位产品的亏损额逐渐加大。何故？原来是企业将总成本按各种产品的数量平均分配给各产品的结果，即成本分配方法所致。

　　**思考**：用何种分配方法合理呢？

# 第一节  产品成本计算的分类法

　　实际工作中，由于企业情况复杂，管理基础和管理水平及要求不一，使有的企业还采用前述三种基本方法以外的一些其他的成本计算方法。例如，在产品品种、规格繁多，但在加工工艺基本相同的企业，为简化成本计算而采用分类法。分类法作为产品成本辅助方法与产品成本基本方法结合使用，其重要的应用是核算联产品、副产品和等级产品的成本。

## 一、分类法的特点及适用范围

### （一）分类法的含义

　　有些企业产品品种、规格繁多，如果在成本核算时每一品种、规格都要设置成本明细账，那么会计核算的工作量将非常大。在这种情况下，为了简化成本计算工作，往往将这些产品按照一定的标准分为若干个大类，采用分类法来计算产品成本。分类法是按产品类别归集生产费用，先计算产品的类别成本，再把每类产品的总成本按照一定方法在同类中各产品之间进行分配的一种方法。

### (二) 分类法的特点

#### 1. 成本计算的对象是产品类别

分类法要根据产品的性质、所耗原材料及加工工艺过程等的不同,将产品划分为几个不同的类别,以产品类别为成本计算对象来归集和分配生产费用。

#### 2. 根据产品生产特点,确定类内产品成本的分配标准

分类法分类只是简化成本核算的手段,不是目的,企业最终还是要将归集和分配的类别总成本按一定标准在类内的各个产品之间进行分配,算出每种产品的总成本和单位成本。分类法下类别成本在各种产品之间的分配,是根据产品的生产特点确定的,可以采用产品的经济指标如计划成本、定额成本、销售价格等,也可采用产品的技术性指标如重量、长度、体积、浓度、含量等,还可以采用产品的原材料消耗定额比例或系数作为分配标准。

运用分类法,在计算各类产品成本的同时,还要结合运用品种法或分批法、分步法等成本计算的基本方法。成本计算期的确定、生产费用在本月完工产品与月末在产品之间的分配等,都取决于它所依托的成本计算基本方法。因此,分类法并不是一种独立的基本成本计算方法,它要根据各类产品的生产工艺特点和管理的要求,与品种法、分批法、分步法结合使用,分类法是成本计算的辅助方法。

### (三) 分类法的适用范围

分类法一般适用于产品品种、规格、型号繁多,并且可以按一定的要求和标准进行分类的生产企业或企业的生产单位。分类法与企业生产的类型没有直接关系,可以在各种类型的生产企业中应用,只要企业生产的产品可以按照其性质、用途、生产工艺过程和原材料消耗等方面的特点划分为一定类别,都可以采用分类法。例如,食品厂生产的各种饼干和面包,无线电行业生产的不同类别和规格的电子元件,机械加工行业生产的不同规格的垫圈、活塞环配件,钢铁厂生产的各种型号和规格的生铁、钢锭和钢材等。

分类法也适用于企业生产的一些零星产品成本的计算,如为协作单位生产少量的零部件,或自制少量材料和工具等。这些零星产品,虽然所用的原材料和工艺过程不一定完全相近,但其品种规格多,且数量少、费用小,为了简化核算工作,也可以把它们归为几类,采用分类法计算成本。

但是,对于企业生产的所用原材料和工艺技术过程完全相同但质量不同的产品,不能用分类法进行成本计算。因为这些质量等级不同的产品质量上的差别是由于工人操作所造成的,实际上付出的单位成本应该是相同的。如果按照它们的不同售价分配费用,为不同等级的产品确定不同的单位成本,就会掩盖次级产品由于售价较低造成的损失,不利于企业加强成本管理,提高产品质量。如果不同质量的产品,是由于所用原材料的质量和工艺技术上的要求不同而产生的,那么,这些产品应是同一品种不同规格的产品,可归为一类,采用分类法计算成本。

应当指出的是,正确划分产品类别是采用分类法计算产品成本的关键,如果为了片面地简化而将一些相差悬殊的产品勉强组合为一个类别,则计算结果将与实际情况形成较大差异。

## 二、分类法的计算程序

### （一）合理确定产品类别

采用分类法计算产品成本时,要按照产品的性质、结构、用途、生产工艺过程、耗用原材料等的不同划分为若干类别。例如,饼干厂可以按照生产工艺的不同,将产品分为甜酥性饼干、发酵饼干和花色饼干三个类别;可可制品厂可按产品结构的不同,将产品分为可可豆、可可液块、可可脂和可可粉四个类别。

### （二）计算各类产品总成本

分类法要按照产品类别来开设成本计算单,设立产品成本明细账,归集产品的生产费用,计算各类产品成本。平时发生的各项生产费用,属于直接费用,则直接计入各类产品成本;属于各类产品共同耗用的费用,则采用一定的分配标准分配计入各类产品成本。因而,采用分类法计算产品成本,领料单、工时记录等原始凭证和原始记录可以只按产品类别填列,在各种费用分配表中可以只按产品类别分配费用,从而不仅能简化成本计算工作,而且能够在产品品种、规格繁多的情况下分类掌握产品成本的情况。

### （三）计算类内各个产品的成本

在计算出每类产品总成本后,还要选择合理的分配标准,将每类别总成本在类内各个产品之间进行分配。在类内各种产品之间分配费用时,各成本项目可以按同一个分配标准进行分配;为了使分配结果更为合理,也可以根据各成本项目的性质,分别按照不同的分配标准进行分配。在选择费用的分配标准时,主要应考虑与产品生产耗费的关系,即应选择与产品各项耗费有密切联系的分配标准。例如,原材料可以按照原材料定额费用比例进行分配,人工等其他费用可以按照定额工时比例进行分配。

分类法计算程序如图7-1所示。

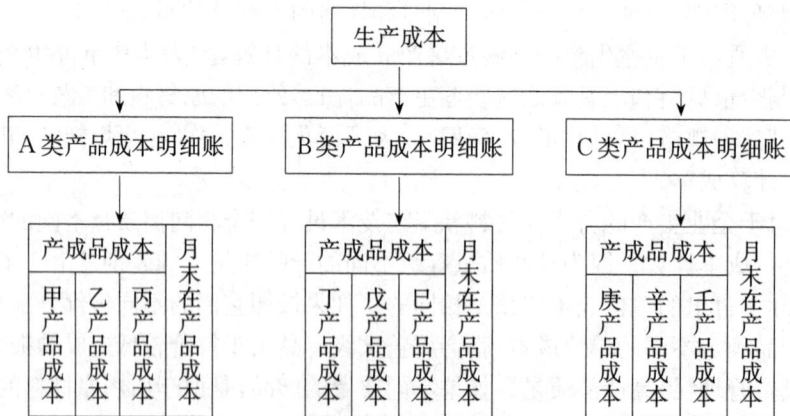

图7-1 分类法成本计算程序示意图

实际工作中,为了简化分配工作,可采用系数分配法来分配类内产品的成本。系数分配法一般是在每类产品中选择一种产量较大、生产比较稳定或规格折中的产品作为标准产品,将这种产品的系数定为"1",然后用其他产品的分配标准额与标准产品的分配标准额相比较,计算出各产品的折合系数,用各产品的实际产量乘以各自的折合系数即换算出标准产量。类别总成本即可按各产品标准产量的比例来分配。

采用系数分配法分配类内各产品成本的计算步骤有四个。

第一步,计算某产品系数,计算公式为:

$$某产品系数 = \frac{某产品分配标准额}{标准产品分配标准额}$$

第二步,计算各产品总系数,也即标准产量,计算公式为:

$$各产品总系数(标准产量) = \sum(各产品实际产量 \times 该产品系数)$$

第三步,计算类内各产品费用分配率,即标准产量单位成本,计算公式为:

$$费用分配率(标准产量单位成本) = \frac{应分配的成本总额}{各种产品的总系数}$$

第四步,计算类内各产品的总成本和单位成本,计算公式为:

$$某产品应分配的费用 = 该产品的总系数 \times 费用分配率$$

$$某产品单位成本 = 某产品应分配的费用 \div 某产品产量$$

运用上述公式分配类内各产品成本时,可直接按产品来计算系数、总系数、费用分配率、总成本和单位成本。更多的是分成本项目分别计算某产品某成本项目的系数、总系数、费用分配率和应分配的费用,然后将各成本项目费用加和得到某产品应分配的总费用。

## 三、分类法举例

【例 7-1】 胜利工厂属于大量大批单步骤生产企业,大量生产 8 种不同规格型号的产品,根据产品特点和所耗用原材料、工艺技术过程的不同,可以将 8 种产品分为 A、B 两大类。A 类产品包括 A01、A02、A03、A04 四种不同规格产品,B 类产品包括 B01、B02、B03、B04 四种不同规格的产品,企业已按类别设置了 A、B 两个成本明细账。202×年 5月,已按品种法基本原理归集和分配了发生的各项生产费用,两类产品的生产费用在本月完工产品和月末在产品之间已采用约当产量法进行分配,计算出了 A、B 两大类产品本月完工产品总成本。由于两大类产品的计算方法相同,这里以 A 类产品为例。

A 类产品的生产成本明细账如表 7-1 所示。

表 7-1 生产成本明细账

产品名称:A 类产品　　　　　　　　202×年 5月　　　　　　　　金额单位:元

| 项　目 | 直接材料 | 直接人工 | 制造费用 | 合　计 |
|---|---|---|---|---|
| 月初在产品成本 | 9 300 | 13 500 | 15 600 | 38 400 |
| 本月发生生产费用 | 13 850 | 42 500 | 28 760 | 85 110 |
| 生产费用合计 | 23 150 | 56 000 | 44 360 | 123 510 |
| 本月完工产品总成本 | 19 320 | 49 750 | 31 840 | 100 910 |
| 月末在产品成本 | 3 830 | 6 250 | 12 520 | 22 600 |

类内各种产品之间采用系数分配法分配费用的具体方法是:以生产比较稳定、产量较大、规格适中的某产品为标准产品,其中材料费用系数按材料费用定额确定,人工及其他费用按定额工时比例分配。本月 A 类产品完工产品产量及定额资料如表 7-2 所示。

表 7-2 产量及定额资料表

产品类别:A 产品　　　　　　　　　　202×年5月

| 产品名称 | 产　量 | 材料费用定额(元/件) | 定额工时(小时/件) |
|---|---|---|---|
| A01 | 200 | 100 | 20 |
| A02 | 150 | 200 | 50 |
| A03 | 80 | 150 | 30 |
| A04 | 100 | 300 | 60 |

根据以上资料,计算各种产品的材料费用及工时系数,如表 7-3 所示。

表 7-3 产品系数计算表

产品名称:A 类产品　　　　　　　　　202×年5月

| 产品名称 | 产品产量 | 材　料 | | | 工　时 | | |
|---|---|---|---|---|---|---|---|
| | | 费用定额 | 系数 | 总系数 | 定额工时 | 系数 | 总系数 |
| A01 | 200 | 100 | 1 | 200 | 20 | 1 | 200 |
| A02 | 150 | 200 | 2 | 300 | 50 | 2.5 | 375 |
| A03 | 80 | 150 | 1.5 | 120 | 30 | 1.5 | 120 |
| A04 | 100 | 300 | 3 | 300 | 60 | 3 | 300 |
| 合　计 | 530 | | | 920 | | | 995 |

根据本月完工产品总成本资料和表 7-3 资料,计算各成本项目分配率及各产品成本如下:

直接材料分配率＝19 320÷920＝21

A01 号产品应分配的材料费用＝200×21＝4 200(元)

A02 号产品应分配的材料费用＝300×21＝6 300(元)

A03 号产品应分配的材料费用＝120×21＝2 520(元)

A04 号产品应分配的材料费用＝300×21＝6 300(元)

直接人工分配率＝49 750÷995＝50

A01 号产品应分配的人工费用＝200×50＝10 000(元)

A02 号产品应分配的人工费用＝375×50＝18 750(元)

A03 号产品应分配的人工费用＝120×50＝6 000(元)

A04 号产品应分配的人工费用＝300×50＝15 000(元)

制造费用分配率＝31 840÷995＝32

A01 号产品应分配的制造费用＝200×32＝6 400(元)

A02 号产品应分配的制造费用＝375×32＝12 000(元)

A03 号产品应分配的制造费用＝120×32＝3 840(元)

A04 号产品应分配的制造费用＝300×32＝9 600(元)

根据以上计算结果及表 7-3 相关资料,计算 A 类中各种产品的总成本及单位成本,如表 7-4 所示。

**表 7-4 产品成本计算表**

产品名称:A 类产品 　　　　　　　　　202×年 5 月 　　　　　　　　金额单位:元

| 产品名称 | 产品产量 | 材料总系数 | 直接材料分配金额 | 工时总系数 | 直接人工分配金额 | 制造费用分配金额 | 产成品总成本 | 单位成本 |
|---|---|---|---|---|---|---|---|---|
| 分配率 | | | 21 | | 50 | 32 | | |
| A01 | 200 | 200 | 4 200 | 200 | 10 000 | 6 400 | 20 600 | 103 |
| A02 | 150 | 300 | 6 300 | 375 | 18 750 | 12 000 | 37 050 | 247 |
| A03 | 80 | 120 | 2 520 | 120 | 6 000 | 3 840 | 12 360 | 154.5 |
| A04 | 100 | 300 | 6 300 | 300 | 15 000 | 9 600 | 30 900 | 309 |
| 合　计 | 530 | 920 | 19 320 | 995 | 49 750 | 31 840 | 100 910 | |

根据以上成本计算表,编制结转本月 A 类产品完工入库产品的会计分录

借:库存商品——A01 产品 　　　　　　　　　20 600
　　　　　　——A02 产品 　　　　　　　　　37 050
　　　　　　——A03 产品 　　　　　　　　　12 360
　　　　　　——A04 产品 　　　　　　　　　30 900
　　贷:生产成本——A 类产品 　　　　　　　100 910

## 四、联产品、副产品的成本计算

有些企业在生产过程中使用相同的原材料,经过相同的生产过程生产出了两种或两种以上的产品,这些产品按不同情况分为联产品和副产品。

### (一) 联产品的成本计算

联产品是指使用相同的原材料,经过同一加工过程而生产出来的具有同等地位的主要产品。如炼油厂用原油在同一生产过程中加工提炼出汽油、煤油、柴油和液化气;炼焦厂用煤炭在炼焦过程中生产出焦炭和煤气;奶制品加工厂同时生产出牛奶和奶油等。

联产品由于所用的原材料和生产过程相同,因此,只能将其归为一类,采用分类法计算成本。投入相同的原材料,经过相同的生产过程后,在生产工艺过程的某一个“点”上分离出各种联产品,这个“点”通常称为分离点。这些联产品有的可以直接对外销售,有的则需要进一步加工后才能出售。我们把分离点之前发生的成本称为联合成本,它应该由各联产品按一定标准共同分摊。对某一联产品进一步加工所发生的成本称为可归属成本,它应当直接计入该联产品成本明细账。以甲、乙两种联合产品为例,甲产品分离出来后直接销售,乙产品分离出来后还要进一步加工,其生产过程中产生的相关成本如图 7-2 所示。

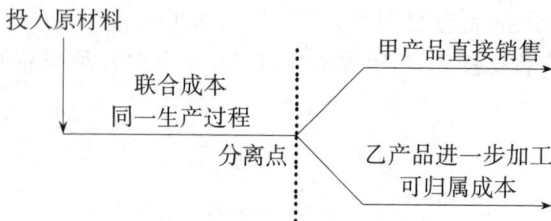

**图 7-2 联产品相关成本示意图**

不难看出,联产品成本的计算就是要将分离点之前的联合成本在各联产品之间进行分配。联合成本的分配可以有许多方法,如实物量分配法、相对销售价值分配法、净实现价值分配法等。由于联产品生产工艺过程和使用原材料相同,我国企业较多地采用分类法计算联产品成本。

采用分类法计算联产品成本,联产品在分离前都作为一类产品来归集和分配生产费用,计算联产品的联合成本。然后,将各联产品的实际产量按事先规定的折合系数折算出各联产品的标准产量,再将联合成本按各联产品的标准产量比例进行分配。

【例 7-2】 某炼油厂用原油加工提炼出汽油、柴油、航空煤油和液化气四种联产品。202×年 5 月产出情况为:汽油 150 吨,柴油 120 吨,航空煤油 40 吨,液化气 80 吨。其中,液化气在液化过程中需进一步追加直接材料成本 25 870 元,直接工资 12 096 元,制造费用 18 507 元。假定各联产品的标准产量折合系数为 1、0.6、0.2、0.3。本月生产成本资料如表 7-5 所示。

**表 7-5 生产费用资料**  单位:元

| 202×年 | | 摘　要 | 成本项目 | | | 合　计 |
|---|---|---|---|---|---|---|
| 月 | 日 | | 直接材料 | 直接人工 | 制造费用 | |
| 5 | 1 | 月初在产品成本 | 56 070 | 12 514 | 10 678 | 79 262 |
| | 31 | 本月生产费用 | 294 555 | 226 960 | 194 034 | 715 549 |
| | 31 | 合　计 | 350 625 | 239 474 | 204 712 | 794 811 |
| | | 各成本项目比重 | 44.11% | 30.13% | 25.76% | 100% |

根据以上相关资料,计算联产品成本,如表 7-6 所示。

**表 7-6 联产品成本计算表**

202×年 5 月

| 品　名 | 产量(吨) | 系数 | 标准产量(吨) | 分配比例 | 应负担成本(元) | 单位成本(元) |
|---|---|---|---|---|---|---|
| 汽　油 | 150 | 1 | 150 | 59.06% | 469 415.38 | 3 129.44 |
| 柴　油 | 120 | 0.6 | 72 | 28.35% | 225 328.92 | 1 877.74 |
| 航空煤油 | 40 | 0.2 | 8 | 3.15% | 25 036.55 | 625.91 |
| 液化气 | 80 | 0.3 | 24 | 9.44% | 75 030.15 | 937.88 |
| 合　计 | | | 254 | 100% | 794 811.00 | |

由于液化气产品经分离之后,还要进一步加工,这一部分进一步加工发生的成本为可归属成本。液化气产品的总成本由分离出来的联合成本和进一步加工的可归属成本两部分构成,其总成本的计算如表7-7所示。

**表7-7　液化气产品成本汇总计算表**

产量:80吨　　　　　　　　　　　　　202×年5月　　　　　　　　　　　金额单位:元

| 成本项目 | 联合成本 | | 可归属成本 | 总成本 | 单位成本 |
|---|---|---|---|---|---|
| | 比　重 | 金　额 | | | |
| 直接材料 | 44.11% | 33 095.80 | 25 870 | 58 965.80 | 737.07 |
| 直接人工 | 30.13% | 22 606.58 | 12 096 | 34 702.58 | 433.78 |
| 制造费用 | 25.76% | 19 327.77 | 18 507 | 37 834.77 | 472.93 |
| 合　计 | 100% | 75 030.15 | 56 473 | 131 503.15 | 1 643.78 |

**(二) 副产品的成本计算**

副产品是指在同一生产过程中,使用同种原材料,在生产主要产品的同时附带生产出来的非主要产品。例如,甘油是肥皂的副产品,麸皮是面粉的副产品,企业生产过程中的炉渣可用于生产建材等。

副产品与联产品都是同一生产过程的产出物,两者的区别仅在于两者的价值不同,联产品的价值较高,而副产品的价值较小。但副产品对社会仍有一定的经济意义,有它的使用价值,所以必须用一定的方法来确定副产品的成本。

另外,副产品与联产品的划分也不是绝对的,随着技术的进步和市场的变化或者企业发展战略的变化,一些副产品的用途和经济价值可能增加,而一些联产品的用途和经济价值却可能降低,从而使两者的位置互换。例如,甘油作为生产炸药的原料在战争时期必定被作为主要产品生产。

由于副产品是随主要产品附带生产出来的,其价值较低,所以副产品成本的计算不像联产品那么复杂。通常,只要将副产品按一定标准作价,从分离前的联合成本中扣除就可以了,关键就是副产品按什么标准作价的问题。副产品计价不能过高,以免把主产品的成本分摊到副产品上;但也不能过低,以免把销售副产品的亏损转嫁到主产品上去。

副产品在分离后,有的可以作为成品直接对外出售,有的副产品与主产品分离后,还需要进行单独加工后再出售。例如,在制皂过程中产生的含有甘油的盐水,在与主产品分离后,还要加入某些辅助材料,经进一步加工,才能生产出甘油,在这种情况下,还应根据副产品加工生产的特点和管理的要求单独计算成本。在这两种不同情况下,副产品的成本计算也有所区别。

1. 无须进一步加工的副产品的计价

对于分离后不再加工的副产品,如果价值很低的话,可以将其收益直接计入"其他业务收入"处理。这也就是说,此时副产品不负担分离前的联合成本。这种计价方法简单方便,但副产品不计价可能影响主产品成本计算的正确性。

如果副产品价值较高,则必须分摊分离前的联合成本,一般是将其销售价格扣除税金和销售费用后,作为副产品应负担的成本从联合成本中扣除。副产品成本可以直接从直接材料成本项目扣除,也可以按比例从各成本项目中扣除。这种计价方法相比副产品不计价法有所改进,但如果副产品的市场售价波动较大,也会影响主产品成本计算的正确性。

【例7-3】 红江工厂在生产A、B、C三种联产品的同时,也附带生产出D副产品。202×年5月发生生产成本共计800 000元,其中直接材料400 000元,直接人工200 000元,制造费用200 000元。D副产品本期产量为3 000件,单位售价25元,每件负担税金8元,负担销售费用7元。则D副产品应负担成本计算如下:

D副产品应负担成本=3 000×(25-8-7)=30 000(元)

D副产品总成本计算出来后,各成本项目按总成本中各成本项目所占比重确定,其计算如表7-8所示。

表7-8 副产品成本计算表

副产品名称:D副产品　　　　　　　　　202×年5月　　　　　　　　　金额单位:元

| 成本项目 | 总成本 | D副产品负担成本 | A、B、C联产品成本 |
|---|---|---|---|
| 直接材料 | 400 000 | 15 000 | 385 000 |
| 直接工资 | 200 000 | 7 500 | 192 500 |
| 制造费用 | 200 000 | 7 500 | 192 500 |
| 合　计 | 800 000 | 30 000 | 770 000 |

2. 需进一步加工的副产品的计价

副产品在分离点分离后,需进一步加工后才能对外出售的,其计价方法也有两种:

第一种方法是副产品只负担分离后的可归属成本,而不承担分离前的联合成本。这种方法简便易行,但低估了副产品的成本而高估了主产品的成本。

第二种方法是副产品既负担分离后的可归属成本,也负担分离前的联合成本。此时联合成本的分摊同样可采用上述办法,用副产品的销售价格扣除税金和销售费用,再减去进一步加工的可归属成本后的价值作为副产品的成本。

【例7-4】 接上例,假定D副产品分离后还需进一步加工才能对外销售,每件副产品加工成本为3元,其他资料不变。则:

D副产品应负担成本=3 000×(25-8-7-3)=21 000(元)

D副产品总成本计算出来后,各成本项目按总成本中各成本项目所占比重确定,其计算如表7-9所示。

表7-9 副产品成本计算表

副产品名称:D副产品　　　　　　　　　202×年5月　　　　　　　　　金额单位:元

| 成本项目 | 总成本 | D副产品负担成本 | A、B、C联产品成本 |
|---|---|---|---|
| 直接材料 | 400 000 | 10 500 | 389 500 |
| 直接工资 | 200 000 | 5 250 | 194 750 |
| 制造费用 | 200 000 | 5 250 | 194 750 |
| 合　计 | 800 000 | 21 000 | 779 000 |

如果在同一生产过程中回收的副产品种类较多，为了简化成本核算工作，也可以按事先制定的副产品计划成本或固定价格从联合成本中进行扣除。

# 第二节 产品成本计算的定额法

产品成本的定额法，通过及时反映与监督生产费用和产品成本脱离定额的差异，把产品成本的计划、控制、核算、分析结合在一起，以便加强成本管理而采用的一种成本计算方法。定额法可以弥补成本核算基本方法生成成本信息具有一定滞后性的不足，有利于企业进行事前和事中的成本控制。在定额管理工作较好的企业为配合成本管理采用此法。

## 一、定额法的特点及适用范围

### (一) 定额法的含义

在前述的各种成本计算方法中，生产费用的日常核算都是按照生产费用的实际发生额来进行的。这样，企业成本控制的目标成本定额是否能够实现，只有等到期末将实际成本与定额成本进行对比后才能得知，这对加强成本的事中控制是不利的。产品成本计算的定额法，就是为了及时反映和监督生产费用和产品成本脱离定额的差异及其原因，加强成本控制而采用的一种成本计算与成本管理相结合的方法。

定额法是以定额成本为基础，加上或减去脱离定额差异、材料成本差异和定额变动差异，来计算产品实际生产成本的方法。采用定额法计算产品成本，实际成本的计算公式如下：

实际成本＝定额成本±脱离定额差异±材料成本差异±定额变动差异

定额成本是指根据企业现行材料消耗定额、工时定额及其他有关资料计算的一种成本控制目标。产品定额成本的制定过程也是对产品成本事前控制的过程。定额成本是计算产品实际成本的基础，也是企业对生产费用进行事中控制和事后分析的依据。

脱离定额差异是指产品生产过程中各项实际发生的生产费用脱离现行定额的差异。脱离定额差异反映了企业各项生产费用支出的合理程度和执行现行定额的工作质量。

材料成本差异也是产品生产费用脱离定额的一部分。在定额法下，为了便于产品成本的分析和考核，材料的日常核算必须按计划成本计价进行。平时发生的材料费用，包括材料定额费用和脱离定额差异都是按照材料的计划单位成本计算，脱离定额差异仅指消耗数量的差异，即量差；而材料成本差异反映实际单位成本与计划单位成本的不同产生的差异，是价差。并且只有原材料将产品生产费用脱离定额的差异分为脱离定额差异和材料成本差异；而人工及其他费用中脱离定额差异既包括量差也包括价差。

定额变动差异是指由于修订定额而产生的新旧定额之间的差异，它是定额自身变动的结果，与生产费用支出的节约与超支无关。企业年度内修订定额一般在月初进行，在有定额变动的月份，本月投入产品的定额成本是按新定额计算的，只有月初在产品的定额成本是按旧定额计算的。因此，定额变动差异是指月初在产品账面定额成本与按新定额计算的定额成本之间的差异。

### （二）定额法的特点

定额法不仅是一种产品成本计算方法，还是一种对产品成本进行控制和管理的方法，其特点主要表现在三个方面。

**1. 事前制定产品的各项定额**

事前要制定出产品的各项消耗定额、费用定额和定额成本，作为控制生产费用、降低产品成本的目标。

**2. 分别核算定额费用和脱离定额的差异**

在生产费用发生的当时，就将符合定额的费用与脱离定额的差异分别核算，以加强对成本差异的日常核算、分析和控制；月末，在定额成本的基础上加减各种成本差异，计算产品的实际成本，为成本的定期考核和分析提供数据。

**3. 只能同成本计算的基本方法结合使用**

定额法不是一种独立的成本计算方法，而是为了加强成本控制而采用的辅助成本计算方法，它必须结合品种法、分批法或分步法等成本计算基本方法使用。

### （三）定额法的适用范围

定额法与企业的生产类型没有直接的关系，但大量大批生产的企业更适于采用。为了充分发挥定额法的作用，并且尽量简化工作，它要求企业必须具备以下条件：

（1）企业定额管理制度比较健全，定额管理基础扎实；

（2）产品的生产已经定型，各项消耗定额比较准确、稳定。

## 二、定额法的成本计算程序

定额法的成本计算程序包括以下步骤：

（1）制定单位产品的消耗定额、费用定额；

（2）按产品（或批次、步骤）设置成本计算单，并按成本项目设置定额成本、定额差异、定额调整等专栏；

（3）根据产品实际成本或有关定额资料计算产品的定额成本；

（4）根据各种定额差异凭证汇总计算各种产品的定额差异；

（5）如果定额有变动，则要计算定额变动差异，并据以调整月初在产品定额成本；

（6）月末，根据产品成本计算单，计算出定额成本和定额差异总数，并求出定额差异分配率和定额变动差异分配率；

（7）计算出完工产品应负担的定额差异、定额变动差异和材料成本差异，汇总求得完工产品的实际成本。

上述程序中的关键问题是定额成本及其差异的计算，下面分别进行说明。

### （一）产品定额成本的计算

产品的消耗定额、费用定额和定额成本既是企业日常控制生产费用的依据，也是计算产品实际成本的基础。定额成本是以产品生产耗费的消耗定额和计划价格为依据确定的目标成本。其计算公式为：

$$直接材料定额成本＝产品原材料消耗定额×原材料计划单位成本$$
$$直接工资定额成本＝产品生产工时定额×计划小时工资率$$
$$制造费用定额成本＝产品生产工时定额×计划小时费用率$$

产品的定额成本一般由企业的计划、技术、会计等部门共同制定。如果产品的零部件不多,一般先计算零件的定额成本,然后再汇总计算部件和产成品的定额成本。如果产品的零部件较多,为了简化成本核算工作,也可以不计算零件的定额成本,而根据列有零件材料消耗定额、工序计划、工时消耗定额的零件定额卡,以及材料计划单价、计划的工资率和费用率,计算部件定额成本,然后汇总计算产成品定额成本;或者根据零部件的定额卡直接计算产成品定额成本。

【例7-5】 红利工厂大量生产甲、乙两种产品,采用定额法计算产品成本,产品定额成本根据零部件定额卡直接计算。本月有关零件定额卡(以L201为例)、部件定额卡(以B210为例)和产品消耗定额计算表(以甲产品为例)如表7-10至7-12所示。

**表7-10 零件定额卡**

零件名称或编号:L201 　　　　　　　　　202×年5月

| 材料编号 | 材料名称 | 计量单位 | 材料消耗定额 |
|---|---|---|---|
| C001 | D | 千克 | 13 |
| C002 | E | 千克 | 10 |

| 工　序 | 工时定额 | 累计工时定额 |
|---|---|---|
| 1 | 4 | 4 |
| 2 | 6 | 10 |
| 3 | 10 | 20 |

**表7-11 部件定额成本计算表**

部件名称或编号:B210 　　　　　　　　202×年5月 　　　　　　　　金额单位:元

| 所用零件名称或编号 | 所用零件数量 | 部件材料费用定额 | | | | | | 金额合计 | 工时定额 |
|---|---|---|---|---|---|---|---|---|---|
| | | C001 | | | C002 | | | | |
| | | 消耗定额 | 计划单价 | 金额 | 消耗定额 | 计划单价 | 金额 | | |
| L201 | 1 | 13 | 2 | 26 | 10 | 5 | 50 | 76 | 20 |
| L202 | 1 | 15 | 2 | 30 | 40 | 5 | 200 | 230 | 15 |
| 装配 | | | | | | | | | 10 |
| 合　计 | | | | 56 | | | 250 | 306 | 45 |

| 定额成本 | | | | | | |
|---|---|---|---|---|---|---|
| 直接材料 | 直接人工 | | 制造费用 | | 定额成本合　计 | |
| | 小时工资率 | 金　额 | 小时费用率 | 金　额 | | |
| 306 | 5 | 225 | 3 | 135 | 666 | |

### 表 7-12 产品定额成本计算表

产品名称或编号:甲产品　　　　　　　202×年5月　　　　　　　金额单位:元

| 所用部件名称或编号 | 所用部件数量 | 材料费用定额 | | 工时定额 | |
|---|---|---|---|---|---|
| | | 部件 | 产品 | 部件 | 产品 |
| B210 | 3 | 306 | 918 | 45 | 135 |
| B211 | 1 | 46 | 46 | 15 | 15 |
| 装配 | | | | | 10 |
| 合　计 | | | 964 | | 160 |

| 定额成本 | | | | | 定额成本 |
|---|---|---|---|---|---|
| 直接材料 | 直接人工 | | 制造费用 | | |
| | 小时工资率 | 金　额 | 小时费用率 | 金　额 | 合　计 |
| 964 | 5 | 800 | 3 | 480 | 2 244 |

### (二)脱离定额差异的计算

以定额成本作为企业日常成本控制的目标,必须进行脱离定额差异的日常核算,及时分析差异发生的原因,明确责任,以便及时地采取处理措施。所以,在发生生产费用时,应该为符合定额的费用和脱离定额的差异分别编制定额凭证和差异凭证,并在有关的费用分配表和明细账中分别予以记载。脱离定额差异的计算应按成本项目逐项进行。

1. 直接材料定额差异的计算

在各成本项目中,材料费用一般都占有较大的比重,而且属于直接计入费用,因此有必要在费用发生的当时就按产品计算定额费用和脱离定额差异,以便加强控制。直接材料脱离定额差异的计算,一般有以下三种方法。

(1)限额法。限额法也称为"差异凭证法"。为了控制材料领用,在采用定额法时必须实行限额领料制度,即运用限额领料单和限额领料卡来反映材料领用限额数量和实际耗用数量。符合定额的材料应根据限额领料单等定额凭证领发,如果增加产品产量而需要增加用料量的,则必须办理追加限额手续,然后根据定额凭证领发。由于其他原因需要超限额领料或者领用代用材料的,则根据专设的超额材料领用单、代用材料领用单等差异凭证,经过一定的审批手续领发。超额领用的材料,全部是定额差异,且是超支差异;代用材料则并不都是定额差异,应先计算出所领代用材料相当于原设计用材料的数量,从而计算出定额差异。

每月末应根据领料部门余料编制退料单,办理退料手续;退料单应视为差异凭证,退料单中所列的材料数额和限额领料单中的未领用的材料余额,都是材料脱离定额的节约差异。

采用限额法对于控制领料、促进节约用料有重要作用。但是上述差异凭证反映的往往只是领料差异,不一定是用料差异,并不能完全控制用料。只有在产品投产数量等于规定的产品数量,而且车间没有余料或者期初、期末余料数量相等的情况下,领料差异才是用料脱离定额的差异。因此,要控制用料不超支,不仅要控制领料不超过限额,还要控制产品的投产数量不少于计划规定的产品数量;另外还要注意车间有无余料和余料的数量。

(2)切割法。对于一些需要切割后才能使用的材料,如板材、棒材等,要通过材料切割核算单来核算用料差异,控制用料。材料切割核算单一般应按切割材料的批别开设,单中注明发交切割材料的种类、数量、消耗定额和应切割成的毛坯数量。切割完毕后,再填写实际切割成的毛坯数量和材料的实际消耗量。根据实际切割成的毛坯数量和消耗定额计算出材料定额消耗量,与材料实际消耗量相比较,可得出实际脱离定额的差异。

【例7-6】　接【例7-5】,红利工厂C002材料切割核算单如表7-13所示。

### 表7-13　材料切割核算单

材料名称或编号:C002　　　　计量单位:千克　　　　　材料计划单价:5元
产品名称:乙产品　　　　　　零件名称或编号:L301　　废料回收单价:1元
机车编号:119　　　　　　　图纸号:858　　　　　　切割人:张三
发交切割日期:202×年5月11日　　　　　　　　　　完工日期:202×年5月12日

| 发料数量 | 退回余料数量 | 材料实际消耗量 | 废料回收数量 |
|---|---|---|---|
| 168 | 14 | 154 | 15 |

| 单件消耗定额 | 单件回收废料定额 | 应切割成的毛坯数量 | 实际切割成的毛坯数量 | 材料定额消耗量 | 废料定额回收量 |
|---|---|---|---|---|---|
| 11.5 | 0.5 | 14 | 12 | 138 | 6 |

| 材料脱离定额差异 | | 废料脱离定额差异 | | 差异原因 | 责任人 |
|---|---|---|---|---|---|
| 数量 | 金额 | 数量 | 金额 | 操作工人技术不熟练,浪费了材料,减少了毛坯 | 张　三 |
| 16 | 80 | -9 | -9 | | |

上表有关数字的计算过程如下:

应切割成的毛坯数量=168÷(11.5+0.5)=14(件)

材料定额消耗量=11.5×12=138(千克)

废料定额回收量=0.5×12=6(千克)

材料脱离定额差异=(154-138)×5=+80(元)

废料脱离定额差异=(6-15)×1=-9(元)

(3)盘存法。对于不能采用切割法的原材料,为了更好地控制用料,除了采用限额法外,还应通过定期盘存的方法来核算差异。核算程序如下:

首先,根据产品投产的原始记录确定或者根据完工产品的数量和月末在产品盘存数量倒挤计算出产品投产数量,计算公式为:

投产产品数量=本期完工产品数量+期末在产品数量-期初在产品数量

其次,根据产品投产数量乘以材料消耗定额,算出材料定额消耗量;根据限额领料单、超限额领料单和退料单等材料凭证及车间余料的盘存资料,计算原材料实际消耗量,计算公式为:

原材料定额消耗量=本期投产产品数量×单位产品材料消耗定额

原材料实际消耗量＝领料数量＋期初余料数量－期末盘点余料或退料数量

最后,将材料的实际消耗量与定额消耗量对比,确定材料脱离定额差异。即

原材料脱离定额差异＝(原材料实际消耗量－原材料定额消耗量)×原材料计划单价

【例 7－7】 长利工厂生产的甲产品原材料在生产开始时一次投入,单位产品 F 材料的消耗定额为 40 千克,F 材料计划成本为 8 元/千克。甲产品 202×年 5 月初在产品 20件,本月完工入库产品为 200 件,月末实地盘点的在产品为 30 件。根据"限额领料单"的记录,本期乙产品领用材料 9 000 千克;根据车间材料盘存资料,F 材料车间月初余料为50 千克,月末余料为 60 千克。材料脱离定额的差异计算如下:

投产乙产品数量＝200＋30－20＝210(件)

F 材料定额消耗量＝210×40＝8 400(千克)

F 材料实际消耗量＝9 000＋50－60＝8 990(千克)

F 材料脱离定额差异＝(8 990－8 400)×8＝4 720(元)

不论采用哪一种方法来核算原材料定额消耗量和脱离定额差异,都应分批或定期地将这些核算资料按照成本计算对象汇总,编制原材料定额费用和脱离定额差异汇总表。表中填明该批或该种产品所耗各种原材料的定额消耗量、定额费用和脱离定额的差异,并分析说明发生差异的主要原因。该汇总表既可用来汇总反映和分析原材料脱离定额差异,又可用来代替原材料费用分配表登记产品成本明细账,还可以报送管理当局或向职工公布,以便根据差异发生的原因采取措施,进一步挖掘降低材料费用的潜力。

【例 7－8】 接上例,红利工厂 202×年 5 月份甲产品实际投产量为 210 件,生产甲产品要消耗 D、E、F 三种材料,可根据相关定额资料及实际消耗数量汇总编制"材料定额费用和脱离定额差异汇总表",如表 7－14 所示。

### 表 7－14 材料定额费用和脱离定额差异汇总表

产品名称:甲产品　　　　　　　　　　　　　　　　　　　　　　　金额单位:元

投产量:210 件　　　　　　　　　　　202×年5月　　　　　　　　　　计量单位:千克

| 材料名称 | 材料编号 | 计划单价 | 定额费用 | | | 实际费用 | | 脱离定额差异 | |
|---|---|---|---|---|---|---|---|---|---|
| | | | 单位定额 | 数量 | 金额 | 数量 | 金额 | 数量 | 金额 |
| D 材料 | C001 | 2 | 72 | 15 120 | 30 240 | 15 000 | 30 000 | －120 | －240 |
| E 材料 | C002 | 5 | 100 | 21 000 | 105 000 | 20 500 | 102 500 | －500 | －2 500 |
| F 材料 | C003 | 8 | 40 | 8 400 | 67 200 | 8 990 | 71 920 | 590 | 4 720 |
| 合　计 | | | | | 202 440 | | 204 420 | | 1 980 |

2. 直接工资定额差异的计算

在计件工资形式下,生产工人工资属于直接费用,其脱离定额差异的计算与原材料脱离定额差异的计算相似,符合定额的生产工人工资应该反映在产量记录中,脱离定额的差异通常反映在专设的补付单等差异凭证中。工资差异凭证应填明原因并经过一定的审批手续。

在计时工资制度下,生产工人工资一般只能在月末按照生产工时的比例分配计入各

种产品成本,不能在平时按产品直接计算,因而不能及时反映生产工人工资脱离定额的差异。月末,生产工人实际工资总额确定后,按下列公式计算:

$$计划小时工资率=\frac{计划产量的定额直接人工费用}{计划产量的定额生产工时}$$

$$实际小时工资率=\frac{实际直接人工费用}{实际生产工时}$$

某产品定额直接人工费用＝该产品实际完成的定额生产工时×计划小时工资率

某产品实际直接人工费用＝该产品实际生产工时×实际小时工资率

某产品直接人工脱离定额的差异＝某产品实际直接人工费用－某产品定额直接人工费用

由以上公式可知,直接工资定额差异是由工时差异和单位小时工资差异形成的。要降低产品的直接工资,一方面应控制生产工人的工资总额不超过计划,另一方面应充分利用工时,使生产工时总额不低于计划;另外还要控制单位产品的生产工时不超过工时定额。在日常核算中,应按照产品计算定额工时、实际工时和工时脱离定额的差异,及时分析发生差异的原因。

【例7-9】　红利工厂202×年5月甲、乙两种产品实际生产工时为76 000小时,其中甲产品35 800小时,乙产品40 200小时;本月两种产品实际完成定额工时76 600小时,其中甲产品36 600小时,乙产品40 000小时。本月实际产品生产工人工资为387 600元;本月计划小时工资率5元(见表7-12);实际小时工资率为5.10元(＝387 600÷76 000)。根据上述资料可编制"直接人工费用定额和脱离定额差异汇总表",如表7-15所示。

表7-15　直接人工费用定额和脱离定额差异汇总表

202×年5月

金额单位:元

| 产品名称 | 定额人工费用 | | | 实际人工费用 | | | 脱离定额差异 |
|---|---|---|---|---|---|---|---|
| | 定额工时(小时) | 计划小时工资率 | 定额工资 | 实际工时(小时) | 实际小时工资率 | 实际工资 | |
| 甲产品 | 36 600 | | 183 000 | 35 800 | | 182 580 | －420 |
| 乙产品 | 40 000 | | 200 000 | 40 200 | | 205 020 | 5 020 |
| 合　计 | 76 600 | 5 | 383 000 | 76 000 | 5.10 | 387 600 | 4 600 |

### 3. 制造费用定额差异的计算

制造费用属于间接费用,在日常核算中不能按照产品直接计算脱离定额的差异,只能根据月份的费用计划,按费用发生的部门和费用的项目计算费用的差异,去控制和监督费用的发生。月末,当实际费用总额计算出来后,与定额费用比较,确定定额差异,若制造费用按工时标准分配,则其脱离定额差异也是由工时差异和小时费用率差异形成的,其计算方法与计时工资制下直接工资差异计算方法相同。

【例7-10】　红利工厂202×年5月甲、乙两种产品实际生产工时和实际完成定额工时同【例7-9】。本月实际制造费用总额为231 800元,本月计划小时费用率3元(见表7-12);实际小时工资率为3.05元(＝231 800÷76 000)。根据上述资料可编制"制造费用定额和脱离定额差异汇总表",如表 7-16 所示。

**表 7-16 制造费用定额和脱离定额差异汇总表**

202×年 5 月　　　　　　　　　　　　　　　金额单位:元

| 产品名称 | 定额制造费用 | | | 实际制造费用 | | | 脱离定额差异 |
|---|---|---|---|---|---|---|---|
| | 定额工时（小时） | 计划小时费用率 | 定额费用 | 实际工时（小时） | 实际小时费用率 | 实际费用 | |
| 甲产品 | 36 600 | | 109 800 | 35 800 | | 109 190 | −610 |
| 乙产品 | 40 000 | | 120 000 | 40 200 | | 122 610 | 2 610 |
| 合　计 | 76 600 | 3 | 229 800 | 76 000 | 3.05 | 231 800 | 2 000 |

### （三）材料成本差异的计算

月末在计算产品的实际材料费用时,应分配其应负担的材料成本差异,即所耗材料的价格差异。其计算公式如下:

$$\begin{matrix}某产品应分配的\\材料成本差异\end{matrix}=\left(\begin{matrix}该产品材料\\定额成本\end{matrix}\pm\begin{matrix}材料脱离\\定额差异\end{matrix}\right)\times\begin{matrix}材料成本\\差异率\end{matrix}$$

**【例 7-11】** 接【例 7-8】,根据表 7-14,红利工厂 202×年 5 月甲产品所耗直接材料定额成本为 202 440 元,材料脱离定额的差异为超支 1 980 元。本月材料成本差异率为节约 1%,则甲产品本月应负担的材料成本差异可计算如下:

甲产品应负担的材料成本差异=(202 440+1 980)×(−1%)=−2 044.20(元)

### （四）定额变动差异的核算

定额法下,在消耗定额或计划价格修订后,定额成本也应该随之及时进行修订。定额成本一般在月初、季初或年初定期进行修订,但在定额变动的月份,月初在产品的定额成本并未修订,它仍然是按照旧的定额计算的。为了将按照旧的定额计算的月初在产品定额成本和按新的定额计算的本月投入产品的定额成本,在新定额的同一基础上相加起来,以便计算产品的实际成本,因此必须计算月初在产品的定额变动差异,以调整月初在产品的定额成本。

定额变动成本的计算,一般有两种方法。

1. 直接计算法

这种方法就是根据在产品盘存资料先求出变动前、后零部件材料定额差异数量,乘以定额变动的零部件数量,再乘以材料单价而得出定额变动差异金额。其计算公式为:

$$\begin{matrix}月初在产品\\定额变动差异\end{matrix}=\sum\left(\begin{matrix}变动前单位\\零件消耗定额\end{matrix}-\begin{matrix}变动后单位\\零件消耗定额\end{matrix}\right)\times\begin{matrix}定额变动\\的零件数量\end{matrix}\times\begin{matrix}材料\\单价\end{matrix}$$

直接计算法要按照零部件和工序进行,工作量较大,一般适用于产品零部件较少的企业。

2. 系数计算法

为简化核算,也可按照单位产品采用系数计算法,按产品成本项目计算月初在产品的定额变动差异。计算公式如下:

$$定额变动系数=\frac{按新定额计算的单位产品定额费用}{按旧定额计算的单位产品定额费用}$$

$$\begin{array}{l}月初在产品\\定额变动差异\end{array}=\begin{array}{l}按旧定额计算的\\月初在产品费用\end{array}\times(1-定额变动系数)$$

【例 7-12】　红利工厂甲产品从 202×年 5 月 1 日起实行新的材料消耗定额,直接人工和制造费用定额不变。单位产品新的直接材料费用定额为 964 元(见表 7-12),旧的直接材料费用定额为 1 000 元。甲产品月初在产品按旧定额计算的直接材料费用为 14 700 元。根据上述资料,月初在产品定额变动差异可计算如下:

定额变动系数=964÷1 000=0.964

月初在产品定额变动差异=14 700×(1-0.964)=529.2(元)

定额变动系数不是按产品的零部件计算,而是按单位产品综合计算,因此能简化计算工作。但在零部件生产不成套或成套性较差的情况下采用系数计算法,就会影响计算结果的正确性。

通常情况下,消耗定额的变动表现为不断降低的趋势,因而月初在产品定额变动差异一般表现为月初在产品价值的降低。这时,一方面应从月初在产品定额成本中扣除该项差异,另一方面还应将该项月初在产品重估价的差异,加入本月产品成本中。相反,如果消耗定额不降反升,则月初在产品增值的差异应加入月初在产品原来的定额成本中,同时,还应将该项月初在产品重估价的差异,从本月产品成本中扣除。

月末,如果某种产品全部已完工,在该种产品定额成本基础上加减各种差异,就为该种产品的完工产品总成本;如果全部未完工,则上式所计算的成本即为该产品的月末在产品成本;如果该产品一部分完工,另一部分未完工,则上式中的定额成本,还应划分为完工产品的定额成本和月末在产品的定额成本,各种差异也应在完工产品和月末在产品之间按定额成本比例进行分配,以便分别计算完工产品成本和月末在产品成本。如果差异数额不大或者差异数额虽然较大,但各月月末在产品数量比较稳定,月末在产品也可以按照定额成本计价,差异全部由完工产品成本承担,而所产生的误差大致可以相互抵消。

## 三、定额成本法举例

【例 7-13】　前进工厂大量大批生产丙产品,企业定额管理基础扎实,各项消耗定额比较准确、稳定,为了加强定额管理和成本控制,采用定额法计算成本。其成本计算单如表 7-17 所示。

表 7-17 是在对生产耗费脱离定额差异进行日常和控制的基础上填制的。表中的月初在产品成本资料根据上月月末在产品成本资料登记。由于材料成本差异和定额变动差异均由完工产品成本负担,因此月初在产品成本中不包括这两种成本差异。月初在产品定额变动资料,应根据上述月初在产品定额变动差异计算方法求得。其中定额成本调整数,是用来调整按旧定额计算的月初在产品定额成本的(定额降低时用负数,定额提高时用正数);定额变动差异数,是应由本月产品成本负担的月初在产品定额变动差异数(定额降低时用正数,定额提高时用负数)。

本月生产费用中的材料定额费用中的材料定额费用和脱离定额差异,应根据材料定

**表 7 - 17　产品成本计算单**

产品名称:丙产品　产量:620 件　202×年5月　　　　　　　金额单位:元

| 成本项目 | 月初在产品 定额成本 (1) | 月初在产品 脱离定额差异 (2) | 月初在产品定额成本调整 定额成本调整 (3) | 月初在产品定额成本调整 定额变动差异 (4) | 本月费用 定额成本 (5) | 本月费用 脱离定额差异 (6) | 本月费用 材料成本差异 (7) | 生产费用合计 定额成本 (8)=(1)+(3)+(5) | 生产费用合计 脱离定额差异 (9)=(2)+(6) | 生产费用合计 材料成本差异 (10)=(7) | 生产费用合计 定额变动差异 (11)=(4) | 差异分配率 脱离定额差异 (12)=(9)÷(8) | 产成品成本 定额成本 (13) | 产成品成本 脱离定额差异 (14)=(13)×(12) | 产成品成本 材料成本差异 (15) | 产成品成本 定额变动差异 (16)=(11) | 产成品成本 实际成本 (17)=(13)+(14)+(15)+(16) | 月末在产品成本 定额成本 (18)=(8)-(13) | 月末在产品成本 脱离定额差异 (19)=(9)-(14) |
|---|---|---|---|---|---|---|---|---|---|---|---|---|---|---|---|---|---|---|---|
| 直接材料 | 36 000 | 1 200 | -4 000 | 4 000 | 88 000 | 4 800 | -800 | 120 000 | 6 000 | -800 | 4 000 | 5% | 80 000 | 4 000 | -800 | 4 000 | 87 200 | 40 000 | 2 000 |
| 直接工资 | 24 000 | 2 400 | | | 56 000 | 4 800 | | 80 000 | 7 200 | | | 9% | 60 000 | 5 400 | | | 65 400 | 20 000 | 1 800 |
| 制造费用 | 11 200 | 1 120 | | | 28 000 | 2 800 | | 39 200 | 3 920 | | | 10% | 28 000 | 2 800 | | | 30 800 | 11 200 | 1 120 |
| 合计 | 71 200 | 4 720 | -4 000 | 4 000 | 172 000 | 12 400 | -800 | 239 200 | 17 120 | -800 | 4 000 | | 168 000 | 12 200 | -800 | 4 000 | 183 400 | 71 200 | 4 920 |

额费用和脱离定额差异汇总表登记;本月生产费用中的材料成本差异应根据材料成本差异分配表登记;本月生产费用中的直接工资和制造费用的定额费用与脱离定额差异,应根据相应费用分配表或汇总表登记。

表中本月产成品定额成本,应根据入库产成品数量乘以产品单位定额成本计算登记。月末在产品定额成本,可根据该种产品各工序各种在产品的盘存数量或账面结存数量,乘以各该工序的费用定额计算登记,也可以根据定额成本合计数减去本月产成品定额成本。材料成本差异全部由完工产品负担。脱离定额差异在产成品和月末在产品之间按定额成本比例分配。

可见,定额法是将产品成本的计划、核算、控制、分析工作有机结合起来的一种产品成本计算方法。

# 第三节　标准成本法

前面的章节主要介绍了工业企业和其他企业产品核算的方法,本章将重点介绍一种与成本控制等成本管理工作紧密联系的成本核算和控制方法,即标准成本法,并通过该方法与前面介绍的定额成本核算方法的比较,介绍标准成本法的特点和作用。

## 一、标准成本法概述

20 世纪初期,随着泰罗制在企业管理中的广泛运用,会计如何为企业生产和提高工作效率服务开始成为企业关注的问题。于是标准成本、差异分析等与泰罗制紧密联系的技术被引入了会计领域。第二次世界大战以后随着目标管理的兴起,标准成本法与目标管理相结合,成为一种普遍使用的成本核算和控制方法。

标准成本法,也称标准成本制度,是以预先制定的标准成本为基础,用标准成本与实际成本进行比较,核算和分析成本差异的一种产品成本计算方法,也是加强成本控制、评价经济业绩的一种成本控制制度。

## 二、标准成本法特点

(1) 根据企业的生产技术、经营管理和人员素质条件为每一个成本项目制定标准成本。在区分变动性制造费用和固定性制造费用后,必须制定弹性预算下的标准成本。

(2) 标准成本加上成本差异构成产品的实际生产成本。

(3) 与成本核算有关的材料、生产成本、产成品和销售成本账户可按标准成本直接入账,简化了账务处理工作。

(4) 标准成本的制定和分析过程也是企业内部各部门管理水平的检查过程、员工积极性的激励过程和企业业绩的评价过程。成本计算、成本管理和成本控制实现了有机结合。

(5) 标准成本法也要根据生产特点和管理要求来处理各生产流程的成本累积过程,所以也要结合使用几种主要的成本核算方法。因此,标准成本法下的成本计算对象,成本计算期和是否计算半成品成本也依所采用的这些方法而决定。

## 三、标准成本法的种类和作用

### (一) 标准成本法的种类

标准成本按其制定所依据的生产技术和经营管理水平,分为理想标准成本和正常标准成本。西方企业采用的标准成本有多种,按照制定标准成本所依据的生产技术和经营水平分类,分为理想标准成本、正常标准成本和现实标准成本。

理想标准成本是现有生产条件所能达到的最优水平的成本,这种成本难以实际运用;正常标准成本是根据正常的工作效率、正常的生产能力利用程度和正常价格等条件制定的标准成本,它一般只用来估计未来的成本变动趋势;现实标准成本,是根据适用期合理的耗费量、合理的耗费价格和生产能力可能利用程度等条件制定的切合适用期实际情况的一种标准成本,标准成本法一般采用这种标准成本。

### (二) 标准成本法的作用

#### 1. 作为成本控制的依据

成本控制的标准有两类:一类是以历史上曾经达到的水平为依据;另一类是以应该发生的成本为依据,如各种标准成本。通过制定各项成本费用的标准额,可以在事先限制各种成本费用的消耗和费用的发生;在成本形成过程中,按照标准成本控制开支;产品成本形成以后,通过分析差异产生的原因,采取恰当的措施,可以为未来降低成本指明途径。

#### 2. 代替实际成本作为存货计价的依据

由于标准成本中已去除了各种不合理因素,以它为依据,进行材料在产品和产成品的计价,可使存货计价建立在更加健全的基础上。而以实际成本计价,往往同样实物形态的存货有不同的计价标准,不能反映其真实的价值。

#### 3. 作为经营决策的成本信息

由于标准成本代表了成本要素的合理近似值,因而可以作为定价依据,并可作为分析的原始数据资料,以及估算产品未来成本的依据。

#### 4. 作为登记账簿的计价标准

使用标准成本来记录材料、在产品和销售账户,可以简化日常的账务处理和报表的编制工作。在标准成本系统中,上述账户按标准成本入账,使账务处理及时简单,减少了许多费用的分配计算。

## 四、标准成本法的计量与核算

### (一) 标准成本的制定

#### 1. 标准成本的制定方法

标准成本的制定方法有很多,常见的有工程技术测算法、历史成本推算法和预测法。

(1) 工程技术测算法。工程技术测算法是指根据一个企业的机器设备、生产技术的先进程度,对产品生产过程的投入产出比例进行估计从而计算出标准成本的方法。这种方法的理论依据是产品成本的高低与机器设备及生产技术的先进程度有密切的关系。

(2)历史成本推算法。所谓历史成本推算法就是将企业过去发生的历史成本数据作为未来产品的标准成本的方法。一般是采用企业前几个月或一年的原材料、人工费用、制造费用的实际发生额的平均数。

(3)预测法。所谓预测法,是指制定产品标准成本时,不仅要考虑当前的生产条件,还应适当考虑未来企业内外因素变化对标准成本的影响。

2. 标准成本各成本项目的制定

产品标准成本的制定通常是按成本项目进行的,包括直接材料标准成本、直接人工标准成本和制造费用标准成本。

(1)直接材料标准成本。产品的直接材料标准成本是指为生产某种产品直接发生的材料耗费,包括材料用量标准和材料价格标准两个方面。

直接材料用量标准是指由生产和技术部门根据产品技术文件,按照正常生产技术条件确定的生产单位产品所需的材料数量,即材料消耗定额,它包括构成产品实体的原材料消耗和正常损失;材料价格标准是指由供应部门确定的单位材料价格,主要包括买价和运杂费等。用各种原材料的标准消耗量乘以标准单价,就可以得到产品直接材料的标准成本。用公式表示如下:

$$某产品直接材料标准成本＝直接材料用量标准×直接材料价格标准$$

(2)直接人工标准成本。产品直接人工标准成本是指为生产某种产品直接发生的人工耗费,包括直接人工用量标准和直接人工价格标准两个方面。

直接人工用量标准是指由生产技术部门根据历史资料或者技术资料确定的,正常生产技术条件下制造单位产品需要消耗的工作时间,即工时定额,它包括产品制造过程所必需的时间、必要的间歇、不可避免的废品损失耗用的时间等。直接人工价格标准是指直接人工的工资率标准,即每一标准工时应分配的工资,应以职工工资标准为基础来确定。单位产品消耗的各工序标准工时由工程技术和生产部门来提供,标准工资率由人力资源部门来提供。

$$标准工资率＝\frac{直接人工工资总额}{标准总工时}$$

某产品直接人工标准成本用如下公式表示:

$$某产品直接人工标准成本＝直接人工用量标准×直接人工价格标准$$

(3)制造费用标准成本。费用一般不能制定产品消耗定额,通常以责任部门为单位,分固定费用与变动费用两类编制费用预算,其中变动费用最好按不同生产量确定,以适应实际数量变动。

$$固定制造费用标准分配率＝\frac{固定制造费用预算}{标准总工时}$$

$$变动制造费用标准分配率＝\frac{变动制造费用预算}{标准总工时}$$

$$固定制造费用标准成本＝固定制造费用标准分配率×工时标准$$

$$变动制造费用标准成本＝变动制造费用标准分配率×工时标准$$

**（二）标准成本差异的核算和分析**

1. 标准成本差异的内容

按经济内容可分为直接材料成本差异、直接人工成本差异、固定性制造费用成本差异、变动性制造费用成本差异；按形成过程可分为量差、价差；按对成本的影响可分为有利差异、不利差异；按可控与否可分为可控差异、不可控差异。

标准成本差异是指产品的实际成本与标准成本之间的差额。如果实际成本超过标准成本，这种差额为逆差或不利差异；如果实际成本低于标准成本，这种差额称为顺差或者有利差异。企业对标准成本差异进行分析的目的在于找出差异产生的原因，明确责任，并采取相应措施，消除不利差异，发展有利差异，实现对成本的有效控制。

导致产品的实际成本脱离标准成本即产生成本差异的原因很多，归纳起来有数量差异和价格差异两个方面。因此，对于标准成本差异的分析也应该从数量和价格两个方面展开。

2. 直接材料标准成本差异的核算和分析

直接材料标准成本差异是指直接材料实际成本与标准成本之间的差异，它包括材料数量差异和材料价格差异两部分。材料数量差异反映企业生产单位产品时材料消耗的浪费或节约，以及由于产品结构改变、材料加工方法改变、材料质量改变、材料代用等原因所造成的超支或节约数，该差异的责任应该由生产单位承担。材料价格差异是指材料采购的实际价格与标准价格之间的差异和材料实际用量之间的乘积，该差异的责任应该由采购部门承担。

$$材料数量差异＝（实际耗用量－标准耗用量）×标准价格$$
$$材料价格差异＝（实际价格－标准价格）×实际用量$$

计算结果如果是正数，表示超支即逆差；如果为负数，表示节约即顺差。人们普通习惯于先分析量差，再分析价差，这也符合事物从量变到质变的发展规律。

**【例 7－14】** 某企业生产乙产品需要耗用 A、B 两种材料，标准价格分别为 8 元/千克和 6 元/千克，单位产量的标准用量分别为 10 千克和 12 千克；本月共生产乙产品 500 件，实际耗用 A 材料 4 800 千克，B 材料 6 400 千克，A、B 两种材料的实际价格分别为 8.2 元/千克和 5.7 元/千克。直接材料成本差异计算如下：

A 材料标准用量＝10×500＝5 000（千克）

B 材料标准用量＝12×500＝6 000（千克）

A 材料标准成本＝5 000×10×8＝40 000（元）

A 材料实际成本＝4 800×8.2＝39 360（元）

B 材料标准成本＝500×12×6＝36 000（元）

B 材料实际成本＝6 400×5.7＝36 480（元）

乙产品直接材料标准成本差异＝39 360＋36 480－40 000－36 000＝－160（元）

其中：

A 材料用量差异＝（4 800－5 000）×8＝－1 600（元）

B 材料用量差异＝(6 400－6 000)×6＝2 400(元)

乙产品直接材料用量差异＝－1 600＋2 400＝800(元)

A 材料价格差异＝(8.2－8)×4 800＝960(元)

B 材料价格差异＝(5.7－6)×6 400＝－1 920(元)

乙产品直接材料价格差异＝960－1 920＝－960(元)

上述计算结果表明,企业材料数量差异超支 800 元,材料价格差异节约 960 元,前者为逆差,是不利差异;后者为顺差,是有利差异。前者的不利差异应该由生产单位寻找原因,落实责任,并提出改进意见。后者的有利因素,也应分析节约产生的原因,加以保持和发展。

3. 直接人工标准成本差异的核算和分析

直接人工标准成本差异是指实际产量的实际工资与标准工资之间的差异,包括直接人工效率差异和工资率差异。直接人工效率差异是因实际耗用工时脱离标准而导致的成本差异。工资率差异是每小时实际工资率与标准工资率之间的差额和实际工时之间的乘积,它等同于直接材料的价格差异。一般来说,直接人工的效率差异应由生产单位负责,因为其差异通常可能是由于机器运转不正常、材料或零件传递方法不当、工人技术不熟练等与生产活动有关的原因造成的,直接人工工资率差异一般应由主管人事的部门负责,它通常与人事变动、工资制度和工资级别的调整有关;但如果是非生产工时造成的差异,如停工待料时的工资、开会时间的工资等,仍由生产单位负责。直接人工的效率差异和工资差异的计算公式如下:

$$直接人工效率差异＝(实际工时－标准工时)×标准工资率$$

$$直接人工工资率差异＝(实际工资率－标准工资率)×实际工时$$

同理,计算结果为正,表示超支,是逆差,为不利差异;计算结果为负,表示节约,是顺差,为有利因素。

【例 7-15】承【例 7-14】,该企业本月生产乙产品 500 件,需要 A、B 两个工种,标准工资率均为 3.2 元/小时,单位乙产品耗用两工种标准工时分别为 14 小时和 9 小时;本月实际耗用两工种工时分别为 6 880 小时和 4 780 小时,实际工资率分别为 3.0 元/小时和 3.4 元/小时。直接人工标准成本差异计算如下:

A 工种标准工时＝14×500＝7 000(小时)

B 工种标准工时＝9×500＝4 500(小时)

A 工种标准成本＝7 000×3.2＝22 400(元)

A 工种实际成本＝6 880×3.0＝20 640(元)

B 工种标准成本＝4 500×3.2＝14 400(元)

B 工种实际成本＝4 780×3.4＝16 252(元)

乙产品直接人工标准成本差异＝20 640＋16 540－22 400－14 400＝92(元)

其中:

A 工种人工效率差异＝(6 880－7 000)×3.2＝－384(元)

B 工种人工效率差异＝(4 780－4 500)×3.2＝896(元)

乙产品直接人工效率差异＝－384＋896＝512(元)

A 工种工资率差异＝(3.0－3.2)×6 880＝－1 376(元)

B 工种工资率差异＝(3.4－3.2)×4 780＝956(元)

乙产品直接人工工资率差异＝－1 376＋956＝－420(元)

上述结果说明,该企业直接人工效率差异为 512 元,是超支差异;直接人工工资率差异为－420 元,是节约差异。

4. 变动制造费用标准成本差异的核算和分析

变动制造费用标准成本差异是指变动制造费用实际发生额脱离标准发生额而产生的差异,包括变动制造费用效率差异和变动制造费用耗费差异。变动制造费用效率差异是因实际耗用工时脱离标准工时而产生的成本差异,它相当于直接材料的数量差异,这是实际工时与标准工时之间的差额和标准费用分配率之间的乘积。变动制造费用耗费差异是因变动制造费用实际耗费脱离标准而导致的成本差异,它相当于直接材料的价格差异,它是实际费用分配率与标准费用分配率之间的差额和实际工时之间的乘积。两者用公式表示如下:

变动制造费用效率差异＝(实际工时－标准工时)×标准费用分配率

变动制造费用耗费差异＝(实际费用分配率－标准费用分配率)×实际工时

计算结果为正,表示超支,是逆差,为不利差异;计算结果为负,表示节约,是顺差,为有利差异。

【例 7－16】 承【例 7－14】,【例 7－15】,该企业本月生产的 500 件乙产品,单位耗用工时为 23 小时,变动制造费用标准分配率为 6 元/小时,实际耗用工时为 11 780 小时,实际发生变动制造费用 69 800 元。变动制造费用标准成本差异计算如下:

标准工时＝500×23＝11 500(小时)

变动制造费用标准成本＝11 500×6＝69 000(元)

变动制造费用实际成本＝69 800(元)

变动制造费用标准成本差异＝69 800－69 000＝800(元)

其中:

变动制造费用效率差异＝(11 780－11 500)×6＝1 680(元)

变动制造费用耗用差异＝(69 800÷11 780－6)×11 780＝－880(元)

5. 固定制造费用标准成本差异的核算和分析

固定制造费用标准成本差异是指在实际产量下,固定制造费用的实际发生额脱离标准发生额而产生的差异。由于固定制造费用相对固定,在一定的产量范围内,一般不随产量的变动而变动,产量的变动只会影响单位固定制造费用,实际产量与设计生产能力规定的产量或计划产量的差异只会对单位产品应负担的固定制造费用产生影响,所以固定制造费用标准成本差异的分析方法与其他费用成本差异的分析方法有所不同。

固定制造费用成本差异一般包括固定制造费用产量差异和固定制造费用预算差异两个部分。固定制造费用产量差异也称除数差异,是指在固定制造费用预算不变的情况下,由于实际产量与计划产量不同而造成的差异,其差异的原因与现有生产能力的利用程度有关。固定制造费用预算差异是指实际固定制造费用与预算固定制造费用的差异。固定制造费用产量差异和固定制造费用预算差异的计算公式如下：

$$固定制造费用\\产量差异 = \left(\frac{计划产量}{标准工时} - \frac{实际产量}{标准工时}\right) \times 固定制造费用\\标准分配率$$

$$固定制造费用预算差异 = 实际固定制造费用 - 预算固定制造费用$$

计算结果为正数表示超支，为负数表示节约。

【例 7-17】承【例 7-14】至【例 7-16】，假设该企业本月计划生产乙产品 550 件，固定制造费用标准分配率为 8 元/每小时，本月实际发生固定制造费用 90 500 元。固定制造费用标准成本差异计算如下：

固定制造费用标准成本 = 500×23×8 = 92 000(元)

固定制造费用实际成本 = 90 500(元)

固定制造费用预算成本 = 550×23×8 = 101 200(元)

固定制造费用产量差异 = (550×23 - 500×23)×8 = 9 200(元)

固定制造费用预算差异 = 90 550 - 101 200 = -10 700(元)

### (三) 标准成本及成本差异核算的账务处理

1. 标准成本法账务处理的特点

(1)"原材料""生产成本"和"产成品"账户登记标准成本，无论是借方和贷方均登记实际数量的标准成本，其余额亦反映这些资产的标准成本。

(2)设置成本差异账户分别记录各种成本差异。

在需要登记"原材料""生产成本"和"产成品"账户时，应将实际成本分离为标准成本和有关的成本差异，标准成本数据记录；"原材料""生产成本"和"产成品"账户，而有关的差异分别记入各成本差异账户。各差异账户借方登记超支差异，贷方登记节约差异。

(3)各会计期末对成本差异进行处理，分别设置各种差异账户进行汇集。

2. 标准成本法账务处理举例

【例 7-18】承【例 7-14】至【例 7-17】，进行标准成本差异的账务处理。

(1)借：基本生产成本——乙产品　　　　　　　　76 000

　　　直接材料用量差异——B 材料　　　　　　　2 400

　　　直接材料价格差异——A 材料　　　　　　　　960

　　　贷：直接材料用量差异——A 材料　　　　　　　　1 600

　　　　　直接材料价格差异——B 材料　　　　　　　1 920

　　　　　原材料——A 材料　　　　　　　　　　39 360

　　　　　　　——B 材料　　　　　　　　　　36 480

(2)借：基本生产成本——乙产品　　　　　　　　36 800

　　　直接人工效率差异　　　　　　　　　　　　512

　　　贷：直接人工工资率差异　　　　　　　　　　420

　　　　　应付职工薪酬　　　　　　　　　　　36 892

(3)借：制造费用　　　　　　　　　　　　　　69 000

　　　变动制造费用效率差异　　　　　　　　　1 680

        贷:变动制造费用耗用差异　　　　　　　　　　880
          原材料、应付职工薪酬等　　　　　　　69 800
  （4）借:制造费用　　　　　　　　　　　　　　92 000
          固定制造费用产量差异　　　　　　　　9 200
        贷:固定制造费用预算差异　　　　　　　10 700
          原材料、应付职工薪酬等　　　　　　　90 500

通过这项结转分录,月末各成本差异账户的余额为零。将成本差异科目的余额全部转入"产品销售成本"科目,虽然核算上比较简单,但如果差异额较大,就会对当月的利润产生较大影响,并会影响在产品和产成品计价的准确性。如果差异额较大,可以将其按标准成本的比例在当月在产品、库存商品和销售商品之间进行分配。

# 【本章小结】

分类法是以产品的类别作为成本计算对象,按类归集生产费用,先计算出各类完工产品成本,再按一定标准分配计算各类产品中各种产品成本的一种方法。分类法的关键点:一是要合理确定产品类别,以准确计算各大类产品的成本;二是要选用适当的方法分配类内各种产品应负担的成本。产品类别的确定一般可根据产品性质、结构、生产工艺过程、用料等的不同来划分;分配类内各种产品成本的标准选择主要是根据产品的生产工艺特点来确定,具体确定时既可以用价值指标,也可以用技术指标。分配方法可以采用定额比例或系数分配法。

定额法是在产品成本计算过程中,将各项生产费用按照定额来进行归集和分配,同时反映各项费用定额与实际差异以计算出产品的定额成本和实际成本的成本计算方法。

联产品、副产品和等级品都是由同样原材料在同一生产过程中产生的产品,但地位不一样。联产品属于主产品的范围,副产品处于次要地位,而等级品与上述都不同,它与主产品没有主次之分,只是质量上存在差别。它们不需要用别的专门方法,只需用简单的分配方法在其与主产品之间适当分配即可取得。

标准成本法是以预先制定的标准成本为基础,用标准成本与实际成本进行比较,核算和分析成本差异的一种产品成本计算方法,也是加强成本控制、评价经济业绩的一种成本控制制度。成本差异是指产品的实际成本偏离标准成本的数额,可以将其分为数量差异和价格差异两大类。

# 【复习思考题】

1. 试述分类法的特点及其适用范围。
2. 简述分类法的计算程序。
3. 简述定额法的主要特点及其应用条件。
4. 直接材料定额差异的计算有哪几种方法?
5. 什么是标准成本? 什么是标准成本制度?

6. 什么是标准成本差异？标准成本差异是怎么样分解的？

# 【案例分析题】

## 一、背景资料

A 工厂是一个生产某种汽车零件的专业工厂,产品成本计算采用标准成本计算系统,有关资料如下。

（1）成本计算账户设置：

设置"原材料""产成品""生产成本"等存货账户,均按标准成本计价。

采购入库材料的实际价格与计划价格（计划价格与标准单价一致）的差异设置"材料成本差异"账户核算;设置 9 个成本差异账户:材料价格差异、材料数量差异、直接人工工资率差异、直接人工效率差异、变动制造费用效率差异、变动制造费用耗费差异、固定制造费用预算差异、固定制造费用生产能力利用差异和固定制造费用效率差异。

（2）费用分配和差异结转方法：

原材料在生产开始时一次投入,在产品直接材料成本约当产成品的系数为 1;除直接材料外的其他费用陆续发生,其在产品约当产成品的系数为 0.5。

成本差异采用"结转本期损益法",在每月末结转"主营业务成本"账户。

（3）单位产品标准成本：

| | |
|---|---|
| 直接材料(10 千克×3 元/千克) | 30 元 |
| 直接人工(4 小时×4 元/小时) | 16 元 |
| 变动制造费用(4 小时×1.5 元/小时) | 6 元 |
| 固定制造费用(4 小时×1 元/小时) | 4 元 |
| 单位产品标准成本 | 56 元 |

## 二、当月业务资料

（1）本月生产及销售情况

| | |
|---|---|
| 生产能量 | 11 000 小时 |
| 月初在产品数量 | 600 件 |
| 本月投产数量 | 2 500 件 |
| 本月完工入库数量 | 2 400 件 |
| 月末在产品数量 | 700 件 |

（2）有关成本计算的业务数据：

本月购入原材料 30 000 千克,实际成本 88 500 元,已经用支票支付,本月生产领用原材料 25 500 千克。

实际耗用工时 9 750 小时;应付生产工人工资 4 0000 元,实际发生变动制造费用 15 000 元;实际发生固定制造费用 10 000 元。

## 三、要求

编制以下业务的会计分录：

（1）购入原材料;

（2）领用原材料；

（3）将生产工人工资记入有关成本计算账户；

（4）结转本期变动制造费用；

（5）结转本期固定制造费用；

（6）完工产品入库；

（7）期末结转本期成本差异。

# 【练习题】

1. 某公司将生产的产品分为 A、B、C 三大类，其中 A 类产品包括 A1、A2、A3 三种不同规格的产品，A1 为标准产品。类内费用的分配方法是直接材料按原材料系数分配，原材料费用系数按原材料费用定额确定，其他费用按定额工时比例分配。A 类产品 202×年 5 月完工产品总成本为 240 460 元，其中直接材料 134 850 元，直接人工 48 380 元，制造费 57 230 元。产量和定额资料如表 7-18 所示：

表 7-18 产量和定额资料

产品名称：A 类产品　　　　　　　　　202×年 5 月

| 品　种 | 产量（件） | 原材料费用定额（元） | 单位产品定额工时（小时） |
|---|---|---|---|
| A1 产品 | 200 | 480 | 40 |
| A2 产品 | 300 | 624 | 30 |
| A3 产品 | 150 | 432 | 44 |

思考：根据原材料费用定额计算原材料费用系数，并计算 A 类产品中各种不同规格产品的总成本和单位成本。

2. 某化工厂生产甲、乙、丙三种产品，甲、乙产品系联产品，丙产品是利用生产乙产品产生的废料加工而成的副产品。该厂分离前的联合成本按各联产品的净实现价值比例进行分摊，丙产品按净实现价值从乙产品的成本中扣除。202×年 5 月分离前的联合成本为 200 000 元，有关产量及销售情况如表 7-19 所示：

表 7-19

| 项　目 | 甲产品 | 乙产品 | 丙产品 |
|---|---|---|---|
| 分离后加工成本（元） | 50 000 | 32 000 | 4 000 |
| 产量（千克） | 800 000 | 200 000 | 20 000 |
| 销售量（千克） | 640 000 | 180 000 | 20 000 |
| 销售单价（元/千克） | 0.45 | 0.65 | 0.30 |

思考：请计算各产品总成本和单位成本。

3. 某企业甲产品采用定额法计算产品成本，本月甲产品有关原材料费用资料为：月初在产品定额费用 1 200 元，月初在产品脱离定额的差异为节约 60 元，月初在产品定额费用为降低 25 元,定额变动差异全部由完工产品负担。本月定额费用为 26 000 元,本月脱离定额的差异为节约 592.2 元。本月原材料成本差异率为节约 2%,材料成本差异全部由完工产品负担。本月完工产品的定额费用为 24 000 元。

思考:计算本月完工产品原材料实际费用(脱离定额差异按定额费用比例在完工产品和月末在产品之间分配)。

4. 某公司年度制造费用预算如下:

固定性制造费用 22 000 元,变动性制造费用 1.5 元/小时,预算工时 11 000 小时（＝5 000×2.2),只生产单一产品。单位产品的制造费用预算为:变动性制造费用 3.3 元（＝2.2×1.5),固定制造费用 4.4 元（＝22 000/11 000×2.2)。实际当年的产出为 5 100 单位,实耗工时 11 300 小时,发生制造费用为 39 013 元,其中变动性制造费用为 16 724 元。

思考:

(1) 计算预算的制造费用总额;

(2) 计算制造费用标准成本差异并分析。

# 第八章　其他行业成本核算

## 【学习目的与要求】

1. 了解其他行业成本核算的特点；
2. 掌握施工企业中工程成本的核算；
3. 掌握商品流通企业销售成本的核算；
4. 掌握物流企业运输成本的核算。

## 【案例导入】

国丰钢铁股份有限公司是一家钢铁生产企业，该企业经营业绩一直很好。现在企业准备扩展经营业务，欲从事建筑施工、商品批发、汽车运输等业务。企业财务部为了加强这几项业务的成本核算，决定制定相关的成本核算制度。在企业的财务会议上，总会计师要求财务部为这些新扩展的行业制定成本核算制度，设计成本核算账户，归集成本费用，以便能够计算这些不同行业的成本。

**思考：**以上涉及的施工行业、商品流通行业、物流行业成本核算制度应包括哪些内容？应设置哪些账户来归集费用？成本项目应该如何确定？

# 第一节　施工企业成本核算

施工企业是国民经济中一个重要的物质生产部门，施工企业是指建造房屋及建筑物和进行设备安装的生产单位，其任务主要是建造各种房屋、建筑物和构筑物，安装各种机械设备，以及对原有房屋、建筑物进行修理和改造。施工企业的产品具有固定性、单体性、多样性、大型性和使用寿命长等特点。因此，与其他行业会计相比，施工企业会计主要具有分级核算、分别计算每项工程的成本、工程成本核算与工程价款结算的分段性等特点。

## 一、施工企业成本核算对象

施工企业成本核算对象是指施工企业在进行工程成本核算时，应该选择什么样的工程作为目标，来归集和分配生产费用，确定实际成本。

### （一）施工企业成本核算对象划分的一般原则

一般而言，施工企业应根据与施工图预算相适应的原则，以每一个独立编制施工图预算的单位工程为依据,根据承包工程的规模大小、结构类型、工期长短以及现场施工条件等具体情况,结合企业施工组织的特点和加强成本管理的要求,确定工程成本核算对象。

**(二) 施工企业成本核算对象划分的具体方法**

(1) 施工企业一般应以每一独立编制施工预算图的单位工程为成本计算对象。

(2) 一个单位工程由几个施工单位共同施工时,各施工单位都应以同一单位工程为成本计算对象,各自核算自行完成的部分。

(3) 规模大、工期长的单位工程,可以将工程划分为若干个分部工程,以各分部工程作为成本核算对象。

(4) 同一个建设项目中,同一施工单位、同一施工地点、同一结构类型、开竣工时间相近的若干个单位工程,可以合并作为一个成本计算对象。

(5) 改建、扩建零星工程,可以将开竣工时间相近、属于同一建设项目的各个单位工程,合并作为一个成本计算对象。

为了集中反映各个工程成本核算对象的成本发生情况,财务部门应当为每一个成本核算对象分别设置工程成本明细账(卡),并按照成本项目设置专栏来组织核算。所有的原始记录都必须按照规定的成本核算对象写清楚,以便于归集和分配成本费用。

## 二、施工企业成本核算的会计科目

为核算和监督施工企业在工程施工过程中各项施工费用的发生、归集和分配情况,正确计算工程成本,需设置"工程施工""机械作业""工程结算"等会计科目。

**(一) "工程施工"科目**

"工程施工"科目核算施工企业实际发生的工程施工合同成本和合同毛利。该科目下应设置"合同成本"和"合同毛利"两个明细科目。

1. "合同成本"明细科目

本科目核算各项工程施工合同发生的实际成本,一般包括施工企业在施工过程中发生的人工费、材料费、机械使用费、其他直接费、间接费用等,按成本核算对象和成本项目进行归集。其中,属于人工费、材料费、机械使用费和其他直接费等直接成本费用,发生后直接计入有关工程成本;间接费用可先在"工程施工——合同成本"下设置"间接费用"明细科目进行核算,月份终了,再按一定分配标准,分配计入有关工程成本。

2. "合同毛利"明细科目

本科目核算各项工程施工合同确认的合同毛利。施工企业进行施工后发生的各项费用,借记"工程施工——合同成本"科目,贷记"应付职工薪酬""原材料"等科目。按会计准则规定,施工企业在期末应按完工百分比法确认工程合同收入、费用和利润,借记"主营业务成本"科目,贷记"主营业务收入"科目,按其差额借记或贷记"工程施工——合同毛利"科目。

合同完工结清"工程施工"和"工程结算"账户时,借记"工程结算"科目,贷记"工程施工"科目。

"工程施工"科目期末借方余额,反映尚未完工的工程施工实际成本和合同毛利。

### (二)"机械作业"科目

"机械作业"科目核算施工企业及其内部独立核算的施工单位、机械站和运输队使用自有施工机械和运输设备进行机械作业(包括机械化施工和运输作业等)所发生的各项费用。施工企业及其内部独立核算的施工单位,从外单位或本企业其他内部独立核算的机械站租入施工机械,发生的机械租赁费,直接记入"工程施工"科目,不通过"机械作业"科目核算。

"机械作业"科目可按施工机械或运输设备的种类等进行明细核算。施工企业内部独立核算的机械施工、运输单位使用自有施工机械或运输设备进行机械作业所发生的各项费用,可按成本核算对象和成本项目进行归集。成本核算对象一般应根据施工机械和运输设备的种类确定。成本项目一般包括人工费、燃料及动力费、折旧及修理费、其他直接费用、间接费用(为组织和管理机械作业生产所发生的费用)。

施工企业发生的机械作业支出,借记"机械作业"科目,贷记"原材料""应付职工薪酬""累计折旧"等科目。

会计期末,分别按以下情况进行分配和结转:

(1)施工企业及其内部独立核算的施工单位、机械站和运输队,为本单位承包的工程进行机械化施工和运输作业的成本,应转入承包工程的成本,借记"工程施工"科目,贷记"机械作业"科目。

(2)对外单位、本企业其他内部独立核算单位以及专项工程等提供机械作业(包括运输设备)的成本,借记"其他业务成本"等科目,贷记"机械作业"科目。

本科目期末应无余额。

### (三)"主营业务成本"科目

"主营业务成本"科目是损益类科目,用来核算施工企业期末确认与收入配比的成本(有可能与实际发生数有差异,到工程全部完工时,总数与"工程施工——合同成本"相同)。借方登记期末与收入配比的计入损益的成本,贷方登记期末转入"本年利润"的数额,期末结转后本科目无余额。

### (四)"工程结算"科目

"工程结算"科目核算施工企业与发包单位工程款的结算。收到或应收工程款时计入本科目贷方,期末结账时,本科目贷方余额表示已经结算的款项。工程全部完工时,将"工程施工"科目的余额与"工程结算"科目的余额对冲,计入本科目借方。工程全部完工后,本科目应无余额。

## 三、施工企业工程成本计算

### (一)直接材料的归集和分配

施工企业在工程施工过程中需要耗费大量的材料,材料品种多,用途不一,月末应根据不同情况进行归集和分配。

(1)凡领用时能够点清数量、分清用料对象的,如钢材、木材、水泥等,通常可按成本核算对象直接计入各工程成本。

（2）领用时虽然能点清数量，但属于集中配料或统一下料的材料，如油漆、玻璃等，应根据用料情况，结合材料消耗定额，编制"集中配料耗用分配表"，分配计入各工程成本。

（3）既不易点清数量，又难以分清受益对象的大堆材料，如砖、瓦、砂、石等，可采用以存计耗制确定本期的实际耗用量，计算公式如下：

本期实际耗用量＝期初结存数量＋本期进料数量－期末盘点结存数量

根据上述公式计算出本期实际耗用量，结合材料定额耗用量，编制材料耗用计算单，据以计入各工程成本。

（4）对于周转材料，应分别不同情况采用不同方法计入各个工程成本。对于租入的周转材料，按实际支付的租赁费用直接计入各工程成本；对于自用周转材料，可采用一次摊销法、分期摊销法，计入各工程成本。

月末，财会部门须严格审核各种领退料凭证，并根据各种领料凭证、退料凭证及材料成本差异，编制材料费用分配表，计算受益对象应分配的材料费。

【例 8－1】 某施工企业承建 6$^\#$ 工程和 7$^\#$ 工程。本月石子定额耗用量为 6$^\#$ 工程 240 吨、7$^\#$ 工程 80 吨，合计定额耗用量 320 吨。月末盘存石子 40 吨。石子上月盘存数为 62 吨，本月购进 370 吨。石子每吨价格为 30 元。要求计算本月各工程耗用石子实际成本，并做出领用材料的会计分录。

答案如下：

本月石子实际耗用量＝62＋370－40＝392（吨）

根据各工程定额耗用量求出实际耗用量：

6$^\#$ 工程的石子实际耗用量＝392÷320×240＝294（吨）

7$^\#$ 工程的石子实际耗用量＝392÷320×80＝98（吨）

根据各项工程实际耗用量和材料单价计算各项工程耗用材料的实际成本：

6$^\#$ 工程耗用石子的实际成本＝294×30＝8 820（元）

7$^\#$ 工程耗用石子的实际成本＝98×30＝2 940（元）

会计分录：

借：工程施工——合同成本（6$^\#$ 工程）　　　　　8 820

　　　　　　——合同成本（7$^\#$ 工程）　　　　　2 940

　　贷：原材料　　　　　　　　　　　　　　　　　　11 760

**（二）直接人工的归集和分配**

人工费用的归集和分配应根据企业实行的具体工资制度而定。采用计件工资制度的，应根据工程任务单和工程结算汇总表，将所归集的人工费用直接计入工程成本中去；采用计时工资制度的，若能区分服务对象的，直接将人工费用计入各工程成本，若同时为多项工程工作的，按工时分配计入各工程成本。

**（三）机械使用费的归集和分配**

施工企业使用的施工机械可分为自有机械和租赁机械两种，机械使用费应根据不同情况进行归集和分配。

1. 自有机械作业

自有机械作业所发生的各项费用，首先应通过"机械作业"账户按机械的类别或每台机械分别归集,月末再根据各个工程实际使用施工机械的台班数或按适当的标准核算应分摊的施工机械使用费,计入各项工程成本。机械作业费用的分配方法主要有以下几种:

(1) 台班分配法,即按照各个工程使用施工机械的实际台班数分配机械使用费,适用于按单机或机组进行成本核算的施工机械。

其计算公式为:

$$某种机械台班实际成本=\frac{该种机械实际发生费用总额}{该种机械实际工作台班总数}$$

某工程应负担的机械使用费=该种机械台班实际成本×某工程实际使用台班数

(2) 预算分配法,即按实际发生的机械作业费用占预算定额规定的机械使用费的比率进行分配的方法。

其计算公式为:

$$机械使用费分配率=\frac{实际发生的机械作业费用总额}{全部工程预算机械使用费用总额}$$

某工程应负担的机械使用费=该工程预算机械使用费×机械使用费分配率

该方法适用于不便于计算机械使用台班、无机械台班和台班单价预算定额的中小型施工机械。

(3) 作业量法,即以各种机械所完成的作业量为基础进行分配的方法。

其计算公式为:

$$某种机械单位作业量实际成本=\frac{该种机械实际发生费用总额}{该种机械实际完成工作量}$$

$$某工程应负担的某种机械使用费=某种机械单位作业量实际成本×某机械为工程提供的作业量$$

该方法适用于能计算完成作业量的单台或某类机械。

【例 8-2】 某施工企业施工现场使用混凝土搅拌机,本月发生机械使用费 120 000 元,已知预算机械使用费 A 工程为 40 000 元,B 工程为 60 000 元。要求计算 A 工程和 B 工程机械使用费成本,并做出分配机械使用费的会计分录。

答案如下:

本月机械使用费分配率=120 000÷(40 000+60 000)=1.2

A 工程应分配的设备使用费=40 000×1.2=48 000(元)

B 工程应分配的设备使用费=60 000×1.2=72 000(元)

会计分录如下:

借:工程施工——合同成本(A 工程)——机械使用费　48 000

　　　　——合同成本(B 工程)——机械使用费　72 000

　贷:机械作业——混凝土搅拌机　　　　　　　　　　　120 000

2. 租入施工机械

施工企业从外单位或本企业其他内部独立核算的机械站租入施工机械,需支付的租赁费和进出场费,应根据结算账单所列金额,直接计入各工程成本机械使用费项目,不用通过"机械作业"明细账户进行核算。如果发生的租赁费应由两个或两个以上工程共同负担,应根据所支付的租赁总额和各个工程实际使用台班数或其他标准分配计入有关工程成本,分配方法同上。

**(四) 辅助生产费用的归集和分配**

施工企业一般都设置若干个非独立核算的辅助生产部门,为工程施工服务,如供水站、供电站、木工车间、混凝土搅拌站、运输队等。辅助生产部门所发生的各项费用,通过"生产成本——辅助生产"科目进行归集,月末按各工程和部门的受益数量分配计入各项工程成本、机械作业以及其他费用项目中。期末借方余额为在产品成本。

**(五) 其他直接费用的归集和分配**

其他直接费用包括材料二次搬运费、临时设施摊销费、生产工具用具使用费、检验试验费、工程定位复测费及场地清理费等。施工企业发生的其他直接费用,一般可以分清受益对象的,在发生时直接计入对应工程成本。如果是几个工程共同发生的,可先行汇总归集,月末或竣工时以定额用量预算费用或工程的工料成本作为分配基数,分配计入各成本核算对象。

**(六) 间接费用的归集和分配**

施工企业除各项直接费用外,还包括企业所属各施工单位如工程处、施工队、项目经理部等为施工准备、组织和管理所发生的各项费用。间接费用的归集和分配类似于制造业企业的制造费用的归集和分配,可以选用各工程人工费用、直接费用为标准进行分配。

**(七) 期末已完工工程和未完工工程成本的分配**

施工企业的各项生产费用经过归集和分配后计入各成本核算对象,归集在"工程施工——合同成本"科目借方和有关成本计算单中,这些生产费用期末应在已完工工程和未完工工程之间进行分配。已完工工程包括已全部竣工,不再需要进行任何施工活动的工程,也包括已经完成预算定额所规定的全部工序,在本企业不再需要进行任何加工的分部分项工程。成本计算方法如下。

1. 未完工工程成本的计算

$$未完工工程成本=预算单价×未完工工程实物量×完工程度$$
$$=未完工工程预算造价×完工程度$$

根据计算结果填制未完施工盘点单,并记入工程成本计算单,即可据以结转未完工工程实际成本。

2. 已完工工程成本的计算

$$已完工工程成本=期初未完工工程成本+本期生产费用-期末未完工工程成本$$

根据各成本核算对象成本计算单的实际成本,填写已完工工程成本表中实际成本栏,据此结转本期已完工工程实际成本。

**【例 8-3】** 某市市政第四建筑公司承建 101# 工程,101# 工程合同确认收入(标的金额)为 500 万元,预计工程完工总成本为 400 万元,本期期末完工程度为 30%,施工企业期末核算时确认的合同成本为 120 万元(=400×30%)、合同毛利为 30 万元(=500×30%-120),会计处理如下:

(1) 实际发生工程支出时：

借：工程施工——合同成本(材料费)　　　　　(实际支出数)

　　　　　　——合同成本(人工费)　　　　　(实际支出数)

　　　　　　——合同成本(其他直接费用)　　(实际支出数)

　　　　　　——合同成本(间接费用)　　　　(实际支出数)

　　机械作业——承包工程、机械作业　　　　　(实际支出数)

　　管理费用等　　　　　　　　　　　　　　　(实际支出数)

　　贷：原材料(应付职工薪酬、银行存款等)　　(实际支出数)

借：工程施工——合同成本(机械作业费)　　　　(分配计入数)

　　贷：机械作业——承包工程、机械作业　　　　(分配转出数)

(2) 期末,确认成本、合同毛利时：

借：主营业务成本　　　　　　　　　　　　1 200 000

　　工程施工——合同毛利　　　　　　　　　 300 000

　　贷：主营业务收入　　　　　　　　　　　　 1 500 000

(3) 期末结转收入、成本,计入本年利润时：

借：主营业务收入　　　　　　　　　　　　1 500 000

　　贷：主营业务成本　　　　　　　　　　　　 1 200 000

　　　　本年利润　　　　　　　　　　　　　　 300 000

(4) 以后各期处理方法同上。工程全部完工时,将"工程施工"科目的余额与"工程结算"科目的余额对冲：

借：工程结算　　　　　　　　　　　　　　(累计余额)

　　贷：工程施工——合同毛利　　　　　　　　(累计余额)

　　　　　　　　——合同成本　　　　　　　　(累计余额)

**【例 8-4】**　某建筑工程公司第一工程处目前有甲、乙两项工程。202×年 5 月份的相关情况如下：

(1) 材料费用分配表如表 8-1 所示。

表 8-1　材料费用分配表

202×年 5 月　　　　　　　　　　　　　　　　　　　　单位:元

| 工程成本核算对象 | 主要材料 | | | 结构件 | 其他材料 | 合　计 |
|---|---|---|---|---|---|---|
| | 钢材 | 水泥 | 小计 | | | |
| 甲工程 | 162 000 | 61 200 | 223 200 | 303 000 | 6 790 | 532 990 |
| 乙工程 | 86 400 | 30 600 | 117 000 | 90 900 | 3 880 | 211 780 |
| 合　计 | 248 400 | 91 800 | 340 200 | 393 900 | 10 670 | 744 770 |

(2) 第一工程处发生计时工资 90 000 元,其中甲工程耗用 3 000 工时,乙工程耗用 2 000 工时。

(3) 按施工机械的实际台时分配机械使用费。第一工程处的一台吊车和一台挖土机分别对甲、乙工程实施了机械作业。当月吊车的机械使用费为 27 360 元,甲工程使用吊车 96 小时,乙工程使用吊车 56 小时。当月挖土机的机械使用费为 48 755 元,甲工程使用挖土机 80 小时,乙工程使用挖土机 119 小时。

(4) 公司运输队本月发生各种费用共计 165 200 元。本月运输队总共提供 206 500 吨千米的运输服务,其中为甲工程提供 72 000 吨千米的运输服务,为乙工程提供 45 000 吨千米的运输服务。

(5) 第一工程处本月发生其他直接费用 13 600 元,其中分配给甲工程 7 500 元,分配给乙工程 6 100 元。

(6) 按各工程的直接成本实际数分配间接费用。第一工程处本月发生间接费用 28 000 元。

(7) 甲工程包含 A、B 两个分项工程。甲工程月初未完工工程成本为 276 800 元。A 工程在本月全部完工,B 工程完工 40%,B 工程的预算造价为 400 000 元。乙工程为本月新动工工程,尚未完工。

要求:根据上述资料进行会计处理,计算甲、乙工程成本。

202×年 10 月,第一工程处计算并编制会计分录如下:

(1) 借:工程施工——合同成本——甲工程(直接材料)　　　532 990

　　　　　　　　　　　　——乙工程(直接材料)　　　211 780

　　　贷:原材料——主要材料　　　　　　　　　　　　　　340 200

　　　　　　　——结构件　　　　　　　　　　　　　　　393 900

　　　　　　　——其他材料　　　　　　　　　　　　　　 10 670

(2) 甲工程分摊人工费 $= \dfrac{90\,000}{3\,000+2\,000} \times 3\,000 = 54\,000$(元)

乙工程分摊人工费 $= \dfrac{90\,000}{3\,000+2\,000} \times 2\,000 = 36\,000$(元)

借:工程施工——合同成本——甲工程(直接人工)　　　54 000

　　　　　　　　　　　　——乙工程(直接人工)　　　36 000

　　贷:应付职工薪酬　　　　　　　　　　　　　　　　　 90 000

(3) 甲工程分摊吊车费用 $= \dfrac{27\,360}{96+56} \times 96 = 17\,280$(元)

乙工程分摊吊车费用 $= \dfrac{27\,360}{96+56} \times 56 = 10\,080$(元)

甲工程分摊挖土机费用 $= \dfrac{48\,755}{80+119} \times 80 = 19\,600$(元)

乙工程分摊挖土机费用 $= \dfrac{48\,755}{80+119} \times 119 = 29\,155$(元)

甲工程分摊机械使用费 $= 17\,280+19\,600 = 36\,880$(元)

乙工程分摊机械使用费 $= 10\,080+29\,155 = 39\,235$(元)

借:工程施工——合同成本——甲工程(机械使用费)　　　36 880

　　　　　　　　　　　　——乙工程(机械使用费)　　　39 235

    贷:机械作业——吊车           27 360

        ——挖土机         48 755

（4）运输费用分配率＝165 200÷206 500＝0.8

甲工程分配的运输费用＝0.8×72 000＝57 600（元）

乙工程分配的运输费用＝0.8×45 000＝36 000（元）

借:工程施工——合同成本——甲工程（辅助生产费用）  57 600

        ——乙工程（辅助生产费用）  36 000

  贷:生产成本——辅助生产        93 600

（5）借:工程施工——合同成本——甲工程（其他直接费用）  7 500

          ——乙工程（其他直接费用）  6 100

    贷:工程施工——合同成本——其他直接费用    13 600

（6）甲工程当月直接成本＝532 990＋54 000＋36 880＋57 600＋7 500＝688 970（元）

乙工程当月直接成本＝211 780＋36 000＋39 235＋36 000＋6 100＝329 115（元）

$$甲工程分配的间接费用＝\frac{28\,000}{688\,970＋329\,115}×688\,970＝18\,948.48（元）$$

$$乙工程分配的间接费用＝\frac{28\,000}{688\,970＋329\,115}×329\,115＝9\,051.52（元）$$

借:工程施工——合同成本——甲工程（间接费用）  18 948.48

        ——乙工程（间接费用）  9 051.52

  贷:工程施工——合同成本——间接费用     28 000

（7）甲工程中未完工程成本＝400 000×（1－40%）＝240 000（元）

甲工程中已完工程成本＝276 800＋688 970＋18 948.48－240 000＝744 718.48（元）

# 第二节 商品流通企业成本核算

  商品流通企业是指以从事商品流通为主营业务的独立核算经济单位,包括商业、粮食、物资供销、对外贸易、医药、烟草商业、图书发行等企业。商品流通企业是商品流通中交换关系的主体,是联系商品生产与商品消费的中间环节,也是连接商品从生产领域向消费领域转化的纽带。商品流通是以货币为媒介的商品交换过程,商品流通企业经营资金的运用形态主要表现为"货币资金—商品资金—货币资金",以买开始,以卖告终,主要通过低价购进商品、高价出售商品的方式实现商品进销差价,以进销差价弥补企业的各项费用及税金,从而获得利润,并将生产者生产的产品,从生产领域转移到消费领域,最终实现商品的价值。

  按照商品流通企业在社会再生产过程中的作用,可分为批发企业和零售企业。批发企业以从事批发业务为主,使商品从生产领域进入流通领域,在流通领域中继续流转或进入生产性消费领域。零售企业以从事零售业务为主,使商品从生产领域或流通领域进入非生产性消费领域。此外,有的商品流通企业既从事批发业务也从事零售业务,称之为批零兼营企业。

## 一、商品流通企业成本费用的构成

商品流通企业的成本主要包括商品成本和其他业务成本。商品成本按照购买、储存到销售的过程又分为商品采购成本、商品加工成本、商品存货成本和商品销售成本。

### （一）商品采购成本

因采购商品而发生的有关支出，即采购商品的实际成本。根据我国《企业会计准则第1号——存货》的规定，商品作为存货的重要组成部分，应按成本进行初始计量，其采购成本包括购买价款、相关税费、运输费、装卸费、保险费以及其他可归属于存货采购成本的费用。企业采购商品进货费用金额较小的，可以在发生时直接计入当期损益。

### （二）商品加工成本

商品加工成本是指企业将原材料、半产品等进行加工制成商品的全部支出，分为委托加工的商品成本和自营加工的商品成本。委托加工的商品成本包括耗用的原材料或半产品成本、支付的加工费用、运输费、装卸费、保险费、缴纳的加工税金等。自营加工的商品成本，按制造过程中的各项实际净支出确定，其加工成本包括直接人工以及按照一定方法分配的制造费用。

### （三）商品存货成本

商品存货成本一般以商品采购成本为基础进行核实，并根据存货计价方法确定其成本。存货计价方法有数量进价金额核算法、数量售价金额核算法、进价金额核算法和售价金额核算法。

1. 数量进价金额核算法

这种方法以实物指标和商品进价核算库存商品，库存商品总账和明细账按商品进价金额反映，同时库存商品明细账按商品的编号、品名、规格分户，记载商品增减变动及结存数量和金额。这种方法主要适用于大中型批发企业、农副产品收购企业及经营品种单纯的专业商店和经营贵重商品的商店。

2. 数量售价金额核算法

这种方法以实物指标和商品售价核算库存商品，库存商品总账和明细账按商品售价（含增值税，下同）反映，其账户设置与数量进价金额核算法基本相同。对于库存商品购进价与销售价之间的差额需设置"商品进销差价"账户进行调整，以便于计算商品销售成本。

3. 进价金额核算法

这种方法以商品进价核算库存商品，库存商品总账和明细账都按商品进价记账，只记进价金额，不记数量。进价金额核算法又称"进价记账、盘存计销"。商品销售后不结转销售成本，月末通过实地盘点，按最后进价确定结存商品进价成本，并倒挤本月已销商品成本。这种方法只适用于经营鲜货商品的零售企业。

4. 售价金额核算法

这种方法建立在实物负责制的基础上，库存商品总账和明细账都只反映商品的售价金额,不反映商品的实物数量。售价金额核算法又称"售价记账、实物负责制"。原理同数量售价金额核算法。这种方法主要适用于零售企业。

**（四）商品销售成本**

商品销售成本是指已销商品的采购成本。企业可以选择先进先出法、加权平均法、个别计价法、毛利率法等方法确定已销商品的采购成本。

**（五）其他业务成本**

其他业务成本是指除了商品销售以外的其他销售或提供其他劳务等发生的直接人工、直接材料、其他直接费用和税金及附加。

企业在商品流通过程中发生的不能计入商品进价成本的间接费用,主要包括营业费用、管理费用和财务费用,应作为期间费用,在其发生时确认为当期损益。

为了集中说明商品流通企业商品成本核算的特点,这里主要介绍商品销售成本的核算方法。

## 二、商品流通企业成本费用的核算

商品销售成本核算包括两个基本方面:一是成本计算,二是会计账务处理。其中主要是成本计算。关于成本计算又有两个基本问题:一是已销商品进货单价的确认,二是成本计算顺序。商品流通企业一般可分为批发企业和零售企业,以下将从商品批发企业成本核算和商品零售企业成本核算两种类型来介绍商品流通企业成本核算。

**（一）商品批发企业成本核算**

批发商品流通是整个流通的起点和中间环节,是商品从生产领域进入流通领域供进一步转卖或售给生产部门进行生产消费的买卖行为,如专业批发公司、贸易中心等。商品批发企业主要适用数量进价金额核算法。

由于商品进货渠道、交货方式不同,各批商品进货单价不完全相同,从而决定了商品销售成本计算的关键在于进货单价的确认。进货单价的确认方法不同,决定了商品销售成本计算方法的不同。根据现行会计制度,商品销售成本的计算方法主要有一次加权平均法、移动加权平均法、个别计价法、先进先出法和毛利率法五种方法。企业可自行选择一种方法,但是方法一经确定,为了保证可比性,不能随意变更。加权平均法、个别计价法、先进先出法的计算原理与财务会计中存货核算采用的上述方法相同,故不再重述。这里仅介绍毛利率法。

毛利率法是根据本期实际商品销售收入,依上季实际毛利率或本季计划毛利率,先匡算本期商品销售毛利,再据以计算本期商品销售成本的一种方法。其计算公式如下:

本期商品销售毛利＝本期商品销售收入×上季实际或本季计划毛利率

本期商品销售成本＝本期商品销售收入－本期商品销售毛利

也可以采用以下公式直接计算:

本期商品销售成本＝本期商品销售收入×（1－上季实际或本季计划毛利率）

一般来说,毛利率法是按销售商品总额或大类销售总额来计算的,所以计算手续比较简单,但由于各季度的商品结构不完全相同,其毛利率也不完全相同,因此按上季度毛利率计算本期商品销售成本,使得计算结果不够准确。所以,该方法主要适用于企业经营商品品种繁多,月度计算成本有困难的企业,一般在每季度的前两个月采用该方法,最后一个月采用其他方法进行调整,以保证成本计算的正确性。

批发企业可根据其经营的实际情况,选择一种方法计算出商品销售成本,期末结转销售成本时,借记"主营业务成本",贷记"库存商品"。

**【例8-5】** 某商品流通企业上季度末商品实际销售毛利率为20%,本季度7月份销售商品300万元,8月份销售商品250万元,9月末统计本季共购进578万元商品,季末盘点结存A商品数量300件,加权平均单价1 000元,结存B商品200件,加权平均单价2 500元。季初结存商品金额为130万元。要求采用毛利率法计算7、8、9月份的商品销售成本,并根据结果进行相应的会计处理。

答案如下:

7月份商品销售成本＝300×(1－20%)＝240(万元)

8月份商品销售成本＝250×(1－20%)＝200(万元)

9月份商品结存金额＝300×1 000＋200×2 500＝80(万元)

本季度商品销售成本＝130＋578－80＝628(万元)

9月份商品销售成本＝628－240－200＝188(万元)

会计分录如下:

7月份:

| 借:主营业务成本 | 240 000 |
|---|---|
| 贷:库存商品 | 240 000 |

8月份:

| 借:主营业务成本 | 200 000 |
|---|---|
| 贷:库存商品 | 200 000 |

9月份:

| 借:主营业务成本 | 1 880 000 |
|---|---|
| 贷:库存商品 | 1 880 000 |

**(二)商品零售企业成本核算**

零售商品流通是商品流转中的最终环节,是把商品销售给城乡居民或销售给企事业单位等用于非生产消费的买卖行为,如百货公司、超市等。零售企业在业务经营上与批发企业不同,销售数量零星,品种繁多,且多数交易是一手钱一手货。这类企业如果按商品品种设置明细账,每笔交易按进价来逐笔核算商品进、销、存情况,势必增加营业时间,加重营业员工作量,不利于提高工作效率。因此,为简化核算手续,零售企业的库存商品一般采用售价金额核算法。

采用售价金额核算法的企业,库存商品按售价记账,平时商品销售成本也按售价结转,这样商品销售成本中就包含了已经实现的商品进销差价(即销售毛利)。月末,为了正确计算已销商品的实际成本,就必须采用一定的方法计算已实现的商品进销差价金额,并将其从成本中结转出来。所以,库存商品采用售价核算企业销售成本,实际上就是计算结转已销商品进销差价。商品销售实际成本、商品销售收入和已销商品实现的进销差价的关系可用以下公式表示：

商品销售实际成本＝商品销售收入－已销商品实现的进销差价

在售价金额核算法下，平时商品销售成本是按售价反映，实际上就是商品销售收入，所以，上述公式可改为：

商品销售实际成本＝商品销售售价成本－已销商品实现的进销差价

由以上公式可知，要求得商品实际销售成本，关键是计算已销商品实现的进销差价。

1. 设置"商品进销差价"科目

该科目属于资产类科目，实质上是"库存商品"的调整科目，用于核算商品流通企业采用售价核算的商品售价与进价之间的差额。商品购进、加工收回、销售退回、溢余等因素产生进销差价，记入该科目的贷方；结转已销商品的进销差价、商品发生损失等而转销的进销差价，记入该科目的借方；期末贷方余额表示期末库存商品应分摊的进销差价。本科目应按商品类别或实物负责人设置明细分类科目，进行明细分类核算。

月末"库存商品"科目余额减去"商品进销差价"科目余额，就是库存商品的实际进价成本。

2. 已销商品进销差价的计算方法

已销商品进销差价的计算方法目前主要有三种，即综合差价率计算法、分类（柜组）差价率计算法和盘存商品进销差价计算法。

（1）综合差价率计算法。

这种方法是指按企业全部商品的存销比例分摊商品进销差价，计算公式为：

$$综合差价率=\frac{期末调整前的"商品进销差价"账户余额}{"库存商品"账户期末余额+"委托代销商品"账户期末余额+"发出商品"账户期末余额+本期"主营业务收入"账户贷方发生额}\times100\%$$

本期已销商品应分摊的进销差价＝本期"主营业务收入"贷方发生额×综合差价率

【例8-6】 某百货商场7月份有关账户的明细资料如表8-2所示。

表8-2 某百货商场7月份有关账户资料

202×年7月　　　　　　　　　　　金额单位：元

| 柜　组 | "商品进销差价"余额（分摊前） | "主营业务收入"贷方发生额 | "库存商品"余额 | "委托代销商品"余额 |
|---|---|---|---|---|
| 百货组 | 26 000 | 112 000 | 58 000 | 2 000 |
| 文具组 | 15 600 | 70 000 | 62 000 | 4 000 |
| 服装组 | 45 000 | 143 000 | 65 000 | 7 000 |
| 家电组 | 21 600 | 128 000 | 48 000 | 8 000 |
| 合　计 | 108 200 | 453 000 | 233 000 | 21 000 |

要求：用综合差价率法计算本期销售商品应负担的进销差价，并做出分摊进销差价的会计分录。

答案如下：

综合差价率＝108 200÷（453 000＋233 000＋21 000）＝15.30%

已销商品应分摊的进销差价＝453 000×15.30％＝69 309(元)

根据计算结果做如下会计分录：

借：商品进销差价        69 309

 贷：主营业务成本         69 309

综合差价率法计算简便，一般适用于经营的商品各品种进销差价相差不大的企业，如果企业经营的各类商品差价率相差较大，也可以按大类或柜组分别计算已销商品应分摊的进销差价。

(2) 分类(柜组)差价率计算法。

这种方法是指按照各大类(或柜组)商品的存销比例分摊各大类(或柜组)商品进销差价，其计算原理与综合差价率计算原理相同，只是将计算对象的范围缩小了。在这种方法下，要求"主营业务收入""主营业务成本""库存商品""商品进销差价"账户必须按大类(或柜组)设置明细账进行明细核算。

【例8-7】 仍以【例8-6】的资料，要求按大类计算分摊差价率。

答案如下：

百货组：差价率＝26 000÷(112 000＋58 000＋2 000)＝15.12％

应分摊的进销差价＝112 000×15.12％＝16 934.4(元)

文具组：差价率＝15 600÷(70 000＋62 000＋4 000)＝11.47％

应分摊的进销差价＝70 000×11.47％＝8 029(元)

服装组：差价率＝45 000÷(143 000＋65 000＋7 000)＝20.93％

应分摊的进销差价＝143 000×20.93％＝29 929.9(元)

家电组：差价率＝21 600÷(128 000＋48 000＋8 000)＝11.74％

应分摊的进销差价＝128 000×11.74％＝15 027.2(元)

根据上述计算结果做如下会计分录：

借：商品进销差价——百货组    16 934.4

     ——文具组     8 029

     ——服装组    29 929.9

     ——家电组    15 027.2

 贷：主营业务成本——百货组    16 934.4

     ——文具组     8 029

     ——服装组    29 929.9

     ——家电组    15 027.2

(3) 盘存商品进销差价计算法。

这种方法是结合商品盘点工作进行的，即以盘存数量分别乘以商品的单位进价和单位售价，求出结存商品应保留的差价，然后再倒求已销商品进销差价。计算公式如下：

期末库存商品进价总额＝∑(期末各种商品数量×各种商品进货单价)

期末库存商品售价总额＝∑(期末各种商品数量×各种商品销售单价)

库存商品应保留差价＝期末库存商品售价总额－期末库存商品进价总额

已销商品进销差价＝月末商品进销差价账户余额－库存商品应保留差价

**【例 8-8】** 某商场鞋帽柜组中女鞋专柜在 202×年年末对其库存商品进行了实地盘点，其结果如表 8-3 所示。该柜组年末"商品进销差价"账户余额为 113 000 元。

表 8-3　商品盘存及进销价格计算表

柜组:女鞋柜组　　　　　　　　　202×年　　　　　　　　　金额单位:元

| 商品货号 | 单 位 | 盘 存 | 购进价 | | 零售价 | |
|---|---|---|---|---|---|---|
| | | | 单价 | 金额 | 单价 | 金额 |
| SL210652 | 双 | 80 | 600 | 48 000 | 850 | 68 000 |
| SL220654 | 双 | 60 | 480 | 28 800 | 680 | 40 800 |
| SL230675 | 双 | 40 | 310 | 12 400 | 440 | 17 600 |
| SL240768 | 双 | 75 | 300 | 22 500 | 400 | 30 000 |
| SL250368 | 双 | 50 | 228 | 11 400 | 320 | 16 000 |
| 合 计 | — | — | — | 123 100 | — | 172 400 |

要求计算库存商品、已销商品应分摊的进销差价。

答案如下:

库存商品应保留进销差价＝172 400－123 100＝49 300(元)

已销商品应分摊的进销差价＝113 000－49 300＝63 700(元)

会计分录如下:

借:商品进销差价——女鞋柜　　　　　　　　　　　63 700

　　贷:主营业务成本——女鞋柜　　　　　　　　　　　　63 700

盘存商品进销差价计算法比前两种方法计算结果更准确,但由于要结合盘点进行,同时又要计算每一种商品进价总额,因而计算工作量大,平时一般不便采用,按现行会计制度规定,通常只在年度终了核实调整商品进销差价时采用。

# 第三节　物流企业成本核算

物流企业是指至少从事运输(含运输代理、货物快递)或仓储一种经营业务,并能够根据实际需要对运输、仓储、装卸、搬运、包装、流通加工、配送等基本功能进行组织和管理,具有与自身业务相适应的信息管理系统,实行独立核算、独立承担民事责任的经济组织。当物流活动从生产过程和交易过程中独立出来后,物流不再是一个简单的成本因素,而成为一个为生产、交易与消费提供服务的价值增值因素。随着物流行业的发展,物流对国民经济的重要性越来越强。

## 一、物流企业的类型、业务流程及生产经营的主要特点

### (一) 物流企业的类型

根据物流企业以某项服务功能为主要特征,并向物流服务其他功能延伸的不同状况,

可将物流企业划分运输型物流企业、仓储型物流企业和综合服务型物流企业。

### （二）物流企业的业务流程

物流企业业务种类繁多，业务较为复杂，对于大型的物流企业而言，基本的业务流程包括运输、仓储、装卸搬运、流通加工和配送等环节。其中运输业务是物流行业的核心，仓储业务、包装业务、装卸业务、配送业务等也是物流行业的重要组成部分。

### （三）物流企业生产经营的主要特点

与工商业企业相比，物流企业的生产经营具有如下特点：

（1）物流企业的生产经营过程只是使劳动对象（货物或旅客）发生位置的改变，并不改变劳动对象的属性和形态，不创造新的物质产品。

（2）在运输生产过程中只消耗劳动手段（运输工具、装卸搬运工具及设备），不消耗劳动对象。

（3）运输生产和消费同时进行，当运输过程结束时，满足了运输对象的要求，也就完成了其消费过程。

（4）运输生产过程具有流动性、分散性。运输生产过程始终在一个广阔的空间内不断流动，且运动方向很分散，线长点多。

（5）各种运输方式之间的替代性和协作性比较强。铁路、公路、水路、航空等各种运输方式具有不同的特点和优势，具有明显的替代性。

（6）运输生产中所需固定资产比重大，流动资产比重小。

物流企业为了完成运输生产也需要发生各项运营成本。物流的运营成本中，没有像工业产品成本那样构成产品实体并占高比重的原材料和主要材料，它主要由与各环节的运行经营以及配备设施相关的成本费用所构成，比如运输的燃油费、交通工具和装卸搬运工具的折旧费，各环节工作人员的人工费用等。

## 二、运输环节的成本核算

运输是指用设备和工具，将物品从一个地点向另一个地点运送的物流活动。运输业务是物流企业经营活动的中心环节，常见的运输方式有公路汽车运输、水路船舶运输、铁路火车运输、航空飞机运输和管道运输五种，各种运输方式有不同的特点，各自发挥不同的作用。

### （一）汽车运输业务

1. 汽车运输业务的成本计算对象、成本计算单位、成本计算期

（1）成本计算对象。

物流企业汽车运输业务的营运车辆的车型较为复杂，为了反映不同车型的运输经济效益，通常以不同燃料和不同厂牌的营运车辆所提供的运输服务作为成本计算对象。对于以特种大型车、集装箱车、零担车、冷藏车、油罐车从事运输服务的物流企业，还应以不同类型、不同用途车辆所提供的运输服务作为单独的成本计算对象。

（2）成本计算单位。

物流企业运输业务的成本计算单位是以汽车运输工作量的计量单位为依据的，货物

运输工作量通常称为货物周转量,其计量单位为"吨千米",即实际运送的货物吨数与距离的乘积。在实际工作中,通常以千吨千米作为成本计算单位。集装箱车辆的成本计算单位为千标准箱千米。

（3）成本计算期。

汽车运输业务的成本应按月、季、半年和年计算从年初至各月末止的累积成本。营运车辆在经营跨月运输业务时,通常以行车路单签发日期所归属的月份计算其运输成本。

2. 汽车运输业务的成本项目

汽车运输业务的成本项目分为直接材料、直接人工、其他直接费用和营运间接费用四个部分。

（1）直接材料主要包括燃料、轮胎等。燃料是指运营车辆在运行过程中所耗用的各种燃料,如汽油、柴油、天然气等,其中自动倾卸车在卸车时所耗用的燃料也包括在内。轮胎费用是指营运车辆所耗用的外胎、内胎和垫带的费用支出,以及轮胎翻新和零星修补费用。

（2）直接人工包括工资费用和其他薪酬费用。工资费用是指按规定支付给营运车辆司机和助手的标准工资、工资性津贴、补贴和生产性奖金,实行承包经营物流企业的司机和助手所得的收入也包括在其中。

（3）其他直接费用主要包括修理费、折旧费、养路费、车辆运输管理费、车辆保险费、事故费、税金及其他费用。其中,修理费是指营运车辆进行各级维护和小修理所发生的工料费、修复旧件费用和行车耗用的机油费用以及车辆大修理费用。事故费是指营运车辆在运行过程中,因行车肇事所发生的事故损失,扣除保险公司赔偿后的事故费用,它不包括因车站责任发生的货损、货差事故损失以及由于不可抗拒的原因而造成的损失。其他费用,是指不属于以上各项的车辆营运费用,如行车杂支、随车工具费、篷布绳索费、过桥费、过渡费、高速公路建设费、停车住宿费等。

（4）营运间接费用是指物流企业所属的基层营运单位,如分公司、车站、车队等为组织和管理物流营运过程中所发生的不能直接计入成本计算对象的间接费用,包括这些部门发生的工资、职工福利费、折旧费、修理费、取暖费、水电费、差旅费、保险费等,但不包括企业行政管理部门发生的费用。

3. 汽车运输成本的核算

物流企业的运输费用通过"主营业务成本——运输支出"账户进行核算,本账户按成本计算对象设置明细账户,并按成本项目进行明细核算。

（1）直接材料的归集和分配。

① 燃料费用的核算。

物流企业各种车辆耗用的燃料,应根据领料单进行汇总,编制燃料耗用汇总表,以便于对燃料费用进行归集和分配。物流企业确定各月燃料实际耗用数的方法有满油箱制和实地盘存制两种。实行满油箱制的物流企业,在月初、月末油箱加满的前提下,车辆当月加油的数量即为当月燃料的实际耗用数。实行实地盘存制的物流企业,应在月末实地测量车辆油箱的存油数,并根据当月的领用数,计算车辆当月实际耗用的燃料数。其计算公式如下:

当月实际耗用数＝月初车存数＋本月领用数－月末车存数

如燃料采用计划成本法时,还要相应地摊销材料成本差异。若车辆在本企业以外的油库加油,其费用应根据加油车辆所属的部门,直接记入相关的成本费用账户。

② 轮胎费用的核算。

物流企业各种车辆领用的轮胎外胎、内胎和垫带,应根据各月的领料单进行汇总,编制轮胎领用汇总表,以便于对轮胎费用进行核算。

如果对外胎采用一次性摊销法,在领用时应根据外胎的领用部门记入"主营业务成本"或"营运间接费用"等相关成本费用账户;如果对外胎采用按行程摊提法,应根据外胎行驶里程的原始记录和外胎里程摊提率,编制外胎摊提费用计算表。

（2）直接人工的归集和分配。

物流企业每月应根据工资结算表对职工工资进行汇总和分配。对于有固定车辆的司机和助手的工资,直接记入各成本计算对象的成本;对于没有固定车辆的司机和助手的工资以及后备司机和助手的工资,则按一定的标准分配记入各成本计算对象的成本。分配标准主要有营运货物吨位和营运车日两种。其计算公式如下:

$$工资费用分配率＝\frac{应分配的司机及助手的工资总额}{总营运货物千吨千米（或总营运车日）}$$

$$某车队应分配的工资费用＝该车队营运货物千吨千米（或营运车日）×工资费用分配率$$

相应的职工福利费等其他薪酬费用直接列入各成本计算对象的明细账户。

（3）其他直接费用的归集和分配。

① 折旧费。物流企业中车辆的折旧一般采用工作量法计提。此外,由于轮胎费用核算有两种不同的方法,所以车辆折旧的计算也有两种方法。如果采用外胎价值一次摊销计入成本的方法,计提折旧时,外胎价值不必从车辆原值中扣减;如果采用外胎按行驶千米数摊提计入成本的方法,则计算折旧时,就应从车辆原值中扣减外胎价值,否则会出现重复摊提的现象。

② 其他费用。其他费用发生时可根据相关凭证直接计入各类运输成本。此外,领用随车工具及其他低值易耗品,可根据领用凭证,一次或分次摊入各类运输成本。

（4）营运间接费用的归集和分配。

物流企业在营运过程中发生的不能直接计入成本计算对象的各种间接费用,一般通过"营运间接费用"科目进行核算,该科目是成本类账户,应分运输分公司、车场、车站等部门进行明细分类核算,发生时记入该科目的借方,期末从贷方分配转入各成本计算对象,结转后无余额。

期末各部门归集的营运间接费用应按照一定标准在各成本计算对象间进行分配,分配的标准主要有直接费用或营运车日等。分配额的计算公式如下:

$$营运间接费用分配额＝受益单位的直接费用金额×\frac{营运间接费用总额}{营运直接费用总额}$$

4. 汽车运输成本的计算

物流企业汽车运输业务应负担的直接材料、直接人工、其他直接费用和营运间接费用

构成了汽车运输总成本。汽车运输总成本除以运输周转量即为运输单位成本,其计算公式如下:

$$单位运输成本(元/千吨千米) = \frac{运输总成本}{运输周转量(千吨千米)}$$

物流企业月末应根据"主营业务成本——运输支出"明细账所归集的运输成本和当月实际完成运输周转量编制汽车运输成本计算表,以反映运输总成本和单位成本。

**【例8-9】** 某物流企业有A、B两个车队。202×年5月份的相关情况如下:

(1)企业对燃料耗用数采用盘存制计算。甲、乙两车队月初车存汽油分别为900升和1 100升,当月分别领用汽油10 000升和5 000升,月末车存汽油分别为600升和500升。汽油的计划成本为每升5.5元,成本差异率为2%。

(2)企业对轮胎采用一次摊销法。甲、乙两车队当月各领用外胎3个和2个,每个外胎的成本为800元。

(3)甲车队司机和助手的工资为36 000元,乙车队司机和助手的工资为24 000元。两个车队机动司机和助手的工资为8 400元。福利费按工资总额的14%提取。甲车队当月营运货物900千吨千米,乙车队当月营运货物500千吨千米。

(4)甲车队计提车辆折旧费120 000元,乙车队计提车辆折旧费80 000元。

(5)甲车队发生洗车费、过桥过路费等杂费26 300元,乙车队发生杂费15 200元。

(6)企业发生营运间接费用28 000元。

202×年8月,该企业编制如下会计分录:

(1)甲车队耗用燃料的计划成本=5.5×(900+10 000-600)=56 650(元)

甲车队耗用燃料的成本差异=56 650×2%=1 133(元)

乙车队耗用燃料的计划成本=5.5×(1 100+5 000-500)=30 800(元)

乙车队耗用燃料的成本差异=30 800×2%=616(元)

借:主营业务成本——运输支出——甲车队(燃料)　　57 783

　　　　　　　　　　　　　——乙车队(燃料)　　31 416

　贷:原材料——燃料　　　　　　　　　　　　　　　87 450

　　材料成本差异——燃料　　　　　　　　　　　　　1 749

(2)借:主营业务成本——运输支出——甲车队(轮胎)　　2 400

　　　　　　　　　　　　　——乙车队(轮胎)　　1 600

　　贷:原材料——轮胎　　　　　　　　　　　　　　4 000

(3)甲车队分摊机动司机和助手工资=8 400÷(900+500)×900=5 400(元)

乙车队分摊机动司机和助手工资=8 400÷(900+500)×500=3 000(元)

借:主营业务成本——运输支出——甲车队(工资费用)　　41 400

　　　　　　　　　　　　　——甲车队(其他薪酬费用)　　5 796

　　　　　　　　　　　　　——乙车队(工资费用)　　27 000

　　　　　　　　　　　　　——乙车队(其他薪酬费用)　　3 780

　贷:应付职工薪酬　　　　　　　　　　　　　　　77 976

(4)借:主营业务成本——运输支出——甲车队(折旧费)　　120 000

$$——乙车队(折旧费)　　　　80\ 000$$

　　　　贷:累计折旧　　　　　　　　　　　　　　200 000

（5）借:主营业务成本——运输支出——甲车队(其他费用)　26 300

　　　　　　　　　　　　　　　——乙车队(其他费用)　15 200

　　　　贷:银行存款等　　　　　　　　　　　　　41 500

（6）甲车队当月直接费用＝57 783＋2 400＋41 400＋5 796＋120 000＋26 300

　　　　　　　　　　＝253 679(元)

乙车队当月直接费用＝31 416＋1 600＋27 000＋3 780＋80 000＋15 200

　　　　　　　　　　＝158 996(元)

甲车队分配的营运间接费用＝28 000÷(253 679＋158 996)×253 679

　　　　　　　　　　　　＝17 212.12(元)

乙车队分配的营运间接费用＝28 000÷(253 679＋158 996)×158 996

　　　　　　　　　　　　＝10 787.88(元)

借:主营业务成本——运输支出——甲车队(营运间接费用)　17 212.12

　　　　　　　　　　　　——乙车队(营运间接费用)　10 787.88

　　贷:营运间接费用　　　　　　　　　　　　　28 000

根据上述情况计算甲、乙两车队的单位运输成本如下:

甲车队单位运输成本＝(253 679＋17 212.12)÷900＝300.99(元/千吨千米)

乙车队单位运输成本＝(158 996＋10 787.88)÷500＝339.57(元/千吨千米)

### (二) 铁路运输业务

铁路运输是指铁路运输企业通过利用机车、车辆以及各类基础设施,实现被运送货物、旅客的空间位置改变。铁路运输成本除了具有一般交通运输企业成本核算的特点外,还具有统一管理、共同协作、成本分摊、成本对比等特点。

1. 铁路运输业务的成本计算对象、成本计算单位和成本计算期

铁路运输成本计算,是以客、货运输业务为成本计算对象。客、货运换算成本的计算单位是"千换算吨千米"。客运成本的计算单位是"千人千米",货运成本的计算单位是"千计费吨千米"。铁路运输成本的计算期一般按年或按季进行,这是因为铁路运输作业是由许多基层单位分工协作、共同完成的,若按月计算成本有一定的困难。

2. 铁路运输业务的成本项目

铁路运输成本范围可划分为以下六项:工资、材料、燃料、电力、折旧和其他。工资是指支付给营运生产活动人员的工资、奖金、津贴、补贴、职工福利费等。材料费是指营运生产过程中运输设备所消耗的材料、润料,以及运输设备养护修理所耗用的材料、备品、备件、配件、润料等费用。燃料费是指营运生产过程中运输设备所消耗的燃料费用,以及运输设备养护修理所耗用的燃料费用。电力费是指营运生产过程中运输设备所消耗的电力费用,以及运输设备养护修理所耗用的电力费用。折旧费是指运输生产用固定资产折旧费。其他费用包括修理费、线路使用费、车站旅客服务费、旅客列车上水费、电力接触网使用费、挂运客车使用费、行包专列发送服务费、生产部门的差旅费、劳动保护费以及季节性

或修理期间的停工损失、事故净损失等。

### 3. 铁路运输成本的核算

物流企业发生的与营运生产直接相关的各项铁路运输成本直接记入营运成本,通过"主营业务成本"账户核算,按成本项目设置明细账。发生时借记"主营业务成本——运输支出"科目,贷记"原材料""应付职工薪酬""累计折旧"等科目。属于期间费用的记入管理费用、财务费用;属于营业外支出的各项支出记入营业外支出。

### 4. 铁路运输成本的计算

物流企业铁路运输业务的总成本由工资、材料、燃料、电力、折旧和其他费用构成,单位成本由总成本除以运输周转量(千吨千米)得到,计算公式如下:

运输单位成本(元/千吨千米)=运输总成本(元)/运输周转量(千吨千米)

月末应编制铁路运输成本计算表,以反映运输总成本和单位成本。

### (三) 船舶运输业务

船舶运输业务根据其运输形式可分为内河运输和海洋运输两大类,其中海洋运输又可分为沿海运输、近海运输和远洋运输三类。

#### 1. 船舶运输业务的成本计算对象、成本计算单位和成本计算期

(1)成本计算对象。

按我国现行制度规定,物流企业不论是沿海、远洋或内河运输都统一以客、货运业务作为成本计算对象。为正确计算运输成本,物流企业还需要根据管理上的要求,对不同形式的船舶运输确定不同的成本计算对象。内河航运以船舶的类型为成本计算对象;沿海、近海航运以单船、船舶类型为成本计算对象;远洋航运以单船的航次为成本计算对象。

(2)成本计算单位。

船舶运输业务以千吨海里作为成本计算单位。

(3)成本计算期。

内河、沿海、近海航运以月、季、半年、年作为成本计算期,因为这些航运的航次时间不长,且未完航次的费用比较少,也比较稳定。而远洋航运则以航次作为成本计算期,因为远洋航运的航次时间长,且月末未完航次的费用较大。船舶的航次时间,应以上一航次最终港卸完所载货物起,到本航次最终卸完所载货物时为止。

#### 2. 海洋运输业务的成本项目

因远洋运输业的特点,其成本项目可分为以下几部分:① 航次运行费,是指船舶在运输生产过程中发生的直接归属于航次负担的费用,包括燃料费、港口费、货物费、集装箱货物费、中转费、客运费、垫隔材料费、速遣费、事故损失费等。② 船舶固定费用,是指为保持船舶适航状态所发生的费用,包括在航船员的工资及福利、船舶折旧费、船舶修理费、物料费、船舶非营运期费用、船舶共同费用等。③ 集装箱固定费,是指企业自有或租入的集装箱及其底盘车在营运过程中发生的固定费,包括集装箱空箱保管费、折旧费、修理费、保险费、租费和底盘车保管费、折旧费、修理费、保险费等。④ 船舶租费、舱(箱)位租费,是指企业租入运输船舶或舱(箱)位营运,按规定支付给出租人的租费。⑤ 营运间接费用,

是指企业的船队或分公司为管理和组织营运生产所发生的各项管理费用和业务费用,它是不能直接计入运输成本核算对象的间接费用。

3. 海洋运输业务的成本核算

物流企业的运输费用通过"主营业务成本——运输支出"账户进行核算,本账户按成本计算对象设置明细账户,并按成本项目进行明细核算。

(1)航次运行费用的核算。

在发生时根据成本项目直接计入相应的航次运输成本中,借记"主营业务成本——运输支出——×航次——成本项目",贷记"燃料""银行存款"等科目。

(2)船舶固定费用的核算。

当由多艘船共同负担船舶固定费用时,在"船舶固定费用"下设"船舶共同费用"归集这些共同负担的费用,期末再按一定的分配标准在各艘船之间进行分配。分配比例一般有:① 各船舶吨位数;② 各船舶营运天数或营运吨天数;③ 各船舶数平均比例;④ 各船定员数或标准工资数额。

(3)集装箱固定费用的核算。

物流企业发生的集装箱固定费用通过"集装箱固定费用"核算,分别设置"集装箱费用"和"底盘车费用"明细账进行核算。期末将归集的集装箱固定费用总额按全部船舶装运集装箱的箱天数进行分配。计算公式如下:

$$分配率 = \frac{集装箱固定费用总额}{全部船舶装用集装箱标准箱天数}$$

全部船舶装用集装箱标准天数 $= \sum$（船舶装用集装箱标准箱天数×使用天数）

某船舶应负担的集装箱固定费用 $=$ 该船装用集装箱标准箱天数×分配率

(4)船舶租费、舱(箱)位租费的核算。

物流企业应按照每一运输船舶、每一营业航次,分别设置航次成本明细账或明细卡,航次内发生的各项运行费用直接记入该航次成本明细账,各项分配性费用于航次结束时按规定分配计入,借记"主营业务成本"科目,贷记"银行存款"等科目。

(5)营业间接费用的核算。

物流企业经营海洋运输业务设有船队或分公司的,应按船队或分公司设置明细账,以归集各船队或分公司为管理运输船舶和组织运营活动所发生的费用。发生时借记"营运间接费用",贷记"应付职工薪酬""银行存款"等科目。期末再将归集的运营间接费用按一定的标准(主要有船舶直接费用和船舶营运吨天)在各船舶之间进行分配。

4. 内河运输业务的成本项目及核算

内河运输业务的成本项目包括船舶直接费用、船舶维护费用、集装箱固定费用和营运间接费用。其具体内容及核算参考借鉴海洋运输业务。

5. 船舶运输成本的计算

物流企业船舶运输业务的成本是由总运行费用、船舶固定费用、集装箱固定费用、船舶维护费用、船舶租赁费、舱(箱)位租费和营运间接费用构成的。船舶运输的单位成本由总成本除以运输周转量(千吨海里)得到。月末应编制船舶运输成本计算表,以反映运输总成本和单位成本。

### (四) 航空运输业务

民航飞机由于机型和性能的不同,费用发生相差悬殊,这就决定了民航运输成本的计算对象应是民航机型,按不同机型分别归集成本费用。

民航运输周转量的成本计算单位是"吨千米",货物周转量和旅客周转量的换算比例为:

国内航线:1 人千米＝0.072 吨千米

国际航线:1 人千米＝0.075 吨千米

民航业成本计算一般以月为一个成本计算期。

航空运输企业各机型的飞行费用和飞机维修费之和为各机型成本。各机型成本之和为航空运输总成本。航空运输总成本除以运输周转量得到运输单位成本(也可分机型,计算各机型的运输单位成本)。月末应编制航空运输成本计算表,以反映运输总成本和运输单位成本。

## 三、包装业务的成本核算

包装是指为在流通过程中保护产品、方便运输、促进销售,按一定技术方法而采用容器、材料及辅助物等的总体名称,也指为了达到上述目的而采用容器、材料和辅助物的过程中施加一定技术方法等的操作活动。包装是生产的终点,同时又是物流的起点,是物流企业业务的重要组成部分,因此对包装环节进行管理与核算是物流企业成本核算的重要内容。

### (一) 包装业务的成本计算对象、成本计算单位和成本计算期

包装业务的成本计算对象是被包装的货物。

包装业务的成本计算单位是被包装的货物数量。

包装业务以月、季、半年、年作为成本计算期。

### (二) 包装业务成本的构成

物流企业包装业务的成本项目一般包括以下几项:

(1) 包装材料费用,是指物流企业在对各类物资实施包装过程中耗费在材料支出上的费用。

(2) 包装机械费用,是指物流企业在使用包装机械进行包装业务时发生的与包装机械有关的费用,包括包装机械的日常维修保养费、折旧费等。

(3) 包装技术费用,是指物流企业为了使包装的功能充分发挥作用,达到最佳的包装效果而采取一定的技术措施发生的费用,如设计、实施缓冲包装、防潮包装、防霉包装等技术所支出的费用。

(4) 包装人工费用,是指物流企业对实施包装作业的人员发放的计时工资、计件工资、奖金、津贴和补贴等各项费用支出。

(5) 其他辅助费用,是指除上述主要费用外,物流企业发生的如包装标记、包装标志的印刷、拴挂物费用的支出等。

### (三) 包装成本的核算

对于包装业务中产生的各项费用,凡是能和包装收入直接配比的,直接记入"主营业务成本——包装成本"科目,不能直接配比的先在"营运间接费用"账户中归集,然后按照一定的标准分配到包装成本中。这个分配标准可以是包装业务直接费用的总和。

## 四、仓储业务的成本核算

仓储业务是指物流企业运用各种仓库和各种储存设备,为客户提供货物储存、保护、管理的业务。仓储成本是指因仓储业务而发生的成本、费用总和。物流企业的仓储业务以堆存货物为主,堆存便是物流企业仓储的主体活动,因此仓储成本又可被称为堆存成本。

### (一) 仓储成本计算对象、成本计算单位和成本计算期

#### 1. 成本计算对象

物流企业经营仓储业务的仓库类型复杂多样,按建筑结构可分为露天仓库、简易仓库、平房仓库、楼房仓库、立体仓库和罐式仓库等;按保管货物的特性可分为普通仓库、冷藏仓库、恒温仓库、特种危险品仓库等。仓储业务的成本计算对象为各种类型的仓库。

#### 2. 成本计算单位

仓储业务的成本计算对象是以货物堆存量的计量单位为依据。货物堆存量通常以重量(或面积)作为成本计量单位,用堆存吨天(或堆存平方米)表示,它是实际堆存货物的吨数(或面积)与货物堆存天数的乘积。在实际工作中,通常用堆存千吨天(或堆存千平方米天)作为仓储业务的成本计算单位。

#### 3. 成本计算期

仓储业务的成本应按月、季、半年、年计算从年初至各月末的累计成本。

### (二) 仓储成本项目

仓储成本项目分为堆存直接费用和营运间接费用两项。

#### 1. 堆存直接费用

堆存直接费用是指仓库因仓储、保管货物而发生的直接费用,包含工资、职工福利费、材料费、低值易耗品摊销、动力及照明费、折旧费、劳动保护费、事故损失、保险费等明细项目。

#### 2. 营运间接费用

物流企业的仓储业务和装卸业务是密不可分的,二者往往与客户合签一份合同。营运间接费用是指物流企业的仓储装卸营运部或分公司,为管理和组织仓储和装卸的营运生产所发生的管理费用和业务费用。

### (三) 堆存成本的核算

由于物流企业的仓储业务以堆存货物为主,因此习惯上把仓储成本称为堆存成本。堆存直接费用和营运间接费用构成了堆存总成本,堆存总成本除以货物堆存量即为堆存

单位成本。物流企业应通过"主营业务成本——堆存支出"账户进行核算,按成本计算对象设置明细账户,并按成本项目进行明细核算。月末根据明细账所归集的堆存成本和该月实际完成的堆存量,编制堆存成本计算表,以反映堆存总成本和单位成本。

1. 堆存直接费用的归集

物流企业应根据工资及福利费分配表、耗用材料汇总表、固定资产折旧费用计算表及各种发票、单据等,直接列入所属仓库或库区的成本,记入"主营业务成本——堆存支出"的借方,贷记"应付职工薪酬""原材料""累计折旧""银行存款"等相关账户。

2. 堆存间接费用的归集和分配

物流企业的营运间接费用,应按营运部或分公司设立明细账,归集营运间接费用,期末按营运部或分公司的堆存直接费用和装卸直接费用的比例进行分配。

### 五、装卸业务的成本核算

广义的装卸是指物流企业运用机械设备和人力为客户提供改变货物在物流同一节点内的存在状态和空间位置的服务,包括狭义的装卸和搬运。狭义的装卸是指在指定地点以人力或机械将货物装入或卸下。搬运是指在同一场所内对货物进行水平的移动,其结果是货物横向或斜向的位移。

#### (一) 装卸成本计算对象、成本计算单位和成本计算期

1. 成本计算对象

以运输业务或仓储业务为主的物流企业,在经营装卸业务时,可以机械作业和人工作业分别作为成本计算对象。以机械作业为主、人工作业为辅的作业活动,可不单独计算人工装卸成本,反之亦然。物流企业经营港口业务的,为了加强成本管理,可以装卸作业的主要货种作为成本计算对象,主要货种可分为石油、煤炭、矿石、木材、粮食、集装箱、杂货等。

2. 成本计算单位

装卸成本的计算单位以货物装卸量的计量单位为依据,货物装卸量通常以重量作为成本计算单位,用装卸吨表示。集装箱装卸成本的计算单位可采用标准箱,也可采用装卸吨,两者的换算比例为:1 标准箱＝10 装卸吨。

3. 成本计算期

装卸成本应按月、季、半年、年计算从年初至各月末止的累计成本。

#### (二) 装卸成本的归集和分配

物流企业的装卸费用通过"主营业务成本——装卸支出"账户进行归集与分配。该账户按成本计算对象设置明细账,并按成本项目进行明细核算。

1. 直接人工

物流企业的直接人工成本可根据工资结算表等有关资料,编制职工薪酬费用汇总表,据以直接计入各类装卸成本。

2．直接材料

（1）燃料及动力。企业可于每月终了根据油库转来的装卸机械领用燃料凭证，计算实际消耗量计入成本，耗用的电力可根据供电部门的收费凭证或企业的分配凭证，直接计入各类装卸成本。

（2）轮胎。物流企业装卸机械的轮胎损耗，一般可于领用新胎时，将其价值一次直接计入各类装卸成本，如一次集中领换轮胎数量较多，为均衡各期成本负担，可通过摊销的方法计入装卸成本。装卸机械轮胎的翻新和零星修补费用，一般在发生和支付时直接计入各类装卸成本。装卸队配属各种车辆所领用新胎及翻新和零星修补的费用，也可按上述方法计入成本。

3．其他直接费用

（1）折旧费。物流企业装卸机械的折旧应按规定的折旧率计提，根据固定资产折旧计算表直接计入各类装卸成本。计提折旧适宜采用工作量法，一般按其工作时间（以台班表示）计提。

（2）其他费用。装卸机械领用的随机工具、劳保用品和装卸过程中耗用的工具等，领用时，根据领用凭证可将其价值一次直接计入各类装卸成本；若一次领用数额过大时，也可摊销处理。工具的修理费用以及防暑、防寒、保健饮料、劳保安全措施等费用，在费用发生和支付时，可根据费用支付凭证或其他有关凭证，一次直接计入各类装卸成本。物流企业对外发生的装卸费用，直接计入各类装卸成本。事故损失于实际发生时直接计入有关装卸成本，或先通过"其他应收款——暂付赔款"归集，月末将应由本期装卸成本负担的事故净损失，结转计入有关装卸成本。

4．营运间接费用

装卸队直接开支的管理费和业务费，可在发生和支付时直接计入装卸成本。当按机械装卸和人工装卸分别计算成本时，先通过"营运间接费用"归集，月终再按直接费用比例分配计入各类装卸成本。

## 六、配送业务的成本核算

配送业务是指物流企业根据客户的要求，对货物进行储存、拣选、包装、组配等作业，并按时将组配的货物以最合理的方式送交收货人的服务。配送是物流系统中一种特殊的综合活动形式，集装卸、储存、包装、运输等活动于一身。

### （一）配送成本计算对象、成本计算单位和成本计算期

1．成本计算对象

配送的各个环节有各自的成本计算对象：货物保管环节的成本计算对象是仓库，分拣及配货环节的成本计算对象是分拣及配备的货物，配送发运环节的成本计算对象是货运车辆。

2．成本计算单位

各个环节有各自的成本计算单位：货物保管环节的成本计算单位是堆存量，用千吨天

表示；分拣配货环节的成本计算单位是分拣配货量，用千吨或千件表示；配装环节的成本计算单位是配装量，用千吨表示；运送环节的成本计算单位是货物周转量，用千吨公里表示。

3. 成本计算期

配送业务的成本应按月、季、半年、年计算从年初至各期末止的累计成本。

### （二）配送成本的归集和分配

1. 配送直接费用的归集

物流企业应根据工资及福利费分配表、耗用材料汇总表、固定资产折旧费用计算表及各种发票、单据等，直接列入各个环节的成本，借记"主营业务成本——配送支出——堆存费用""主营业务成本——配送支出——分拣配货费用""主营业务成本——配送支出——配装费用""主营业务成本——配送支出——运输费用"等科目，贷记"应付职工薪酬""原材料""累计折旧""银行存款"等相关账户。

2. 配送间接费用的归集和分配

物流企业应先在组织和管理这些业务的营运部门或分公司的明细账中归集，借记"营运间接费用——配送营运部"，贷记"应付职工薪酬""累计折旧"等相关账户。期末再按堆存、分拣及配货、配装和运输四项业务的直接费用比例进行分配。

## 【本章小结】

各行业之间由于其生产活动的特点不同，决定了其成本核算具有不同的特点，在成本核算对象、成本项目等方面都有所不同。

施工企业是指建造房屋及建筑物和进行设备安装的生产单位。施工企业会计主要具有分级核算、分别计算每项工程的成本、工程成本核算与工程价款结算的分段性等特点。需设置"工程施工""机械作业""工程结算"等会计科目，核算和监督各项施工费用的发生、归集和分配情况，从而正确计算工程成本。

商品流通企业是指以从事商品流通为主营业务的独立核算经济单位。商品流通企业按其在社会再生产过程中的作用，可分为批发企业和零售企业两种不同类型。商品批发企业主要采用数量进价金额核算法，商品销售成本的计算方法主要有一次加权平均法、移动加权平均法、个别计价法、先进先出法和毛利率法五种方法。零售企业的库存商品一般采用售价金额核算法，库存商品、商品销售成本都按售价结转，月末须采用一定的方法计算并结转已实现的商品进销差价金额。已销商品进销差价的计算方法，目前主要有综合差价率计算法、分类（柜组）差价率计算法和盘存商品进销差价计算法三种。

物流企业是指至少从事运输（含运输代理、货物快递）或仓储一种经营业务，并能够根据实际需要对运输、仓储、装卸、搬运、包装、流通加工、配送等基本功能进行组织和管理，具有与自身业务相适应的信息管理系统，实行独立核算、独立承担民事责任的经济组织。物流企业基本的业务流程包括运输、仓储、装卸搬运、流通加工和配送等环节。成本核算时，运输业务成本是物流行业成本核算的核心，仓储业务、包装业务、装卸业务、配送业务等所发生的成本也是物流企业成本核算的重要组成部分。

## 【复习思考题】

1. 如何确定施工企业成本核算对象?
2. 施工企业的机械使用费通过什么科目进行归集? 如何进行分配?
3. 工程成本如何在已完工工程和未完工工程之间进行分配?
4. 商品流通企业的商品采购成本包括哪些内容?
5. 如何计算批发企业商品的销售成本?
6. 物流企业可能会涉及哪些成本?
7. 汽车运输成本包含哪些主要项目?

## 【案例分析题】

永辉超市是一家大型零售百货商店,兼营少量批发业务,期末进行成本核算时,会计核算员采用了"售价金额核算法"计算存货成本,同时确认主营业务成本就是"售价金额核算法"下的存货成本。

思考:1. 该企业为什么采用"售价金额核算法"计算存货成本?

2. 该超市12月月末有关账户记录情况如下:"库存商品"账户余额为1280万元,"主营业务收入"账户贷方发生额4660万元,期末分摊前"商品进销差价"账户余额1306.8万元。请用综合差价率计算法计算已销商品应分摊的进销差价,并根据计算结果进行相应的会计处理。

## 【练习题】

### 一、单项选择题

1. 施工企业一般将(　　)作为施工工程成本核算的对象。
   A. 工期　　　　B. 建筑材料　　　　C. 单位工程　　　　D. 建设项目
2. 施工企业的工程成本可分为(　　)。
   A. 直接成本和间接成本　　　　　　B. 实际成本和计划成本
   C. 实际成本和定额成本　　　　　　D. 生产成本和销售成本
3. 高档女鞋批发企业存货成本核算适宜采用(　　)。
   A. 数量进价金额核算法　　　　　　B. 数量售价金额核算法
   C. 进价金额核算法　　　　　　　　D. 售价金额核算法
4. 商品流通企业在经营过程中发生的期间费用计入(　　)。
   A. 采购成本　　B. 当期损益　　　　C. 销售成本　　　　D. 生产成本
5. 经营品种较多,月度计算销售成本有困难的批发企业,商品销售成本确定方法为
(　　)。

A. 先进先出法　B. 加权平均法　　　　C. 个别计价法　　　　D. 毛利率法

6. (　　)是物流行业的核心。

　　A. 包装业务　　B. 仓储业务　　　　C. 运输业务　　　　D. 装卸业务

7. 船舶运输业务以(　　)作为成本计算单位。

　　A. 千吨千米　　B. 千吨海里　　　　C. 装卸吨　　　　D. 千吨天

## 二、多项选择题

1. 施工企业成本核算需要设置(　　)账户。

　　A. 工程施工　　B. 辅助生产　　　　C. 机械作业　　　　D. 营运间接费用

2. 施工企业成本核算的特点是(　　)。

　　A. 按施工周期计算工程成本

　　B. 按月定期计算工程成本

　　C. 以单位工程为成本计算对象

　　D. 需要在已完工程和未完施工之间分配工程成本

　　E. 无须在已完工程和未完施工之间分配工程成本

3. 商品流通企业的成本由(　　)组成。

　　A. 采购成本　　B. 生产成本　　　　C. 销售成本　　　　D. 加工成本

4. 采用数量进价金额核算法对商品销售成本进行计算时,可采用(　　)。

　　A. 先进先出法　　B. 综合差价率法　　C. 个别计价法　　　D. 毛利率法

5. 商品流通企业在经营过程中发生的(　　)作为期间费用计入当期损益。

　　A. 制造费用　　B. 管理费用　　　　C. 财务费用　　　　D. 销售费用

6. 库存商品售价核算法下已销商品进销差价的计算方法为(　　)。

　　A. 综合差价率计算法　　　　　　B. 加权平均法

　　C. 盘存商品进销差价计算法　　　　D. 分类(柜组)差价率计算法

7. 汽车运输业务的成本项目可分为(　　)。

　　A. 直接材料　　B. 直接人工　　　　C. 其他直接费用　　　D. 营运间接费用

## 三、判断题

1. 施工企业的成本计算方法与制造企业的分批法相同。　　　　　　　　　　(　　)

2. 批发企业的库存商品一般采用售价金额核算法。　　　　　　　　　　　　(　　)

3. 售价金额核算法,可以简化核算手续,减少工作量,是零售企业商品核算的主要方法。　　　　　　　　　　　　　　　　　　　　　　　　　　　　　　　　　　(　　)

4. 汽车运输成本中应包括公司管理部门的管理费用。　　　　　　　　　　　(　　)

5. 物流企业汽车运输业务应以不同类型、不同用途车辆所提供的运输服务作为单独的成本计算对象。　　　　　　　　　　　　　　　　　　　　　　　　　　　　　(　　)

6. 物流企业计提车辆的折旧时,需将外胎价值从车辆原值中扣减后再按工作量法计提。　　　　　　　　　　　　　　　　　　　　　　　　　　　　　　　　　　(　　)

7. 仓储业务的成本计算对象是以货物堆存量的计量单位为依据,货物堆存量通常以重量(或面积)作为成本计量单位,用堆存吨天(或堆存平方米)表示。　　　　　(　　)

**四、计算题**

1. 兴辉建筑工程有限责任公司202×年同时进行A、B两项工程的建设,A工程于上年12月份开工,目前尚未完工;B工程于当年2月份开工。2月份发生机械作业台时数为9 000台时,其中A工程7 000台时,B工程2 000台时。发生的工程间接费用按照各工程的人工费用分配。

202×年5月份的成本、费用资料见表8-4至表8-8。

**表8-4　未完工施工项目成本资料**

工程项目:A工程　　　　　　　　　202×年4月30日　　　　　　　　　单位:元

| 成本项目 | 材料费 | 人工费 | 其他直接费用 | 机械使用费 | 间接费用 | 合　计 |
|---|---|---|---|---|---|---|
| 金额 | 506 900 | 302 560 | 6 000 | 80 826 | 31 689 | 927 975 |

**表8-5　材料费用分配表**

202×年5月　　　　　　　　　单位:元

| 工程项目 | 主要材料 | 结构件 | 其他材料 | 合　计 |
|---|---|---|---|---|
| A工程 | 89 630 | 49 628 | 9 843 | 149 101 |
| B工程 | 31 959 | | 10 320 | 42 279 |
| 间接费用 | | | 5 482 | 5 482 |
| 机械作业 | | | 6 500 | 6 500 |
| 合　计 | 121 589 | 49 628 | 32 145 | 203 362 |

**表8-6　人工费用分配表**

202×年5月　　　　　　　　　单位:元

| 工程项目 | 工　资 | 社保费 | 合　计 |
|---|---|---|---|
| A工程 | 48 000 | 17 280 | 65 280 |
| B工程 | 30 000 | 10 800 | 40 800 |
| 间接费用 | 26 400 | 9 504 | 35 904 |
| 机械作业 | 9 600 | 3 456 | 13 056 |
| 合　计 | 114 000 | 41 040 | 155 040 |

**表8-7　折旧费用计算表**

202×年5月　　　　　　　　　单位:元

| 工程项目 | 固定资产 | 折旧率 | 折旧额 |
|---|---|---|---|
| 机械作业 | 4 200 000 | 0.5% | 21 000 |
| 间接费用 | 1 800 000 | 0.4% | 7 200 |
| 合　计 | 6 000 000 | —— | 28 200 |

### 表 8－8　其他费用分配表

202×年5月

单位:元

| 工程项目 | 水电费 | 修理费 | 合计 |
|---|---|---|---|
| A工程 | 3 600 | | 3 600 |
| B工程 | 2 160 | | 2 160 |
| 机械作业 | 4 075 | 2 439 | 6 514 |
| 间接费用 | 3 980 | 3 126 | 7 106 |
| 合计 | 13 815 | 5 565 | 19 380 |

注:水电费和修理费均以银行存款支付。

要求:根据上述资料进行会计处理,设计未完工施工项目工程成本计算表,计算A、B工程项目工程成本。

2. 某商品流通企业有A、B两种商品,该企业202×年度第二季度末商品实际销售毛利率为20%,第三季度初结存商品金额50万元,本季购进总额390万元,9月末结存A商品数量300件,加权平均单价900元,结存B商品200件,加权平均单价2 200元。该企业7月份销售商品120万元,8月份销售商品220万元。

要求:用毛利率法计算A、B商品7月份和8月份的销售成本,用加权平均法计算A、B商品9月份的销售成本,并根据计算结果进行相应的会计处理。

3. 鸿雁商场202×年×月月末"库存商品""主营业务收入""商品进销差价"账户资料分别如表8－9所示。

### 表 8－9　凤凰商场有关账户资料

202×年×月

金额单位:元

| 柜组 | 结转前"商品进销差价"账户余额 | "库存商品"账户余额 | "主营业务收入"账户本月贷方发生额 |
|---|---|---|---|
| 服装柜 | 12 000 | 35 000 | 48 000 |
| 鞋帽柜 | 11 000 | 20 000 | 68 000 |
| 食品柜 | 45 000 | 55 000 | 200 000 |
| 合计 | 68 000 | 110 000 | 316 000 |

要求:计算各柜组差价率及各柜组已销商品应分摊的进销差价,完成表8－10,并根据计算结果进行相应的会计处理。

### 表 8－10　商品进销差价计算表

202×年×月

金额单位:元

| 柜组 | 月末分摊前"商品进销差价"账户余额(1) | 月末"库存商品"账户余额(2) | 本月"主营业务收入"账户本月贷方发生额(3) | 差价率(4) | 已销商品进销差价(5) | 库存商品结存进销差价(6) |
|---|---|---|---|---|---|---|
| 服装柜 | | | | | | |
| 鞋帽柜 | | | | | | |
| 食品柜 | | | | | | |
| 合计 | | | | | | |

# 第九章　成本会计前沿

## 【学习目的与要求】

1. 掌握作业成本法的成本计算特点和成本计算方法；
2. 熟悉质量成本法作用以及质量成本统计核算法和会计核算法的相关内容；
3. 了解战略成本管理理念、管理目标及其在我国运用战略成本管理的意义。

## 【案例导入】

1. 厦门三德兴公司为生产硅橡胶按键的企业，主要给遥控器、普通电话、移动电话、计算器和电脑等电器设备提供按键。企业的生产特点为品种多、数量大、成本不易精确核算。

1994 年以前，国内外硅橡胶按键生产行业的竞争很少，基本上属于一个卖方市场。从 1994 年开始，硅橡胶按键行业的竞争者增多，硅橡胶按键产品的价格也不断下降，硅橡胶按键行业逐渐变为买方市场。1997 年下半年的亚洲金融风暴造成整个硅橡胶按键市场需求量大幅度下降，硅橡胶按键生产商之间的竞争变得异常激烈，产品价格一跌再跌，产品价格已经处在产品成本的边缘，成本核算问题突出表现出来。此时，硅橡胶按键已经从单纯的生产过程转向生产和经营过程，一方面，生产过程复杂化了，厦门三德兴公司每月生产的产品型号多达数百个，且经常变化，每月不同，其中消耗物料达上千种，工时或机器台时在各生产车间很难精确界定，已经无法按照传统成本法对每个产品分别进行合理、准确的成本核算，也无法为企业生产决策提供准确的成本数据；另一方面，企业中的行政管理、技术研究、后勤保障、采购供应、营销推广和公关宣传等非生产性活动大大增加，为此类活动而发生的成本在总成本中所占的比重不断提高，而此类成本在传统成本法下又同样难以进行合理的分配。如此一来，以直接人工为基础来分配间接制造费用和非生产成本的传统成本法变得不适用，该公司开始运用作业成本法进行成本核算，使企业成本计算结果更为合理，成本管理更为有效。

2. 大连三洋制冷有限公司（以下简称大连三洋制冷）是国际一流的双效溴化锂吸收式中央空调专业制造企业，是中日合资高科技企业。1992 年成立以来，大连三洋制冷以差异化战略为经营战略，取得了良好的业绩，迅速成长为行业的领先者。然而，在行业进入成熟期后，企业的增长势头受到抑制。2002 年，为进一步提高管理水平，大连三洋制冷开始引进日本丰田的精益生产方式，并在生产过程中逐渐加强了对质量成本的管理与控制。

而随着我国加入 WTO，国际竞争一体化的一个显著特点是国内竞争国际化。跨国集团蜂拥而入使竞争呈现出白热化，在产品过剩、价格大幅下降的价格战局面下，降低成本已成为每个企业的重点工作。大连三洋制冷在设计工艺、采购、制造、营销等各个环节上采取了通常的降低成本措施之后,降成本工作陷入瓶颈,如何选择新的突破口?

大连三洋制冷早在 1996 年就在中央空调行业率先通过了 ISO 9001 质量管理体系认证,在质量管理上取得了非常好的成绩。但是,一些质量损失难以从财务核算的角度对质量体系的有效性进行测量,而在企业的日常管理活动中又存在着许多无效的管理,使企业的经营管理难以得到持续改进。为此,需要一种新的工具来发现这些质量成本的浪费,在经过反复比较后,三洋制冷选择了质量成本法来解决这一问题。

3. 手机行业属于消费电子行业,当有消费热点出现时容易产生相应的热销,如当年的摄像头手机、MP3 手机等潮流的出现都带来的相应元器件的短缺,同时价格飞涨,很多手机企业甚至因此而停产或者减少计划,很多国产手机就是受害者。而诺基亚公司在这些短缺事件中没有受到任何影响,它对供应商的价格控制能力究竟来自哪里呢?

起决定性作用的还是采购量的大小,诺基亚公司 2005 年给其供应商下的订单是 2 亿部手机的零部件;国内的手机产量总和翻几番恐怕也难以匹敌,并为后来进入的竞争者设置了不小的壁垒。采购价格是成本中最重要的部分,与供应商的讨价还价能力使得不同的企业取得了与竞争对手不同的成本,而诺基亚公司通过战略配合所达到的影响和控制供应商的能力足以将成本控制到竞争对手无法想象的程度。巨大的采购量除了来自 Nokia 巨大的产量基数之外,也来源于 Nokia 从战略的角度对采购的控制,如产品中有很多通用的、标准化的设计和部件,同一零部件定点几家采购,将战略与采购和成本管理结合,自然形成了手机行业的资源大鳄。

**思考:**厦门三德兴公司、大连三洋制冷和诺基亚公司之所以能够在激烈的市场竞争中立于不败之地,原因在于分别针对本企业的特点成功运用了新的成本核算和管理方法。试分析说明这些企业分别运用了哪些方法,这些方法的特点如何。

# 第一节　作业成本法

## 一、作业成本法的产生与发展

20 世纪 70 年代以来,高科技迅速发展,对社会生产的发展起到了极大的推动作用,日本及欧美各国纷纷实行自动化生产,促成新制造环境的形成。如 CIM(Computer Integrated Manufacturing System)和 JIT(Just In Time)等生产方式的出现,无疑给传统成本会计带来了新的挑战。在这些企业中,由于生产经营活动电脑化、自动化和弹性制造系统、适时生制、全面质量管理的实现,企业的间接费用大大增加,并且在内容上更加复杂化,企业如果继续使用传统的成本会计技术与方法,至少会造成两大方面的后果:① 产品成本计算不准确。因为在新的制造环境下,机器和电脑辅助生产系统在某些工作上已经取代了人工,人工成本比重从传统制造环境下的 20%~40%降到了现在的不足 5%。但同时制造费用剧增并呈多样化,其分摊标准如果只用人工小时已难于正确反映各种产品的成本。② 成本控制可能产生负功能行为。传统成本会计中将预算与实际业绩编成差异报告,即将实际发生的成本与标准成本相比较。但在新制造环境下,这一控制系统将产生负功能的行为,如为获得有利的效率差异,可能导致企业片面追求大量生产,造成存货的增加;另外,为获得有利价格差异,采购部门可能购买低质量的原材料,或进行大宗采购,造成质量问题或材料库存积压等。

为解决新的制造环境下传统成本会计的难题,作业成本法作为新的成本核算方法应运而生。传统成本法是一种通用的解决方案,不考虑企业的目标,但新兴的作业成本法从一开始就考虑企业的实施目标和范围,结合企业的实际情况实施,并把成本核算与成本信息分析和应用结合起来,直至采取改善行动,为企业提供一个整体的解决方案。

作业成本法(Activity-Based Costing),是一种通过对所有作业活动进行追踪动态反映,计量作业和成本对象的成本,评价作业业绩和资源的利用情况的成本计算和管理方法。它以作业为中心,根据作业对资源耗费的情况将资源的成本分配到作业中,然后根据产品和服务所耗用的作业量,最终将成本分配到产品与服务中。

对作业成本的研究可追溯到 20 世纪 40 年代,最早提出的概念是"作业会计"(Activity-Based Accounting 或 Activity Accounting)。美国会计学家科勒(Eric Kohler)教授于 1941 年在《会计论坛》杂志发表论文,首次对作业、作业账户设置等问题进行了讨论,并提出"每项作业都设置一个账户","作业就是一个组织单位对一项工程、一个大型建设项目、一项规划以及一项重要经营的各个具体活动所做出的贡献"。随后,乔治·J.斯托布斯(George. J. Staubus)教授认为,"作业会计"是一种和决策有用性目标相联系的会计,研究作业会计首先应明确"作业""成本"和"会计目标—决策有用性"三个概念。1971年,斯托布斯在具有重大影响的《作业成本计算和投入产出会计》一书中,对"作业""成本""作业成本计算"等概念做了全面阐述,引发了 20 世纪 80 年代以后西方会计学者对传统的成本会计系统的全面反思。

1988 年,哈佛大学的罗宾·库珀(Robin Cooper)在《成本管理》杂志上发表了《一论 ABC 的兴起:什么是 ABC 系统?》,认为产品成本就是制造和运送产品所需全部作业的成本的总和,成本计算的最基本对象是作业;ABC 赖以存在的基础是产品消耗作业、作业消耗资源。接着库珀又连续发表了《二论 ABC 的兴起:何时需要 ABC 系统?》《三论 ABC 的兴起:需要多少成本动因并如何选择?》和《四论 ABC 的兴起:ABC 系统看起来到底像什么?》。他还与罗伯特·卡普兰(Robert S. Kaplan)合作在《哈佛商业评论》上发表了《计量成本的正确性:制定正确的决策》等论文,对作业成本法的现实意义、运作程序、成本动因选择、成本库的建立等重要问题进行了全面深入的分析,奠定了作业成本法研究的基石。此后,在英美等国家,作业成本日益兴起,研究作业成本法的文章纷纷出现,作业成本理论日趋完善,在冶金、电信、制药、电子设备和 IT 等行业的应用也逐步开展了起来。

## 二、作业成本法的基本原理

### (一) 作业成本法的相关概念

1. 作业与作业中心

广义的作业(Activities)是指产品制造过程中的一切经济活动。这些经济活动事项,有的会发生成本,有的不会发生成本;有的能创造附加价值,即增值作业(Value-added

Activity)，有的不能创造附加价值，即非增值作业(non Value-added Activity)。因为我们的目的是计算产品成本，因此只考虑会发生成本的作业；而从管理角度出发，无附加价值的作业要尽量剔除。所以作业成本法的作业是指能产生附加价值，并会发生成本的经济活动，即狭义的作业。

作业具有以下几个基本经济特征：① 作业是"投入—产出"因果联动的实体，其本质是一种交易；② 作业贯穿动态经营的全过程，构成联系企业内部与外部的作业链；③ 作业是可以量化的基准。

将类似的作业归集在一起便构成了作业中心。建立作业中心的主要目的是为了归集每一类作业的成本，简化作业成本的计算。

2. 作业链与价值链

产品在生产过程中需要消耗一系列有序作业，这些作业的集合体便构成作业链。作业链是指企业为了满足顾客需要而建立的一系列有序的作业及其价值的集合体。这样，作业成本法就在计算产品成本的同时，确定了产品与成本之间具有因果联系的结构体系，它是由诸多作业构成的链条。同时作业消耗资源，一项作业转移到另一项作业的过程，也伴随着价值的转移，因此作业链也可称之为价值链，或作业价值链。最终产品是全部作业的集合，同时也是全部作业的价值集合。可用图9-1表示。

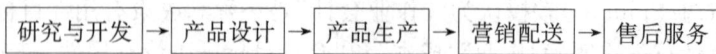

研究与开发 → 产品设计 → 产品生产 → 营销配送 → 售后服务

**图9-1 企业简化的作业价值链**

3. 成本动因(Cost Drivers)

成本动因理论是由库珀和卡普兰于1987年在《成本会计怎样系统地歪曲了产品成本》一文中提出来的。该理论认为：作业是由组织内消耗资源的某种活动或事项。作业是由产品引起的，而作业又引起资源的消耗；成本是由隐藏其后的某种推动力引起的。这种隐藏在成本之后的推动力就是成本动因。或者说，成本动因就是引起成本发生的因素。

成本动因的两种形式：

(1) 资源动因(Resource Driver)，是指决定一项作业所耗费资源的因素，反映作业量与资源耗费间的因果关系。

(2) 作业动因(Activity Driver)，是将作业中心的成本分配到产品或劳务、顾客等成本目标中的标准，它也是将资源消耗与最终产出相沟通的中介。

4. 成本库(Cost Pool)

成本库是指作业所发生的成本的归集。在传统的成本会计中以部门进行各类制造费用的归集，而在作业成本法中，将每一个作业中心所发生的成本或消耗的资源归集起来作为一个成本库。一个成本库是由同质的成本动因组成，它对库内同质费用的耗费水平负有责任。

**(二) 作业成本计算程序**

1. 作业成本计算程序

作业成本法最初作为一种正确分配制造费用、计算产品制造成本的方法被提出。其基本思想是在资源和产品之间引入一个中介——作业,基本原则是产品消耗作业,作业消耗资源;生产导致作业的发生,作业导致成本的发生。

根据这一原则,作业成本计算按如下两个步骤进行:

第一步,确认作业、主要作业、作业中心,按同质作业设置作业成本库;以资源动因为基础将间接费用分配到作业成本库;

作业是基于一定目的,以人为主体,消耗了一定资源的特定范围内的工作,是构成产品生产、服务程序的组成部分。实际工作中可能出现的作业类型一般有起动准备、购货订单、材料采购、物料处理、设备维修、质量控制、生产计划、工程处理、动力消耗、存货移动、装运发货、管理协调等。

作业引发资源的耗用,而资源动因是作业消耗资源的原因或方式,因此,间接费用应当根据资源动因归集到代表不同作业的作业成本库中。

由于生产经营的范围扩大、复杂性提高,构成产品生产、服务程序的作业也大量增加,为每项作业单独设置成本库往往并不可行。于是,将有共同资源动因的作业确认为同质作业,将同质作业引发的成本归集到同质作业成本库中以合并分配。按同质作业成本库归集间接费用,不但提高了作业成本计算的可操作性,而且减少了工作量,降低了信息成本。

第二步,以作业动因为基础将作业成本库的成本分配到最终产品。

产品消耗作业,产品的产量、生产批次及种类等决定作业的耗用量,作业动因是各项作业被最终产品消耗的方式和原因。例如,起动准备作业的作业动因是起动准备次数,质量检验作业的成本动因是检验小时。明确了作业动因,就可以将归集在各个作业成本库中的间接费用,按最终产品消耗的作业动因量的比例进行分配,计算出产品的各项作业成本,进而确定最终产品的成本。

作业成本计算程序如图 9 - 2 所示。

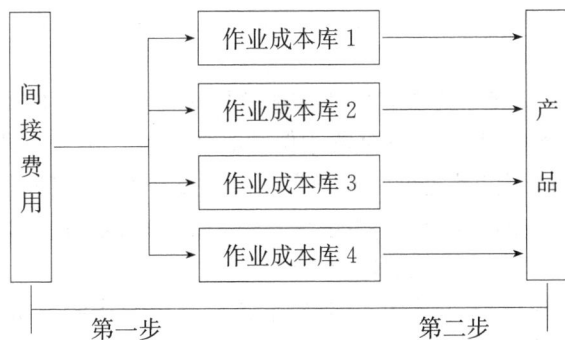

**图 9 - 2　作业成本计算程序图**

综上所述,作业成本法区别于传统成本计算法的主要特点是:

其一,以作业为基本的成本计算对象,并将其作为汇总其他成本(如产品成本、责任中心成本)的基础;

其二,注重间接费用的归集与分配,设置多样化作业成本库,并采用多样化成本动因作为成本分配标准,使成本归集明细化,从而提高成本的可归属性;

其三,关注成本发生的前因后果。

产品的技术层次、项目种类、复杂程度不同,其耗用的间接费用也不同,但传统成本计算法认为,所有产品都根据其产量均衡地消耗企业的所有费用。因此,在传统成本法下,产量高、复杂程度低的产品的成本往往高于其实际发生成本;产量低、复杂程度高的产品的成本往往低于其实际发生成本。

作业成本计算以作业为联系的资源和产品的中介,以多样化成本动因为依据,将资源追踪到作业,将作业成本追踪到产品,提供了适应现代制造环境的相对准确的成本信息。作业成本计算以财务为导向,从分类账中获得主要成本(如间接费用)项目,进而将成本追踪到作业成本库,再将作业成本库的成本分配到各产品,侧重于对历史成本费用进行分析,是成本分配观的体现。

## 2. 作业管理

对成本分配观的重视使成本计算的正确性得以提高,而要有效地控制成本的发生并降低成本,就必须立足于过程分析观来进一步认识成本与作业的关系。过程分析观以业务为导向,从实物流动及其与数量化的关系、非财务的产品与劳务的关系的层面来分析生产经营过程。具体而言,首先要确定实物的消耗量;其次是确定生产经营过程消耗了何种资源。耗用资源就会发生成本,一旦明确了消耗形态,就可以直接追踪资源耗用作业的全过程,从根源上对成本进行控制,支持生产经营过程的持续改善。过程分析观承认多层次作业,既强调在一个过程中作业的相对独立性,又强调作业的链接关系。在过程分析的基础上,作业管理得以实现。

作业管理就是将企业看作由顾客需求驱动的一系列作业组合而成的作业集合体,在管理中努力提高增加顾客价值的作业效率,消除遏制不增加顾客价值的作业,实现企业生产经营的持续改善。不增加顾客价值的作业以及增加顾客价值但无效率的作业称为不增值作业,由不增值作业引发的成本称为不增值作业成本。作业管理一般包括确认作业、作业链和成本动因分析、业绩评价以及报告不增值作业成本四个步骤,主要采用如下方法降低成本:

(1)作业消除。作业消除就是消除不增值的作业,即先确定不增值的作业,进而采取有效措施予以消除。例如,将原材料从集中保管的仓库搬运到生产部门,将某部门生产的零件搬运到下一个生产部门都是不增值作业。如果条件许可,将原材料供应商的交货方式改变为直接送达原料使用部门,将功能性的工厂布局转变为单元制造式布置,就可以缩短运输距离,削减甚至消除不增值的作业。

(2)作业选择。作业选择就是尽可能列举各项可行的作业并从中选择最佳的作业。不同的策略经常产生不同的作业,如不同的产品销售策略会产生不同的销售作业,而作业引发成本,因此不同的产品销售策略引发不同的作业及成本。在其他条件不变的情况下,选择作业成本最低的销售策略,可以降低成本。

(3)作业减少。作业减少就是改善必要作业的效率或者改善在短期内无法消除的不增值的作业,如减少整备次数,就可以改善整备作业及其成本。世界著名机车制造商Hardley-Davidson,就通过作业减低方式减少了75%的机器整备作业,从而降低了成本。

(4)作业分享。作业分享就是利用规模经济效应提高必要作业的效率,即增加成本动因的数量但不增加作业成本,这样可以减低单位作业成本及分摊于产品的成本。例如,新产品在设计时,如果考虑到充分利用现有其他产品使用的零件,就可以免除新产品零件的设计作业,从而降低新产品的生产成本。

可以说,发展至今,作业成本法已成为以作业为核心、成本分配观和过程分析观为二维导向、作业成本计算与作业管理相结合的全面成本管理制度。

## 三、作业成本计算举例

某企业生产 A、B 两种产品,有关年产销量、批次、成本、工时等资料见表 9-1。

### 表 9-1　产销量及直接成本等资料表

| 项　目 | A 产品 | B 产品 |
|---|---|---|
| 产销量(件) | 200 000 | 40 000 |
| 生产次数(次) | 4 | 10 |
| 定购次数(次) | 4 | 10 |
| 每次定购量(件) | 25 000 | 2 000 |
| 直接材料成本(元) | 24 000 000 | 2 000 000 |
| 直接人工成本(元) | 3 000 000 | 600 000 |
| 机器制造工时(小时) | 400 000 | 160 000 |

该企业当年制造费用项目与金额见表 9-2。

### 表 9-2　间接制造成本明细表

单位:元

| 制造费用项目 | 作业动因分析 | 作业成本库 | 金　额 |
|---|---|---|---|
| 材料验收成本 | 材料采购次数 | 材料订单 | 300 000 |
| 产品检验成本 | 生产定购次数及生产批次 | 生产订单(生产批次) | 470 000 |
| 开工协调成本 | 生产定购次数及生产批次 | 生产订单(生产批次) | 220 000 |
| 设备检修费 | 设备启动次数 | 生产订单(生产批次) | 190 000 |
| 燃料与水电成本 | 机器制造工时 | 机器耗费 | 402 000 |
| 设备折旧费 | 机器制造工时 | 机器耗费 | 300 000 |
| 材料储存成本 | 材料的数量 | 材料储备 | 140 000 |
| 厂房折旧费 | 产品销售量 | 生产管理 | 230 000 |
| 生产管理费 | 产品销售量 | 生产管理 | 100 000 |
| 合　计 | | | 2 352 000 |

### (一) 传统成本计算法下成本计算

按传统成本计算法,制造费用可按机器制造工时进行分配,制造费用分配率为:

制造费用分配率＝2 352 000÷560 000＝4.2(元)

A产品应分摊的制造费用＝400 000×4.2＝1 680 000(元)

B产品应分摊的制造费用＝160 000×4.2＝672 000(元)

根据上述分析和计算可编制产品成本计算表,如表9-3所示。

#### 表9-3 传统成本计算法下成本计算表

| 项 目 | A产品 | B产品 |
|---|---|---|
| 直接材料成本(元) | 24 000 000 | 2 000 000 |
| 直接人工成本(元) | 3 000 000 | 600 000 |
| 制造费用(元) | 1 680 000 | 672 000 |
| 总成本(元) | 28 680 000 | 3 272 000 |
| 产销量(件) | 200 000 | 40 000 |
| 单位产品成本(元) | 143.4 | 81.8 |

### (二) 作业成本计算法下成本计算

作业成本计算的关键在于对制造费用的处理不是完全按机器制造工时进行分配,而是根据作业中心与成本动因确定各类制造费用的分配标准。下面分别确定表9-2中各项制造费用的分配标准和分配率:

(1) 对于材料验收成本、产品检验成本和开工成本,其成本动因是生产与定购次数,可以此作为这三项制造费用的分配标准。其分配率为:

材料验收成本分配率＝300 000÷14＝21 428.57(元)

产品检验成本分配率＝470 000÷14 ＝33 571.43(元)

开工成本分配率＝220 000÷14＝15 714.29(元)

(2) 对于设备折旧费用、燃料与水电费用,其成本动因是机器制造工时,可以机器制造工时作为这两项费用的分配标准。其分配率为:

设备折旧费用分配率＝300 000÷560 000＝0.535 71(元)

燃料与水电费分配率＝402 000÷560 000 ＝0.717 857(元)

(3) 对于设备检修费,其成本动因是生产次数。其分配率为:

设备检修费分配率＝190 000÷14 ＝13 571.43(元)

(4) 对于厂房折旧和经营者薪金,其成本动因是产品产销量,厂房折旧和经营者薪金可以此为分配标准。其分配率为:

厂房折旧费用分配率＝230 000÷240 000＝0.958 3(元)

经营者薪金分配率＝100 000÷240 000 ＝0.416 67(元)

(5) 对于材料储存成本,其成本动因是直接材料的数量或成本,可以此为标准分配材料储存成本。其分配率为:

材料储存成本分配率＝140 000÷26 000 000＝0.005 38(元)

根据上述费用分配的计算,将各项作业费用在 A 产品和 B 产品之间分配,其分配结果见表 9-4。

表 9-4　间接制造费用分配明细表

| 作业项目 | 合 计 | A 产品 | B 产品 |
|---|---|---|---|
| 材料验收成本 | 300 000 | 85 714 | 214 286 |
| 产品检验成本 | 470 000 | 134 286 | 335 714 |
| 燃料与水电成本 | 402 000 | 287 143 | 114 857 |
| 开工成本 | 220 000 | 62 857 | 157 143 |
| 设备检修成本 | 190 000 | 54 286 | 135 714 |
| 设备折旧 | 300 000 | 214 284 | 85 716 |
| 厂房折旧 | 230 000 | 191 660 | 38 340 |
| 材料储存成本 | 140 000 | 129 120 | 10 880 |
| 生产管理费用 | 100 000 | 83 334 | 16 666 |
| 合 计 | 2 352 000 | 1 242 684 | 1 109 316 |

根据上述分析与计算可编制作业成本计算表如表 9-5 所示。

表 9-5　作业成本计算法下成本计算表

| 项 目 | A 产品 | B 产品 |
|---|---|---|
| 直接材料成本(元) | 24 000 000 | 2 000 000 |
| 直接人工成本(元) | 3 000 000 | 600 000 |
| 制造费用(元) | 1 242 684 | 1 109 316 |
| 总成本(元) | 28 242 684 | 3 709 316 |
| 产销量(件) | 200 000 | 40 000 |
| 单位产品成本(元) | 141.21 | 92.73 |

比较表 9-3 和表 9-5 可见,按作业成本计算法,A 产品单位成本由传统成本计算的 143.4 元下降为 141.21 元;B 产品单位成本由传统成本计算的 81.8 元提高到 92.73 元。产生差异的原因主要是传统成本计算对制造费用只采用单一的分配标准,而忽视了不同作业之间的成本动因不同。显然,按作业成本计算的结果比按传统成本计算的结果更准确和更合理。

# 第二节　质量成本核算

## 一、质量成本的形成和发展

20 世纪 50 年代初、美国质量管理专家 A. V. 菲根堡姆在他的研究报告中首次提出质量成本概念。半个多世纪以来,质量成本被广泛应用于企业管理,并在应用的实践中不断发展。

质量成本(Quality Cost)形成和发展的过程,体现了不同国家在不同时期对质量成本应用的不同需求,表明对质量成本理念的认识程度及其不断提高的过程。质量成本是市场经济发展到一定阶段的历史产物,它随市场经济的发展而产生,并伴随市场经济中质量管理和成本管理的结合而发展。研究质量成本形成和发展的历史,有利于引导人们沿着质量成本历史发展的轨迹去认识和把握质量成本发展的规律,探索质量成本未来发展的趋势。

**(一) 质量成本的形成**

质量成本的形成与质量管理的发展密切相关。质量管理发展的过程包含质量成本萌芽和形成过程。在国外,质量管理经历了近百年的发展历史,这段历史大体上可分为三个发展阶段,即标准化质量管理、统计质量管理和全面质量管理三个阶段。

标准化质量管理主要指 1924 年以前的泰罗质量管理。其特点是领先质量检验的专业化队伍,按照既定的质量技术标准进行事后和质量把关,以减少废次品。标准化质量管理是在传统经验管理的基础上向科学管理迈出的可喜的一步。这一阶段虽未形成对质量经济性的要求,但由于质量检验费用的大幅上升,引起了管理者的关注,并开始搜集有关质量检验费用的资料,为质量成本理论的形成提供了最原始的雏形。

二战期间,由于军工生产规模扩大,军品膨胀,军方对军品质量的要求越来越高,在这种情况下,采用标准化质量管理,对产品质量进行全数检验的方法,既费工又费时,且效果不佳,从而暴露出明显的不适用性。以美国电话公司工程师休哈特为代表,采用数理统计和概率的认识水平,对产品质量进行"抽样检验"和对废次品进行"防护性"的事前控制,既省时又省工,且效果明显,成为当时质量管理的一大突破。随后,统计方法又运用到质量控制过程中,形成了统计质量管理,促使质量成本范围的扩大和内容的完善,质量成本从雏形走向基本成型。

20 世纪 50 年代,成本管理处于一个重要的发展阶段。成本管理的发展,一方面体现在成本控制核心观念的加强,控制的技术、方法不断完善;另一方面体现在向着更多的领域延伸和应用,包括向质量领域延伸和应用。成本管理向质量领域渗透,促进了质量与成本的结合,推动了质量成本的形成。

**(二) 质量成本的发展**

20 世纪 50 年代,随着质量竞争的加剧,企业为了在竞争中取得优势,不得不追加提高质量费用投入,以减少质量损失。尽管增加质量费用已不可避免,但是,人们对质量费用的实际意义和产生的深远影响的认识并不深刻。在这种情况下,美国质量管理专家 J. M. 朱兰博士提出"矿中黄金"理论,即把废次品中巨大耗费比喻为一座"金矿",对它进行有利的开采,可以大幅增加利润。这一理论的提出,使质量成本理论更趋完善。

随后,西欧各国以及日本的企业质量体系中也广泛应用质量成本。质量成本在实际应用和理论研究的推动下,得到不断的完善和发展,到 20 世纪 80 年代,质量管理进入了一个全新的阶段,即由统计质量管理进入全面质量管理阶段,进而把产品质量同企业的经济效益联系起来,这对深化质量管理的理论、方法和改变企业经营观念都有着重要意义。

我国是在 20 世纪 80 年代初期引进并在企业中推行质量成本管理。例如,先后在哈尔滨、株洲、桂林和上海等地的一些工厂进行了试点,然后逐步总结经验,加以推广。现在全国推行质量成本管理的企业数以万计,大部分都取得了良好的效益。一些企业或整个行业,建立了质量成本管理的制度和标准,同时也积累了大量的经验。

## 二、质量成本的概念

### (一) 质量成本的含义

质量成本又称质量费用。根据 ISO 9000 系列国际标准质量成本的定义是:将产品质量保持在规定的质量水平上所需的有关费用。根据国际标准(ISO)的规定,质量成本是由两部分构成,即运行质量成本(或工作质量成本,或内部质量成本)和外部质量保证成本。

1. 运行质量成本

运行质量成本是指企业为保证和提高产品质量而支付的一切费用以及因质量故障所造成的损失费用之和。它又分为四类,即企业内部损失成本、鉴定成本、预防成本和外部损失成本等。

(1) 企业内部损失成本。企业内部损失成本,又称内部故障成本,是指产品出厂前因不满足规定的质量要求而支付的费用。主要包括废品损失费用、返修损失费用和复试复验费用、停工损失费用、处理质量缺陷费用、减产损失及产品降级损失费用等。

(2) 鉴定成本。鉴定成本是指评定产品是否满足规定的质量水平所需要的费用。主要包括进货检验费用、工序检验费用、成品检验费用、质量审核费用、保持检验和试验设备精确性的费用、试验和检验损耗费用、存货复试复验费用、质量分级费用、检验仪器折旧费以及计量工具购置费等。

(3) 预防成本。预防成本是指用于预防产生不合格品与故障等所需的各种费用。主要包括质量计划工作费用、质量教育培训费用、新产品评审费用、工序控制费用、质量改进措施费用、质量审核费用、质量管理活动费用、质量奖励费、专职质量管理人员的工资及其附加费等。

(4) 外部损失成本。外部损失成本是指成品出厂后因不满足规定的质量要求,导致索赔、修理、更换或信誉损失等而支付的费用。主要包括申诉受理费用、保修费用、退换产品的损失费用、折旧损失费用和产品责任损失费用等。

2. 外部质量保证成本

外部质量保证成本是指为用户提供所要求的客观证据所支付的费用。主要包括三类:① 为提供特殊附加的质量保证措施、程序、数据所支付的费用;② 产品的验证试验和评定的费用;③ 满足用户要求,进行质量体系认证所发生的费用。

### (二) 质量成本与产品成本的联系和区别

质量成本与产品成本的联系主要表现在:① 质量成本中的显见成本(即账面成本)寓于产品成本之中,是产品成本的一个组成部分;② 质量成本与产品成本就是一种劳动耗费，二者不存在本质差别。

质量成本与产品成本的区别主要表现在：① 构成内容不同。质量成本是指与产品质量活动有关的成本，包括预防费用、检验费用和内部损失、外部损失等，涉及产品研制、生产、销售和服务过程；产品成本是指与产品生产制造有关的成本，包括直接材料、直接人工和间接费用等，只涉及生产制造过程。② 补偿方式不同。产品成本是通过计入成本从实现的销售收入中获得补偿；质量成本的隐含成本则不需计入产品成本。③ 核算的目的、方法不同。产品成本核算的目的是计算各种产品的实际成本，为企业损益计算提供依据，质量成本核算的目的是计算实际质量成本，为质量决策提供依据。产品成本核算只采用会计方法，而质量成本核算可采用会计方法也可以采用统计方法。由此可见，质量成本不能与产品成本相混淆。

### 三、质量成本的核算

#### （一）质量成本核算的意义和作用

质量成本核算是依据质量成本开支范围的规定，按照一定的程序和方法，将发生的质量费用和质量损失进行归集、汇总，计算出一定时期的质量成本，并编制质量成本报表的一系列工作。质量成本核算对加强质量成本管理，提高产品质量，提高企业效益和社会效益具有重要作用和重大意义。

1. 质量成本核算的意义

（1）对开展和加强质量成本管理具有重要意义。

质量成本核算为开展和加强质量成本管理提供必要的实际质量成本信息。它为质量成本的预测、决策和计划提供了不可缺少的实际成本资料，为控制、分析和考核提供直接依据。从一定意义上说，没有质量成本核算便没有质量成本。可见，质量成本核算对开展和加强质量成本管理的意义是十分重大的。

（2）对推行和加强全面质量管理，提高管理水平具有重要意义。

全面质量管理是企业保证和提高产品质量综合运用的一整套管理体系。它具有全过程、全时性、全员性和防护性管理的特点，目标是实现"零缺陷"。质量成本核算在反映质量形成的过程中，从经济的角度也反映了质量形成的活动，包括设计、销售、服务用户使用的全部过程。它对实现全面质量管理的经济性要求提供了信息保证，为综合评价质量体系有效性，提高管理水平奠定了信息基础。

（3）对企业领导进行正确的质量决策具有重要意义。

正确的质量决策是全面质量管理的关键，决策失误是最大的失误。企业领导对产品质量决策，需要从技术与经济相结合、质量与成本相结合的角度进行全面分析和选择。质量成本把质量与成本联系起来，为质量决策提供直观而明细的信息，使企业领导进行质量决策时有了可行的依据，避免从生产技术的角度做出错误的质量决策。

（4）对提高产品质量、降低成本、增加效益具有重要意义。

质量核算反映了质量费用的实际发生和质量成本形成的全部过程。它为企业在保证和提高产品质量的前提下，分析质量成本升降的原因，确定质量成本的合理结构，寻求降低成本的途径提供依据。

（5）对加强质量责任管理,正确进行业绩评价具有重要意义。

企业责任管理的重要内容之一,是落实质量经济责任制。它要求各责任单位承担相应的质量经济责任,并对其履行责任的业绩进行评价和考核。质量成本核算为评价和考核各责任单位的业绩提供重要依据,从而对加强质量责任管理和业绩评价具有重要意义。

2. 质量成本核算的作用

（1）为质量和质量成本决策提供依据。

质量决策是一项十分复杂的工作。企业领导在质量决策时,既要考虑满足消费者对质量的要求,又要考虑企业生产技术、设备和管理的承受能力,更要考虑企业的成本与效益。质量成本核算为企业质量决策提供成本效益分析的资料,对企业质量决策具有重要作用。质量成本决策最重要的内容是确定最佳结构比例,决定质量保证成本的投入量。质量成本核算为其决策提供客观的实际资料,质量成本决策建立在可行的信息基础之上。

（2）为监测和评价质量体系提供经济手段。

质量体系又称质量保证体系。它是保证和提高产品质量,由组织机构、职责、程序、过程和资源等构成的有机整体。质量成本核算提供的信息,从成本耗费的角度对质量目标的适用程度进行反映和监测,以促使其改善质量体系。通过质量成本指标体系的分析,判断质量成本是否处于适宜区及优化状态,综合评价质量体系的有效性。

（3）为计算质量损益,评价业绩效果提供实际资料。

企业质量损益是质量经济活动最终成果的集中体现。质量损益是质量收入与质量成本的差额,即质量损益＝质量收入－质量成本。质量成本核算提供的实际质量成本资料是计算质量损益的基础。同时质量成本实际资料还是分析和评价质量成本计划执行情况的依据,通过计划与实际比较,可以评价质量活动的业绩效果,分析影响计划完成的原因,寻求完成计划的途径。

### （二）质量成本核算的资料收集

质量成本核算的资料大多数来源于现行成本核算的资料。由于质量成本核算的特殊性,必须对现行成本核算资料进行分析和细化,并在此基础上增加质量成本资料收集的内容和方法。无论采用统计核算方法还是会计核算方法进行质量成本核算,都必须明确其核算的资料来源,建立和健全原始记录和原始凭证,规定其填制方法和传递程序。

质量成本核算的资料大部分来源于现行成本核算的原始记录和原始凭证,部分来源于账户记录,部分来源于增设的原始记录和原始凭证。因此,质量成本核算的资料应从不同的来源进行收集和分析。

1. 从已有的账簿资料中直接收集

一些已在现行成本核算的账户中直接进行反映的质量成本资料,可从这些账户中直接进行收集。

例如,我国现行成本会计制度规定,废品损失的核算有两种方法:一种是对于废品损失金额较大的产品,设"废品损失"一级账户核算,并在"生产成本"明细账中开设"废品损失"项目归集废品损失;另一种是不单独核算废品损失。这样,单独核算废品损失的企业,内部损失成本中的废品损失与返修损失明细项目的资料便可直接从"废品损失"账簿资料中取得。

2. 从现有的成本核算账户中分析收集

有些在成本核算账户中所反映的质量成本资料，往往不能直接作为质量成本某一二级项目或某一明细项目的资料，而必须经过分析确认后才能作为质量成本某一项目的资料。这些需要经过分析才能确认为质量成本的内容主要包括以下两个方面：

（1）质量管理部门的质量费用。

对于质量管理部门发生的质量费用，应以部门为对象进行分析。也就是说，只要是质量管理部门和质量检验部门发生的费用，不论它们在何种账户中进行了反映，都应对它们进行分析，进而挑选出来，作为某一项目的质量成本。

例如，为了提高质量管理人员、质量检验人员的业务素质，而将他们送往大专院校进行培训的费用，按现在的会计制度规定，应计入"管理费用"账户中的"职工教育经费"项目。但"职工教育经费"项目中所包括的费用不仅仅有提高质量管理人员业务素质的教育经费，还有提高其他部门职工进行其他业务素质的教育经费。所以，在确定"预防成本"中"质量培训费"明细项目时，应对"管理费用"账户中的"职工教育经费"项目进行分析而获得。

又如，对于"鉴定成本"中的"检测设备折旧费"项目，可通过对"管理费用"账户中的明细项目"折旧"的分析而获得。再如，对于"预防成本"与"鉴定成本"中的"工资及附加费"项目，可通过对"管理费用"账户中的"工资及福利费"与"工会经费"等明细项目的分析而取得。凡质量管理人员的工资和应付福利费，以及根据工资总额提取的工会经费均应作为"预防成本"中的"工资及附加费"归集；凡检验人员的工资和应付福利费以及根据工资总额提取的工会经费，均应作为"鉴定成本"中的"工资及附加费"归集。

（2）非质量管理部门的质量费用。

非质量管理部门发生的质量费用，一般来说，资料比较零散，收集的难度较大，对于这一部分费用以是否执行质量职能的用途为标准进行分析。凡用于质量管理的费用均计入质量成本，而不管这些费用发生在哪一个部门。例如，供应部门、销售部门、产品开发部门、工艺部门、计划部门开展质量管理活动而发生的费用，便属于非质量管理部门发生的质量费用，这些部门发生的质量费用与它们发生的其他费用一起分别在"管理费用""产品销售费用"等账户中有所反映，因而，应从有关账户中把上述部门用于质量管理发生的费用挑选出来，以便计算质量成本。

3. 从各种原始凭证中直接收集

在企业中，有的质量费用的收集，既不能从已有的账户中直接收集，也不能从已有的账户中分析收集，而必须专门建立一些原始凭证或表格，包括质量会议工资费用计算表、质量培训费用计算表、质量奖励费用计算表、废品损失计算表、产品质量停工损失计算表、质量事故处理费用计算表、产品降级降价处理损失报告表等，用以收集各项质量费用。

## 四、质量成本核算方法

质量成本核算是质量成本管理的基础和中心环节，它构成基础性质量成本管理的重要内容。质量成本的核算方法包括统计核算方法和会计核算方法。

**（一）质量成本统计核算方法**

质量成本统计核算是根据质量成本开支范围的规定，运用统计方法，对质量费用和质量损失进行统计调查，整理和汇总质量成本所进行的核算。

质量成本统计核算的基本程序是：① 质量成本的统计调查与整理；② 编制质量成本统计报表。

1. 质量成本的统计调查与整理

（1）调查、整理的主体。

质量成本原始资料的调查和整理是一项工作量较大，且比较复杂的工作，为了更好地进行质量成本核算，往往需要许多部门和单位协同配合，这些负责收集质量成本数据资料的报告部门或单位，就是调查、整理质量成本资料的主体，通常叫作质量成本统计核算点。企业质量成本统计核算点的建立应由统计部门、财会部门和质量管理部门共同确定。确定统计核算点时应充分考虑企业的管理现状和规模大小，应保证资料的全面性、系统性和资料传递的及时性。尤其应注意的是资料的收集既不能重复也不能漏项。质量成本统计核算点的建立一般有三种方法：

① 在采用一级成本核算的小型企业，由于质量成本核算的工作量相应也比较小，所以，可以只设置一个核算点，即由统计部门或财会部门负责，实行质量成本的一级统计核算。

② 在采用分级成本核算的大中型企业，可在已有成本核算点的基础上建立质量成本统计核算点，实行质量成本的分级统计核算。

③ 在大、中型企业，除了可以实行分级统计核算以外，也可以按职能部门归口的原则，根据质量职能的划分，在有关职能部门建立质量成本核算点。例如，由质量管理部门归口统计预防费用，由质量检验部门归口统计鉴定费用，由生产单位归口结算内部损失，由产品销售及售后服务部门归口统计外部损失，最后，由财会部门负责汇总。

（2）调查、整理的方法。

设置调查统计表，统计表有两种格式，一种是单项式统计表，即一张统计表只统计一个质量成本项目的数据，在此基础上设置一张汇总统计表，以整理汇总全部质量费用；另一种为多项式统计表，即设置一张一览表，按项目分类整理、汇总全部质量费用。格式见表9-6至9-11所示。

（3）调查、整理的内容。

① 预防费用的调查、整理。

如前所述，预防费用包括质量工作费、质量培训费、质量奖励费、产品评审费、质量改进措施费、工资及附加费六个明细项目。对于质量培训费和质量奖励费的调查、整理，可根据原始凭证"质量培训费用计算表"和"质量奖励费计算表"进行。对于质量工作费的整理，可根据原始凭证"质量会议工资费用计算表"以及其他账户资料进行；对于工资及附加费的调查整理，可根据"工资费用分配表"进行；对于预防费用的其他明细项目的调查、整理，可根据有关账户资料及原始凭证进行。经过对预防费用原始资料的调查、整理，最后应填制"预防费用统计表",其格式如表9-6所示。预防费用原始资料的调查、整理一般由质量管理部门进行。

表9-6 预防费用统计表

202×年12月31日
单位:元

| 序号 | 摘 要 | 质量工作费 | 质量培训费 | 质量奖励费 | 产品评审费 | 质量改进措施费 | 工资及附加费 | 合 计 |
|---|---|---|---|---|---|---|---|---|
| 1 | 召开质量工作会议费及支付改进费 | 8 000 | | | | 4 800 | | 12 800 |
| 2 | 报销质检人员培训差旅费 | | 5 200 | | | | | 5 200 |
| 3 | 产品质量评审费 | | | | 12 000 | | | 12 000 |
| 4 | 质检管理部门及相关人员薪酬 | | | | | | 22 600 | 22 600 |
| | 合 计 | 8 000 | 5 200 | — | 12 000 | 4 800 | 22 600 | 52 600 |

审核: 制表:

② 鉴定费用的调查、整理。

鉴定费用包括检测试验费、工资及附加费、办公费、检测设备折旧费四项。对于工资及附加费的调查、整理,可根据"工资费用分配表"进行;对于检测设备折旧费的调查、整理,可根据"折旧费用分配表"进行;对于其他明细项目的调查、整理,应根据有关账户资料和其他原始凭证或记录进行。调查、整理后鉴定费用应由质量检验部门填制"鉴定费用统计表",其格式如表9-7所示。

表9-7 鉴定费用统计表

202×年12月31日
单位:元

| 序 号 | 摘 要 | 检测试验费 | 工资及附加赞 | 办公费 | 检测设备折旧费 | 合 计 |
|---|---|---|---|---|---|---|
| 1 | 检测材料费等 | 14 800 | | | | 14 800 |
| 2 | 质检部门人员薪酬 | | 8 260 | | | 8 260 |
| 3 | 质检部门零星办公费 | | | 2 800 | | 2 800 |
| 4 | 折旧费用分配 | | | | 1 200 | 1 200 |
| | | 14 800 | 8 260 | 2 800 | 1 200 | 27 060 |

审核: 制表:

③ 内部损失的调查、整理。

内部损失包括废品损失、返修损失、停工损失、事故分析处理费、产品降级损失等。对于内部损失各明细项目的调查、整理,应根据前述"废品通知单""废品损失计算单"等原始凭证或原始记录进行,调查、整理内部损失应由检验部门或有关检验人员填制"内部损失统计表",其格式如表9-8所示。

表 9-8　内部损失统计表

202×年 12 月 31 日　　　　　　　　　　　　　　　　　单位:元

| 序　号 | 摘　　要 | 废品损失 | 返修损失 | 停工损失 | 事故分析处理费 | 产品降级损失 | 合　计 |
|---|---|---|---|---|---|---|---|
| 1 | 废品损失计算单 | 24 800 | | | | | 24 800 |
| 2 | 产品返修费用 | | 12 000 | | | | 12 000 |
| 3 | 停工损失 | | | 8 200 | | | 8 200 |
| 4 | 聘请专家进行事故分析 | | | | 5 000 | | 5 000 |
| 5 | 产品降价统计表 | | | | | 18 200 | 18 200 |
| | 合　计 | 24 800 | 12 000 | 8 200 | 5 000 | 18 200 | 68 200 |

审核:　　　　　　　　　　　　　　　　　制表:

④ 外部损失的调查、整理。

外部损失包括索赔损失、退货损失、保修费、诉讼费、产品降价损失五项。对于产品降价损失明细项目的调查、整理,应根据"产品降级降价处理损失报告单"进行;对其他明细项目的资料整理,应根据有关账户资料、原始凭证或原始记录进行。调查、整理外部损失应由销售部门和售后服务部门填制"外部损失统计表",其格式如表 9-9 所示。

表 9-9　外部损失统计表

202×年 12 月 31 日　　　　　　　　　　　　　　　　　单位:元

| 序号 | 摘　　要 | 索赔费用 | 退货损失 | 保修费 | 诉讼费 | 产品降价损失 | 合　计 |
|---|---|---|---|---|---|---|---|
| 1 | 支付客户产品质量问题赔偿 | 1 800 | | | | | 1 800 |
| 2 | 全月退货人工费及往返运费 | | 15 820 | | | | 15 820 |
| 3 | 销售产品上门修理费 | | | 4 200 | | | 4 200 |
| 4 | 质量问题门口降价及折让 | | | | | 12 600 | 12 600 |
| | 合　计 | 1 800 | 15 820 | 4 200 | — | 12 600 | 34 420 |

审核:　　　　　　　　　　　　　　　　　制表:

在设置单项式统计表进行统计调查、整理时还应填制"质量费用汇总统计表",格式见表 9-10 所示。

表 9-10　质量费用汇总统计表

202×年 12 月　　　　　　　　　　　　　　　　　单位:元

| 质量成本项目 | 明细项 | 本　月 | 本年累计 |
|---|---|---|---|
| 预防费用 | 质量工作费 | 8 000 | 72 000 |
| | 质量培训费 | 5 200 | 64 800 |

| 质量成本项目 | 明细项 | 本　月 | 本年累计 |
|---|---|---|---|
| | 质量奖励费 | — | 55 600 |
| | 产品评审费 | 12 000 | 108 000 |
| | 质量改进措施 | 4 800 | 52 400 |
| | 工资及附加 | 22 600 | 328 000 |
| | 合　计 | 52 600 | 680 800 |
| 鉴定成本 | 检测试验费 | 14 800 | 240 800 |
| | 工资及附加赞 | 8 260 | 92 000 |
| | 办公费 | 2 800 | 42 000 |
| | 检测设备折旧费 | 1 200 | 25 600 |
| | 合　计 | 27 060 | 400 400 |
| 内部故障成本 | 废品损失 | 24 800 | 168 000 |
| | 返修损失 | 12 000 | 140 000 |
| | 停工损失 | 8 200 | 96 200 |
| | 事故分析处理费 | 5 000 | 20 000 |
| | 产品降级损失 | 18 200 | 153 000 |
| | 合　计 | 68 200 | 577 200 |
| 外部损失 | 索赔费用 | 1 800 | 27 900 |
| | 退货损失 | 15 820 | 127 500 |
| | 保修费 | 4 200 | 28 700 |
| | 诉讼费 | — | 52 000 |
| | 产品降价损失 | 12 600 | 127 600 |
| | 合　计 | 34 420 | 363 700 |
| 总计 | | 182 280 | 2 022 100 |

审核：　　　　　　　　　　　　　　　制表：

2. 质量成本统计报表的编制

各质量成本统计核算点对质量成本原始资料调查、整理完毕后,应将填制的统计报表报送财会部门或质量管理部门汇总,以编制"质量成本统计报表",见表 9 - 11 所示。

## 表 9-11　质量成本统计报表

202×年 12 月　　　　　　　　　　　　　　　　　　　　　　　　　　单位:元

| 质量成本项目 | 本月 | | 累计 | | 质量成本项目 | 本月 | | 累计 | |
|---|---|---|---|---|---|---|---|---|---|
| | 金额 | 占质量成本% | 金额 | 占质量成本% | | 金额 | 占质量成本% | 金额 | 占质量成本% |
| 一、预防费用 | | 28.9 | | 33.7 | 三、内部损失 | | 37.4 | | 28.5 |
| 1. 质量工作费 | 8 000 | 4.39 | 72 000 | 3.56 | 1. 废品损失 | 24 800 | 13.6 | 168 000 | 8.31 |
| 2. 质量培训费 | 5 200 | 2.85 | 64 800 | 3.2 | 2. 返修损失 | 12 000 | 6.58 | 140 000 | 6.92 |
| 3. 质量奖励费 | — | | 55 600 | 2.75 | 3. 停工损失 | 8 200 | 4.5 | 96 200 | 4.76 |
| 4. 广告评审费 | 12 000 | 6.58 | 108 000 | 5.34 | 4. 事故分析处理费 | 5 000 | 2.74 | 20 000 | 0.99 |
| 5. 质量改进措施费 | 4 800 | 2.63 | 52 400 | 2.59 | 5. 产品降级损失 | 18 200 | 9.98 | 153 000 | 7.57 |
| 6. 工资及附加费 | 22 600 | 12.4 | 328 000 | 16.2 | | | | | |
| | | | | | 四、外部损失 | | 18.9 | | 18 |
| 二、鉴定费用 | | 14.8 | | 19.8 | 1. 索赔损失 | 1 800 | 0.99 | 27 900 | 1.38 |
| 1. 检测试验费 | 14 800 | 8.12 | 240 800 | 11.9 | 2. 退货损失 | 15 820 | 8.68 | 127 500 | 6.31 |
| 2. 工资及附加费 | 8 260 | 4.53 | 92 000 | 4.55 | 3. 保修费 | 4 200 | 2.3 | 28 700 | 1.42 |
| 3. 办公费 | 2 800 | 1.54 | 42 000 | 2.08 | 4. 诉讼费 | 0 | 0 | 52 000 | 2.57 |
| 4. 检测设备折旧 | 1 200 | 0.66 | 25 600 | 1.27 | 5. 产品降价损失 | 12 600 | 6.91 | 127 600 | 6.31 |
| | | | | | 合　计 | 182 280 | | 2 022 100 | |

　　"质量成本统计报表"仅仅反映了各质量成本项目本月发生数和全年累计数及其结构,还不能直接反映企业进行质量管理所取得的成就和应努力的方向。比如说,本月与上月相比质量成本降低了,但我们并不能据此判断本月质量管理工作比上月有所改进,也许比上月更糟,因为本月生产规模缩小的幅度也许比质量成本降低的幅度更大。为了全面反映企业进行质量管理所取得的效果,除了编制"质量成本统计报表"外,还应编制"质量成本统计报表补充资料",见表 9-12。

## 表 9-12　质量成本统计报表补充资料

202×年 12 月 31 日

| 指　标 | 本　月 | 累　计 |
|---|---|---|
| 工业产值(元) | 16 800 000 | 180 000 000 |
| 销售收入(元) | 12 800 000 | 120 000 000 |
| 实现利润(元) | 3 528 000 | 40 000 000 |
| 质量总成本占工业产值比例(%) | 1.08% | 1.12% |
| 质量总成本占销售收入比例(%) | 1.42% | 1.68% |
| 内外损失占利润的比例(%) | 2.9% | 2.35% |

**（二）质量成本会计核算方法**

质量成本会计核算是将质量成本纳入会计核算体系,按照质量成本开支范围的规定,采用会计方法,对生产经营过程中发生的质量成本进行归集、分配与计算。质量成本会计核算法与前述统计核算法相比,具有许多特点:能够在质量费用支付或发生时,及时通过会计凭证进行反映和监督;能够明确质量责任,保证核算资料的连续性与准确性;能够尽量减少成本核算与质量成本核算之间的重复性工作,实现信息共享,组织实施更为方便。所以,有条件的企业可采用质量成本会计核算方法,将质量成本纳入企业的会计科目体系,以反映质量成本的核算内容。

1. 质量成本会计核算的基本程序

采用质量成本会计核算形式,其核算的基本程序一般分为以下四个步骤:

（1）审查质量费用。

进行质量成本核算。首先必须根据质量成本开支范围的规定,划清质量费用与非质量费用,将符合质量费用定义,在质量成本开支范围内的费用计入质量成本,不能将一些与质量无关的非质量费用计入质量成本。对质量费用进行认真审查,是确保质量成本真实性与准确性的必要手段,是组织质量成本核算的首要步骤。

（2）归集质量费用。

经过审核无误的质量费用,应根据质量费用的形成特点和管理要求,将各类质量费用的原始凭证或记录,如"质量培训费用计算表""废品通知单""返修通知单""工资结算表"等按照质量成本项目进行归集,计算出预防成本、鉴定成本、内部损失成本和外部损失成本。

（3）在各产品之间分配质量费用。

对于已按质量成本项目归集的各项质量费用,应分别在各产品之间进行分配,以确定各产品的质量费用,为质量成本的决策提供有价值的资料。对于已归集的质量费用,凡能分清产品的直接质量费用,应直接计入产品成本;凡不能分清产品的间接质量费用,则应按照一定的标准,在各种产品之间进行分配,以计算各种产品的质量总成本和单位成本。

（4）在完工产品和在产品之间分配质量费用。

期末时,如果企业生产的某种产品均能完工验收入库,则通过上述第三个步骤归集到该种产品上的质量费用,应该全部由完工产品负担,这时,不必在完工产品和在产品之间分配质量费用。但是,多数企业往往是本期生产的产品到期末只有一部分完工,另一部分却没有完工,这时,便需要将质量费用在本期完工产品和期末在产品之间进行分配。分配的一般公式为:

$$\text{期初在产品质量费用} + \text{本期发生的质量费用} = \text{本期完工产品质量成本} + \text{期末在产品质量成本}$$

2. 质量费用会计科目的设置

质量成本一级科目完全会计核算形式,应该设置"质量费用"一级科目,并在此一级科目下设置"预防成本""鉴定成本""内部损失成本""外部损失成本""隐含成本调整"五个二级科目。

"质量费用"一级科目核算所有质量费用。该科目是一个成本费用科目,借方反映发生的各项质量费用,包括显见的质量费用与隐含的质量费用;贷方反映对完工产品进行的质量成本还原;如果有余额,该账户的余额一般在借方,表示在产品应负担的显见质量费用。

"质量费用"一级科目所属的四个二级科目(即"预防成本""鉴定成本""内部损失成本"和"外部损失成本")与"质量费用"一级科目一样,借方反映发生的各项质量费用;贷方反映对完工产品进行的质量成本还原;借方余额反映期末在产品应负担的各项质量费用,包括显见质量费用和隐含质量费用。

"质量费用"的二级账户"隐含成本调整"是以上四个二级账户的备抵调整账户。该明细账户的贷方登记计算出来的所有隐含成本;借方登记结转完工产品的隐含成本。也就是说,对于完工产品的质量费用还原只限于显见质量费用,因为按现行会计制度,产品生产成本中并不包括隐含成本,对于完工产品隐含的质量费用,应从"质量费用"其他四个二级账户的贷方转至"隐含成本调整"二级账户的借方,表示从账户上对完工产品隐含质量费用进行冲销。"隐含成本调整"账户的余额在贷方,表示期末在产品应负担的隐含成本。质量费用会计科目表见表 9 - 13 所示。

**表 9 - 13　质量费用会计科目表**

| 一级科目<br>QCl | 质量费用 | 质量费用 | 质量费用 | 质量费用 | 质量费用 |
|---|---|---|---|---|---|
| 二级科目<br>QC2 | 预防成本<br>QC2—1 | 检验成本<br>QC2—2 | 厂内损失成本<br>QC2—3 | 厂外损失成本<br>QC2—4 | 隐含成本调整<br>Qc2—5 |
| 三级科目<br>QC3 | QC3—1—1<br>质量管理费<br>培训教育费 | QC3—2—1<br>检验点费用 | QC3—3—1<br>废品损失 | QC3—4—1<br>退货损失 | |
| | 3—1—2<br>新产品评审费 | 3—2—2<br>进厂材料检验费 | 3—3—2<br>返工费用 | 3—4—2<br>折价损失 | |
| | 3—1—3<br>质量情报资料费 | 3—2—3<br>工序成品检验费 | 3—3—3<br>停工损失 | 3—4—3<br>保修费用 | |
| | 3—1—4<br>工序能力研究费 | 3—2—4<br>设备测试检验费 | 3—3—4<br>事故处理费 | 3—4—4<br>索赔损失 | |
| | 3—1—5<br>质量管理行政费 | 3—2—5<br>其他 | 3—3—5<br>产品降级损失 | 3—4—5<br>其他 | |
| | 3—1—6<br>质量改进措施费 | | 3—3—6<br>其他 | | |
| | 3—1—7<br>其他 | | | | |

**3. 质量费用的归集与分配**

如前所述,经过对各项质量费用进行认真审核后,便应归集各项质量费用。对各种质量费用按质量成本项目在"质量费用"有关明细账户中进行归集以后,应对归集的各项质量费用进行分配。质量费用的分配包括两个方面:质量费用在各产品之间的分配与质量费用在完工产品和在产品之间的分配。

对于质量费用的归集与分配可参照第三章(费用在各种产品及部门间的归集和分配)和第四章(生产费用在完工产品与在产品之间分配)的相关方法和程序进行,在此不再赘述。

# 第三节　战略成本管理

从战略角度来研究成本形成与控制的战略成本管理(Strategic Cost Management, SCM)思想,是在 20 世纪 80 年代在英美等国管理会计学者的倡导下逐步形成的。20 世纪 90 年代以来,对这一思想与相关方法的讨论日趋深入,日本和欧美的企业管理实践也证明了这是获取长期竞争优势的有效方法。战略是对全局的发展目标和发展趋向所做的谋划,是指导全局的计划和策略。战略一经确定,将在相当长的时期内对未来整体格局的发展演变起指导作用。20 世纪末到 21 世纪初,随着企业经营环境的急剧变化,战略管理已经被提高到日益重要的地位。成本是资源的耗费,控制成本、降低资源的耗费,也是企业经营战略的内容及目标。实施战略成本管理可以合理调整企业产业结构和有效分配企业的全部资源。战略成本管理已成为企业经营战略的核心组成部分,它以企业经营战略目标为目标,并加以具体化。战略成本管理完善了现代成本管理的体系,为成本管理提供了新的思路与方法,相比传统成本管理具有很强的优越性。

## 一、战略成本管理的含义及特点

### (一) 战略成本管理的含义

战略成本管理是指管理会计人员提供企业本身及竞争对手的分析资料,帮助管理者形成和评价企业战略,从而创造竞争优势,以达到企业有效地适应外部环境持续变化的目的。它是在传统成本管理系统的基础上,按照战略管理的要求而发展起来的新的成本管理系统。由于不同国家、不同地区的文化背景不同,经济发展程度不一样,对战略成本管理内涵的表述也不尽相同,但其实质都是将成本管理会计信息贯穿于战略管理循环,通过战略性成本信息的提供、分析和利用,帮助企业管理者形成和评价企业战略,促进企业竞争优势的形成和成本持续降低环境的建立,从而达到有效地适应企业外部环境变化的目的。

战略成本管理的提出是基于战略管理的需要,当企业管理伴随竞争环境的变化进入战略管理新阶段,传统的成本管理也应该向战略成本管理转变,将成本管理置于战略管理的广阔空间,从战略高度对企业及其关联企业的成本行为和成本结构进行分析,为战略管理服务。战略成本管理的首要任务就是关注成本战略空间、过程、业绩,通过对企业成本结构、成本行为的全面了解、控制与改善,寻求长久的竞争优势。可以说,战略成本管理的核心是成本优势。

战略成本管理包括两个层面的内容：一是从成本角度分析、选择和优化企业战略；二是对成本实施控制的战略。前者是企业战略中的成本侧面，后者是在前者的基础上为了提高成本管理的有效性而对成本管理制度、方法和措施等进行的优化。

### （二）战略成本管理的特点

（1）长期性。战略成本管理以企业长期发展战略作为管理基础，它立足于企业长远的战略目标，是为取得长期、持久的竞争优势而实施的。所以，战略成本管理超过了一个会计期间的界限，分析了较长时期竞争地位的变化，争取到较长时期的竞争优势，并随着企业长期发展战略的改变而改变。

（2）外延性。战略成本管理将注意力更多地投向于企业的外部环境，将成本管理的外延向前延伸到采购环节，乃至研究开发与设计环节，向后还必须考虑售后服务环节，把企业成本管理纳入整个市场环境中予以全面考察，通过正确分析和判断企业所处的环境，根据企业自身的特点确定和实施正确适当的管理战略。

（3）全局性。战略成本管理是全方位的成本管理方式。它需要对企业的经营活动进行全面的价值链分析，不仅注重产品生产阶段，同时也关注产品生命周期中的其他阶段；同时，它也将供应商、顾客方面的成本纳入管理视野，做到人尽其责、物尽其力、才尽其用。

（4）动态性。战略成本管理服务于企业竞争战略，重视企业生命周期的阶段变化。由于不同成长阶段的企业，其成本管理必然有差异，需要根据内外环境变化做出战略调整，那么成本管理工作必然也要做出相应改变，即保持了动态变化特征。

## 二、战略成本管理的目标

战略成本管理的目标规范着其思想体系，制约着其方法与措施体系的建立。成本管理过程中的目标定位应当考虑以下几个问题。

### （一）降低成本

在任何设定的条件下，只要影响利润变化的其他因素不因成本的变动而发生变化，降低成本始终是第一位的。如前所述，降低成本以两种方式实现：第一，在既定的经济规模、技术条件、质量标准条件下，通过降低消耗、提高劳动生产率、合理的组织管理等措施降低成本。通常，这种意义上的成本降低属于日常成本管理的内容。第二，改变成本发生的基础条件。成本发生的基础条件是企业可利用的经济资源的性质及其相互之间的联系方式。这些资源包括劳动资料的技术性能、劳动对象的质量标准、劳动者的素质和技能、产品的技术标准、产品工艺过程的复杂程度、企业规模的大小、企业的组织结构、企业的职能分工、企业的管理制度、企业文化、企业外部协作关系等等诸多方面。这些因素的性质及其相互之间的联系方式构成了成本发生的基础条件，是影响成本的深层次因素。在特定的条件下，当成本降低到这些条件许可的极限时，进一步降低成本的努力可能收效甚微。例如，产品成本中的材料成本，在既定的技术条件和材料条件下，生产单位产品材料消耗量有一个最低标准，当实际消耗接近这一标准时，进一步的努力也难以使材料成本进一步降低。由于既定的条件限定了成本降低的最低限度，只有改变成本发生的基础条件，如通过采用新的技术设备、新的工艺过程、新的产品设计、新的材料等,使影响成本的结构性因素得到改善,为成本的进一步降低提供新的前提,使原来难以降低的成本在新的基础上进一步降低。

## (二) 增加企业的利润

降低成本可以增加企业的利润,但在某些情况下,具有战略意义的议题是如何通过增加成本以获取其他的竞争利益。当成本变动与其他相关因素的变动相互关联时,如何在成本降低与生产经营需要之间做出权衡取舍,是成本管理无法回避的艰难选择。单纯以成本的高低为标准容易形成误区。成本的变动往往与诸方面的因素相关联,成本管理不能仅仅只着眼于成本本身,而要利用成本、质量、价格、销量等因素之间的相互关系,支持企业为维系质量、调整价格、扩大市场份额等对成本的需要,使企业能够最大限度地获得利润。

## (三) 取得竞争优势

在激烈的市场竞争环境下,企业为了取得竞争优势,往往要采取诸多的战略措施,这些战略措施通常需要成本管理予以配合。采用成本领先战略的企业要通过强化成本管理不遗余力地降低成本。战略的选择与实施是企业的根本利益之所在,其需要高于一切,成本管理要配合企业为取得竞争优势所进行的战略选择,要配合企业为实施各种战略对成本及成本管理的需要,在企业战略许可的范围内,在实施企业战略的过程中引导企业走向成本最低化。

## (四) 实现社会目标

现代企业越来越多地认识到自己对用户及社会的责任,一方面,企业必须对本组织造成的社会影响负责;另一方面,企业必须承担解决社会问题的部分责任。企业注意良好的社会形象,既为自己的产品或服务争得信誉,又促进组织本身获得认同。企业的社会目标反映企业对社会的贡献程度,如环境保护、节约能源、参与社会活动、支持社会福利事业和地区建设活动等。

以上所述,战略成本管理的各项目标层次是逐级提高的,目标层次越高,所考虑的时间段就越长,所获收益的风险性越大,高级层次成本管理需要有一个长期的观点和更为宽广的基础。提高成本的利用效益(包括经济效益和社会效益),使长期成本效益最大化是中高级层次成本管理考虑问题的基本出发点和归宿。

## 三、战略成本管理的基本框架

战略成本管理的基本框架大体上由战略定位分析、价值链分析和成本动因分析三部分构成。

### (一) 战略定位分析

战略定位就是企业在赖以生存的市场上,如何选择竞争战略以对抗竞争对手。企业可采取的竞争战略包括成本领先战略、产品差异化战略和目标集聚战略。成本领先战略是指通过有效途径,使企业的全部成本低于竞争对手的成本,以获得同行业平均水平以上的利润;产品差异化战略,是指为使企业产品与竞争对手产品有明显的区别、形成与众不

同的特点以获得特殊溢价报酬而采取的战略;目标集聚战略是指企业把经营的重点目标
放在某一特定购买者集团,或某种特殊用途的产品,或某一特定地区上,来建立企业的竞
争优势及其市场地位。目标集聚战略往往采取成本领先和产品差异化这两种变化形式,
主要围绕一个特定目标服务而建立起来,而本文主要讨论的是在全行业内取得竞争优势,
因此在下文中暂不讨论这种战略。

### (二) 价值链分析

价值链是一系列由各种纽带连接起来的相互依存的价值活动的集合。企业的价值活
动包括采购、生产、储运、营销和计划、财务、人事、研发、设计等,各环节构成整体,连接起
来成为企业的价值链条,割裂任何一个环节单独分析都不利于企业竞争优势的形成。价
值链分析包括企业内部价值链分析、行业价值链分析和竞争对手价值链分析。

企业内部价值链分析主要体现在基本活动之间的联系上。例如,加强仓储与生产车
间的信息沟通可以降低缺货成本。行业价值链分析,从纵向角度确定企业在整个市场环
境中的地位。企业可以通过协调或优化与上游供应商和下游分销商或客户的联系,通过
整合达到战略联盟,形成整体竞争优势。例如,企业可以通过互联网与供应商建立及时运
输系统,使采购过程流程化,降低双方库存成本。企业与买、卖方关系并非是一方受益,另
一方受损的"零和"游戏,而是双方受益,竞争对手的价值链与企业价值链在行业中处于平
行地位,只有通过对竞争对手的成本信息进行分析,做到"知己知彼",才能找出企业的竞
争优势。

### (三) 成本动因分析

成本动因是引发成本的因素。传统成本管理中,产量是重要的成本动因。但随着直
接材料和直接人工在产品成本中比重的下降,成本分析的范围从企业内部责任中心和制
造成本要素等拓宽到与企业战略相结合。战略成本动因可分为结构性动因和执行性动
因。结构性成本动因分析,主要考虑如何通过企业的基础经济结构的合理安排形成企业
竞争优势。这些因素包括规模经济、整合程度、地理位置、技术等。例如,产业政策、规模
大小、市场定位、工艺技术与产品组合的决策都会对企业的成本地位产生深远的影响;而
整合程度的提高可避免使用市场所带来的额外成本(如采购费用和销售费用),同时减少
对供应商的依赖,稳定供求,还能带来联合作业的经济性。执行性成本动因包括劳动力参
与、全面质量管理、生产能力利用、工厂布局的效率性、产品外观、联系等,通过提高这些执
行性因素的能动性及优化它们之间的组合,改善企业效率。

战略成本管理的任何步骤都必须将这三个部分贯穿始终,它们也构成了战略成本管
理的精髓。

## 四、现代制造业企业进行战略成本管理的步骤

### (一) 制定行业竞争战略

我们知道企业在全行业内竞争优势的取得不外乎通过两种途径:成本领先和产品差
异化,而两种竞争战略都有其不同的适用条件,影响企业在两种竞争战略中选择其一的最
主要因素包括以下三个方面。

### 1. 所处行业环境

任何制造业企业总是处在一定的行业里从事生产经营活动,行业大环境对企业的战略选择、经营活动有着重要的影响。当企业所处的行业里盛行生产标准化产品,实现产品差异化的途径很少时,价格竞争就决定着企业的市场地位,企业就应制定成本领先的战略规划;当企业所处的行业有多种使产品或服务差异化的途径,同时奉行差异化战略的竞争对手又不多时,企业可以尝试采取产品差异化战略。

### 2. 竞争对手情况

企业在获取竞争对手的基本信息后,为了保持相对的竞争优势,特别是成本优势,就必须通过必要的手段对这些原始信息进行进一步的分析。笔者认为目前最有效的手段是价值链分析法,通过对竞争对手的价值链进行分析,确定竞争对手在各项价值活动上的成本分布,占总成本的比例和增长趋势,关注其成本驱动因素,继而通过把本企业与竞争者之间的价值链进行比较,扬长避短,确定自身的成本竞争战略规划。如果企业通过比较,发觉自身已经具备成本领先优势或者目前虽不具备成本领先优势,但当通过对竞争对手的价值链进行分析,发现对方存在的问题,进而以其作为参照系重新设计自己的价值链,可以大幅度地提高运作效率,取得成本领先优势时,就应采取成本领先战略。相反,如果当竞争对手已取得成本领先优势并且对方的价值链已相当优化时,企业就应采取产品差异化战略,在产品标新立异上下功夫。

### 3. 目标顾客的需要

企业生产的最终目的就是满足顾客消费的需要。企业赢得了顾客,也就占领了市场,取得了竞争优势。因此,顾客的需要,是企业在制定成本战略时必须着重考虑的因素。企业可以通过市场调查,利用一定的技术手段,建立顾客品牌偏好和行为选择的数学模型,以寻求满足顾客群的最佳途径。当多数顾客以相同的方式使用产品,或顾客购物从一个销售商改变为另一个销售商时,不会发生转换成本,因而当特别倾向于购买价格最优惠的产品时,企业就应制定成本领先的战略,努力保持自己的成本优势,进而取得竞争优势。当顾客对产品有不同的使用和需要时,企业就可以采取产品差异化战略。

对于上述三因素,企业应综合考虑,以决定最终采取的竞争战略。

### (二) 根据制定的行业竞争战略,进行综合成本规划和管理

战略成本管理在企业价值链的分布上可分为 5 个部分,即研发成本、采购成本、生产成本、营销成本和售后服务成本。企业选择的竞争战略不同,对各部分成本管理的侧重点也应有所不同。

### 1. 研发成本的管理

研发成本是指企业研究开发新产品、新技术、新工艺所发生的新产品设计费、工艺规程制定费、设备调试费、原材料和半成品试验费等。有资料表明,在产品研究、开发阶段,成本的 50% 左右已被决定即无法在后续阶段更改了。因此,企业都要对研发阶段采取足够的重视,特别是对于采取产品差异化战略的企业而言,为了设计出胜过竞争对手功能的并为顾客接受的产品,以维持竞争优势,企业就需要进行广泛的研究开发、产品设计,而随

着技术的日益复杂化,开发的成本将越来越高。为了有效地控制研发成本,应在新产品研发阶段,注意技术与经济的结合,强调设计的产品功能以满足顾客需要为度,尽量消除过剩功能和过剩设计。同时,可通过与一些科研机构建立合作伙伴关系,避免企业在研究开发中的盲目性和因孤军作战引起的重复劳动和资源浪费。当然,实施成本优先战略,并不意味着不要技术创新,而是在技术创新过程中应主要强调过程创新,随着企业实力的不断壮大而逐渐加大对技术创新的投入。

2. 采购成本的管理

传统的成本管理往往将采购看成一种次要职能,在管理方面几乎不予重视,购买部门的内部分析也仅仅集中于采购价格,采购成本也是以主观确定的标准分摊给产品。为降低成本,采购部门往往只是一味地选择价格低的供应商,而忽视外购活动和企业其他价值活动之间的联系,从而损害了整个企业的竞争力。而战略成本管理认为,采购成本应是一个广义成本,不仅包括一般意义上的采购成本,而且包括与低质量、低可靠性和不理想的运输条件相联系的成本。因此,在成本管理中不应仅仅考虑采购价格,还应考虑采购的原材料的质量、可靠性和送货的及时性等多种因素,这样确定的成本涵盖的内容更全面,提供的数据更实际可靠。在对采购成本归集处理后,还应分析价值链中采购环节每一作业与成本的关系,以作业为基础,按照因果关系把采购成本分配到其应承担的产品成本中,这样使得产品成本相关性大为增强。以战略管理方式对采购成本进行加工处理后,使成本管理向前延伸至供应商,有利于企业综合考虑供应商对价值链中其他价值活动成本的影响程度,以选择合适的供应商。企业无论是采取成本领先战略还是产品差异化战略都应对采购成本给予足够重视。

3. 生产成本的管理

这里所说的生产成本是指企业在制造过程中发生的料、工、费等成本。成本领先战略与产品差异化战略在生产成本管理的途径上略有不同。在成本领先战略的指导下,对生产成本管理主要是通过强化成本动因的途径:如扩大经营规模以实现规模经济,采用技术革新降低产品单位消耗的材料和人工等,另外还有一种比较有效的方法是通过生产过程中实际成本与标准成本之间的差异分析,对成本进行实时监控。在产品差异化战略的指导下,对生产成本的管理是在保证产品满足市场多样化需求的基础上进行的,不是孤立地进行成本管理,因此不仅要强调生产成本的降低,还要将产品的成本与功能综合考虑,有时企业为满足顾客需求和对不可预测需求做出灵活反映,有可能不惜牺牲规模和降低成本。

4. 营销成本的管理

销售过程的成本管理主要应做好如下工作:开拓销售渠道,控制销售费用,控制产成品资金占用,减少货运损失,及时回收应收账款。通过对销售环节的成本管理,能够降低产品销售成本,保证企业最佳成本的实现。另外,企业还应与销售商共同合作进行成本管理,从而使战略成本管理向后延伸至销售商。值得一提的是,采取产品差异化战略的企业,产品差异对消费者的偏好具有特殊意义,尤其是对购买次数不多的商品,许多消费者并不了解其性能、质量和款式,所以,企业应通过大量的广告、销售宣传、包装吸引力以及公关活动给消费者留下偏好和主观形象,因而促销开支相当高。在开始阶段,由于产品销量小,所得收入不能弥补新产品的推销和促销成本,使得企业产品利润很低,甚至出现亏损。可见,实行产品差异化战略的企业应把眼光放在今后的长期财务收益上,不能太局限于短期营销成本的高低。

5. 售后服务成本的管理

在现代市场营销观念中,服务已成为产品的一个重要组成部分。美国著名学者李维特断言:新的市场竞争将主要是服务的竞争。不可否认,企业无论是采取成本领先战略还是产品差异化战略,产品的售后服务对于企业稳定和吸引顾客源、树立良好形象以产生口碑效应、促进销售都具有不可忽视的作用。然而,从成本的角度来重新审视售后服务这一活动时,不难得出:良好的售后服务一般导致高额的服务成本,因而也应当受到成本降低的关注。既然售后服务具有如上所述的双刃效应,因此如何发挥其正面效应、规避其负面效应,便成为企业的一个战略和策略问题。企业应从以下两个方面入手对此问题加以考虑:① 加强质量管理,降低因质量问题而发生的服务成本。售后服务的大部分原因在于产品质量不过关,产品使用过程中质量问题辈出,因而售后服务成本可以通过加强企业的质量管理来降低或削减;② 将顾客作为企业的一项战略资源加以对待。在产品的设计和开发阶段,充分利用顾客的消费需求信息优势设计和开发产品;在产品的使用阶段,对顾客进行培训,以便于顾客更好地使用企业的产品,降低产品的使用成本。当然,培训成本应与售后服务成本相比较,以孰低作为两者取舍的标准。

(三)战略性业绩评价

战略成本管理的有效实行,要求有配套的业绩评价指标。这里所说的业绩评价与传统的业绩评价有着本质的区别。传统成本管理绩效评价指标只看"结果"而不重视"过程",评价方法只包括财务方面的业绩,不包括非财务业绩,因而不能全面地反映出企业的资源和实力,且容易导致管理层行为短期化;战略成本管理绩效评价是将评价指标与企业所实施的战略相结合,从企业整体角度出发,进行过程的适时监控评价,目标是引导企业在战略上的成功。如果企业采用成本领先战略,目的是促进成本水平的不断降低,评价的内容主要是成本控制的结果,即成本标准的执行情况,则评价指标应着重于财务指标,如内部制造效率、成本降低率等;如果企业采取产品差异战略,评价的领域除成本控制情况外,还包括产品质量、客户服务等,因此在指标设计中必须结合并重视相关非财务"业绩动因",并对它们进行追踪、分析和掌握,如顾客、内部经营过程、员工的学习与成长和智力资本等要素,最终实现企业价值的最大化。上述企业实行战略成本管理的主要过程具有内在的逻辑性和密不可分的关系。

## 五、我国企业实施战略成本管理的意义

(1)战略成本管理的形成和发展,有利于我国企业参与市场竞争。由于全球性竞争日益激烈,传统的成本管理已不再适应经济的发展,而战略管理的产生和发展很好地适应了经济发展的需求。成本是战略决策的关键,是决定企业产品或劳务在竞争中能否取得份额以及占有多少份额的关键因素,而影响竞争的成本核心是企业的战略成本,而非传统

的经营成本。

（2）战略成本管理是建立和完善我国企业现代成本管理体系，加强企业成本管理的必然要求。现代成本管理是企业全员管理、全过程管理、全环节管理和全方位管理，是商品使用价值和商品价值结合的管理，是经济和技术结合的管理。在现代成本管理中，战略成本管理占有十分重要的地位，它突破了我国传统成本管理把成本局限在微观层面上的研究领域，把重心转向企业整体战略这一更为广阔的研究领域。

（3）战略成本管理的有效应用和实施，有利于更新我国企业成本管理的观念。在我国传统成本管理中，成本管理的目的被归结为降低成本，节约成了降低成本的基本手段。不可否认，在成本管理中，节约作为一种手段是不容置疑的，但它不是唯一的手段，现代成本管理的目的"应该是以尽可能少的成本支出，获得尽可能多的使用价值，从而为赚取利润提供尽可能好的基础"，从而提高成本效益。从战略成本管理的视角，分析成本管理的这一目标，不难发现，成本降低是有条件和有限度的。另外，如果企业以较低的成本升幅，而取得更高的使用价值，从而大大提高企业的经济效益，企业何乐而不为！企业采用何种成本战略，取决于企业的经营战略和竞争战略，成本管理必须为企业经营管理服务。

（4）战略成本管理的有效应用和实施，有利于加强我国企业的经营管理，改善企业的经营业绩。战略成本管理是战略管理顺利实施的基石，应用战略成本管理，有助于我国企业从战略的角度把握企业的成本管理。通过战略定位、价值链分析、成本动因分析、作业成本法等各种方法，将我国企业成本管理从仅限于企业内部扩展到企业外部，利用不同的成本管理重点来支持企业不同的竞争战略。

## 【本章小结】

　　传统成本核算法是以某一总量（如人工总量、机器工时总量等）为基础，计算统一的间接费用分配率来分配间接费用。这种以产品的人工、机器工时为基础的间接费用分配方法，在间接费用项目较少、间接费用在总成本中所占比重较小、对成本管理要求不高的情况下是可行的。随着生产自动化的日益发展，对机器人、特殊机器设备以及计算控制程序使用的不断增加，成本中的间接费用比重急剧增加，传统成本计算法已不适应客观要求。由于作业成本法对不同作业的间接成本采用不同的分配标准进行分配，它能克服传统成本计算法存在的问题，对于正确分析作业成本、核算产品成本、进行成本分析和管理有重要意义。作业成本法的基本程序是：① 在作业分析的基础上，确认作业、主要作业、划分作业中心；② 以作业中心为成本库归集费用；③ 将作业成本库归集的成本分配计入最终产品或劳务上，计算得出产品或劳务的成本。

　　质量成本的概念是由美国质量专家 A. V. 菲根堡姆在 20 世纪 50 年代提出来的。他将企业中质量预防和鉴定成本费用与产品质量不符合企业自身和顾客要求所造成的损失一并考虑，形成质量报告，为企业高层管理者了解质量问题对企业经济效益的影响，进行质量管理决策提供重要依据。此后人们充分认识了降低质量成本对提高企业经济效益的巨大潜力，从而进一步提高了质量成本管理在企业经营战略中的重要性。质量成本是指企业为保证和提高产品质量而支付的一切费用以及因质量故障所造成的损失费用之和。它又分为四类,即企业内部损失成本、鉴定成本、预防成本和外部损失成本等。质量成本核算是质量成本管理的基础和中心环节,它构成基础性质量成本管理的重要内容。质量成本的核算方法包括统计核算方法和会计核算方法。

所谓战略成本管理就是以战略的眼光从成本的源头识别成本驱动因素,对价值链进行成本管理,即运用成本数据和信息,为战略管理的每一个关键步骤提供战略性成本信息,以利于企业竞争优势的形成和核心竞争力的创造。从战略角度来研究成本形成与控制的战略成本管理(Strategic Cost Management,SCM)思想,是 20 世纪 80 年代在英美等国管理会计学者的倡导下逐步形成的。20 世纪 90 年代以来,对这一思想与相关方法的讨论日趋深入,日本和欧美的企业管理实践也证明了这是获取长期竞争优势的有效方法。战略成本管理包括几个关键步骤:① 制定行业竞争战略;② 根据制定的行业竞争战略,进行综合成本规划和管理;③ 战略性业绩评价。战略成本管理的有效应用和实施,对加强我国企业在市场中的竞争力、改善企业业绩都具有重要意义。

## 【复习思考题】

1. 作业成本法较传统的成本计算方法在制造费用的分配上有何重要区别?
2. 作业成本法的优点有哪些?
3. 简述作业成本法的一般程序。
4. 质量成本由哪些内容构成?
5. 质量成本与产品成本的联系和区别是什么?
6. 质量成本核算的作用有哪些?
7. 分别简述质量成本统计核算法和会计核算的一般程序。
8. 简述价值链分析与战略成本管理的关系。
9. 我国企业实施战略成本管理有何意义?

## 【案例分析题】

某电信运营商与一个大客户签订服务协议,电信运营商为该大客户提供电路出租。为了保证电路安全,运营商除提供该客户必要的带宽外,还为其提供相同带宽的备份电路,但该客户并未对此付费。请问电信运营商的做法是否正确,为什么?

## 【练习题】

某企业制造费用总额 160 000 元,A、B 两种产品复杂程度不同,耗用的作业量也不一样。在对生产经营过程进行分析后,该公司的会计主管认为有六种主要作业,分别设立六个成本库,并选定了相应的成本动因。有关资料如表 9-14 所示。

表 9 - 14　制造费用及作业资料

| 作业名称 | 制造费用(元) | 成本动因 | 成本动因数 | | |
|---|---|---|---|---|---|
| | | | A 产品 | B 产品 | 合　计 |
| 机器能量 | 16 000 | 生产单位产品的机器小时 | 30 000 | 10 000 | 40 000 |
| 产品设计 | 8 000 | 设计时间 | 100 | 300 | 400 |
| 机器调整 | 10 000 | 调整次数 | 2 | 8 | 10 |
| 检验成本 | 32 000 | 检验次数 | 600 | 1 000 | 1 600 |
| 材料处理 | 41 200 | 材料移动次数 | 600 | 20 000 | 20 600 |
| 订货成本 | 13 200 | 购买订单数量 | 100 | 1 100 | 1 200 |
| 其他作业 | 39 600 | 机器小时 | 100 | 300 | 400 |
| 合　计 | 160 000 | | | | |

注:A 产品每批 1 000 个,共 30 批,每批检验 20 个、移动 20 次,共移动 600 次;

B 产品每批 10 个,共 500 批,每批检验 2 个、移动 40 次,共移动 20 000 次。

要求:运用作业成本法计算分配制造费用。

# 第十章　成本报表

1. 理解成本报表的概念、作用和种类；
2. 理解成本报表的意义与编制要求；
3. 掌握产品生产成本表，主要产品单位成本表和各种费用报表的结构及编制方法；
4. 掌握成本分析的基本方法与应用。

【案例导入】

暑假，刚刚学完《中级财务会计》的大二会计专业学生张明到自己爸爸所在的某公司的财务科实习。一日，银行查账，财务主管叫张明帮着科员李会计把上半年的财务报表整理好拿过来。张明翻到一张产品生产成本表，就要送过去，李会计拦住张明，对他笑着说："这可使不得，这是内部报表，不能给他们看的。"张明心里可奇怪了：明明《中级财务会计》里写着"会计信息公开透明"，"企业按会计准则编制并对外报送财务报表"，李会计怎么不把产品生产成本表给银行看？

思考：
1. 产品生产成本表属于财务报表吗？
2. 企业内部报表主要有哪些？这类报表有什么特点？

# 第一节　成本报表的作用和种类

会计报表是根据日常会计核算资料归集、加工、汇总而形成的一个完整的报告体系。会计报表所提供的会计信息要满足企业内外有关方面的各种要求。企业会计报表按服务对象划分为两类：一类为向外报送的财务报表，如资产负债表、利润表、现金流量表等；另一类为企业内部管理需要的报表，如成本报表。

## 一、成本报表的含义

成本报表是根据日常成本核算资料及其他有关资料定期或不定期编制，用以反映企业产品成本水平、构成及其升降变动情况，考核和分析企业在一定时期内成本计划执行情况及其结果的报告文件。正确及时地编制和分析成本报表是成本会计的一项重要内容。

## 二、成本报表的作用

成本报表主要向企业的各级管理部门、企业领导、企业职工以及有关部门提供成本信息,用以加强成本管理,降低成本,提高经济效益。具体地讲,成本报表的作用主要有四个。

### (一) 综合反映报告期内的产品成本

产品成本是反映企业生产经营各方面工作质量的一项综合性指标,也就是说,企业的供、产、销的各个环节的经营管理水平,最终都直接、间接地反映到产品成本中来,通过成本报表资料,能够及时发现在生产、技术、质量和管理等方面取得的成绩和存在的问题。

### (二) 评价和考核各成本环节成本管理的业绩

利用成本报表上所提供的资料,经过有关指标计算、对比,可以明确各有关部门和人员在执行成本计划、费用预算过程中的成绩和差距,以便总结工作的经验和教训,奖励先进,鞭策后进,调动广大职工的积极性,为全面完成和超额完成企业成本费用计划预算而努力。

### (三) 有效地进行成本分析

通过成本报表资料的分析,可以揭示成本差异对产品成本升降的影响程度以及发现产生差异的原因和责任,从而可以有针对性地采取措施,把注意力放在解决那些属于不正常的、对成本有重要影响的关键性差异上,这样对于加强日常成本的控制和管理就有了明确的目标。

### (四) 为制订下一期成本计划提供重要参考依据

企业要制订成本计划,必须明确成本计划目标。这个目标是建立在报告年度产品成本实际水平的基础上,结合报告年度成本计划执行的情况,考虑计划年度中可能变化的有利因素和不利因素,来制订下一期的成本计划。本期成本报表所提供的资料,是制订下期成本计划的重要参考资料。同时,管理部门也根据成本报表资料来对未来时期的成本进行预测,为企业制定正确的经营决策和加强成本控制与管理提供必要的依据。

## 三、成本报表的种类

企业编制的成本报表,一般分以下几种。

### (一) 按编制时间来分

成本报表根据管理上的要求一般可按月、按季、按年编报,所以按照编制时间来分,成本报表一般分月报表、季报表和年报表。但为了加强成本的日常管理,对于成本耗费的主要指标,也可以按日、按旬、按周,甚至按工作班来编报,及时提供给有关部门和值班人员,促使其及时地、有针对性地采取措施,解决生产经营中的问题,使成本报表资料及时服务于生产经营的全过程。

### (二) 按报表内容来分

成本报表按其所反映的内容又可分为反映产品成本的报表和反映费用支出的报表。

**1. 反映产品成本情况的报表**

主要反映企业为生产一定种类和一定数量产品所支出的生产费用水平及其构成情况，并与计划、上年实际、历史最好水平或同行业同类产品先进水平相比较，反映产品成本的变动情况和变动趋势。属于此类报表的有产品生产成本表、主要产品单位成本表等。

**2. 反映各种费用支出的报表**

主要反映企业在一定时期内各种费用总额及其构成情况，并与计划（预算）、上年实际对比，反映各项费用支出的变动情况和变动趋势。属于此类成本报表的有制造费用明细表、销售费用明细表、管理费用明细表和财务费用明细表等。

此外，各企业还可以根据其生产特点和管理要求，对上述成本报表做必要的补充，也可以结合本企业经营决策的实际需要，编制必要的其他内部成本报表。

## 四、成本报表的特点

在企业会计报告体系中，成本报表主要是为满足企业内部经营管理的需要而编制的，不对外公开，因此，成本报表的种类、格式和内容均可由企业根据其生产经营特点和管理要求自行确定。所以，成本报表的种类、项目、格式和编制方法等，国家不做统一规定，一般都由企业根据生产经营过程的特点和企业管理的具体要求而定。在我国国有企业和国有联营企业中，企业主管部门为了对本系统所属企业的成本管理工作进行指导，为了给国民经济管理提供所需成本、费用数据，也可以要求企业将其成本报表作为会计报表的附表上报。在这种情况下，企业成本报表的种类、项目、格式和编制方法，也可以由企业主管部门会同企业共同规定。

成本报表与现行会计制度规定的财务报表相比较，具有以下特点。

### （一）报表编制具有针对性

企业对外提供的会计报表，包括资产负债表、利润表、现金流量表和所有者权益变动表等，是为政府部门、企业投资人和债权人以及企业内部经营管理者服务，反映企业财务状况和经营的报表。在市场经济条件下，成本是商业秘密，不对外公开，成本报表作为内部报表主要是为企业内部经营管理者服务，满足企业领导以及各部门、车间、岗位责任人员对成本信息的要求。因而成本报表的内容要有针对性，不能泛泛地、千篇一律地提供情况；要主动地促进各有关部门和人员关心成本，了解其工作成效对成本的影响，明确其在成本管理中的责任。

### （二）成本报表的内容灵活

对外报表的内容，由国家统一规定，强调完整性。成本报表主要是围绕成本管理需要反映的内容，没有明确规定一个统一的内容和范围，不强调成本报告内容的完整性，往往从管理出发对某一问题或某一侧面进行重点反映，揭示差异，找出原因，分清责任。因此，内部成本报表的成本指标可以多样化，以适应不同使用者和不同管理目的对成本信息的需求，使内部成本报表真正为企业成本管理服务。

### （三）内部成本报表编报不定时

对外报表一般都是定期地编制和报送，并规定在一定时间内必须报送。而内部成本报表主要是为企业内部成本管理服务,所以,内部成本报表可以根据内部管理的需要适时地、不定期地进行编制,使成本报表及时地反映和反馈成本信息,揭示存在的问题,促使有关部门和人员及时采取措施,改进工作,提高服务效率,控制费用的发生,达到节约的目的。

# 第二节　成本报表的编制

## 一、成本报表的编制要求

为充分发挥成本报表的作用,使成本报表的内容既满足企业微观管理与成本分析的要求,又适应宏观管理的需要,企业应按有关规定编制成本报表,并要做到数字准确、内容完整、编报及时。

### (一) 数字准确

数字准确是指报表的各项数据必须真实可靠,不能任意估计,更不允许弄虚作假、篡改数字。因此,企业在编制报表前,应将所有的经济业务登记入账,要调整不应列入成本的费用,做到先结账,后编表;并核对各种账簿之间的记录,做到账账相符;认真清查财产物资,做到账实相符;再根据有关账簿的记录编制报表。报表编制完毕,应检查各个报表中相关指标的数字是否一致,钩稽关系是否准确,做到表表相符。

### (二) 内容完整

内容完整是指编报的成本报表种类必须齐全,应填列的报表指标和文字说明必须全面,表内项目和表外补充资料,不论是根据账簿资料直接填列,还是分析计算填列,都应当完整无缺,不得任意取舍。注意保持各成本报表计算口径一致,计算方法如有变动应在附注中说明。对定期报送的主要成本报表,还应有分析、说明生产成本和费用升降情况、原因、优化措施的文字材料。

### (三) 编报及时

成本报表有些定期编制,有些不定期编制,无论是定期编制还是不定期编制,都应要求及时编制、及时反馈。所谓及时编制是指根据企业管理部门的需要迅速提供各种成本报表。只有这样,才能及时地对企业成本完成情况进行检查和分析,从中发现问题,及时采取措施加以解决,以充分发挥成本报表的应有作用。要做到这一点,要求企业不仅要做好日常成本核算工作,还要注意整理、收集有关的历史成本资料、同行业成本资料、统计资料以及成本计划资料、费用预算资料等。

## 二、产品生产成本表

### (一) 产品生产成本表的概念

产品生产成本表是反映企业在报告期内生产的全部产品总成本的报表。该表一般分为两种:一种是按成本项目反映,即企业使用的"产品生产成本表";另一种是按产品的品种反映,即企业使用的"产品生产、销售成本表"。

(1)按成本项目编制的产品生产成本表,汇总反映企业在报告期发生的全部生产费用(按成本项目反映)和全部产品总成本。利用此表可以定期、总括地考核和分析企业全部生产费用和全部产品总成本计划的完成情况,对企业成本工作从总体上评价,并为进一步分析指明方向。

(2)按产品品种编制的产品生产成本表,汇总反映企业在报告期所产全部产品生产(含可比产品和不可比产品)的总成本以及各种主要产品的单位成本和销售量、销售成本。产品生产和销售成本表由基本报表和补充资料两部分组成。利用此表可以考核全部产品生产成本的变化,主要产品成本计划的执行结果和各种可比产品成本降低任务的完成情况,分析成本增减变化的原因,指出进一步降低产品成本的途径。

**(二)产品生产成本表的结构和编制方法**

1. 按成本项目反映的产品生产成本表的结构和编制方法

该表一般由生产费用和产品生产成本两部分构成。生产费用部分按成本项目反映报告期内发生的各种生产费用及其合计数;在此基础上加上在产品和自制半成品的期初余额,减去在产品和自制半成品的期末余额,计算出产品成本的合计数。这些费用和成本,可按上年实际数、本年计划数、本月实际数和本年累计实际数,分栏反映。这种报表的格式见表 10 - 1。

表 10 - 1 产品生产成本表(按成本项目反映)

编制单位:××工厂　　　　　　　　　202×年12月　　　　　　　　　单位:元

| 项　　目 | 上年实际数 | 本年计划数 | 本月实际数 | 本年累计实际数 |
|---|---|---|---|---|
| 生产费用 | | | | |
| 　直接材料费用 | 1 136 000 | 1 140 000 | 104 000 | 1 122 000 |
| 　直接人工费用 | 210 000 | 207 300 | 12 240 | 205 000 |
| 　制造费用 | 357 000 | 354 000 | 17 360 | 355 000 |
| 生产费用合计 | 1 703 000 | 1 701 300 | 133 600 | 1 682 000 |
| 加:在产品、自制半成品期初余额 | 310 200 | 250 000 | 121 000 | 321 000 |
| 减:在产品、自制半成品期末余额 | 280 000 | 300 000 | 121 000 | 297 000 |
| 产品生产成本合计 | 1 733 200 | 1 651 300 | 133 600 | 1 706 000 |

产品生产成本表的填列方法为:

(1)"上年实际数",根据上年12月份本表的本年累计实际数填列。

(2)"本年计划数",根据成本计划的有关资料填列。

(3)"本年累计实际数",根据本月实际数,加上上月份本表的本年累计数计算填列。

(4)按成本项目反映的本月各种生产费用数,根据各种产品成本明细账所记本月生产费用合计数,按照成本项目分别汇总填列。期初数根据上月本表的期末数填列。

（5）期初、期末在产品、自制半成品的余额,根据各种产品明细账的期初、期末在产品成本和各种自制半成品明细账的期初、期末余额分别汇总填列。

（6）产品生产成本合计数根据表中的生产费用合计数,加、减在产品、自制半成品期初、期末余额求得。

2. 按产品种类反映的产品生产成本表的结构和编制方法

该表分为基本报表和补充资料两部分。基本报表部分按可比产品和不可比产品分别填列。可比产品是指企业过去曾经正式生产过,有完整的成本资料可以进行比较的产品;不可比产品是指企业本年度初次生产的新产品,或虽非初次生产,但以前仅属试制而未正式投产的产品,缺乏可比的成本资料。对于可比产品,在产品生产成本表中不但要列示本年的计划成本和实际成本,还要列示上年度的实际成本,这样便于同上年度实际成本做比较,分析可比产品成本降低任务的完成情况。对于不可比成本,没有上年的实际单位成本可比,所以只列示本年的计划成本和实际成本。这种表的格式如 10-2 所示。

本表填列方法如下:

（1）"实际产量"栏分为本月数和本年累计数两栏,分别反映本月和从本年 1 月 1 日起至报表编制月月末止各种主要商品的实际产量。应根据成本计算单或产品成本明细账的记录计算填列。

（2）"单位成本"栏按上年度本报表资料、本期成本计划资料、本期实际成本资料和本年累计成本资料分别计算填列。

（3）"本月总成本"栏包括本月实际总成本、按上年实际平均单位成本计算的总成本和本年计划单位成本计算的总成本三项内容。其中,本月实际总成本按本月产品成本计算单的有关数字填列;后两项内容分别根据上年实际平均单位成本和本年计划单位成本乘以本月实际产量所得积数填列。

（4）"本年累计总成本"栏包括按上年实际平均单位成本计算、按本年计划单位成本计算和本年实际总成本三栏。其中,按上年实际平均单位成本计算以实际产量的本年累计数和上年实际平均单位成本的乘积填列;按本年计划单位成本计算以实际产量的本年累计数和本年计划单位成本的乘积填列;本月实际总成本按本年产品成本计算单的有关数字填列。

（5）补充资料部分只填列本年累计实际数。其中:

① 可比产品成本降低额指可比产品累计实际总成本比按上年实际单位成本计算的累计总成本降低的数额,超支用负数表示。其计算公式如下:

$$可比产品成本降低额 = 可比产品按上年实际平均单位成本计算的总成本 - 可比产品本年累计实际总成本根据$$

表 10-2 的资料可计算如下:

可比产品成本降低额＝28 000－27 800＝200(元)

② 可比产品成本降低率指可比产品本年累计实际总成本比按上年实际平均单位成本计算的累计总成本降低的比率,超支率用负数表示。其计算公式如下:

$$可比产品成本降低率 = \frac{可比产品成本降低额}{可比产品按上年实际平均单位成本计算的总成本} \times 100\%$$

表10-2 产品生产成本表

编制单位：广成制造有限责任公司

202×年12月　　　　　　　　　　　　　　　　　　　　　　　　　　　单位：元

| 产品名称 | 规格 | 计量单位 | 实际产量 | | 单位成本 | | | | 本月总成本 | | | 本年累计总成本 | | |
|---|---|---|---|---|---|---|---|---|---|---|---|---|---|---|
| | | | 本月 | 本年累计 | 上年实际平均 | 本年计划 | 本月实际 | 本年累计实际平均 | 按上年实际平均单位成本计算 | 按本年计划单位成本计算 | 本月实际 | 按上年实际平均单位成本计算 | 按本年计划单位成本计算 | 本年实际 |
| | | | (1) | (2) | (3) | (4) | (5)=(9)÷(1) | (6)=(12)÷(2) | (7)=(1)×(3) | (8)=(1)×(4) | (9) | (10)=(2)×(3) | (11)=(2)×(4) | (12) |
| 可比产品合计 | | | | | | | | | 2 240 | 2 112 | 2 248 | 28 000 | 26 400 | 27 800 |
| 1. 甲产品 | | 台 | 16 | 200 | 65 | 62 | 63 | 61 | 1 040 | 992 | 1 008 | 13 000 | 12 400 | 12 200 |
| 2. 乙产品 | | 台 | 8 | 100 | 150 | 140 | 155 | 156 | 1 200 | 1 120 | 1 240 | 15 000 | 14 000 | 15 600 |
| 不可比产品合计 | | | | | | | | | | 420 | 432 | | 5 250 | 5 300 |
| 1. 丙产品 | | 件 | 4 | 50 | | 105 | 108 | 106 | | 420 | 432 | | 5 250 | 5 300 |
| 全部商品产品成本 | | | | | | | | | | 2 532 | 2 680 | | 31 650 | 33 100 |

补充资料（本年实际数）：

1. 可比产品成本降低额 200 元（本年计划降低额为 1 250 元）；
2. 可比产品成本降低率 0.71%（本年计划降低率为 5.75%）；
3. 按现行价格计算的商品产值 93 500 元；
4. 产值成本率 35.40 元/百元（本年计划产值成本率为 35 元/百元）。

根据表 10-2 的资料可计算如下：

$$可比产品成本降低率 = \frac{200}{28\,000} \times 100\% = 0.71\%$$

本年可比产品计划降低额 1 250 元、计划降低率 5.75%，根据可比产品降低计划填列。

③ 按现行价格计算的商品产值。根据产品现行市价和产品产量乘积填列。根据有关统计资料计算出表 10-2 中商品产值为 93 500 元。

④ 产值成本率指商品产品总成本与商品产值的比率，通常以每百元商品产值总成本表示。计算公式如下：

$$产值成本率 = \frac{商品产品成本}{商品产值} \times 100$$

根据表 10-2 的资料可计算如下：

$$产值成本率 = \frac{33\,100}{93\,500} \times 100 = 35.40(元/百元)$$

### 三、主要产品单位成本表

#### (一) 主要产品单位成本报表概述

主要产品单位成本表是反映企业在报告期内生产的各种主要产品单位成本构成情况和各项主要技术经济指标报告情况的报表。该表按主要产品分别编制，它是对商品产品成本表的有关单位成本做进一步补充说明的报表。

利用主要商品产品成本表，可以具体了解各种主要产品单位成本的结构和水平，并按成本项目考核和分析各种主要产品单位成本计划执行情况，分析单位成本构成变化及趋势，以便进一步寻找产生差距的原因，力求挖掘降低单位产品成本的潜力，提高企业的经济效益。该表通常每月编制。

#### (二) 主要产品单位成本表的结构

主要产品单位成本表的结构可分为两部分：第一部分为本表的基本部分，是分别按每一种主要产品进行编制的，表中除反映产品名称、规格、计量单位、产量、售价之外，主要是按成本项目反映单位成本的构成和水平及各项主要技术经济指标；第二部分为本表的补充资料，反映上年和本年的几项经济指标，为分析、考核提供简便的资料。

主要产品单位成本表的格式如表 10-3 所示。

**表 10-3　主要产品单位成本表**

编制单位：广成制造有限责任公司　　　　202×年 12 月　　　　　　　单位：元

| 产品名称 | 乙产品 | 本月计划产量 | 6 |
|---|---|---|---|
| 规格 | | 本月实际产量 | 8 |
| 计量单位 | 台 | 本年累计计划产量 | 80 |
| 销售单价 | 150 元 | 本年累计实际产量 | 100 |

| 成本项目 | 历史先进水平 | 上年实际平均 | 本年计划 | 本月实际 | 本年累计实际平均 |
|---|---|---|---|---|---|
| 直接材料 | 98 | 108 | 100 | 121 | 120 |
| 直接人工 | 20 | 24 | 25 | 20 | 23 |
| 制造费用 | 12 | 18 | 15 | 14 | 13 |
| 生产成本 | 130 | 150 | 140 | 155 | 156 |
| 主要技术经济指标 | 单位 | 用量 | 用量 | 用量 | 用量 | 用量 |
| 1. 主要材料 | 千克 | 10 | 10.8 | 10 | 11 | 10.75 |
| 2. 生产工时 | 小时 | 8 | 9 | 8.5 | 8 | 8.2 |

补充资料：

| 项 目 | 上年实际 | 本年实际 |
|---|---|---|
| 成本利润率(%) | | |
| 资金利润率(%) | | |
| 净产值率(%) | | |
| 流动资金周转次数(次) | | |
| 实际利税总额 | | |
| 职工工资总额 | | |
| 年末职工人数 | | |
| 全年平均职工人数 | | |

**(三) 主要产品单位成本表的编制方法**

(1)"本月计划产量"和"本年累计计划产量"项目,根据本月和本年产品产量计划资料填列。

(2)"本月实际产量"和"本年累计实际产量"项目,根据统计提供的产品产量资料,或产品入库单填列。

(3)"主要技术经济指标"项目反映主要产品每一单位产量所消耗的主要原材料、燃料、工时等的数量。应根据产品成本计算资料(包括领料单等凭证)以及统计资料整理填列。

(4)"历史先进水平"项目指本企业历史上该种产品成本最低年度的实际平均单位成本和实际单位用量。应根据该年的成本资料填列。

(5)"上年实际平均"项目指上年实际平均单位成本的单位用量,应根据上年度本表的本年累计实际平均单位成本和单位用量的资料填列。

(6)"本年计划"项目是指本年计划单位成本和单位用量,应根据年度成本计划中的资料填列。

（7）"本月实际"项目指本月实际单位成本和单位用量,应根据本月完工的该种产品成本明细账上的有关数字计算后填列。

（8）"本年累计实际平均"项目是指本年年初至本月末止该种产品的平均实际单位成本和单位用量。应根据年初至本月末止已完工产品成本计算单等有关资料,采用加权平均计算后填列,其计算公式如下:

$$某产品的实际平均单位成本 = \frac{该产品累计总成本}{该产品累计产量}$$

$$某产品的实际平均单位用量 = \frac{该产品累计总用量}{该产品累计产量}$$

（9）补充资料有关指标的计算公式如下:

$$成本利润率 = \frac{产品销售利润}{产品销售成本} \times 100\%$$

$$资金利润率 = \frac{利润总额}{资金总额} \times 100\%$$

$$净产值率 = \frac{工业净产值}{产品销售收入} \times 100\%$$

$$流动资金周转次数（次） = \frac{产品销售收入}{流动资金平均余额}$$

由于主要产品单位成本表是商品产品成本表的补充报表,因此,该表中按成本项目反映的"上年实际平均""本年计划""本月实际""本年累计实际平均"的单位成本合计,应按商品产品成本表中各单位成本的数字分别填列。

## 四、其他成本报表

### （一）制造费用明细表

制造费用明细表是按制造费用明细项目反映企业报告期制造费用发生情况的报表。利用制造费用明细表可以考核企业制造费用计划或预算的执行结果,分析各生产单位为组织管理生产发生的各项费用构成及增减变动情况与原因;利用该表可揭示差异及原因,为节约支出降低产品成本服务。

制造费用明细表中费用明细项目分别按本年计划数、上年同期实际数、本月实际数、本年累计实际数填列反映,如表 10-4 所示。

表 10-4　制造费用明细表

编制单位:××工厂　　　　　　　202×年×月　　　　　　　单位:元

| 项　　目 | 本年计划数 | 上年同期实际数 | 本月实际数 | 本年累计实际数 |
|---|---|---|---|---|
| 职工薪酬费 | 280 000 | 24 500 | 26 000 | 290 000 |
| 折旧费 | 48 000 | 3 900 | 4 200 | 50 000 |
| 办公费 | 24 000 | 1 850 | 1 650 | 22 000 |
| 水电费 | 32 000 | 2 700 | 2 800 | 35 000 |

| 项　　目 | 本年计划数 | 上年同期实际数 | 本月实际数 | 本年累计实际数 |
|---|---|---|---|---|
| 机物料耗费 | 45 000 | 4 000 | 4 200 | 48 000 |
| 修理费 | 12 000 | 900 | 1 200 | 15 000 |
| 租赁费 | 36 000 | 2 500 | 3 000 | 36 000 |
| 差旅费 | 40 000 | 3 000 | 3 200 | 42 000 |
| 低值易耗品摊销费 | 36 000 | 2 700 | 2 500 | 32 000 |
| 其他 | 24 200 | 2 100 | 1 900 | 24 000 |
| 合计 | 577 200 | 48 150 | 50 650 | 59 400 |

制造费用明细表的编制方法如下：

本年计划数根据批准实施的本年计划数填列；上年同期实际数根据上年同期制造费用明细表累计实际数填列；本月实际数根据本月制造费用明细账各项发生额填列；本年累计实际数根据制造费用明细账各项目本年累计发生额填列。

本表本月实际数合计应与产品生产成本表中制造费用数一致；年终，表中上年同期累计实际数、本年累计实际数应与产品生产成本表制造费用上年实际、本年累计实际数相符。

### （二）管理费用明细表

管理费用属于期间费用，其开支情况直接影响企业利润，必须加强管理，严格控制。管理费用明细表一般根据企业内部管理要求按年度编制。利用管理费用明细表可以反映企业行政管理部门为管理和组织经营活动所产生的各项费用构成和增减变动情况，分析各项费用变动的原因，以便节约开支、增加企业盈利。

管理费用明细表中费用明细项目，分别按本年计划数、上年同期实际数、本月实际数、本年累计实际数填列反映，如表 10-5 所示。

表 10-5　管理费用明细表

编制单位：××工厂　　　　　　　　　　202×年×月　　　　　　　　　　单位:元

| 项　　目 | 本年计划数 | 上年同期实际数 | 本月实际数 | 本年累计实际数 |
|---|---|---|---|---|
| 职工薪酬费 | 320 000 | 30 500 | 32 000 | 340 000 |
| 折旧费 | 48 000 | 3 900 | 4 200 | 50 000 |
| 办公费 | 24 000 | 1 850 | 1 650 | 22 000 |
| 会议费 | 32 000 | 2 700 | 2 800 | 35 000 |
| 中介机构费 | 45 000 | 4 000 | 4 200 | 48 000 |
| 业务招待费 | 12 000 | 900 | 1 200 | 15 000 |
| 机物料耗费 | 36 000 | 2 500 | 3 000 | 36 000 |
| 税金 | 40 000 | 3 000 | 3 200 | 42 000 |
| 研究费 | 36 000 | 2 700 | 2 500 | 32 000 |

| 项　　目 | 本年计划数 | 上年同期实际数 | 本月实际数 | 本年累计实际数 |
|---|---|---|---|---|
| 修理费 | 24 200 | 2 100 | 1 900 | 24 000 |
| 租赁费 | 36 000 | 2 800 | 3 200 | 38 000 |
| 差旅费 | 40 000 | 3 000 | 3 000 | 37 000 |
| 低值易耗品摊销费 | 24 000 | 2 100 | 1 800 | 23 000 |
| 专利转让费 | 36 000 | 2 800 | 3 000 | 36 000 |
| 其他 | 45 000 | 4 000 | 3 600 | 44 000 |
| 合　　计 | 798 200 | 68 850 | 71 250 | 82 200 |

管理费用明细表按管理费用项目分别反映各项费用的本年计划数、上年同期实际数、本月实际数和本年累计实际数。其中,本年计划数根据批准实施的本年计划数填列;上年同期实际数根据上年同期管理费用明细表累计实际数填列;本月实际数根据本月管理费用明细账各项发生额填列;本年累计实际数根据管理费用明细账各项目本年累计发生额填列。

### (三) 销售费用明细表

销售费用明细表按照销售费用明细项目反映企业报告期产品销售费用的发生额。利用销售费用明细表可以考核产品销售费用计划或预算的执行情况,分析各项费用的构成及其增减变化的原因,以便节约开支,增加企业盈利。

销售费用明细表中销售费用的明细项目分别按本年计划数、上年同期实际数、本月实际数、本年累计实际数填列反映。

销售费用明细表本年计划数根据批准实施的本年计划数填列;上年同期实际数根据上年同期销售费用明细表累计实际数填列;本月实际数根据本月销售费用明细账各项发生额填列;本年累计实际数根据销售费用明细账各项目本年累计发生额填列。如表10-6所示。

### 表 10-6　销售费用明细表

编制单位:××工厂　　　　　　　　　　202×年×月　　　　　　　　　　　　单位:元

| 项　　目 | 本年计划数 | 上年同期实际数 | 本月实际数 | 本年累计实际数 |
|---|---|---|---|---|
| 职工薪酬费 | 260 000 | 20 000 | 1 800 | 290 000 |
| 业务费 | 48 000 | 3 900 | 4 200 | 50 000 |
| 运输费 | 24 000 | 1 850 | 1 650 | 22 000 |
| 装卸费 | 32 000 | 2 700 | 2 800 | 35 000 |
| 包装费 | 45 000 | 4 000 | 4 200 | 48 000 |
| 保险费 | 12 000 | 900 | 1 200 | 15 000 |
| 展览费 | 36 000 | 2 500 | 3 000 | 36 000 |
| 广告费 | 40 000 | 3 000 | 3 200 | 42 000 |

续　表

| 项　目 | 本年计划数 | 上年同期实际数 | 本月实际数 | 本年累计实际数 |
|---|---|---|---|---|
| 折旧费 | 36 000 | 2 700 | 2 500 | 32 000 |
| 办公费 | 24 200 | 2 100 | 1 900 | 24 000 |
| 产品质量保证费 | 32 000 | 2 000 | 3 000 | 31 000 |
| 低值易耗品摊销费 | 24 000 | 1 800 | 2 000 | 24 000 |
| 其他 | 30 000 | 3 000 | 2 000 | 28 000 |
| 合　计 | 643 200 | 50 450 | 54 650 | 667 000 |

**（四）财务费用明细表**

财务费用明细表是反映企业在报告期内发生的财务费用及其构成情况的报表。本表一般按照费用项目分别反映各项费用的本年计划数、上年同期实际数、本月实际数、本年累计数实际填列。财务费用明细表的一般格式如表10-7所示。

表10-7　财务费用明细表

编制单位：××工厂　　　　　　　　　202×年×月　　　　　　　　　单位：元

| 项　目 | 本年计划数 | 上年同期实际数 | 本月实际数 | 本年累计实际数 |
|---|---|---|---|---|
| 利息支出（减利息收入） | 20 000 | 1 500 | 1 200 | 18 000 |
| 汇兑损失（减汇兑收益） | 8 000 | 800 | 1 000 | 9 200 |
| 金融机构手续费 | 1 000 | 100 | 200 | 1 200 |
| 其他筹资费用 | 2 000 | 150 | 200 | 2 400 |
| 合　计 | 31 000 | 2 550 | 2 600 | 30 800 |

其中，本年计划数根据批准实施的本年计划数填列；上年同期实际数根据上年同期财务费用明细表累计实际数填列；本月实际数根据本月财务费用明细账各项发生额填列；本年累计实际数根据财务费用明细账各项目本年累计发生额填列。

**（五）其他成本报表**

企业除了编制上述各种成本报表外，还要根据企业成本管理的需要编制其他成本报表，这些报表主要包括责任成本报表、生产损失报表等。其他成本报表视企业的具体需要而编制，因此这些报表具有形式灵活、种类繁多、强调时间的及时性和内容的针对性等特点。

第三节　成本分析

## 一、成本分析的含义

成本分析是以成本核算提供的资料为基础，结合有关计划、定额和其他相关资料，采用一定的专门方法对影响成本水平及其升降的各种因素进行对比、评价和剖析,从而全面了解成本变动的情况,找出存在的问题,寻求降低成本的途径,提出改进措施,促进成本降低的活动。成本分析在实际工作中贯穿于产品生产成本形成的全过程,按产品成本形成的阶段可分为产品成本的事前、事中、事后分析三部分。

事前成本分析也就是成本的预测分析和决策分析,它是为企业寻求最佳成本方案的工作;日常成本分析也称成本控制分析,是为了发现成本形成过程中的不利偏差和原因,以便及时采取控制措施,保证预定成本目标的实现;事后成本分析是在定额和计划执行一个时期后,将核算资料和调查研究的情况结合起来,分析定额和计划执行情况,总结经验教训,为改进管理和调整下期计划提供必要的决策资料。

事前成本分析主要包括新产品投产前的成本分析;为实现目标利润确定目标成本的分析;为确定成本降低措施进行的分析;通过价值分析寻求最佳功能成本比等内容。事前成本分析主要在预测与决策中介绍。

事中成本分析主要包括期中成本预测分析;核实成本计划执行情况;分析成本变动趋势,以便消除引起成本上升的因素;跟踪分析费用预算及定额执行情况及产生差异的原因;产生损失、浪费的原因及责任人的分析确定,以便采取措施防止继续发生;对成本降低措施的执行情况进行期中分析,以便推广有效措施及经验。事中成本分析主要在成本控制中介绍。

事后成本分析主要包括全部产品计划完成情况分析;可比产品成本计划完成情况分析;单位产品成本分析,技术经济指标变动对成本的影响分析等内容。本章主要阐述事后成本分析的方法、内容等问题。

## 二、成本分析的作用

成本分析是帮助企业管理者了解本年成本状况,做出正确决策,提高经营管理水平,提高经济效益的重要途径,因此应该采用专门的方法进行分析。成本分析具有重要的作用如下:

首先,进行成本分析,可以充分了解成本信息,为经营管理服务。成本报表只能概括地反映成本状况,成本分析将进一步剖析成本报表的数据,更深入、更广泛地了解成本资料,从而使成本核算的数据能得到更充分的理解。

其次,通过成本分析,可以检查成本计划完成情况,全面评价企业成本管理的水平。通过成本报表的分析,可以明确各部门、各环节履行成本责任的状况,发现、纠正、消除成本形成过程中的偏差,促进企业挖掘潜力,提高成本管理水平,提高经济效益。

最后,通过成本分析,可以揭示和测定成本变动的影响因素及其程度,可以为分析生产效率、生产消耗、生产能力利用情况提供依据。

## 三、成本分析的一般程序

成本分析的一般程序,可以概括为以下几个步骤:

(1)明确分析目标,制订分析计划。进行成本分析工作,首先要确定成本分析的目标、要求、范围,以及需要解决的问题,并在此基础上,制订成本分析计划,合理进行组织分工,周密安排分析进度,以提高成本分析工作的效率和工作质量。

(2) 广泛收集资料,掌握全面情况。进行成本分析,必须拥有详细的资料,掌握全面情况,这是正确进行成本分析的基础。成本分析需要的资料包括成本报表资料和其他有关的计划、统计、业务技术资料等。收集资料要实事求是,并进行必要的审核和整理,去粗取精、去伪存真。只有根据客观、相关的资料和情况进行分析,才能得出正确的、有指导意义的结论。

(3) 从总体分析收入,深入进行因素和项目分析,确定各种差异及其影响因素。成本分析应从全部产品生产成本计划和各项费用计划完成情况的总结分析开始,然后按照影响成本计划完成情况的因素逐步深入、具体地分析。从总评价开始,可以防止片面性,从复杂的影响因素中找出需要进一步分析的问题。为了弄清成本升降的具体原因,具体评价企业成本工作,还必须在总括分析的基础上,根据总括分析中发现的问题及其影响,以及重点产品的单位成本及其成本项目或重点费用项目进行具体分析,防止表面化、一般化。

(4) 结合实际情况,查明各种因素变动的具体原因。影响成本指标变动的因素可能有多方面,而各种因素的变动原因也可能是多种多样的。因此,要深入进行成本分析,必须结合企业内外部的实际情况,相互联系地研究生产技术、生产组织和经营管理等方面的情况,查明各种因素变动的原因,以便采取措施,挖掘降低产品成本和节约费用开支的潜力。

(5) 以全面、发展的观点对企业成本工作进行评价。在市场经济条件下,评价企业成本工作的优劣不能只看其是否完成计划、达到企业既定目标,还要联系竞争对手,分析企业在市场竞争中是否具有优势。同时,要用战略、发展的观点,把企业的工作和社会发展的要求相联系,注意企业内部条件和外部环境的变化对企业成本管理工作的影响,正确处理短期经济效益和长期经济效益的关系。

(6) 编写成本分析报告。在上述各方面、各层次成本分析和全面、客观评价企业成本管理工作的基础上,编写成本分析报告。

从上述分析的一般程序中可以看出,成本报表分析的过程实际上是成本指标的分解和综合相结合的过程。通过指标分解可以使分析不断深入,通过综合分析才能获得对企业成本工作全面、本质的认识。

## 四、成本分析的常用方法

成本分析根据管理要求的不同会有不同的内容,可以是单一项目的分析,或是综合分析;也可以就某一产品或全部产品进行分析。在成本分析中,需要采用各种分析方式与手段,即分析方法。常用的成本分析方法有对比分析法、比率分析法、因素分析法等。

### (一) 对比分析法

对比分析法,又叫指标对比法或比较法,它是通过实际数与基期数的对比来揭示实际数与基期数之间的差异,借以了解经济活动的成绩和问题的一种分析方法。它是成本分析中最简便、运用范围最广泛的一种方法。

采用对比分析法时,由于分析的目的不同,对比的基期数也有所不同。常用的对比指标主要有以下几种:

(1) 本期实际与计划或定额指标对比。

（2）本期实际与前期（上期、上年同期或历史先进水平）的实际成本对比。

（3）本企业实际成本指标（或某项技术经济指标）与国内外同行业先进指标对比。

采用对比分析法，要注意指标的可比性，即对比指标采用的计价标准、时间单位、指标内容和计算方法及有关条件应当相互一致。在比较同类企业成本指标时，还必须考虑到在技术上和经济上的可比性，尤其在与国外企业成本比较时，还应充分考虑到社会经济条件、财务会计环境等因素的影响。

**【例 10 - 1】** 天华实业有限责任公司对生产的 A 产品单位消耗材料进行分析，编制产品材料消耗对比表，如表 10 - 8 所示。

**表 10 - 8　产品材料消耗比较分析表**

产品名称：A 产品　　　　　　　202×年 12 月 31 日　　　　　　　单位：元

| 指　标 | 上年实际 | 本　年 | | 先进企业实际 | 差　异 | | |
| --- | --- | --- | --- | --- | --- | --- | --- |
| | | 计划 | 实际 | | 比计划 | 比上年 | 比先进 |
| 材料消耗 | 60 | 59 | 56 | 50 | −3 | −4 | +6 |

由表 10 - 8 可知，A 产品的材料消耗量本年实际比计划、比上年实际都有所降低，但与先进水平相比还有较大差距，说明企业在降低材料消耗方面还有很大潜力可挖。

**（二）比率分析法**

比率分析法是指通过计算和对比经济指标的比率，进行数量分析的一种方法。采用这一方法，先要将对比的数值变成相对数，求出比率，然后再进行对比分析。

1. 相关指标比率分析法

相关指标比率分析法是将两个性质不同但又相关的指标进行对比求出比率，然后再以实际数比率与计划（或前期实际）数比率进行对比分析，以便从经济活动的客观联系中更深入地认识企业的生产经营情况。例如，将成本指标与反映生产、销售等生产经营成果的产值、销售收入、利润指标进行对比，求出的产值成本率、销售成本率和成本利润率指标，通过若干期间同类比率的对比，就可据以分析和比较生产耗费对经济效益的影响情况与影响程度。

2. 构成比率分析法

所谓构成比率，是指某项经济指标的各个组成部分与总体的比重。如将构成产品成本的各个成本项目同产品成本总额相比，可计算出各个成本项目占总成本的比重，确定成本的构成比率，然后将不同时期的成本构成比率相比较，观察产品成本构成的变动，掌握经济活动情况及其对产品成本的影响。产品成本构成比率的计算公式如下：

$$某成本项目比率 = \frac{该成本项目金额}{该产品成本} \times 100\%$$

3. 动态比率分析法

动态比率分析法又称趋势分析法，是将不同时期同类指标的数值对比求出比率，进行动态比较，据以分析该类指标的增减速度和变动趋势，从中发现企业在生产经营方面的成绩或不足。由于对比的标准不同，又可以分为基期指数和环比指数两种，其计算公式分别如下：

$$基期指数 = \frac{分析期指标数额}{固定期指标数额}$$

$$环比指数 = \frac{分析期指标数额}{前一期指标数额}$$

### (三) 因素分析法

因素分析法也称连环替代法,是指把某一综合指标分解为若干个相互联系的因素,并分别计算、分析各因素影响程度的方法。

成本指标是一个综合性指标,它受到各种因素的影响,只有把成本指标分解为若干构成要素进行分析,才能明确成本指标完成好坏差的原因和责任,这就需要运用因素分析法进行成本分析。

运用因素分析法,必须确定某项分析指标的构成因素与各因素的排列顺序,明确各因素与分析指标的关系(如加减关系、乘除关系、乘方关系、函数关系等),并根据分析的目的,将各因素进行分解,以测定某一因素对指标变动的影响方向和影响程度,为进一步深入分析提供方向。

1. 因素分析法运用程序

(1) 根据指标的计算公式确定影响指标变动的各项因素。

(2) 确定各项因素的排列顺序。各因素排列的顺序要根据指标与各因素的内在联系加以确定,一般是数量因素排列在前,质量因素排列在后;用实物与劳动量表示的因素排列在前,用货币表示的因素排列在后;主要因素与原始因素排列在前,次要因素与派生因素排列在后。

(3) 按排定的因素顺序对各因素的基数进行计算,确定综合指标的基期数值。

(4) 顺序地将前面一项因素的基数替换为实际数,将每次替换后的计算结果与其前一次替换后的计算结果进行对比,顺序算出每项因素的影响程度,有几项因素就替换几次。

(5) 将各因素的影响(有的正方向影响,有的反方向影响)数值的代数和,与指标变动的差异总额核对相符。

2. 因素分析法的计算原理

因素分析法的计算原理可用简单的数学公式表示如下:

设成本指标 C 是由 X、Y、Z 三个因素乘积所组成,其计划成本指标与实际成本指标分别计算如下:

计划成本 $C_1 = X_1 \times Y_1 \times Z_1$

实际成本 $C_2 = X_2 \times Y_2 \times Z_2$

差异总额 $H = C_2 - C_1$

在分析各因素的变动对指标的影响时,首先,确定三个因素的替代顺序依次为 X、Y、Z;其次,假定在 Y、Z 这两个因素不变的条件下计算第一个因素 X 变动对指标的影响;再次,在第一个因素已经替代的基础上计算第二个因素 Y 变动的影响,依次类推,直到各个因素变动的影响都计算出来为止;最后,计算各因素对综合指标影响值的代数和,验证分析结果的正确性。公式表示如下：

第一个因素变动的影响（$H_1$）计算如下：

$$C_1 = X_1 \times Y_1 \times Z_1 \qquad ①$$
$$C_3 = X_2 \times Y_1 \times Z_1 \qquad ②$$
$$H_1 = ② - ① = C_3 - C_1$$

第二个因素变动的影响（$H_2$）计算如下：

$$C_4 = X_2 \times Y_2 \times Z_1 \qquad ③$$
$$H_2 = ③ - ② = C_4 - C_3$$

第三个因素变动的影响（$H_3$）计算如下：

$$C_2 = X_2 \times Y_2 \times Z_2 \qquad ④$$
$$H_3 = ④ - ③ = C_2 - C_4$$

将各因素变动的影响加以汇总，其结果应与实际脱离计划的总差异相等。

$$H = C_2 - C_1 = H_1 + H_2 + H_3$$

**【例 10-2】** 乙产品的原材料费用由产品产量、单位产品消耗量和原材料单价三个因素组成，这三个因素的关系可用下列公式计算：

$$原材料费用 = 产品产量 \times 单位产品原材料消耗量 \times 原材料单价$$

有关资料如表 10-9 所示，运用因素分析法分析各因素变动对材料费用实际脱离计划的影响。

表 10-9 乙产品原材料成本分析资料　　　　金额单位：元

| 项　目 | 计划数（$C_1$） | 实际数（$C_2$） |
|---|---|---|
| 产品产量（X） | 50 件 | 55 件 |
| 单位产品消耗量（Y） | 25 千克 | 20 千克 |
| 材料单价（Z） | 5 元 | 6 元 |
| 材料费用（C） | 6 250 | 6 600 |

确定分析对象：$C_2 - C_1 = 6\,600 - 6\,250 = 350$

因素分析：$C_1 = X_1 \times Y_1 \times Z_1 = 50 \times 25 \times 5 = 6\,250$ ①

$C_3 = X_2 \times Y_1 \times Z_1 = 55 \times 25 \times 5 = 6\,875$ ②

$C_4 = X_2 \times Y_2 \times Z_1 = 55 \times 20 \times 5 = 5\,500$ ③

$C_2 = X_2 \times Y_2 \times Z_2 = 55 \times 20 \times 6 = 6\,600$ ④

产品产量变动的影响数：

② - ① = 6\,875 - 6\,250 = 625（元）

单位产品原材料消耗变动影响数：

③ - ② = 5\,500 - 6\,875 = -1\,375（元）

材料单价变动影响数：

④ - ③ = 6\,600 - 5\,500 = 1\,100（元）

$H = 625 - 1\,375 + 1\,100 = 350$（元）

从以上分析计算可以看出,该种产品所耗材料费用超支 350 元,主要是由于材料价格提高和产品产量增加而引起的。由于材料价格提高,产品的材料费用超支 1 100 元,这是企业供应部门的责任,应当由企业供应部门查明原因。由于产品产量增加,产品的材料超支 625 元,产量增加应具体分析,如果乙产品是适销对路,则增加产量是允许的,否则将会由于产品积压而形成浪费。在单位产品材料消耗方面不仅没有超支,而且还节约了。如果产品产量没有增加、材料价格没有提高,产品的材料费用不仅不会超支,而且还会节约 1 375 元,这一般是生产车间成本管理的成绩。应该在以上分析计算的基础上,进一步查明产品产量增加、材料价格提高以及单位产品材料消耗节约的具体原因,以便总结经验、发扬成绩、采取措施、克服缺点、加强管理、节约产品的材料费用。

必须指出的是,采用因素分析法在测定某一变动影响时,是以假定其他因素不变为条件的。因此,其计算结果只能说明是在某种假定条件下的结果。这就要求我们在分析时,在确定每项因素变动影响的基础上,还要进一步查明具体原因和潜力所在。要深入车间、在生产第一线中深入了解产品的材料消耗的第一手资料,再进行由此及彼、由表及里的分析,把数量分析和情况调查结合起来加以研究。

### (四) 差额分析法

差额分析法是直接利用各因素的实际数和基期数之间差额计算确定各因素变动对综合指标影响程度的方法,是因素分析法的简化形式。沿用【例 10 - 2】提供的分析资料,改用差额分析法,可以得到如下同样的结果:

产品产量变动的影响数$=(55-50)\times25\times5=625$(元)

单位产品材料消耗量变动影响数$=55\times(20-25)\times5=-1\,375$(元)

材料单价变动影响数$=55\times20\times(6-5)=1\,100$(元)

$H=625-1\,375+1\,100=350$(元)

## 五、全部商品产品成本报表分析

全部商品产品成本报表的分析就是要揭示商品产品总成本计划的完成情况,找出影响成本升降的因素,确定各个因素对成本计划完成情况的影响程度,为进一步挖掘降低成本的潜力,为寻求降低成本途径指明方向。全部商品产品成本表的分析主要包括全部商品产品成本计划完成情况分析和可比产品成本降低任务完成情况的分析。

### (一) 全部商品产品成本计划完成情况的分析

全部商品产品成本计划完成情况分析,主要分析本期全部商品产品的实际总成本较计划总成本的升降情况,分析和研究升降的原因,为进一步寻求降低成本的途径和措施提供线索。在实际工作中,分析商品产品总成本计划完成情况,可以从产品类别和成本项目两个方面进行。

1. 按产品类别分析全部产品成本计划完成情况

按产品类别分析全部产品成本计划完成情况,可以确定全部产品的实际成本脱离计划成本的差异,查明产生差异主要是由哪几种产品造成的,以便分别产品采取措施,挖掘降低成本的潜力。

【例 10-3】　以表 10-2 所列的广成制造有限责任公司 202×年 12 月份商品产品成本报表资料,说明按产品类别分析全部产品成本计划完成情况的方法。

(1) 将全部产品的实际总成本与计划总成本进行对比,确定实际总成本比计划总成本的成本降低额与成本降低率。

成本降低额 = 计划总成本 - 实际总成本

$$= \sum \left[ 实际产量 \times \left( 计划单位成本 - 实际单位成本 \right) \right]$$

$$= 31\,650 - 33\,100 = -1\,450$$

计划总成本 $= \sum \left( 各种产品实际产量 \times 各该产品计划单位成本 \right)$

成本降低率 $= \dfrac{成本降低额}{全部产品计划总成本} \times 100\%$

$$= \dfrac{-1\,450}{31\,650} \times 100\% = -4.58\%$$

(2) 按产品类别分析考核可比产品和不可比产品成本计划完成情况,分别计算可比产品和不可比产品的成本降低额和降低率。

可比产品成本降低额 = 可比产品计划总成本 - 可比产品实际总成本

$$= 26\,400 - 27\,800 = -1\,400(元)$$

可比产品成本降低率 $= \dfrac{可比产品成本降低额}{可比产品计划总成本} \times 100\%$

$$= \dfrac{-1\,400}{26\,400} \times 100\% = -5.3\%$$

不可比产品成本降低额 = 不可比产品计划总成本 - 不可比产品实际总成本

$$= 5\,250 - 5\,300 = -50(元)$$

不可比产品成本降低率 $= \dfrac{不可比产品成本降低额}{不可比产品计划总成本} \times 100\%$

$$= \dfrac{-50}{5\,250} \times 100\% = -0.95\%$$

(3) 按每种产品考核其成本计划的完成情况,计算每种产品的降低额和降低率。根据计算结果编制全部商品产品成本计划完成情况表,如表 10-10 所示。

表 10-10　全部商品产品成本计划完成情况表(按产品类别)

| 产品名称 | 单位 | 产量 | | 单位成本 | | | 总成本 | | | 降低指标 | |
|---|---|---|---|---|---|---|---|---|---|---|---|
| | | 计划 | 实际 | 上年 | 计划 | 实际 | 按上年计算 | 按计划计算 | 按实际计算 | 降低额 | 降低率 |
| 可比产品 | | | | | | | 28 000 | 26 400 | 27 800 | -1 400 | -5.3% |
| 甲 | 台 | 180 | 200 | 65 | 62 | 61 | 13 000 | 12 400 | 12 200 | 200 | 1.61% |
| 乙 | 台 | 100 | 100 | 150 | 140 | 156 | 15 000 | 14 000 | 15 600 | -1 600 | -11.43% |
| 不可比产品 | | | | | | | | 5 250 | 5 300 | -50 | -0.95% |
| 丙 | 件 | | 50 | | 105 | 106 | | 5 250 | 5 300 | -50 | -0.95% |
| 全部商品产品 | | | | | | | | 31 650 | 33 100 | -1 450 | -4.58% |

从以上分析中可以看出,该企业全部商品产品未能完成成本降低任务,实际成本比计划成本超支 1 450 元,使成本降低率为—4.58%。其中,可比产品总成本超支 1 400 元。降低率为—5.3%,不可比产品成本超支 50 元,降低率为—0.95%。在可比产品成本中,乙产品成本较计划成本超支了 1 600 元,甲产品成本较计划成本降低了 200 元。显然,对产品成本进行进一步分析的重点,应当查明乙产品超支的原因。

2. 按成本项目分析全部产品成本计划完成情况

这种分析是将全部商品产品的总成本按成本项目汇总,以实际总成本的成本项目构成与计划总成本的成本项目构成进行对比,确定每个成本项目的降低额和降低率。

【例 10-4】 仍以表 10-2 资料为例,设广成制造有限责任公司 202×年度生产的全部商品产品成本的各成本项目的计划与实际构成情况如表 10-11 所示。

表 10-11　全部商品产品成本计划完成情况表(按成本项目类别)

| 成本项目 | 全部商品产品成本 | | 降低指标 | |
| --- | --- | --- | --- | --- |
| | 计划 | 实际 | 降低额 | 降低率 |
| 直接材料 | 21 300 | 24 000 | —2 700 | —12.68% |
| 直接人工 | 6 200 | 5 360 | 840 | 13.55% |
| 制造费用 | 4 150 | 3 740 | 410 | 9.88% |
| 生产成本 | 31 650 | 33 100 | —1 450 | —4.58% |

从上表可以看出,全部商品产品总成本超支的原因,主要是直接材料成本项目超支造成的,而直接人工和制造费用等成本项目是降低的。所以,还需要进一步对各成本项目进行分析,特别是直接材料成本项目。通过分析找出成本超支和降低的具体原因。

### (二)可比产品成本降低任务完成情况的分析

可比产品成本降低任务,是指本年度可比产品计划总成本与按上年实际单位成本计算的产品总成本进行对比所要求达到的降低额和降低率。可比产品成本降低任务完成情况分析,就是将可比产品的实际总成本比上年实际总成本的降低额和降低率与成本计划中确定的降低额和降低率进行对比,以检查可比产品成本降低任务的完成情况,分析各项因素的影响程度,提出改进措施。当实际的成本降低额和降低率等于或大于后者,说明完成或超额完成了任务,反之,则说明没有完成。

可比产品成本计划降低额和计划降低率、实际降低额和实际降低率的计算公式如下:

$$计划成本降低额 = \sum \left[ 计划产量 \times \left( 上年实际单位成本 - 计划单位成本 \right) \right]$$

$$计划成本降低率 = \frac{计划成本降低额}{\sum \left( 计划产量 \times 上年实际单位成本 \right)} \times 100\%$$

$$实际成本降低额 = \sum \left[ 实际产量 \times \left( 上年实际单位成本 - 本年实际单位成本 \right) \right]$$

$$实际成本降低率 = \frac{实际成本降低额}{\sum \left( 实际产量 \times 上年实际单位成本 \right)} \times 100\%$$

在计算确定可比产品成本的计划降低额和降低率、实际降低额和降低率的基础上,通过对实际成本降低额与计划成本降低额、实际成本降低率与计划成本降低率进行对比,确定实际成本降低额和降低率脱离计划成本降低额和降低率的差异,明确计划完成情况。

【例10-5】 承表10-2资料,广成制造有限责任公司生产甲、乙两种可比产品,该公司确定的可比产品成本降低计划如表10-12所示。其成本降低任务完成情况如表10-13所示。

表10-12 可比产品成本降低任务表

202×年 单位:元

| 可比产品名称 | 计划产量 | 单位成本 | | 总成本 | | 计划成本降低任务 | |
|---|---|---|---|---|---|---|---|
| | | 上年 | 计划 | 上年 | 计划 | 降低额 | 降低率 |
| 甲 | 180 | 65 | 62 | 11 700 | 11 160 | 540 | 4.615% |
| 乙 | 100 | 150 | 140 | 15 000 | 14 000 | 1 000 | 6.667% |
| 合 计 | | | | 26 700 | 25 160 | 1 540 | 5.768% |

表10-13 可比产品成本降低任务完成情况分析表

202×年 单位:元

| 可比产品名称 | 实际产量 | 单位成本 | | | 总成本 | | | 降低情况 | |
|---|---|---|---|---|---|---|---|---|---|
| | | 上年 | 计划 | 实际 | 上年 | 计划 | 实际 | 降低额 | 降低率 |
| 甲 | 200 | 65 | 62 | 61 | 13 000 | 12 400 | 12 200 | 800 | 6.154% |
| 乙 | 100 | 150 | 140 | 156 | 15 000 | 14 000 | 15 600 | −600 | −4% |
| 合 计 | | | | | 28 000 | 26 400 | 27 800 | 200 | 0.714% |

从表10-12中可知,该公司可比产品成本计划降低额为1 540元,计划降低率为5.768%。通过表10-13的计算,该公司可比产品成本实际降低额为200元,降低率为0.714%。从总体上分析,该公司的可比产品成本降低额计划和成本降低率计划均未完成。针对具体的可比产品,甲产品计划成本降低额为540元,实际成本降低额为800元;计划成本降低率4.615%,实际成本降低率6.154%;成本降低额和降低率计划均超额完成。而乙产品的计划成本降低额和降低率分别为1 000元和6.667%,执行的结果不但没有降低,反而超支了600元,使成本降低率为−4%。

据以计算实际脱离计划差异如下:

降低额＝200−1 540＝−1 340(元)

降低率＝0.714%−5.768%＝−5.054%

通过对比,说明该公司的成本降低计划未能完成。但这种实际脱离计划的差异只是成本降低计划执行的结果,并不能说明是什么原因造成成本计划执行背离了计划。为此,有必要对成本降低计划执行情况做进一步的分析。影响可比产品成本降低任务完成情况的因素概括起来有以下三个方面:可比产品的产量变动、可比产品的品种结构变动和可比产品单位成本变动。

1. 可比产品产量变动

可比产品总成本的降低任务是根据各种可比产品的计划产量计算的,而可比产品的实际成本是按实际产量计算的,在其他因素不变的情况下,可比产品产量的增减变动,就会引起可比产品总成本的增减变动,从而影响成本降低额。产品产量变动对可比产品总成本降低额的影响可采用差额分析法进行分析。其计算公式如下:

$$\begin{pmatrix} 产品产量变动对 \\ 成本降低额影响 \end{pmatrix} = \left[ \sum \begin{pmatrix} 实际 \\ 产量 \end{pmatrix} \times \begin{pmatrix} 上年单 \\ 位成本 \end{pmatrix} - \sum \begin{pmatrix} 计划 \\ 产量 \end{pmatrix} \times \begin{pmatrix} 上年单 \\ 位成本 \end{pmatrix} \right] \times \begin{pmatrix} 计划 \\ 降低率 \end{pmatrix}$$

根据表 10-12 和表 10-13 的资料计算如下:

产品产量变动对成本降低额的影响=(28 000-26 700)×5.768%=74.99(元)

由于产品产量变动使实际成本降低额比计划多 74.99 元。

产品产量变动不影响成本降低率。

2. 可比产品品种结构变动

产品品种结构对成本降低额、降低率均有影响。这是因为各种产品的成本降低率不尽相同。若成本降低率高的产品比重升高,则可比产品的平均降低率升高,反之则降低。可比产品成本降低率变动后,降低额也随之受影响。其计算公式如下:

$$\begin{pmatrix} 产品品种结构 \\ 对变动对成本 \\ 降低额的影响 \end{pmatrix} = \sum \left[ \begin{pmatrix} 按上年实际单位 \\ 成本计算的实际 \\ 总成本 \end{pmatrix} \times \begin{pmatrix} 某产品实际 \\ 产品结构 \end{pmatrix} - \begin{pmatrix} 该产品计划 \\ 产品结构 \end{pmatrix} \times \begin{pmatrix} 该产品的计划 \\ 成本降低率 \end{pmatrix} \right]$$

$$某产品的产品结构 = \frac{该产品产量 \times 该产品上年实际单位成本}{\sum (某产品产量 \times 某产品上年实际单位成本)} \times 100\%$$

根据表 10-12、表 10-13 所示,计算可比产品品种结构变动对成本降低计划的影响如下:

① 甲乙可比产品的计划产品品种结构分别为:

甲产品比重 $= \frac{11\,700}{26\,700} \times 100\% = 43.82\%$

乙产品比重 $= \frac{15\,000}{26\,700} \times 100\% = 56.18\%$

② 甲乙可比产品的实际产品品种结构分别为:

甲产品比重 $= \frac{13\,000}{28\,000} \times 100\% = 46.43\%$

乙产品比重 $= \frac{15\,000}{28\,000} \times 100\% = 53.57\%$

③ 结构变动对成本降低额的影响为:

甲产品结构变动的影响=28 000×(46.43%-43.82%)×4.615%=33.73(元)

乙产品结构变动的影响=28 000×(53.57%-56.18%)×6.667%=-48.72(元)

合计:-14.99(元)

④ 结构变动对成本降低率的影响：

$$\dfrac{\text{产品品种结构变动}}{\text{对成本降低率影响}}=\dfrac{\text{产品品种结构变动对成本降低额的影响}}{\sum(\text{某产品实际产量}\times\text{某产品上年实际单位成本})}\times100\%$$

$$=\dfrac{-14.99}{28\,000}\times100\%=-0.054\%$$

3. 可比产品单位成本变动

可比产品成本降低任务完成情况，是以上年实际单位成本为基础进行分析计算的。因此，某种产品本年实际单位成本与计划单位成本之间发生变动后，必然会引起实际成本降低额与降低率和计划成本降低额与降低率之间发生变动。可比产品单位成本变动既影响成本降低额又影响成本降低率，以表 10-13 中的资料为例，运用公式计算如下：

$$\dfrac{\text{单位成本的变动对}}{\text{成本降低额影响}}=\sum\left(\dfrac{\text{某产品的}}{\text{实际产量}}\times\dfrac{\text{该产品计划}}{\text{单位成本}}\right)-\sum\left(\dfrac{\text{某产品的}}{\text{实际产量}}\times\dfrac{\text{该产品实际}}{\text{单位成本}}\right)$$

$$=26\,400-27\,800=-1\,400(\text{元})$$

$$\dfrac{\text{单位成本的变动对}}{\text{成本降低率影响}}=\dfrac{\text{单位成本变动对成本降低额的影响}}{\sum(\text{某产品实际产量}\times\text{某产品上年实际单位成本})}\times100\%$$

$$=\dfrac{-1\,400}{28\,000}\times100\%=-5.0\%$$

通过计算可以看出，单位产品成本变动对成本降低额的影响值为 -1 400 元，对成本降低率的影响为 -5.0%。

将各因素对成本降低计划的影响结果进行汇总，如表 10-14 所示。

表 10-14 各因素对成本降低额和降低率的影响

202×年 单位：元

| 影响因素 | 影响程度 | |
| --- | --- | --- |
| | 降低额 | 降低率(%) |
| 产品产量变动 | 74.99 | 0 |
| 产品品种结构变动 | -14.99 | -0.054 |
| 产品单位成本变动 | -1 400 | -5.000 |
| 合　计 | -1 340 | -5.054 |

通过以上分析可以对广成制造有限责任公司 202×年度可比产品成本降低任务完成情况做出评价。该企业的可比产品成本降低任务未能完成，计划成本降低额为 1 540 元，实际成本降低额仅为 200 元，未完成成本降低额 1 340 元；成本降低率为 0.714%，脱离计划 5.054%。就不同产品而言，甲产品的成本降低任务完成良好，而乙产品成本降低计划未能完成。从具体影响因素分析，造成实际成本超支的根本原因是产品单位成本提高，特别是乙产品，实际单位成本较计划单位成本提高了 16 元之多，单项超支 1 600元，应进一步查明原因；产量变动使产品成本降低了 74.99 元；产品品种结构变动使产品成本超支了 14.99 元。说明该企业在成本管理方面取得了一定成绩，但仍需要继续

加强成本管理。

## 六、主要产品单位成本报表的分析

主要产品单位成本分析包括的内容是:主要产品单位成本计划完成情况的分析、产品单位成本项目的因素分析、技术经济指标对产品单位成本的影响分析。

### (一)主要产品单位成本计划完成情况的分析

对主要产品单位成本计划完成情况分析,要依据产品单位成本各项目的实际数与计划数,确定其差异额和差额率以及各成本项目变动对单位成本计划的影响程度。

【例10-6】 承表10-3资料,对广成制造有限责任公司的主要产品乙产品的单位成本进行分析,比较分析表如表10-15所示。

表10-15 乙产品单位成本分析表

单位:元

| 项 目 | 计划成本 | 实际成本 | 升降情况 | | 各项目升降对单位成本影响的% |
|---|---|---|---|---|---|
| | | | 升降额 | 升降率(%) | |
| 直接材料 | 100 | 120 | 20 | 20 | 14.29 |
| 直接人工 | 25 | 23 | -2 | -8 | -1.43 |
| 制造费用 | 15 | 13 | -2 | -13.33 | -1.43 |
| 合 计 | 140 | 156 | 16 | 11.43 | 11.43 |

从表10-15中可以看出,乙产品单位成本实际比计划增加16元,降低率为-11.43%,主要是直接材料成本超支所致,直接人工与制造费用比计划均有所降低。从降低额对单位成本的影响看,由于材料成本的上升,乙产品的单位成本大幅增加,直接人工费用与制造费用的降低相对减缓了乙产品单位成本上升的速度。说明企业在加强生产管理和提高劳动生产力方面取得了较好的成绩,但材料费用上升过快,需要查明其原因。

### (二)影响主要产品单位成本变动的主要因素分析

#### 1. 直接材料成本费用的分析

当企业生产的产品只耗用一种材料,或虽耗用几种材料,但它们之间不存在配比关系时,对单位材料成本的变动情况,可结合单位产品材料消耗量(简称单耗)和材料单价两个因素的变动情况,运用因素分析法进行深入分析,其因素分解公式为:

$$单位产品材料成本 = \sum \left( 单位产品材料消耗量 \times 材料单价 \right)$$

利用因素分解公式测定各因素的变动对单位材料成本的影响,具体计算公式如下:

$$单耗变动对单位材料成本的影响 = \sum \left[ \left( 实际单耗 - 计划单耗 \right) \times 计划材料单价 \right]$$

$$单价变动对单位材料成本的影响 = \sum \left[ 实际单耗 \times \left( 实际材料单价 - 计划材料单价 \right) \right]$$

【例10-7】 根据广成制造有限责任公司的主要产品单位成本表(见表10-3)所列

乙产品单位材料成本资料,整理后如表 10-16 所示。

**表 10-16 乙产品单位材料成本资料**

单位:元

| 材料名称 | 计划 | | | 实际 | | | 差异 | | |
|---|---|---|---|---|---|---|---|---|---|
| | 单耗(千克) | 材料单价 | 材料成本 | 单耗(千克) | 材料单价 | 材料成本 | 单耗(千克) | 单价 | 材料成本 |
| A 材料 | 10 | 10 | 100 | 10.75 | 11.162 8 | 120 | 0.75 | 1.162 8 | 20 |
| 合 计 | | | 100 | | | 120 | | | 20 |

根据表 10-16 的资料,分析计算乙产品单位材料成本的变动情况。

单位产品材料成本变动额=120-100=20(元)

单位材料成本=单耗材料数量×材料单价

单耗变动对单位材料成本的影响=(10.75-10)×10=7.5(元)

材料单价变动对单位材料成本的影响=10.75×(11.162 8-10)=12.5(元)

上述分析说明,乙产品材料成本实际比计划上升 20 元,是单耗与材料单价两个因素共同变动影响的结果。其中:单耗变动使单位材料成本比计划上升了 7.5 元,材料单价变动使单位材料成本比计划上升了 12.5 元。

发生单耗上升,与企业的生产管理有关,需要进一步分析引起单耗上升的原因。通常而言,影响单耗变动的原因有:材料质量的变化、材料加工方式的改变、利用废料或代用材料、材料利用程度的变化、产品零部件结构的变化、废料回收情况的改变等,应结合上述原因深入生产环节进行具体分析。

发生材料单价变动,同样要分析其升高的原因。影响材料单价变动的原因有:材料采购地点、采购方式、材料买价、运费、运输途中的损耗、材料入库前的挑选整理费用等因素的变动,这些原因既有主观的因素,又有客观的因素,也应结合具体情况加以深入分析。

2. 直接人工费用的分析

(1)单一产品人工成本的分析。当企业只生产一种产品时,单位产品的人工成本,是用人工成本总额除以产品总量求得的,其因素分解式为:

$$单位产品人工成本=\frac{生产工人薪酬总额}{完工产品产量}$$

这种情况下,影响单位产品人工成本的因素只有两个,即工人薪酬因素和产品产量因素。这两个因素变动对单位人工成本的影响可用如下公式测定:

$$\genfrac{}{}{0pt}{}{产品产量变动对单位产品}{人工成本的影响}=\frac{计划工人薪酬总额}{实际产品产量}-\frac{计划工人薪酬总额}{计划产品产量}$$

$$\genfrac{}{}{0pt}{}{工人薪酬总额变动对单位}{产品人工成本的影响}=\frac{实际工人薪酬总额-计划工人薪酬总额}{实际产品产量}$$

人工成本总额的变动与企业工资政策、岗位定员、出缺勤等情况有关,所以应结合有关因素深入分析;产品总量的变动结合企业生产和销售的具体情况进行分析。

(2) 多种产品人工成本的分析

在多数企业中,生产的产品品种往往不是单一的,各产品的人工费用一般按生产工时比例分配计入各种产品成本。因此,单位产品人工成本的高低取决于单位产品的生产工时和小时薪酬分配率这两个因素,其因素分解公式为:

$$单位产品人工成本＝单位产品生产工时×小时工资率$$

每个因素变动对单位产品人工成本的影响,可以用下列公式测定:

$$\begin{matrix}单位产品工时变动对单位\\产品人工成本的影响\end{matrix}＝\left(\begin{matrix}单位产品\\实际工时\end{matrix}-\begin{matrix}单位产品\\计划工时\end{matrix}\right)×\begin{matrix}计划小时\\薪酬率\end{matrix}$$

$$\begin{matrix}小时薪酬率的变动对单位\\产品人工成本的影响\end{matrix}＝\begin{matrix}单位产品\\实际工时\end{matrix}×\left(\begin{matrix}实际小时\\薪酬率\end{matrix}-\begin{matrix}计划小时\\薪酬率\end{matrix}\right)$$

【例 10-8】 根据广成制造有限责任公司的主要产品单位成本表(见表 10-3)所列乙产品定额工时和单位产品人工成本资料,整理后如表 10-17 所示。

表 10-17 乙产品单位产品人工费用分析资料

| 项 目 | 计 划 | 实 际 | 差 异 |
| --- | --- | --- | --- |
| 单位产品工时 | 8.5 | 8.2 | 0.3 |
| 小时薪酬率 | 2.941 2 | 2.804 9 | −0.136 3 |
| 单位产品人工费用 | 25 | 23 | −2 |

单位产品人工费用变动额＝23−25＝−2(元)

单位产品人工费用＝生产工时×小时薪酬率

单位产品工时变动对单位工资成本的影响＝(8.2−8.5)×2.941 2＝−0.88(元)

小时薪酬率变动对单位工资成本的影响＝8.2×(2.804 9−2.941 2)＝−1.12(元)

两因素影响程度合计＝−0.88+(−1.12)＝−2(元)

以上分析计算表明:该种产品直接人工费用节约 2 元,是由工时消耗节约和每小时的薪酬费用减少所致的,应当进一步查明单位产品工时消耗节约和每小时薪酬费用变动的原因。

单位产品所耗工时的节约,一般是生产工人提高了劳动的熟练程度,从而提高了劳动生产率的结果,但也不排斥是由于投机取巧造成的。应该查明节约工时以后是否影响了产品的质量。对于通过降低产品质量来节约工时的行为,是不能允许的。

小时薪酬费用是以生产工人的薪酬总额除以生产工时总额计算求出的。薪酬总额控制得好,会使每小时薪酬费用节约,否则会使每小时薪酬费用超支。对生产工人薪酬总额变动的分析,可以与前述按成本项目反映的产品生产成本表中直接人工费用的分析结合起来进行。一般说来,小时薪酬率会呈增长趋势,但在新工人增加较多的条件下,也可能会在一定期间有所回落。

在工时总量固定的情况下,非生产工时控制得好,减少非生产工时,增加生产工时总额,会使每小时薪酬费用节约;否则会使每小时薪酬费用超支。因此,要查明每小时工资费用变动的具体原因,还应对生产工时的利用情况进行调查研究。

3. 制造费用的分析

制造费用是为组织和管理生产所发生的费用,包括部分不能直接计入产品成本的直接费用和生产车间开展生产管理活动发生的间接费用。单位产品制造费用的分析方法,取决于车间生产的产品品种的多少。

(1)单一产品制造费用的分析。

企业只生产一种产品时,单位产品制造费用的因素分解公式为:

$$单位产品制造费用 = \frac{制造费用总额}{完工产品产量}$$

上式中各因素变动对单位产品制造费用的影响的测定公式为:

$$\begin{matrix}产品产量变动对单位 \\ 产品制造费用的影响\end{matrix} = \frac{计划制造费用总额}{实际产品产量} - \frac{计划制造费用总额}{计划产品产量}$$

$$\begin{matrix}制造费用总额变动对单位 \\ 产品制造费用的影响\end{matrix} = \frac{实际制造费用总额 - 计划制造费用总额}{实际产品产量}$$

(2)多种产品制造费用的分析。

企业生产多种产品,则单位产品的制造费用应按以下分解公式进行因素分析:

$$单位产品制造费用 = 单位产品生产工时 \times 小时制造费用率$$

每个因素变动对单位制造费用的影响,可按以下公式测定:

$$\begin{matrix}单位产品工时变动对单位 \\ 产品制造费用的影响\end{matrix} = \left(\begin{matrix}单位产品 \\ 实际工时\end{matrix} - \begin{matrix}单位产品 \\ 计划工时\end{matrix}\right) \times \begin{matrix}计划小时 \\ 费用率\end{matrix}$$

$$\begin{matrix}小时费用率的变动对单位 \\ 产品制造费用的影响\end{matrix} = \begin{matrix}单位产品 \\ 实际工时\end{matrix} \times \left(\begin{matrix}实际小时 \\ 费用率\end{matrix} - \begin{matrix}计划小时 \\ 费用率\end{matrix}\right)$$

**【例 10-9】**　根据广成制造有限责任公司的主要产品单位成本表(见表 10-3)所列乙产品定额工时和单位产品制造费用资料,整理后如表 10-18 所示。

表 10-18　乙产品单位产品制造费用分析资料

| 项　目 | 计　划 | 实　际 | 差　异 |
|---|---|---|---|
| 单位产品工时 | 8.5 | 8.2 | 0.3 |
| 小时费用率 | 1.764 7 | 1.585 4 | −0.179 3 |
| 单位产品制造费用 | 15 | 13 | −2 |

根据表 10-18 对乙产品单位产品制造费用进行分析如下:

单位产品制造费用变动额=13−15=−2(元)

单位产品制造费用=生产工时×小时费用率

单位产品工时变动对单位制造费用的影响=(8.2−8.5)×1.764 7=−0.53(元)

小时薪酬率变动对单位制造费用的影响=8.2×(1.585 4−1.764 7)=−1.47(元)

两因素影响程度合计=−0.53+(−1.47)=−2(元)

以上分析计算表明:乙产品单位成本中,制造费用节约 2 元,是由工时消耗节约和每小时制造费用减少所致的,工时消耗节约是提高生产率的结果,制造费用的节约是加强日常制造费用控制的结果,应当结合制造费用构成情况分析,查明制造费用节约的真正原因。从现象上看,该企业在制造费用管理方面取得了较好的成绩。

### (三)主要技术经济指标分析

技术经济指标是指从各种生产资源利用情况和产品质量等方面反映生产技术水平的各种指标的总称,不同企业由于生产技术特点不同,用来考核的技术经济指标也各不相同。企业各项技术经济指标完成得好坏,直接或间接地影响产品成本。因此把成本分析深入到技术领域,一方面能克服技术人员不问经济、财会人员不问技术的这种技术与经济的脱离现象,另一方面也能具体查明影响成本升降的各种生产技术因素,促使企业技术部门进行技术攻关,改进不合理工艺及操作技术,从而解决降低成本的根本问题。

对技术经济指标进行分析,主要是从产品数量与质量的变化角度,对与产品成本有关的主要经济技术指标变动情况进行分析,以便从生产、技术领域查明产品成本升降的内在原因,寻找用改善技术经济指标来降低产品成本的途径,达到提高成本管理水平的目的。

## 七、制造费用明细表分析

制造费用明细表的分析主要采用对比分析法。这是通过实际数与基数的对比来揭示实际数与基数之间的差异,借以了解经济活动的成绩和问题的一种分析方法。

在采用对比分析法进行分析时,通常先将本月实际数与上年同期实际数进行对比,揭示本月实际与上年同期实际之间的增减变化。在表中列有本月计划数的情况下,则应先与计划数进行对比,以便分析和考核制造费用月度计划的执行结果。在将本年累计实际数与本年计划数进行对比时,如果数据不是来自12月份的制造费用明细表,这两者的差异只反映年度内某一期间计划执行的情况,据以发出信号,提醒人们应该注意的问题。例如,利用4月份的制造费用明细表数据进行对比,发现企业本年度制造费用累计实际数已经接近、达到甚至超过本年计划的半数时,就应注意节约以后各月的费用,以免全年的实际数超过计划数。如果数据来自12月份的制造费用明细表,则本年累计实际数和本年计划数的差异,就是全年费用计划执行的结果。为了具体分析制造费用增减变动和计划执行好坏的情况及原因,上述对比分析应该按照费用项目进行。由于制造费用的项目很多,可以选择变化较大、差异较大或者费用比重较大的项目有重点地进行分析。

各项制造费用的性质和用途不同,评价各项费用超支或节约时应该联系费用的性质和用途进行具体分析,不能简单地将一切超支都看成是不合理和不利的,也不能简单地将一切节约都看成是合理和有利的。例如,修理费和劳动保护费的节约,可以导致缺少必要的劳动保护措施,影响安全生产,只有在保证机器设备的维修质量和正常运转,保证安全生产的条件下节约修理费和劳动保护费才是合理的、有利的。又如,机物料消耗的超支也可能是由于追加了生产计划,增加了机物料消耗的结果。这样的超支也是合理的,不是成本管理的责任。

此外,在分项目进行制造费用分析时,还应特别注意"在产品盘亏和毁损"以及"停工损失"等非生产性的损失项目的分析,这些项目的发生额通常都是生产管理不善的结果。在分析"在产品盘亏和毁损"项目时,还应注意其中有无盘盈的抵消数。因为在产品盘盈的价值会冲减、掩盖一部分盘亏和毁损的损失。在产品盘盈也是由于生产经营管理不善或核算上的差错造成的,不是生产车间的工作成果。

## 【本章小结】

成本报表作为对内报表,是企业内部管理人员可掌握的第一手资料。本章首先对成本报表的内容、特点、种类等基本理论部分进行简单概述,然后在此基础上升华到各成本表的具体编制问题,其中包括报表的结构、内容等项目,成本分析部分的内容是按照从含义、任务到各分析方法运用的顺序而一一罗列的,最后运用上述理论知识对具体的实例从几个角度进行了详细的分析。既重视提高理论知识水平,又着重处理方法和应用技能,并用实例对有关的计算方法和报表的编制做了逐一的介绍,使略有会计基础的管理人员一目了然,在短时间内便可通晓各行业成本报表的编制及分析方法的运用,以提高不同行业成本会计工作的适应能力。

成本报表和成本分析二者密切结合,环环相扣,以便管理者在对成本报表提供的成本情况进行分析时,可以发现成本会计工作中存在的问题,揭示成本差异对成本升降的影响程度,寻找产生成本差异的原因及关键影响因素,实现降低成本的目标,从而有利于改善企业的经营管理,增强企业竞争实力,加快社会前进步伐,合理节约、有效利用资源。

## 【复习思考题】

1. 什么是成本报表？成本报表有何作用？
2. 成本报表作为对内报表具有哪些特点？
3. 成本分析的常用方法有哪些？
4. 怎样计算可比产品的计划与实际的成本降低率和降低额？
5. 影响单位成本计划完成的因素有哪些？怎样计算各因素的影响程度？

## 【案例分析题】

资料:某公司202×年5月份生产甲、乙、丙三种产品。有关资料如下:

(1)5月份产品计划产量:甲10件、乙10件、丙4件。实际产量:甲8件、乙15件、丙4件。经查明,产量变动是生产部门根据市场需求变化进行的调整。

(2)本月甲、乙产品所耗原材料因价格上涨,新的产品单位成本升高1 200元。针对这一情况,车间会同技术部门研究并采取了节约措施,收到了显著的效果。

(3)5月份产品生产成本表(按产品品种反映)如表10-19所示。

### 表 10-19 产品生产成本表(按产品品种反映)

单位:××公司 202×年5月 单位:元

| 产品名称 | 计量单位 | 实际产量 | 单位成本 | | | 总成本 | | |
|---|---|---|---|---|---|---|---|---|
| | | | 上年实际平均 | 本年计划 | 本期实际 | 按上年实际平均单位成本计算 | 按本年计划单位成本计算 | 本期实际成本 |
| 可比产品: | | | | | | | | |
| 甲 | 件 | 8 | 2 000 | 2 050 | 2 030 | 16 000 | 16 400 | 16 240 |
| 乙 | 件 | 15 | 4 000 | 3 900 | 3 800 | 60 000 | 58 500 | 57 000 |
| | | — | | | | 76 000 | 74 900 | 73 240 |
| 不可比产品丙 | 件 | 4 | — | 5 700 | 5 300 | | 22 800 | 21 200 |
| 全部产品合计 | — | — | | | | | 97 700 | 94 440 |

补充资料:

(1) 可比产品成本实际降低额 2 760 元(计划降低额为 500 元)。

(2) 可比产品成本降低率 3.631 58%(计划降低率为 0.833 33%)。

(3) 产值成本率计划数为 80 元/百元,本月商品产值实际数为 119 540 元。

要求:

1. 如何分析全部产品生产成本表(按产品种类反映)?

2. 根据案例中给的资料,应从哪些方面进行分析?怎样进行分析?根据资料和计算分析结果,对该公司 5 月份的成本计划完成情况做出简要评价。

3. 分析成本表应注意什么问题?

## 【练习题】

### 一、单项选择题

1. 下列不属于成本报表的是( )。

    A. 商品产品成本表             B. 主要产品单位成本表

    C. 现金流量表                 D. 制造费用明细表

2. 成本报表属于( )。

    A. 对外报表                 B. 对内报表

    C. 既是对内报表,又是对外报表     D. 对内还是对外由企业决定

3. 下列不属于成本分析的基本方法是( )。

    A. 对比分析法     B. 产量分析法     C. 因素分析法     D. 比率分析法

4. 根据实际指标与不同时期的指标对比,来揭示差异,分析差异产生原因的分析方法称为( )。

    A. 因素分析法     B. 差量分析法     C. 对比分析法     D. 相关分析法

5. 在进行全部商品产品成本分析时,计算成本降低率时,是用成本降低额除以( )。

    A. 按计划产量计算的计划总成本     B. 按计划产量计算的实际总成本

实际产量计算的实际总成本

6. 对可比产品成本降低率不产生影响的因素是( )。

    A. 产品品种结构  B. 产品产量    C. 产品单位成本  D. 产品总成本

7. 一定时期销售一定数量产品的产品销售成本与产品销售收入的比率是( )。

    A. 成本费用利润率 B. 销售利润率    C. 销售成本率    D. 产值成本率

8. 采用连环替代法,可以揭示( )。

    A. 产生差异的因素和各因素的影响程度

    B. 产生差异的因素

    C. 产生差异的因素和各因素的变动原因

    D. 实际数与计划数之间的差异

**二、多项选择题**

1. 商品产品成本表可以反映可比产品与不可比产品的( )。

    A. 实际产量               B. 单位成本

    C. 本月总成本           D. 本年累计总成本

2. 工业企业编制的成本报表有( )。

    A. 商品产品成本表        B. 主要产品单位成本表

    C. 制造费用明细表        D. 成本计算单

3. 工业企业编报的成本报表必须做到( )。

    A. 数字准确    B. 内容完整    C. 字迹清楚    D. 编报及时

4. 下列指标中属于相关比率的有( )。

    A. 产值成本率          B. 成本降低率

    C. 成本利润率         D. 销售收入成本率

5. 生产多品种的情况下,影响可比产品成本降低额的因素有( )。

    A. 产品产量    B. 产品单位成本  C. 产品价格  D. 产品品种结构

6. 影响可比产品降低率变动的因素可能有( )。

    A. 产品产量    B. 产品单位成本  C. 产品价格  D. 产品品种结构

7. 成本报表分析常用的方法有( )。

    A. 对比分析法    B. 比例分析法  C. 因素分析法    D. 趋势分析法

8. 在采用因素分析法进行成本分析时,确定各因素替代顺序时,下列说法正确的是( )。

    A. 先替代数量指标,后替代质量指标

    B. 先替代质量指标,后替代数量指标

    C. 先替代实物量指标,后替代价值量指标

    D. 先替代主要指标,后替代次要指标

9. 在进行可比产品成本降低任务完成情况分析时,对于产品单位成本的变动,下列说法正确的有( )。

    A. 产品单位成本的变动影响成本降低额

    B. 产品单位成本的变动影响成本降低率

C. 产品单位成本的变动不影响成本降低额

D. 产品单位成本的变动不影响成本降低率

10. 在计算可比产品成本计划降低额时,需要计算的指标有( )。

A. 实际产量按上年实际单位成本计算的总成本

B. 实际产量按本年实际单位成本计算的总成本

C. 计划产量按上年实际单位成本计算的总成本

D. 计划产量按本年计划单位成本计算的总成本

### 三、判断题

1. 商品产品成本表是反映企业在报告期内生产的全部商品产品的总成本的报表。

( )

2. 企业编制的成本报表一般不对外公布,所以,成本报表的种类、项目和编制方法可由企业自行确定。 ( )

3. 企业编制的所有成本报表中,"商品产品成本表"是最主要的报表。 ( )

4. 在分析某个指标时,将与该指标相关但又不同的指标加以对比,分析其相互关系的方法称为对比分析法。 ( )

5. 采用因素分析法进行成本分析时,各因素变动对经济指标影响程度的数额相加,应与该项经济指标实际数与基数的差额相等。 ( )

6. 在进行全部商品产品成本分析时,需要计算成本降低率、该项指标是用成本降低额除以实际产量的实际总成本计算的。 ( )

7. 在进行可比产品成本降低任务完成情况的分析时,产品产量因素的变动,只影响成本降低额,不影响成本降低率。 ( )

8. 可比产品成本实际降低额是用实际产量按上年实际单位成本计算的总成本减去实际产量按本年实际单位成本计算的总成本计算的。 ( )

9. 不可比产品是指上年没有正式生产过,没有上年成本资料的产品。 ( )

10. 本年累计实际产量与本年计划单位成本之积,称为按本年实际产量计算的本年累计总成本。 ( )

### 四、计算分析题

1. 某企业有关产量、单位成本和总成本的资料见表 10 - 20。

表 10 - 20

| 产品名称 | | 实际产量 | | 单位成本 | | 总成本 | |
|---|---|---|---|---|---|---|---|
| | | 本月 | 本年累计 | 上年实际平均数 | 本年计划 | 本月实际 | 本年累计数 |
| 可比产品 | A 产品 | 100 | 900 | 800 | 780 | 75 000 | 684 000 |
| | B 产品 | 30 | 500 | 500 | 480 | 13 500 | 235 000 |
| | C 产品 | 80 | 1 100 | 700 | 710 | 55 200 | 748 000 |
| 不可比产品 | D 产品 | 300 | 3 200 | | 1 150 | 375 000 | 3 520 000 |
| | E 产品 | 600 | 7 800 | | 1 480 | 894 000 | 11 076 000 |

要求:根据上述资料,编制"商品产品成本表"。

**表 10－21　产品生产成本表**

编制单位：××工厂　　　　　　　　　202×年×月　　　　　　　　　单位:元

| 产品名称 | 计量单位 | 实际产量 | | 单位成本 | | | | 本月总成本 | | | 本年累计总成本 | | |
|---|---|---|---|---|---|---|---|---|---|---|---|---|---|
| | | 本月 | 本年累计 | 上年实际平均 | 本年计划 | 本月实际 | 本年累计实际平均 | 按上年实际平均单位成本计算 | 按本年计划单位成本计算 | 本期实际 | 按上年实际平均单位成本计算 | 按本年计划单位成本计算 | 本年实际 |
| 可比产品合计 | | | | | | | | | | | | | |
| 其中:A产品 | 件 | | | | | | | | | | | | |
| B产品 | 件 | | | | | | | | | | | | |
| C产品 | 件 | | | | | | | | | | | | |
| 不可比产品合计 | | | | | | | | | | | | | |
| 其中:D产品 | 件 | 300 | 3 200 | | 1 150 | 1 250 | 1 100 | | 345 000 | 375 000 | | 3 680 000 | 3 520 000 |
| E产品 | 件 | 600 | 7 800 | | 1 480 | 1 490 | 1 420 | | 888 000 | 894 000 | | 11 544 000 | 11 076 000 |
| 全部产品 | | | | | | | | | 1 382 200 | 1 412 700 | | 16 920 000 | 16 263 000 |

补充资料：

(1) 可比产品成本降低额：_____元。

(2) 可比产品成本降低率：_____%。

2. 某企业本年度各种产品计划成本和实际成本资料见表 10－22。

**表 10－22　成本对比分析表**

| 项　目 | 本年计划成本 | 本年实际成本 | 成本差异额 | 成本差异率 |
|---|---|---|---|---|
| A产品 | 1 000 000 | 980 000 | | |
| B产品 | 2 500 000 | 2 600 000 | | |
| C产品 | 3 800 000 | 4 000 000 | | |
| 合　计 | | | | |

　　要求:根据上述资料,采用对比分析法,分析各种产品的成本差额和成本差异率并将计算结果填入上表中。

　　3. 某企业生产的 A 产品,本月份产量及其他有关材料费用的资料见表 10－23。

**表 10 - 23    产量及其他有关资料**

| 项　目 | 计划数 | 实际数 |
|---|---|---|
| 产品产量(件) | 200 | 220 |
| 单位产品材料消耗量(千克) | 30 | 28 |
| 材料单价 | 500 | 480 |
| 材料费用 | | |

要求:根据上述资料,采用因素分析法分析各种因素变动对材料费用的影响程度。

4. 某企业本年度生产五种产品,有关产品产量及单位成本资料见表 10 - 24。

**表 10 - 24    产量及单位成本资料**

| 产品类别 | | 实际产量(件) | 计划单位成本(元) | 实际单位成本(元) |
|---|---|---|---|---|
| 可比产品 | A 产品 | 200 | 150 | 162 |
| | B 产品 | 300 | 200 | 180 |
| | C 产品 | 800 | 1 200 | 1 150 |
| 不可比产品 | D 产品 | 260 | 380 | 400 |
| | E 产品 | 400 | 760 | 750 |

要求:根据上述资料,按产品类别计算企业全部商品产品成本计划的完成情况,并将计算结果填入表 10 - 25 中。

**表 10 - 25    全部商品产品成本计划完成情况分析表**

| 产品名称 | | 总成本 | | 差　异 | |
|---|---|---|---|---|---|
| | | 按计划计算 | 按实际计算 | 降低额(元) | 降低率 |
| 可比产品 | A 产品 | | | | |
| | B 产品 | | | | |
| | C 产品 | | | | |
| | 小计 | | | | |
| 不可比产品 | D 产品 | | | | |
| | E 产品 | | | | |
| | 小计 | | | | |
| 合　　计 | | | | | |

5. 某企业本年度生产 A、B、C、D 产品,有关资料见表 10 - 26。

表 10 - 26　产量及单位成本资料

| 产品名称 | 产量(件) | | 单位成本(元) | | |
| --- | --- | --- | --- | --- | --- |
| | 计划 | 实际 | 上年实际 | 本年计划 | 本年实际 |
| A 产品 | 2 000 | 2 300 | 1 000 | 980 | 990 |
| B 产品 | 1 000 | 900 | 1 500 | 1 600 | 1 480 |
| C 产品 | 5 600 | 6 000 | 3 000 | 2 900 | 2 800 |
| D 产品 | 7 000 | 6 900 | 5 900 | 5 800 | 5 500 |

要求:根据上述资料对可比产品成本降低任务完成情况进行分析,并将计算结果填入表 10 - 27~表 10 - 29。

表 10 - 27　可比产品成本计划降低任务

| 可比产品 | 计划产量 | 单位成本 | | 总成本 | | 降低任务 | |
| --- | --- | --- | --- | --- | --- | --- | --- |
| | | 上年 | 计划 | 上年 | 计划 | 降低额 | 降低率 |
| A 产品 | | | | | | | |
| B 产品 | | | | | | | |
| C 产品 | | | | | | | |
| D 产品 | | | | | | | |
| 合　计 | | | | | | | |

表 10 - 28　可比产品成本实际完成情况

| 可比产品 | 实际产量 | 单位成本 | | | 总成本 | | | 降低任务 | |
| --- | --- | --- | --- | --- | --- | --- | --- | --- | --- |
| | | 上年 | 计划 | 实际 | 上年 | 计划 | 实际 | 降低额 | 降低率 |
| A 产品 | | | | | | | | | |
| B 产品 | | | | | | | | | |
| C 产品 | | | | | | | | | |
| D 产品 | | | | | | | | | |
| 合　计 | | | | | | | | | |

表 10 - 29　可比产品成本降低任务完成情况分析

| 影响因素 | | | | 计算方法 | |
| --- | --- | --- | --- | --- | --- |
| 顺序 | 产量 | 品种构成 | 单位成本 | 降低额 | 降低率 |
| (1) | 计划 | 计划 | 计划 | | |
| (2) | 实际 | 计划 | 计划 | | |
| (3) | 实际 | 实际 | 计划 | | |

| 影响因素 | | | | 计算方法 | |
|---|---|---|---|---|---|
| 顺序 | 产量 | 品种构成 | 单位成本 | 降低额 | 降低率 |
| （4） | 实际 | 实际 | 实际 | | |

各因素的影响：
产量因素的影响
品种构成因素的影响
单位成本构成因素的影响
合　计

6. 某企业生产的甲产品材料项目的有关资料见表 10-30。

**表 10-30　材料项目的有关资料**

| 材料名称 | 单位耗用量 | | 材料单价（元） | | 材料成本（元） | | 差异 |
|---|---|---|---|---|---|---|---|
| | 计划 | 实际 | 计划 | 实际 | 计划 | 实际 | |
| A 材料 | 100 | 95 | 10 | 8 | 1 000 | 760 | −240 |
| B 材料 | 200 | 210 | 20 | 22 | 4 000 | 4 620 | 620 |
| C 材料 | 500 | 490 | 8 | 7 | 4 000 | 3 430 | −570 |
| 合　计 | | | | | 9 000 | 8 810 | −190 |

要求：根据上述资料，计算材料耗用量和材料价格变动对材料费用的影响。